Ἑλβετίας Δαμασκηνός

Orthodoxie und Ökumene

Gesammelte Aufsätze von
Damaskinos Papandreou

Herausgegeben von
Wilhelm Schneemelcher

Verlag W. Kohlhammer
Stuttgart Berlin Köln Mainz

CIP-Kurztitelaufnahme der Deutschen Bibliothek

Papandreou, Damaskinos:
Orthodoxie und Ökumene: ges. Aufsätze / von Damaskinos Papandreou.
Hrsg. von Wilhelm Schneemelcher. –
Stuttgart; Berlin; Köln; Mainz: Kohlhammer, 1986.
  ISBN 3-17-009124-7

Inhalt

Vorwort des Herausgebers 7

Grußworte:

Bischof D. Dr. H. Kunst 9

Joseph Kardinal Ratzinger 10

1 Das Ökumenismus-Problem von der Liturgie her gesehen 13

2 Überlegungen zu den Beziehungen zwischen Orthodoxen und Katholiken 17

3 Einheit der Kirche aus orthodoxer Sicht. Überlegungen und Perspektiven 30

4 A historical-theological review of the Anathemata of the fourth ecumenical council by the Armenian Church 46

5 Christologie und Soteriologie im Verständnis der Kirchenväter 58

6 Justice et Orthodoxie 71

7 Gottesdienst – geschlossene Gesellschaft? Solidarität mit der Welt. Aus orthodoxer Sicht 82

8 Das orthodoxe Verständnis des Menschen in der neuzeitlichen Theologie 94

9 Discours lors de l'inauguration du Centre Orthodoxe du Patriarcat Oecuménique de Chambésy, 1975 111

6

10 Nizäa heute 115

11 Das orthodoxe Christentum und das Judentum. Der Stand ihrer Beziehungen 126

12 Bleibendes und Veränderliches im Petrusamt. Überlegungen aus orthodoxer Sicht 131

13 Riflessioni sulla concreta possibilità di collaborazione fra le nostre Chiese 144

14 La Volonté de Dieu aujourd'hui 156

15 Das eine Bekenntnis und die vielen Bekenntnisse. Überlegungen zum Zweiten Ökumenischen Konzil von Konstantinopel (381) 167

16 Martin Luther aus orthodoxer Sicht 177

17 Der Stand der Ökumene in orthodoxer Sicht 191

18 La foi et la connaissance scientifique. Discours à un groupe de scientifiques du CERN, ... 198

19 Les dialogues oecuméniques de l'Église orthodoxe hier et aujourd'hui . . 202

20 Inthronisationsrede, 1983 219

Nachweis der Veröffentlichungen 228

Vorwort

Die Ökumenische Bewegung des 20. Jahrhunderts, die sich aus verschiedenen Ansätzen heraus in einer wechselvollen Geschichte zu dem entwickelt hat, was sie heute ist, war zunächst vor allem von den Kirchen des ›Protestantismus‹ (in weitem Sinn des Wortes) bestimmt. Allerdings hatte schon 1920 der Ökumenische Patriarch von Konstantinopel in einem Rundschreiben zur Bildung eines Bundes der Kirchen aufgerufen. Aber erst nach einigen Jahrzehnten erfolgte der Anschluß aller Orthodoxer Kirchen an den Weltrat der Kirchen. Heute ist die Ökumenische Bewegung ohne die Mitarbeit der Orthodoxie nicht mehr vorstellbar, und das Gewicht dieses großen Teiles der Christenheit wird wohl noch weiter zunehmen. Die Beteiligung der katholischen Kirche an den ökumenischen Bestrebungen seit dem 2. Vatikanischen Konzil hat auch den Weg zu Gesprächen zwischen Orthodoxie und Katholizismus eröffnet.

Das alles kann natürlich nicht darüber hinwegtäuschen, daß die Jahrhunderte alten Spaltungen der Christenheit auch weiterhin bestehen und sicher nicht in kurzer Zeit sich beseitigen lassen. Aber die Bitte Jesu Christi, des Herrn der Kirche, »daß sie alle eins seien« ist heute mehr als nur ein Zitat bei frommen Veranstaltungen. Sie wird von allen Kirchen als ein Auftrag verstanden, dem die Christenheit sich zu stellen hat. Dabei ist immer deutlicher geworden, daß dieser Auftrag nicht durch einen vordergründigen ökumenischen Aktionismus zu erfüllen ist, sondern nur durch solide und saubere Arbeit, bei der die eigene Position so ernst genommen wird wie die des Gesprächspartners. In diesem Zusammenhang gehört die Arbeit des *Centre Orthodoxe du Patriarcat Oecuménique* in Chambésy (Genf), dessen Leiter S. E. Metropolit Damaskinos (Papandreou) ist. Denn hier ist einerseits der Sitz des Sekretariats für die Vorbereitung eines allgemeinen Konzils aller orthodoxen Kirchen eingerichtet, d. h. eine Stelle, die für die gesamte Orthodoxie von großer Bedeutung ist. Andererseits ist das Centre Orthodoxe – vor allem durch die jährlichen theologischen Seminare – zu einem Ort des ökumenischen Dialogs geworden, dessen Bedeutung für die ökumenische Arbeit der Gegenwart sehr hoch einzuschätzen ist.

Die in dem vorliegenden Band vereinigten 20 Aufsätze des Leiters des Centre, Metropolit Damaskinos, aus der Zeit von 1967 bis 1985 geben einen Einblick in sein theologisches Denken. Sie zeigen, wie er zutiefst in der patristischen Tradition der ersten Jahrhunderte verwurzelt ist und doch zugleich den Fragen der heutigen kirchlich-theologischen Situation offen begegnet und sie als orthodoxer Theologe zu beantworten sucht. Dabei führt er das Gespräch nicht nur mit den Mitgliedskirchen des Weltrats der Kirchen, sondern auch mit der katholischen Kirche. Damit gewinnt seine Arbeit in Chambésy noch größeres Gewicht. Die hier vereinigten Aufsätze stellen jedenfalls einen historisch und systematisch gut fundierten Beitrag orthodoxer Theologie zu der heutigen ökumenischen Diskussion dar.

Der Herausgeber dankt den Verlagen, die einen erneuten Abdruck gestattet haben. Herr
P. J. Sonntag hat bei der Vorbereitung der Drucklegung und bei der Korrektur geholfen,
auch ihm sei gedankt.
Der Band erscheint zum 50. Geburtstag von Metropolit Damaskinos. Ihm sei für seine
bisherige Arbeit, die sich in den Aufsätzen widerspiegelt, herzlich gedankt. Gottes Segen
geleite ihn auch weiterhin.

Wilhelm Schneemelcher

Grußwort

1960 besuchte der Vorsitzende des Rates der Evangelischen Kirche in Deutschland, Bischof D. Otto Dibelius, Berlin, begleitet von den Professoren Hans Freiherr von Campenhausen, Heidelberg, und Wilhelm Schneemelcher, Bonn, den Ökumenischen Patriarchen der orthodoxen Kirche Athenagoras. Der Patriarch betonte die Notwendigkeit brüderlicher Gespräche. Nach weiteren Begegnungen konkretisierte er seine Überlegungen und schlug einen »Dialog der Liebe« vor.

Gott ist die Liebe. Die Sendung Seines Sohnes Jesus Christus ist die Offenbarung der Liebe Gottes. Nach dem Selbstzeugnis unseres Erlösers ist Er der Weg, die Wahrheit und das Leben. Deshalb gehörte bei unserem bis jetzt durch zwei Jahrzehnte hindurch geführten Dialog das Wachstum in der Liebe zwischen uns mit dem Forschen nach der Erkenntnis der Wahrheit zusammen.

Dabei hat uns S. E. Metropolit Damaskinos durch die Tiefe und Kraft seines Denkens unverlierbare Dienste getan. Seine gelehrten Untersuchungen zur Theologie der Kirchenväter waren uns ebenso hilfreich wie seine Wachheit bei der geistigen Durchdringung jener Aufgaben, vor die sich die Christenheit heute gestellt sieht. Von herausragendem Rang sind für das gesamte ökumenische Gespräch die Beiträge von Metropolit Damaskinos zur Ekklesiologie. Die Sammlung eines Teiles seiner Vorträge sind wie eine reich gefüllte, weit ausgestreckte Hand zu den Schwesterkirchen. Wir werden sie dankbar ergreifen und darum beten, daß das vorliegende Werk für das Miteinander der Christenheit fruchtbare und gesegnete Dienste leistet.

D. Dr. Hermann Kunst DD,
Bischof

Grußwort

Eminenz!
Lieber Bruder und Freund!

Nun steht also Ihr 50. Geburtstag bevor. Dabei tauchen vor mir wieder die unvergesse-
nen Bonner Tage auf, als Sie und der jetzige Metropolit Stylianos Harkianakis – zwei
blutjunge Archimandriten, die den Charme der Jugend mit der Würde asketischer
Tradition vereinten – in unseren Vorlesungen auftauchten und sich sehr bald eine enge
persönliche Beziehung entwickelte. Für mich ist diese Begegnung zu einer tief eingrei-
fenden Markierung in meinem Leben geworden. Ich kannte die Ostkirche vorher aus
Büchern und Bildern, auch aus der gelegentlichen Teilnahme an großer Liturgie. Aber
erst in der persönlichen Begegnung ist mir ihre lebendige Kraft nahegerückt, ist sie aus
dem etwas Exotischen und Archaischen, worin sie sich vorher für mich verbarg, zu
anrührender Gegenwart geworden, die in mein eigenes theologisches Denken, in mein
Glauben und Leben hineinwirkte. So habe ich Ihnen viel zu verdanken, und ich bin froh,
daß dieser Brief mir endlich Gelegenheit gibt, es auch einmal so deutlich zu sagen. Denn
von damals an habe ich die Texte des ersten wie des zweiten Jahrtausends aus neuer
Perspektive gelesen und gegenwärtige orthodoxe Theologie nicht mehr bloß als Information für den oder jenen Paragraphen meines Kollegs studiert, sondern als etwas, was mich
direkt betrifft, fragend oder auch stärkend und tragend.
So haben sie mich auf das große Ereignis des Jahres 1965, die Austilgung der Bannflüche
aus dem Gedächtnis der Kirche, von innen her vorbereitet und die Leidenschaft der
Einheit, gerade auch mit der Kirche des Ostens, in mir geweckt. Leider war und ist uns
nicht gegeben, uns oft zu sehen, aber gottlob haben sich unsere Wege doch immer wieder
berührt. Unvergessen bleibt mir jener Tag in meinem Hörsaal der Regensburger Univer-
sität, an dem Sie mir im Auftrag Seiner Heiligkeit, des Patriarchen von Konstantinopel,
das Großkreuz vom Berg Athos überreichten. Es ist mir nicht ein Orden im üblichen
Sinn, sondern ein beständiger Auftrag, dem Vermächtnis des Athos, dem Anruf der
Einheit zu entsprechen, mit aller Kraft und in jener Demut, die weiß, daß zur Leidenschaft der Einheit auch die Geduld des Wartenkönnens gehört, die nicht selber machen
will, was nur Gott geben kann. Oft, gerade auch jetzt bei den manchmal so mühsamen
offiziellen Dialogen, spüre ich, daß uns diese Demut mehr zueinander hält als die
eigentlich doch recht unbeholfenen Versuche, gemeinsame theologische Formeln zu
finden. Aber freilich erfahre ich auch umgekehrt, daß wir dem gemeinsamen Wort um so
näher kommen, je kraftvoller und wahrer diese Demut ist, die nicht sich verteidigen,
sondern sich der Wahrheit öffnen will, ohne Furcht, etwas zu verlieren, nur in der
großen Gewißheit, daß sie allein uns einen kann und daß der Schlüssel zu ihr einzig die

Liebe ist. Die aber kann man nur von Personen lernen, und da bin ich noch einmal beim Dank für die Gabe der Freundschaft, die durch keine Entfernung gemindert werden kann.

Von Herzen wünsche ich Ihnen, daß der Herr Ihnen noch lange Zeit gesegneten Dienstes geben möge; daß der Heilige Geist Sie auf allen Ihren Wegen geleite und daß er uns alle zusammen auf Seinem Weg, dem Weg der Einheit, führe. In diesem Sinn verbleibe ich mit herzlichen Grüßen in alter Freundschaft

Ihr

Joseph Card. Ratzinger

1

Das Ökumenismus-Problem von der Liturgie her gesehen

Trotz mannigfaltiger Verschiedenheiten unter fast allen christlichen Gemeinschaften hinsichtlich ihrer Kultformen, die manchmal nicht bloß akzidenteller, sondern sogar substantieller Natur sein können, sollte man doch den Gottesdienst als das einigende Band unter den Konfessionen ansehen. Auf der Grundlage des gemeinsamen Glaubensgutes und vor allem der gemeinsamen Ziele wegen müßten die Christen sich auch zum gemeinsamen Gebet an den einen Vater verbinden. Viel wichtiger noch als die ökumenische Begegnung im Dialog dürfte wohl die Begegnung im Gebet sein.

Auf die heilige Eucharistie allerdings kann man diesen Grundsatz nicht anwenden. Eine gemeinsame Eucharistiefeier aller christlichen Bekenntnisse bleibt weiterhin ausgeschlossen, denn eine Sakramentengemeinschaft ohne volle Kirchengemeinschaft ist unmöglich. In orthodoxer Sicht ist das Sakrament der Eucharistie nicht ein Mittel zur Wiederherstellung, sondern Ziel, Folge und Krönung der Einheit. Am eucharistischen Tisch kommt die Einheit der Kirche am sichtbarsten zum Ausdruck, aber ebenso ihre Trennung am schmerzlichsten. Die Empfindung dieses Schmerzes ist eine Mahnung und weckt in uns um so stärker das Sehnen und Streben nach Einheit. Daher ist es, ökumenisch gesehen, sehr wertvoll, der Liturgiefeier anderer Bekenntnisse beizuwohnen, zumal man auf diese Weise die andere Konfession am besten kennenlernen kann. In der Liturgie lebt eine kirchliche Gemeinschaft ihren Glauben in existentieller Weise, es ist der Ort, wo der Glaube eine sichtbare Gestalt erhält[1].

Letzteres gilt besonders von der Orthodox-Katholischen Kirche, deren Wesen B u l g a - k o v als »Liebe und Schau der geistlichen Schönheit« umreißt *(amour et vision de la beauté spirituelle)*[2]. Eine solche Schau ist jedoch nur im Kult möglich, also kann der Sinn der Orthodoxie allein von dort her erfaßt werden. Nur der versteht die Orthodox-Katholische Kirche, ihren Geist und ihr Wesen, ihre Dogmatik und Mystik, wer ihren Kult gründlich studiert und in ihm lebt.

Im folgenden möchte ich nun das Ökumenismus-Problem von der orthodoxen Liturgie her betrachten, unter besonderer Berücksichtigung der Texte der Göttlichen Liturgie des heiligen Johannes Chrysostomus[3], bei der nicht nur in der Anaphora, dem eucharistischen Hochgebet, sondern auch an vielen anderen Stellen die katholisch-ökumenische Dimension der kultischen Opferhandlung zum Ausdruck kommt.

In der Großen Synaptie dieser Liturgie, wie auch der Liturgien des heiligen Markus und des heiligen Basileios des Großen, betet der Diakon: »Um Frieden für die ganze Welt, um das Wohl der heiligen Kirche Gottes und um die Einigung aller . . .« Dieses ganze Fürbittgebet atmet eine allumfassende Liebe, die eine Überwindung des Egoismus

14

bewirkt und zu einer Quelle innerer Freiheit und Freude wird. Das Gebet für andere Leidtragende, deren Bedrängnisse noch größer sind, hilft, vom eigenen Leid loszukommen. »Für die Seefahrenden und Reisenden, für die Kranken, Leidenden und Gefangenen und ihre Rettung, lasset uns beten zum Herrn.« ». . . und aller, seien sie männlich oder weiblich« (καὶ πάντων καὶ πασῶν), so lautet die Schlußformel der Diptychen, der persönlichen Fürbitten, in der Chrysostomos-Liturgie. Der ökumenische Charakter dieser Liturgie spricht auch aus dem Gebet des Priesters für die Katechumenen: »Herr, unser Gott, der du in der Höhe des Himmels wohnst und auf das Niedrige herabblickst, der du zum Heile des Menschengeschlechtes deinen einzigen Sohn und Gott, unseren Herrn Jesus Christus, gesandt hast, schau auf deine Diener, die Katechumenen, die sich beugen vor dir. Würdige sie zur rechten Zeit des Bades der Wiedergeburt, der Vergebung ihrer Sünden und des Gewandes der Unverweslichkeit; vereinige sie mit der heiligen, katholischen und apostolischen Kirche und zähle sie deiner auserwählten Herde bei.«
Aber noch klarer kommt die kosmisch-allumfassende Dimension des kultischen, unblutigen Opfers im Hauptteil, der Anaphora, zum Ausdruck: Während der Chor das »Heilig, heilig, . . .« singt, betet der Priester: »Mit diesen seligen Mächten, o menschenliebender Herr, bezeugen auch wir und sprechen: Heilig bist du und allheilig, du und dein eingeborener Sohn und der Heilige Geist. Heilig bist du, und allheilig und erhaben ist deine Herrlichkeit. So sehr hast du die Welt geliebt, daß du deinen eingeborenen Sohn dahingabst, damit jeder, der an ihn glaubt, nicht verlorengehe, sondern das ewige Leben habe. Er war gekommen und hatte für uns die ganze Heilsordnung erfüllt. Dann nahm er in der Nacht, in der er überliefert wurde oder vielmehr sich selbst zum Heile der Welt überlieferte, das Brot in seine heiligen, makellosen und unbefleckten Hände, dankte, segnete, heiligte, brach es und gab es seinen Jüngern und Aposteln mit den Worten: Nehmet, esset, das ist mein Leib, der für euch gebrochen wird zur Vergebung der Sünden. Desgleichen nahm er auch den Kelch nach dem Mahle und sprach: Trinket alle daraus, das ist mein Blut des Neuen Testamentes, das für euch und für viele vergossen wird zur Vergebung der Sünden.« Mit diesen Einsetzungsworten werden die Apostel und ihre Nachfolger beauftragt, das Sakrament der heiligen Eucharistie zu feiern, und gleichzeitig werden sie an die Ökumenizität und Katholizität gemahnt, wie es in der Fortsetzung der Anamnese unterstrichen wird: »Eingedenk also dieses heilsamen Gebotes und all dessen, was für uns geschehen ist, des Kreuzes, des Grabes, der Auferstehung am dritten Tage, der Himmelfahrt, des Sitzens zur Rechten des Vaters, der künftigen glorreichen Wiederkunft, bringen wir dir dar das Deinige vom Deinigen, gemäß allem und für alles.« Es folgt die Epiklese mit der Wandlung, daran anschließend das Gedächtnis der Entschlafenen, bei dem sich die sichtbare Kirche mit der unsichtbaren vereint. Das Opfer wird aber nicht nur für die Entschlafenen, sondern für alle Heiligen dargebracht, vornehmlich aber für die Gottesmutter: »insonderheit für unsere allheilige, allreine, hochgepriesene und glorreiche Herrin, die Gottesmutter und immerwährende Jungfrau Maria«. Nicht allein die anwesenden Gläubigen, sondern die ganze Gemeinschaft der Heiligen nimmt an der Eucharistiefeier teil. Das geistige Opfer wird dargebracht »für das ganze Erdenrund, für die heilige, katholische und apostolische Kirche . . .«. Der Priester gedenkt der gesamten Menschheit, sowohl der Christgläubigen als auch der Ungläubigen[4].
Das ganze Heilsmysterium, das in der Eucharistie dargestellt wird, ist christozentrisch;

die Herabrufung des Heiligen Geistes, die Epiklese, ist eine Handlung von universaler Dimension. Trotz aller Askese strebt die Orthodox-Katholische Kirche nicht nach Weltverneinung, sondern nach Weltverklärung. Nicht allein der Mensch, sondern der ganze Kosmos wird in der Eucharistie verklärt. Der Priester betet nach der Kommunion: ». . . breite deine Herrlichkeit aus über die ganze Erde.« Und nach dem Abschluß der Liturgie: »Die Gnade, die aus deinem Munde gleich einer Fackel aufloderte, hat den Erdkreis erleuchtet . . .« Das unscheinbare Rinnsal des menschlichen Gebetes mündet in den brausenden Strom des himmlischen Gebetes. Gott und Kosmos, ungeschaffene und geschaffene Natur, Himmel und Erde werden mystisch-symbolisch geeint.

Neben diesen universalistischen Zügen trägt die liturgische Ekklesiologie – ganz in der Linie der »mystischen Theologie« – ausgesprochen mystische Züge: So ist die Ekklesia nicht das an mehreren Orten lokalisierte, sondern stets das ganze, mystisch in Christus geeinte Gottesvolk. Die Fülle des Leibes Christi ist in der Eucharistie gegeben. Das bedeutet, daß jede vollständige – d.h. vom Bischof präsidierte – eucharistische Versammlung die Fülle der Kirche Gottes in Christus besitzt, als einer örtlichen Manifestation dieser Fülle der »katholischen« Kirche. Unter diesem Gesichtspunkt kann man nicht von Teilen der Kirche sprechen; denn diese ist unteilbar und weder als Summe noch als Teil zu fassen. »Dort, wo Christus ist, ist die Kirche« (hl. Ignatios)[5].

Liturgie ist zutiefst ekklesial und damit auf das Gemeinschaftliche hin angelegt, während oft der Mensch von sich aus zunächst individualistisch eingestellt ist. Die Liturgie wandelt diesen Individualismus ins wahrhaft Persönliche; eine vollendete Ergänzung und Durchdringung des Persönlichen und des Gemeinschaftlichen vollzieht sich in ihr. Sie ist nicht bloß Erfüllung privater Bedürfnisse, sondern in erster Linie gemeinschaftlicher Vollzug, wobei die vielen aber als Personen und nicht als Masse einbezogen werden. Als Personen sind sie eins untereinander und in Christus. Am Schluß der Anaphora heißt es: »Und laß uns einmütig und eines Herzens deinen allgeehrten und hocherhabenen Namen rühmen und preisen, des Vaters und des Sohnes und des Heiligen Geistes, jetzt und immerdar, und in die Äonen der Äonen.« Und nach der Anaphora betet der Diakon: »Nach dem Gebet um Einheit im Glauben und um Gemeinschaft im Heiligen Geiste lasset uns uns selbst und einander und unser ganzes Leben Christus, unserem Gott, empfehlen.«

Im anschließenden »Vater unser« wird nicht die »ich«-Form, sondern die Mehrzahl »wir« gebraucht. Auch in der Anaphora, besonders in der Anamnese und Epiklese, wird die Pluralform angewendet: »Βοῶμεν«, »καὶ λέγομεν«, »προσφέρομεν«, »εὐχαριστοῦμεν«, »μεμνημένοι«, »παρακαλοῦμεν«, »δεόμεθα« usw.

Mit diesen Worten werden ausgedrückt: die Einheit und Fülle der Kirche, die untrennbare Gemeinschaft aller derer, die die Eucharistie darbringen. Man nimmt nicht als unabhängiger Einzelner teil, sondern als ein Glied am Leibe Christi und mystisch in seiner Gemeinschaft. Die Pluralformen in der Liturgie weisen hin auf die Universalität und Einheit der Kirche. Jede Liturgie wird vollzogen in Gemeinschaft mit der universalen, katholischen Kirche und in deren Namen. Man könnte sagen, daß an jeder Liturgie die gesamte Kirche teilnimmt: Auf eine unsichtbare und doch reale Weise ist die Gemeinschaft der Heiligen aller Zeiten anwesend mit den unzähligen seligen Mächten, den Engeln und Erzengeln, den Cherubim und Seraphim. Die heilige Eucharistie ist das Sakrament der Kirche. Sie ist mehr als bloß der Ausdruck einer menschlichen Bruderschaft, sie ist vor allem Ausdruck des göttlichen Erlösungsmysteriums[6]. Im Sinne des Neuen Testamentes ist es daher der eucharistische Tisch, der immer von neuem die Einheit der Kirche konstituiert und an dem alle Anteil haben um der Verwirklichung des einen und ständigen Zieles willen, das die Erlösung aller Menschen ist.

»Denn ein Brot ist's, so sind wir viele ein Leib, dieweil wir alle eines Brotes teilhaftig sind.«[7] Liebevoll und besorgt mahnt der heilige Ignatios die Philadelphier: »Seid deshalb bedacht, eine einzige Eucharistie zu gebrauchen; denn einer ist der Leib unseres Herrn Jesus Christus und einer der Kelch zur Vereinigung mit seinem Blute, einer nur der Opferaltar, einer nur der Bischof, zusammen mit dem Presbyterium und den Diakonen, meinen Mitknechten; damit, was immer ihr tut, ihr Gott gemäß handelt.«[8]

Anmerkungen

1 A. Verheul, Einführung in die Liturgie, 1964, S. 257.
2 S. Bulgakov, *Le ciel sur la terre (Una Sancta,,* Sonderheft »Die Ostkirche«, hg. von A. v. Martin, Stuttgart 1927, S. 60–62).
3 Der ökumenische Charakter der Liturgie tritt bereits in vielen urchristlichen liturgischen Texten hervor: In der *Didache* (IX 1–4 u. X 1–5) wird darum gebetet, daß die Kirche in der Eucharistie geeint werden möge: »Wie dieses gebrochene Brot auf dem Berge zerstreut war und, zusammengebracht, eins wurde, so sammle deine Kirche von den Enden der Erde in dein Reich.« – Noch deutlichere ökumenische Gedanken finden sich in der sogenannten Clemensliturgie, siehe Didascalia et Constitutiones Apostolorum, hrsg. v. F. X. Funk, Paderborn 1905, S. 486f. – Vgl. P. Rodopoulos, *Die Anaphora der Clemensliturgie,* 1959, S. 18 (in Griechisch). – Auch in der Liturgie Gregors des Theologen betet der Priester für das Aufhören der Spaltungen und die Einigung aller Christen auf dem Erdenrund (PG 36,713). – Ähnliche Gedanken erfüllen auch die Anaphora der antiochenischen Liturgie, die den Namen des Apostels Petros trägt, siehe *Die heilige Liturgie des Apostels Petros* (A. Stavrinos, *Die ältesten und zeitgenössischen Liturgien,* Bd. I, 1919, S. 153). – Desgleichen in der Anaphora der Liturgie des Jakovos Adelphotheos, siehe Ἀποστολικαὶ Διαταγαί VIII, 12, Funk, S. 508f., und in der alexandrinischen Liturgie des Basileios des Großen (PG 31, 1629. 1640).
4 D. Latas, *Auslegung der Heiligen Liturgie* (Sion, Bd. 154, 1884 [in Griechisch]). – G. Tsetsis, *Der ökumenische Charakter der Göttlichen Liturgie,* 1966, S. 21 (in Griechisch). – Vgl. Johannes Chrysostomos, Πρὸς Κορινθίους (Β'), ὁμιλία 2 (PG 61, 399) und N. Kavasilas, Ἑρμηνεία τῆς Θείας Λειτουργίας (SChr 4, S. 112).
5 P. Evdokimov, *Grundzüge der Orthodoxen Lehre* (R. Stupperich, *Die russische Orthodoxe Kirche in Lehre und Leben,* 1966, S. 78).
6 Vgl. G. Florovsky, *The elements of liturgy in ways of worship,* 1951, S. 61, und P. Rodopoulos, a.a.O., S. 97.
7 1Kor 10,17.
8 Ignatios von Antiochien, Philadelphier 4 (Funk-Bihlmeyer, S. 103).

2

Überlegungen zu den Beziehungen zwischen Orthodoxen und Katholiken

I. Vom Wesen des Dialogs unter Christen

In Ost und West sucht man heute den Dialog. Dabei geht es um den Inhalt, aber auch um die Methode, eine Atmosphäre des Gesprächs zu schaffen, damit aus dem Dialog kein Monolog wird. Es geschieht tatsächlich leicht, daß ein Gesprächspartner allein redet, wenn er der Gefangene seines Individualismus und seiner Eigenliebe bleibt; wenn er nicht auf sein Ich verzichtet, um es im Du zu suchen und zu finden; wenn er nicht von sich selbst weggeht und im Mysterium der Selbstentäußerung lebt, um in der »Armut des Geistes« seinem Bruder zu begegnen; wenn der Mensch, »Bild und Gleichnis Gottes«, für ihn zu einer Nummer wird. Dann erfaßt der Gesprächsteilnehmer nicht den tiefen Sinn des Christentums, das nicht eine Religion des Individuums ist, sondern der Person, d. h., eine übernatürliche und sakramentale Gemeinschaft von Brüdern und nicht ein Individualismus, eine Religion einer wesenhaften und wirklichen und nicht nur einer kollektiven oder mechanischen, gefühlsmäßigen oder diplomatischen Einheit; denn eine »Person« ist im Gegensatz zum »Individuum« nicht vorstellbar ohne eine tiefe Beziehung zu anderen Personen. Mit diesen ist sie verbunden nicht nur in Trauer und Tod, sondern auch durch ein gemeinsames Verlangen nach Erlösung und nach einer Einheit gemäß dem Bilde der heiligsten Dreifaltigkeit und der Einheit der zwei Naturen – »unvermischt, unverwandelt, ungetrennt und ungesondert« – in der einen Person des Gottmenschen.

Sicherlich gibt es in der Vergangenheit Beispiele für Beziehungen zwischen Ost und West: Die »Dialoge« von Lyon (1274) und Florenz (1438) und eine Vielzahl von polemischen Glaubensbekenntnissen, von Angriffen und Gegenangriffen in theologischen Kontroversen. Aber, handelt es sich hier um Dialoge? Sicherlich nicht, am wenigsten im eigentlichen Sinne des Wortes, weil Dialog nicht ein einfaches Gegenüber von Rede und Widerrede bezeichnet, sondern Erhellung, Entfaltung, Erklärung jedes Begriffes durch das Aufeinanderstoßen verschiedener Ideen. Der Monolog dagegen – bei dem man den anderen nicht wahrhimmt oder nicht hört – ist Ausdruck einer inquisitorischen Haltung und grenzt an Dogmatismus.

Dem Anschein nach waren die genannten Begegnungen Dialoge, aber in Wahrheit handelte es sich um Monologe, insofern man auf Abwehr und Eroberung aus war, und nicht auf ein aufrichtiges und gegenseitiges Zugeständnis »in der Einheit des Friedens« (Eph 4,3).

Heute jedoch haben, wie es der Ökumenische Patriarch Athenagoras I. in seinem Grußwort an Papst Paul VI. anläßlich der Feier in der Basilika St. Peter in Rom am 26. Oktober 1967 ausgedrückt hat, »die Ökumenische Bewegung, das Zweite Vatikanische Konzil, die Panorthodoxen Konferenzen, die Lambeth-Konferenzen und die gesamtchristlichen Kongresse der anderen christlichen Kirchen und Konfessionen, die Kontakte mit Eurer Heiligkeit und zwischen den anderen christlichen Kirchenleitungen vor aller Augen die tiefe Wunde der Spaltung der Kirche bloßgelegt und das in einer Weise, daß es heute nicht mehr möglich ist, daß eine Ortskirche, ein verantwortlicher christlicher Hirte oder Leiter nicht die absolut dringende Notwendigkeit sieht, das Übel zu bekämpfen.«

II. Die neue Öffnung in der Katholischen Kirche

Die römisch-katholische Kirche, die sich bis in die allerletzte Zeit anmaßte, die Rückkehr der Orthodoxen in den Schoß der Mutter Kirche wie auch die Anerkennung des Primates des Papstes durch sie zu betonen, tritt dank dem Zweiten Vatikanischen Konzil in eine neue Phase des Überdenkens ihrer Haltung gegenüber den anderen Kirchen ein. Es ist eine Phase der Selbstkritik und des Suchens nach Möglichkeiten der Anpassung der Kirche an die zeitbedingten Erfordernisse der Welt. Rom nimmt sich selbst aufs Korn, analysiert sich selbst – als unbarmherziger Anwalt des Rechts und zugleich als Angeklagter, ohne sich selbst zu verteidigen. Bemerkenswert sind das Vorgehen, die Diskussionsschritte und endlich der Geist, durch den sie charakterisiert sind: Weder ein monolithischer Konservativismus noch ein unverantwortlicher Progressismus und auch nicht ein undisziplinierter Liberalismus. Im Gegenteil. Die Schritte nach vorn sind sorgfältig und klug; sie erleichtern die Angleichung der Kirche von heute an die Realität bei Wahrung des Wesentlichen der römisch-katholischen Tradition. Relative Freiheit auf dem Gebiet des Kultes und der Aktion, aber auch treues Festhalten an der dogmatischen Lehre Roms. Betonung der Kollegialität der Bischöfe gegenüber dem Papst, aber auch eine indiskutable Haltung in der Lehre von seiner Vorrangstellung.

Das »Aggiornamento« ist nicht ohne Veränderung der Tradition möglich, aber sicher auch nicht durch neue Dogmen. Die »Dogmatische Konstitution über die Kirche« gibt dort, wo es nötig ist, eine dogmatische Akzentsetzung; aber man vermeidet es, neue Thesen aufzustellen, und im Ökumenismusdekret (III,18) heißt es ausdrücklich, daß es »zur Wiederherstellung oder Erhaltung der Gemeinschaft und Einheit notwendig sei, ›keine Lasten aufzuerlegen, die über das Notwendige hinausgehen‹ (Apg 15,28)«.

Der Dialog, dieses wesentliche Element im Leben der Kirche, ist leicht gemacht. Das Ökumenismusdekret bietet zwar keine theologischen Lösungen der bestehenden Differenzen, aber es ermutigt zum ökumenischen Dialog und öffnet den anderen Kirchen und der Welt Türen, die wieder zu schließen von jetzt an schwierig ist. Es handelt sich – bedingt durch die Umstände – um einen Wandel der Einstellung der römisch-katholischen Kirche gegenüber den anderen Kirchen und Konfessionen: um eine Suche nach neuen Voraussetzungen für den Dialog, achtsame Vermeidung des Proselytismus, einen

Geist der Selbstkritik und der Vergebung, Revision der bis heute von der Kirche im Blick auf die Nichtchristen und – warum nicht? – selbst auf die Atheisten eingenommene Haltung. Zum erstenmal in der Geschichte der Konzilien der römisch-katholischen Kirche keine Verketzerung, keine Verdammung! Alle sind zu einem klärenden Dialog eingeladen.

Der theologische Dialog mit den Orthodoxen ist ein Stück leichter geworden. Denn obgleich »die katholische Kirche den ganzen Reichtum der von Gott offenbarten Wahrheit und der Gnadenmittel besitzt« (Ökumenismusdekret I,4) – wie des öfteren betont wird –, steht doch »wer an Christus glaube und in der rechten Weise die Taufe empfangen hat, ... in einer gewissen, wenn auch nicht vollkommenen Gemeinschaft mit der Katholischen Kirche« (Ökumenismusdekret I,3). Alle getauften Gläubigen gehören also einerseits der Katholischen Kirche an, und gleichzeitig haben sie nicht die volle Gemeinschaft mit ihr.

Grundsätzlich wird das Sakrament allein in der Katholischen Kirche gültig gespendet, und dennoch kann die kirchliche Autorität in bestimmten Fällen eine gewisse Gottesdienstgemeinschaft mit den getrennten orientalischen Kirchen akzeptieren: »Da diese Kirchen trotz ihrer Trennung wahre Sakramente besitzen, vor allem aber in der Kraft der apostolischen Sukzession das Priestertum und die Eucharistie, wodurch sie in ganz naher Verwandtschaft bis heute mit uns verbunden sind, so ist eine gewisse Gottesdienstgemeinschaft unter gegebenen geeigneten Umständen mit Billigung der kirchlichen Autorität nicht nur möglich, sondern auch ratsam« (Ökumenismusdekret III,15).

Dennoch können nach eindeutiger Aussage der Konstitution über die Kirche (III,22) die Bischöfe, die sich nicht in Gemeinschaft mit dem Heiligen Stuhl von Rom befinden, keine wahre Autorität ausüben. Die Gottesdienstgemeinschaft wird hier also von der Autorität der Bischöfe getrennt, so daß, wie es scheint, die Einheit mit Rom mehr juristisch als von einer sakramentalen Gemeinschaft her verstanden wird. Die Einheit und Katholizität der Kirche bestehen somit in ihrer Universalität mit Rom als Mittelpunkt in der Weise, daß die Kirche Christi zunächst einmal mit der römisch-katholischen Kirche identifiziert wird. Doch nach orthodoxer Ekklesiologie ist die Einheit der Kirche nicht verwaltungsmäßig zu verstehen. Vielmehr ist die Feier der Eucharistie in der Einheit mit dem Bischof das eigentliche Mysterium dieser Kirche und ihrer Einheit. Durch sie und in ihr vereinigen sich die Gläubigen mit Christus und untereinander in einem Leib. Eucharistische Gemeinschaft bezeichnet folglich Gemeinschaft in der Kirche, absolute Einheit der Glieder des einen und selben Leibes der einen Kirche Christi.

Rom befindet sich in einer gewissen Verlegenheit im Blick auf Möglichkeiten der Wiederherstellung der Einheit direkt von Gott her. Die großartigen Worte des Papstes zu Beginn der zweiten Session des Konzils drücken in charakteristischer Weise die Schwierigkeiten, aber auch die einzigartigen Möglichkeiten eines Vorantreibens einer Lösung der die Einheit betreffenden Probleme aus: »Wenn in dem, was zur Trennung Anlaß gegeben hat, uns ein Fehler angelastet werden kann, bitten wir dafür demütig Gott um Verzeihung, und wir erbitten auch die Vergebung der Brüder, die sich von uns beleidigt fühlen könnten. Ebenso sind wir bereit, soweit es uns angeht, die Beleidigungen, deren Ziel die katholische Kirche gewesen ist, zu vergeben und die Leiden zu vergessen, die sie in der langen Geschichte der Streitigkeiten und Trennungen erduldet hat. Möge der Himmlische Vater diese unsere Erklärung annehmen und uns alle zu einem wahren brüderlichen Frieden führen. In Kenntnis der großen Schwierigkeiten, die sich der ersehnten Einigung entgegenstellen, setzen wir demütig unser Vertrauen auf Gott. Wir werden fortfahren zu beten. Wir werden uns bemühen, ein besseres Zeugnis wahren christlichen Lebens und brüderlicher Liebe zu geben. Und wenn die Realität unsere Hoffnung zunichte zu machen droht, wollen wir uns an das so tröstliche Wort Christi erinnern: ›Was bei Menschen unmöglich ist, ist möglich bei Gott‹ (Lk 18,27).«[1]

Die Einstellung der Beobachter des Konzils ist, was den Aufweis von aktuellen Möglichkeiten der Einheit betrifft, realistischer. Anläßlich eines Empfangs zu ihren Ehren sagte Professor Skydsgaard in ihrem Namen unter anderem: »Die Atmosphäre der Herzlichkeit und Freiheit macht uns die Erfüllung unserer Aufgabe als Beobachter in aller Aufrichtigkeit und gutem Einvernehmen sehr leicht. Wir sind besonders Kardinal Bea dankbar, der uns in großmütiger Weise eingeladen hat, unsere positiven wie negativen Reaktionen auf die Arbeiten des Konzils zum Ausdruck zu bringen. Das Schema »über die Kirche«, das zur Zeit behandelt wird, beinhaltet eines der schwierigsten und umstrittensten Themen in der Vergangenheit wie auch heute. In der Tat, die Lehre von der Kirche ist sozusagen der Brennpunkt aller unserer Spaltungen, die gerade hier unüberwindlich erscheinen trotz unserer aufrichtigen Bemühungen zu einem gegenseitigen Verstehen. In dieser schmerzlichen Situation erzielen wir trotz allem Fortschritte allein dadurch, daß wir teilhaben an der Erfahrung dieser Schwierigkeit und sie gemeinsam ertragen. Man findet heute manchmal einen naiven optimistischen oder oberflächlichen Ökumenismus, der glauben machen will, daß die sichtbare Einheit der Christen in kurzer Zeit realisierbar sei. Das ist nicht unsere Haltung, und es ist für uns eine wirkliche Erleichterung zu wissen, daß Eure Heiligkeit keineswegs diese Meinung teilen. . . . Wie Eure Heiligkeit sagten, gibt es schwere und komplizierte Probleme zu studieren und zu klären, und ihre Lösung erfordert Bedingungen, die zum jetzigen Zeitpunkt noch nicht gegeben sind.«[2]

III. Die Haltung der Orthodoxie der römisch-katholischen Kirche gegenüber

Welche Haltung nimmt die Orthodoxie im Blick auf das ökumenische Werk des Konzils ein? Sicherlich haben ernsthafte Kritiken bedeutender Theologen nicht gefehlt. Aber die Übertreibungen sind die gewohnten[3]: unangebrachter Optimismus, oberflächlicher Enthusiasmus oder verkalkter Monolithismus, zum Teil ein reines Aufzählen der Irrtümer des Papsttums – als ob wir nicht ähnliche Fehler bei uns finden könnten –, eine ausgesprochene Haltung des Kritisierens und des Verdammens aller für uns »häretischen« Abweichungen ohne jede Unterscheidung. Die Anklagen haben sicherlich ihre Berechtigung, und niemand kann leicht die dunklen Seiten der Geschichte vergessen, den Zwangsproselytismus Roms, die Gewalttätigkeiten der Kreuzfahrer und die Fallen des Uniatentums. Infolgedessen erklärt sich jede Reserve unsererseits von der Geschichte her, und von daher erweist sie sich notwendigerweise auch als berechtigt. Unberechtigt indessen ist unsere Polemik, die aus gehässiger Übertreibung oder Mangel an Selbstkritik hervorgeht. Unser antirömischer Geist muß ersetzt werden durch die Vergebung des

Gottes der Liebe, unsere Intoleranz durch fundierte Kritik der ökumenischen Arbeit des Konzils und des gegenwärtigen Katholizismus im allgemeinen; unsere Furcht vor dem Dialog muß einem echten Vertrauen weichen, durch das wir »an der heiligen, einen, katholischen und apostolischen Kirche« teilhaben und Erben des freien ökumenischen Geistes der alten ungeteilten und wahren Kirche der sieben Ökumenischen Konzilien sind.

Die Orthodoxie hat überhaupt keinen Grund, die Wahrheit bei den die Einheit betreffenden Streitfragen zu fürchten. Diese Wahrheit war und ist noch ihre eigentliche Ausrüstung im praktischen ökumenischen Dialog. Wir werden niemals die Wahrheit opfern, sondern im Gegenteil, wir werden alles der Wahrheit opfern.

Aber anstatt die anderen schlecht zu machen und sie ungerechterweise als Betrüger und Wirrköpfe zu bezeichnen, müssen wir ihren Irrtum vermeiden; denn wenn wir den Irrtum als Verbrechen und als Verrat betrachten und dazu die Irrenden als Kriminelle, wenn wir das tun, dann sind wir Menschen dieser Welt, nicht solche, die den Geist der Menschenliebe und der christlichen Liebe tragen, inspiriert vom Rechtsstandpunkt eines Richters, der den Schuldigen nicht von seinem Verbrechen und seiner Veranlagung zu unterscheiden weiß. Der aber, der die Wahrheit besitzt, hat als demütiger Diener Christi Mitleid mit dem Irrenden, er beleidigt ihn nicht, er spricht mit ihm, wobei er seine Argumente mit Ernst und Gewicht auf den Tisch des Dialogs legt; vermeidet es, sich damit zufrieden zu geben, pharisäisch Beweise für den Besitz der Wahrheit vorzuzeigen oder seine Pfeile fern vom Schlachtfeld in volkstümlichen Kirchenzeitungen abzuschießen und sich mit der Anerkennung durch deren naive und unschuldige Opfer zufrieden zu geben. Die Wahrheit haßt das Unrecht, wie das Unrecht die Wahrheit haßt. In der Selbstbeherrschung und in der ruhigen Konfrontation besteht die Stärke dessen, der die Wahrheit besitzt, weil er dank seines Charakters und seiner Erziehung weiß, daß in Ironie gehüllte wie offene Ungerechtigkeiten im allgemeinen nur die zurechtgemachten Beweise derer sind, die Unrecht haben. Wer immer glaubt, die Wahrheit zu besitzen, muß seine größere Verantwortung seinem christlichen Gesprächspartner gegenüber unter Beweis stellen. Er muß in Wahrheit gebildet sein, frei von Fanatismus und jeder Neigung zur Polemik, damit er seinen Glauben ohne Leidenschaft darlegen kann, voller Liebe, in der am besten ankommenden und annehmbaren Weise, im vollen Bewußtsein seiner Verantwortung sowohl im Blick auf seine Kirche wie im Blick auf seine getrennten Brüder.

Er müßte auch besser das Denken und das Temperament seines Gesprächspartners kennen. Wenn er diesen kennt, wird er ihm auch die Möglichkeit geben, seine eigene Überlegenheit zu erkennen und umgekehrt. Die korrekte Beurteilung der Dinge erfordert, daß man die positiven Elemente klar hervorhebt, die eine neue Etappe auf dem Weg des vom Geist des römischen Rechts beeinflußten römischen Katholizismus bedeuten.

Die Kirche ist vom Konzil aufgerufen worden zu einer »dauernden Reformation, deren sie allzeit bedarf, soweit sie menschliche und irdische Einrichtung ist« (Ökumenismus-dekret II,6). Sie muß »die Niedrigkeit und das Todesleiden Christi an ihrem Leibe« tragen, sich von Tag zu Tag reinigen und erneuern, »bis Christus sie sich dereinst glorreich darstellt, ohne Makeln und Runzeln« (id. I,4). »Und so sind die verschiedenen Lebensäußerungen der Kirche, in denen diese Erneuerung sich schon verwirklicht – wie etwa die biblische und liturgische Bewegung, die Predigt des Wortes Gottes und die

Katechese, das Laienapostolat, neue Formen des gottgeweihten Lebens, die Spiritualität der Ehe, die Lehre und Wirksamkeit der Kirche im sozialen Bereich – als Unterpfand und als gute Vorbedeutung zu sehen, die den künftigen Fortschritt des Ökumenismus schon verheißungsvoll ankündigen« (id., II,6). Als Übung eines wahren Ökumenismus wird besonders hervorgehoben »diese Bekehrung des Herzens und die Heiligkeit des Lebens«, die »als die Seele der ganzen Ökumenischen Bewegung anzusehen» ist und »mit Recht geistlicher Ökumenismus genannt werden« kann (id., II,8).

Die gemischten Konferenzen, bei denen man von gleich zu gleich wesentlich theologische Probleme behandelt, verlangen eine echte Befähigung, eine ökumenische Formung der neuen Generation, »ganz in diesem Sinne und nicht polemisch« eine »Unterweisung in der heiligen Theologie und in anderen, besonders in den historischen Fächern . . . unter ökumenischem Gesichtspunkt . . ., damit sie umso genauer der Wahrheit und Wirklichkeit entspricht« (id., II,10).

Zeugt all das nicht von einer ungeheuren Erneuerung des monolithischen Organismus Roms, von einer friedlichen Revolution inmitten des römischen Katholizismus? Das Konzil bietet neue und positive Elemente für die Beziehungen zwischen den römischen Katholiken und den Orthodoxen. Das Dekret über den Ökumenismus erklärt im Blick auf die Brüder des Orients, die in unversehrter Gemeinschaft mit denen leben, die der abendländischen Tradition folgen, »daß dies ganze geistliche und liturgische, disziplinäre und theologische Erbe« des Orients »mit seinen verschiedenen Traditionen zur vollen Katholizität und Apostolizität der Kirche gehört« (III,17).

Es wird an anderer Stelle die für alle sehr verpflichtende Bedeutung hervorgehoben, »die der Kenntnis, Verehrung, Erhaltung und Pflege des überreichen liturgischen und geistlichen Erbes der Orientalen zukommt, damit die Fülle der christlichen Tradition in Treue gewahrt und die völlige Wiederversöhnung der orientalischen und der abendländischen Christen herbeigeführt werde« (III,15).

Es ist für eine objektive und gründliche Beurteilung der ökumenischen Arbeit des Konzils sicherlich notwendig, Abstand zu gewinnen, zumindest mit Rücksicht auf seine wichtigen Ergebnisse. Aber es wäre ungerecht, sich bei einer Teilbeurteilung der Unionsarbeit des Vatikanischen Konzils aufzuhalten, ohne seine Dekrete und Beschlüsse mit den allgemeinen Versuchen heute zu konfrontieren.

IV. Ein neues Verhältnis der beiden Kirchen zueinander

Der Orient kann in der Tat nicht die Theorie von der gelebten Überzeugung, den Glauben von der Liebe trennen, insofern als »Glaube und Liebe ein Ganzes sind ohne Vorrang des einen vor dem anderen«[4], insofern als die Liebe ohne den Glauben eine leere Ansammlung von sentimentalen Zuständen ist, die außerhalb und unabhängig vom Christentum existieren können, und insofern als der Glaube ohne die Liebe nichts anderes ist als eine trockene Herrschaft des Verstandes. Das von Natur kalte, zurückhaltende und vernünftelnde christliche Abendland ist nicht imstande, den Dialog der Liebe ausreichend und in rechter Weise als ein notwendiges Stadium, als ein wegbereitendes

Element des Dialogs der Wahrheit einzuschätzen. Während im Osten die Liebe gegenseitig Zugeständnisse einräumt – was immer aufgefaßt worden ist als eine der Bedingungen für das Bekenntnis desselben Glaubens[5], ist für das positive und klassische christliche Denken in erster Linie der theologische Dialog maßgebend, die Übereinstimmung oder Nichtübereinstimmung im Ausdruck, die aus Daten, Dokumenten und Argumenten gewonnene und zu Papier gebrachte Deutung.

Wie dem auch sei, der orthodoxe Theologe darf seinerseits bei seiner Aufgabe, das Werk des Konzils zu würdigen, nicht die großen historischen Ereignisse unserer Zeit übersehen, u. a. auch die Reise des Bischofs von Alt-Rom zu seiner Begegnung mit seinem Bruder, dem Bischof von Neu-Rom, im Phanar (25. Juli 1968) nach ihrer ersten historischen Begegnung in Jerusalem (Januar 1964), ferner die von unerhörten Ehrungen umgebene Aufnahme, teilweise unvorstellbar für das von Natur vorsichtige römische Protokoll, die dem Ökumenischen Patriarchen anläßlich der dritten Begegnung der beiden Prälaten in Rom (26. Oktober 1967) bereitet wurde, die vielfachen Kontakte durch Schreiben oder Sondergesandte zwischen dem Vatikan und dem Phanar.

Positiv und ermutigend für die Beziehungen der beiden Kirchen ist auch das Zeugnis, das in der gemeinsamen Erklärung seinen Ausdruck fand, nach der »ihre Begegnung dazu beitragen konnte, daß ihre Kirchen sich in noch stärkerem Maße als Schwesterkirchen erwiesen«, ebenso wie die von ihnen zum Ausdruck gebrachte, indirekt den Proselytismus verdammende Überzeugung, »daß der Dialog der Liebe zwischen ihren Kirchen Früchte der uneigennützigen Zusammenarbeit auf der Ebene eines gemeinsamen Handelns auf pastoralem, sozialem und geistigem Gebiet tragen müsse, immer in gegenseitiger Achtung vor dem Glauben des anderen gemäß seiner eigenen Kirche«. Und die wechselseitige und gleichzeitige feierliche Aufhebung des Bannes am 7. Dezember 1969 in der Patriarchatskirche des Phanar und in der Basilika St. Peter in Rom – ist sie nicht eine Handlung der Liebe und Versöhnung, die eine theologische Würdigung verdient unabhängig vom Standpunkt der Theologen der beiden Kirchen?

Wenn die Aufhebung des Bannes identisch ist mit der Aufhebung des Schismas – was offiziell weder vom Papst von Rom noch durch eine Synode des Ostens erklärt worden ist –, sind wir dann nicht de facto zur Sakramentsgemeinschaft zwischen Ost und West vor 1054 zurückgekehrt, wenn auch – wie es tatsächlich ist – die Kluft sich in der Zwischenzeit durch Einführung neuer Definitionen, wesentliche dogmatische Divergenzen, somit durch neue Gründe der Trennung zwischen beiden Kirchen erweitert hat? Es ist sicher, daß niemals eine absolute dogmatische Übereinstimmung zwischen Ost und West bestanden hat. Wenn von einer absoluten dogmatischen Gemeinsamkeit die Rede ist, die nötig sei, dann muß man beachten, daß es sich ja nicht um grundverschiedene Lehren handelt, sondern um verschiedene Betrachtungsweisen des einen und selben geoffenbarten Geheimnisses. Die eine geoffenbarte Wahrheit wurde in Ost und West in verschiedener Weise aufgefaßt und interpretiert, ja nach dem verschiedenen Temperament und Charakter dieser Völker. Die verschiedenen Traditionen schlossen einander nicht gegenseitig aus, sondern machten im Gegenteil die Gemeinschaft zwischen den beiden Kirchen möglich. Der Standpunkt trennte, aber der Herr selbst einte.

Die geistige Entfremdung, die historisch-theologischen Elemente und andere nichttheologischer Art, die man hier nicht untersuchen kann, der Mangel an echtem Verständnis und Liebe führten zu Mißverständnissen über die Lehre, gewollten oder ungewollten

Mißverständnissen, die das Schisma unvermeidlich machten, dieses Schisma, das, faktisch viel eher begonnen, seinen definitiven Ausdruck in dem symbolischen und historischen Ereignis von 1054 fand. Seit damals herrscht offizielle gegenseitige Isolierung. Die theologischen Diskussionen des Ostens haben im Laufe der Jahrhunderte im Westen ein solches dogmatisches Gewicht erhalten, daß die sorgfältige Untersuchung der Bedingungen für eine communicatio in sacris mit den Orthodoxen bei den Römischen Katholiken sich unvermeidlich verband mit der Aufklärung bestimmter theologischer Divergenzen.

V. Theologische Divergenzen

Man könnte diese Divergenzen in zwei Kategorien einteilen, solche von sozusagen nebensächlichem Charakter und solche, die sich auf wesentliche Punkte des Glaubens und des Amtes beziehen. Die einen wie die anderen bestanden teils schon vor dem Schisma, teils erhielten sie erst nach diesem Ereignis dogmatisches Gewicht.
Zu den Differenzen der ersten Art zählen z. B. die Lehre von der Rechtfertigung, die Lehren von den Sakramenten, vom Ort der Läuterung nach dem Tode (Fegefeuer) und vom Pflichtzölibat der Priester. Diese Differenzen haben eine sekundäre Bedeutung; sie täten der Einheit der Kirche keinen Abbruch, im Gegenteil, sie brächten sie reicher zum Ausdruck und sie sind zulässig, soweit sie nicht einander widersprechen und der Substanz der Wahrheit widerstreiten. Jeden unausgereiften und unverantwortlichen Ausgleich dieser Differenzen muß man vermeiden. Hier gilt ganz und gar, was Papst Paul VI. in der Patriarchalkirche St. Georg des Phanar betont hat: »Auch uns muß da die Liebe helfen, wie sie Hilarion und Athanasius geholfen hat, die Gleichheit des Glaubens zu erkennen trotz der unterschiedlichen Ausdrucksweise im Augenblick und der schweren Meinungsverschiedenheiten, die den christlichen Episkopat entzweiten. Selbst der heilige Basilius in seiner Hirtenliebe – wahrte er nicht den wahren Glauben im Heiligen Geist, indem er es vermied, bestimmte Worte zu gebrauchen, die, so richtig sie auch sein mochten, ein Stein des Anstoßes für einen Teil des christlichen Volkes sein konnten? Und der heilige Cyrill von Alexandrien – nahm er es nicht hin im Jahre 433, daß seine so schöne Theologie außer acht gelassen wurde, um des Friedens mit Johannes von Antiochien willen, nachdem er sich vergewissert hatte, daß trotz verschiedener Ausdrucksweisen ihr Glaube identisch war?«
Das Problem liegt anders, wenn es sich um Divergenzen der zweiten Art handelt, nämlich die beiden Maria betreffenden Dogmen von 1854 und 1950, die Einfügung des Filioque ins Glaubensbekenntnis (bei der Aussage über den Heiligen Geist: »der aus dem Vater *und dem Sohn* hervorgeht«) und die definierte Lehre vom Primat verbunden mit der päpstlichen Unfehlbarkeit (1870). Es ist zu prüfen, ob diese Divergenzen widersprüchlich sind, das heißt, ob und in welchem Maße sie zu Widersprüchen im Verständnis und in der Formulierung der einen Wahrheit führen. Auf jeden Fall dürfen diese Unterschiede nicht beziehungslos und dadurch undifferenziert nebeneinander bestehen bleiben. Es ist vielmehr notwendig, daß sie Objekt einer lebendigen Konfrontation werden. Die Wahrheit muß mit der größtmöglichen Klarheit ausgedrückt werden. Eine

künstlich herbeigeführte Übereinstimmung entspricht in keiner Weise dem Ökumenismus; sie kann ihm sogar Nachteile bringen durch übertrieben streitbare Selbstverteidigung, Selbstrechtfertigung und gegenseitige Konkurrenz, die sich in ein ökumenisches Gewand kleidet.

a. Die mariologischen Dogmen

Sicherlich widersprechen die Maria betreffenden Dogmen nicht dem Sinn der Glaubensbekenntnisse der Ökumenischen Konzilien. Soweit sie einen geschichtlich begründeten offiziellen Ausdruck der Verehrung des Volkes für die Mutter Gottes darstellen, werden sie von den orthodoxen Gläubigen respektiert, selbst wenn sie zum Teil im Widerspruch stehen zur Lehre von der Allgemeinheit der Ursünde und wenn sie sich auch weder auf die Heilige Schrift noch auf die apostolische Tradition gründen lassen.

b. Das Filioque

Vom orthodoxen Standpunkt aus anstößig ist es jedoch, daß durch die Einfügung des Filioque das Nizäno-Konstantinopolitanische Glaubensbekenntnis verändert worden ist trotz der ausdrücklichen Ablehnung und Verurteilung jedweder Veränderung durch die Ökumenischen Konzilien. Heute kann man, wie einige Autoren versichern, annehmen, daß die Einfügung des Filioque in das Credo nicht die von den Ökumenischen Konzilien dargelegte Lehre von der Einheit Gottes verändert, vielmehr in Abwehr jedes Polytheismus nur noch unterstreicht. Deshalb ist zu prüfen, ob dieses Problem vielleicht nur das Gebiet der theologischen Auslegung berührt und einfach eine Form darstellt, die man bei mehreren östlichen wie westlichen Kirchenvätern antrifft. Zu prüfen ist auch die Meinung der kleinen Gruppe orthodoxer Theologen, die glauben, daß »die Einfügung des Filioque in das Credo durch die Abendländer nicht einen fatalen Hieb gegen die Einheit bedeutet hätte, wenn nicht die Konkurrenz zwischen Ost und West wegen der Bekehrung der Slaven zum Christentum entstanden wäre und wenn die Kreuzfahrer sich nicht zur Plünderung und Einnahme von Konstantinopel im Jahre 1204 hätten hinreißen lassen und zur Errichtung der lateinischen Hierarchie in verschiedenen Gegenden innerhalb und außerhalb des Imperiums, die seit Jahrhunderten in byzantinischer Tradition standen. Unter solchen Bedingungen wurde das Filioque für die Orthodoxie zum Symbol der Eroberungszüge der Päpste, der Franken, der Venezianer und der Genuesen in den Orient«[6].

In dem Maße, als die zeitgenössische Bibelexegese die orthodoxe Auffassung wieder stärkt[7], ist die Katholische Kirche durch das Zweite Vatikanische Konzil vorbereitet, neue Konzessionen zu machen: »Was also etwa je nach den Umständen und Zeitverhältnissen im sittlichen Leben, in der Kirchenzucht oder auch in der Art der Lehrverkündigung – die von dem Glaubensschatz selbst genau unterschieden werden muß – nicht genau genug bewahrt worden ist, muß deshalb zu gegebener Zeit recht- und pflichtgemäß erneuert werden« (Ökumenismusdekret, II,6).

Freilich fordert die katholische Kirche die Einfügung des Filioque nicht; denn es stellt für sie keinen wesentlichen Punkt dar; so wird sowohl der Brauch bei den katholischen Orientalen verständlich, das Nizäno-Konstantinopolitanische Credo ohne diesen Zusatz zu sprechen, wie auch die Entscheidung des Konzils von Florenz (1439), nach der die lateinische Formel »aus dem Vater und dem Sohn« die gleiche Wahrheit ausdrückt wie die Formel des Ostens »aus dem Vater durch den Sohn«[8].

c. Die Dogmen über den universalen Jurisdiktionsprimat und die Unfehlbarkeit des Römischen Stuhles

Ein Hindernis für die christliche Einheit ist für uns aber die Abweichung Roms von der alten episkopalen Struktur der Kirche durch die Einführung des Primats und der Unfehlbarkeit des Römischen Stuhls. Die katholische Kirche betrachtet die universale Jurisdiktion des Bischofs von Rom als ein für die christliche Einheit wesentliches und darum unerläßliches ekklesiologisches Element. Selbst wenn »die Art dieser Jurisdiktion sehr variabel ist, heute sehr zentralisiert, ehemals mehr dezentralisiert, im Osten sehr abgeschwächt, im Westen mehr vereinheitlicht«[9], scheint es, daß Rom mehr in der Weise auf seinem Primat besteht, wie er im Verlauf des Ersten Vatikanischen Konzils (1870) formuliert worden ist.

Doch was kann dieses Festhalten im Grunde bedeuten, da das Dogma vom Primat heute im Bewußtsein der Römischen Katholiken sich gewandelt hat und in seiner praktischen Anwendung soweit abgeschwächt worden ist, daß die katholischen Theologen notgedrungen die Frage stellen: Was ist letzten Endes maßgebend? Ist es der trockene Buchstabe des Dogmas? Ist es das Gewissen der Gläubigen, sein Ausdruck in gelebter Erfahrung, in Wort und Schrift? Und wenn wirkliche Handlungen und Erfahrungen von heute mit »unwandelbaren« und »unabänderlichen« Thesen von gestern zusammenprallen, sind wir dann nicht wegen der Wichtigkeit der Sache gehalten, die alten Thesen zu überprüfen, indem wir auf theologische Weise und positiv die Erfahrungen der Kirche von heute berücksichtigen?

Die offizielle Römisch-Katholische Kirche versucht, durch das Zweite Vatikanische Konzil ein Gleichgewicht herzustellen zwischen den verschiedenen Tendenzen, die ihren Ausdruck gefunden haben im Schwanken der Gläubigen zwischen einem verkalkten Dogmatismus, der mit unüberprüfter Sicherheit und unerbittlich am Wortlaut der traditionellen Thesen festhält, und einem gefährlichen, radikalen, an allem zweifelnden Skeptizismus, der kritisch zwar, aber einfach drauf los versucht, die hierarchische Ordnung der Werte und Institutionen zu nivellieren und den wahren Gott klar von dem zu scheiden, was man für Vergötzungen hält. Bei seinem Versuch, ein Gleichgewicht herzustellen, betont Rom einerseits die kollegiale Autorität der Bischöfe und andererseits die undiskutable und klar zum Ausdruck gebrachte Gültigkeit des Primatdogmas in der Weise, daß sich offensichtliche Widersprüche ergeben. So hat nach dem Ökumenismusdekret (I,2) »Christus das Amt der Lehre, der Leitung und der Heiligung dem Kollegium der Zwölf anvertraut« und andererseits »unter ihnen . . . den Petrus ausgewählt, auf dem er nach dem Bekenntnis des Glaubens seine Kirche zu bauen beschlossen hat; ihm hat er die Schlüssel des Himmelreiches verheißen . . . ihm hat er alle Schafe anvertraut, damit er sie im Glauben stärken und in vollkommener Einheit weiden solle«.

Demnach befindet sich unter den Aposteln ein privilegierter Führer, Petrus. Die Lehre von der Gewalt der Apostel ist zugleich ganz einfach undiskutabel, die Gewalt des Petrus von Gott geoffenbartes Dogma. In der nachkonziliaren kritischen Periode, die wir durchschreiten, stellen wir fest, daß es nicht in genügendem Maße notwendige Bedingungen und Möglichkeiten dafür gibt, daß die widersprüchlichen Entscheidungen und Feststellungen des Konzils – darunter auch die die Kollegialität der Bischöfe betreffenden – zu einer wahren und lebendigen Erfahrung der Gläubigen – sowohl des Klerus als auch der Laien – der Römisch-Katholischen Kirche werden. Um die Einheit im Inneren nicht zu erschüttern, ist Rom durch die Macht der Ereignisse gezwungen, wenn es im Ton der Überzeugung bei passender wie unpassender Gelegenheit das Dogma vom Primat des Römischen Stuhls unterstreicht. Konzessionen zu machen, um die Liberalen halten zu können, und nach dem Maße des Möglichen die Einheit der schlecht zusammengehaltenen Gläubigen zu sichern. Doch was meint dieses Dogma im Grunde und inwieweit kann der römische Anspruch von 1870 auf eine Jurisdiktion des Papstes über alle Kirchen auch die orthodoxe Kirche des Ostens betreffen, wenn diese Jurisdiktion – obschon dogmatisch definiert, schon relativiert angewandt – nicht in Übereinstimmung mit dem Osten geübt und angewandt werden kann?

VI. Gemeinschaft durch Rückkehr zur Tradition der alten ungeteilten Kirche

Wenn so die dogmatische Wiederaussöhnung zunächst menschenunmöglich zu sein scheint, da ihr möglicherweise die beiden Kirchen aus ihrer ganzen Natur heraus entgegenzustehen scheinen, ist es dann überhaupt und in jeder Hinsicht ein unkluger Optimismus, ein Hoffen gegen alles Hoffen, einen Ausweg aus der Sackgasse zu suchen? Wenn wir wirklich an die Einheit der Kirche als von Gott gegeben glauben, dann haben wir nicht nur die Schwierigkeiten in den Möglichkeiten zu suchen, sondern auch die Möglichkeiten in den Schwierigkeiten. Und wenn wir einen möglichen Ausweg aus der für uns als Menschen entmutigenden Sackgasse zu finden wünschen, dann müssen wir mit Liebe und ohne Leidenschaft das »Wie« und das »Warum« des Ursprungs der Unterschiede prüfen, die uns aus historischer und theologischer Sicht trennen.
Die Wurzeln der Trennung finden sich in der Geschichte. Wenn man von der Vergangenheit ausgeht, kann man besser und leichter die Gegenwart verstehen, indem man gleichzeitig einen verantwortungsbewußten Blick auf die Zukunft richtet. Wahrhaftig, die Vergangenheit gehört der Geschichte an, die Gegenwart ereignet sich, und die Zukunft kann man nur sehr bedingt vorhersehen und erhoffen. Darum muß man unbedingt in der Tiefe der Geschichte von gestern forschen, damit wir die Gegenwart heute richtig beurteilen können und eine solide und realistische Basis für die Einheit von morgen bereiten. Das ist nur möglich, wenn wir uns von Vorurteilen und ungerechten Teilurteilen befreien, die der tatsächlichen Situation der getrennten Brüder nicht wirklich entsprechen. Wenn wir uns nicht gemeinsam zu den Quellen zurückbegeben, kann es geschehen, daß wir die Kluft, die uns trennt, vertiefen oder daß wir auf weitere Trennungen im Innern und damit viel bedauerlichere Schismen zugehen. Auf jeden Fall zeigt uns die

Geschichte verfrühte und voreilige Unionsbestrebungen zwischen den Kirchen – aus opportunistischen Gründen in die Wege geleitet –, die letzten Endes dazu geführt haben, die schon bestehende Trennung zu vertiefen und zu verfestigen. Darum ist ein »raumdimensionaler Ökumenismus«, der nur den Raum sieht, in dem die Kirchen heute nebeneinander existieren, und hier ein Sich-zusammentun zum Ziel hat, ein ungenügender Versuch, wenn er nicht vervollständigt wird durch einen »zeitdimensionalen Ökumenismus«, anders ausgedrückt: durch die gemeinsame und verantwortungsbewußte Rückkehr zur Tradition der alten und ungeteilten Kirche, in der die Quelle für die Existenz aller Kirchen und Konfessionen liegt. Mit dieser unserer orthodoxen Sicht möchten wir ganz einfach das Suchen nach einer geeigneten Lösung erleichtern, die Einheit der Kirche wiederherzustellen und aufleben zu lassen. Wir möchten uns nicht zufriedengeben mit einer bloßen Darlegung einer idealen Lehre von der Einheit, sondern wir möchten in völlig integrierter Gemeinschaft leben können, weil, wie der heilige Johannes Chrysostomus sagt, »die Kirche gegründet wurde, damit wir, die wir wiedervereinigt sind, nicht getrennt, die jedoch, die getrennt sind, wieder vereint seien«.

Gewiß, niemand kann etwas vorhersagen über »die Länge des Weges, der, wenn man es recht überlegt, eine Sache des Glaubens ist, eine Sache vieler Gebete, heiliger Geduld, unaufhörlicher Arbeit und vor allem der Liebe. Denn ganz allein in der Liebe können wir alle aus der Vergangenheit ererbten Elemente ausräumen, können wir die unübersteigbaren Hindernisse beseitigen, können wir das gegenseitige brüderliche Vertrauen vollständig wiederherstellen; indem wir in gegenseitiger Achtung eine neue geistliche Situation schaffen, die der Annäherung, bauen wir auf festen und sicheren Fundamenten unsere Einheit in Christus, ›der das Haupt der Kirche ist‹« (Patriarch Athenagoras).

Vergessen wir darum nicht, wenn die historische Wirklichkeit daran ginge, unsere Hoffnungen auf Wiederherstellung der von unserer Zeit ersehnten Einheit zu erschüttern, daß die Macht Gottes eine für die Menschen entmutigende und hoffnungslose Situation durch die Hoffnung auch wieder zum Besseren wenden kann und einen Ausweg selbst aus der Sackgasse zeigen oder sogar öffnen kann! Die menschliche Sackgasse ist nicht das entmutigende Ende unseres gemeinsamen Heilsweges; im Gegenteil, diese Sackgasse kann die Bedeutung eines Weges der Hoffnung haben auf die Verwirklichung des Verlangens, das seinen Ausdruck fand in dem drängenden Gebet, das der Herr vor seinem Leiden an den gemeinsamen Himmlischen Vater richtete, »daß alle eins seien« (Joh 17,21).

Anmerkungen

1 Documentation catholique, 1963, Sp. 1356–1357.
2 ebenda, Sp. 1425.
3 Archimandrit Elias Mastroyannopoulos, Orthodoxe Voraussetzungen für den ökumenischen Dialog (griechisch), in Ekklisia 1969, 178–180 u. 198–201.
4 J. A. Möhler, Die Einheit in der Kirche oder das Prinzip des Katholizismus, dargestellt im Geiste der Kirchenväter der ersten drei Jahrhunderte, hrsg. von J. R. Geiselmann, Köln, 1956, 253–254 macht, indem er sich auf das »ὅλος« des Ignatius bezieht, die folgenden Bemerkungen: »ὅλος wird von Dingen gebraucht, deren Teile ohne das Ganze nicht denkbar und, wo alles in

einem organischen Zusammenhang steht, sei nun dieser Zusammenhang ein physisch- oder geistiglebender oder bloß gedachter oder auch bloß ein solcher, wo der Teil das Bild des Ganzen ist, im Gegensatz zu einem aus verschiedenen Dingen zusammengesetzten Ganzen, wie man im Griechischen wohl von einer Wassermasse sagt, sie sei ein ὅλον, nicht aber vom Haus; die Lateiner geben es mit totus und universus (. . .), daher τὸ ὅλον das Universum, ὅλον τὸ σῶμα, der ganze Körper; oder wenn Ignatius sagt τὸ ὅλον ἐστὶ πίστις καὶ ἀγάπη ὧν οὐδὲν προκέκριται; (. . .); nämlich πίστις und ἀγάπη bilden das ὅλον, welches eine Menge von Teilen umfaßt, oder viele Besonderheiten sind organisch verbunden in diesem ὅλον enthalten.«

5 Es ist kein Zufall, daß in der Göttlichen Liturgie vor dem Glaubensbekenntnis der Diakon an uns die Ermahnung richtet: »Laßt uns einander lieben, damit wir in demselben Geiste bekennen: . . .«

6 S. Agouridis in einem Beitrag über das Filioque in Ekklisia, 1969, Nr. 28, 623 ff.

7 Vgl. ebendort.

8 F. Heiler, Was lehrt das Konzil von Florenz für die kirchliche Einigungsarbeit? in: Eine heilige Kirche, 21 (1939), 183–193.

9 Vue prophétique de Lambert Beauduin sur la situation actuelle de l'Église, Irénikon, 1969, 393.

3

Einheit der Kirche aus orthodoxer Sicht

Überlegungen und Perspektiven

Es ist nicht einfach, eine orthodoxe Darstellung der Kirche zu geben, da bei den orthodoxen Theologen nicht immer eine einheitliche Linie zu finden ist, was sowohl das Wesen der Ekklesiologie als auch deren verschiedene Aspekte anbetrifft. Die Meinungsverschiedenheit orthodoxerseits im Blick auf die Ekklesiologie, die nicht unabhängig von der Christologie, Soteriologie und Anthropologie zu untersuchen ist, kann man darauf zurückführen, daß einige Theologen den institutionellen Aspekt der Kirche vernachlässigen, indem sie das Leben der Kirche der Institution entgegensetzen[1]. Manche wieder überschätzen die hierarchische Struktur der Kirche; wieder andere sehen keinen Widerspruch zwischen dem institutionellen Charakter der Kirche und ihrem Charakter als lebendigem Organismus der Gemeinschaft in der Liebe[2].

Dabei lassen wir einmal die verschiedenen Variationen im Verständnis der Gemeinschaft außer acht, die zwischen zwei Schulen bestehen, einmal der mehr protestantisierenden mit dem Russen A. S. Chomiakow an der Spitze, andererseits der mit dem Griechen Ch. Androutsos als Hauptvertreter.

Ich möchte meine Aufgabe nicht darin sehen, den einen oder anderen dieser Theologen als Ketzer zu bezeichnen, sondern möchte zu Beginn meiner Ausführungen die Frage aufwerfen, ob diese Meinungsverschiedenheiten, sobald sie Widersprüche aufweisen, auf eine Untreue der orthodoxen Theologen dem zentralen Thema der Kirche gegenüber zurückzuführen oder als Folge und Früchte ihrer Besinnung auf den ihnen eigentümlichen Kirchenbegriff zu bezeichnen sind, die erst in der Auseinandersetzung mit den Reformatoren bzw. dem Krypto-Calvinismus des Cyrillus Lukaris begonnen hat. Dann würde das heißen, daß die orthodoxe Ekklesiologie noch im Werden ist. Oder aber, die ganze Problematik hängt mit dem geheimnisvollen, unfaßbaren Aspekt der Kirche zusammen. Mir geht es jedenfalls nicht darum, die Widersprüche zu entprotestantisieren oder zu entscholastisieren oder sie der Logik anzupassen, um dadurch sozusagen eine »logische Ekklesiologie« zu schaffen, sondern mir geht es darum zu zeigen, daß die Kirche ihrem Wesen nach Mysterium und keine Angelegenheit des Verstandes, sondern der Erkenntnis durch Erfahrung, durch Teilhabe und Teilnahme ist. Ebensowenig wie das Wesen Gottes, kann man auch die Kirche nicht definieren. Die Undefinierbarkeit ist der beste Beweis ihrer Lebendigkeit. Man kann sie nur erfassen durch eine in der Gnade geschenkte Erfahrung, indem man an ihrem Leben teilnimmt. Als der Leib Christi ist sie Fülle (plêrôma). Sie ist wesentlich Leben und übersteigt jede Definition.

Wenn man aber trotzdem die verschiedenen Variationen der neueren orthodoxen Theologie in ihrem Kirchenverständnis in einer relativen Synthese zu koordinieren suchte, die allen Aspekten des kirchlichen Lebens bis zu einem gewissen Maße Rechnung tragen könnte, – wenn es also möglich wäre, eine klare orthodoxe Definition über die Kirche abzugeben, dann hätte man folgendes zu sagen:

Die Kirche ist der Leib Christi, die Gesamtheit all derer, die an Christus als den Gott und Erretter der Welt glauben und durch diesen orthodoxen Glauben und die Sakramente zu einem »Leibe« mit dem einen Herrn als »Haupt« vereint sind. Daher kann nur eine einzige Kirche existieren, die aus Göttlichem, Pneumatischem und Unsichtbarem einerseits und Menschlichem, Materiellem und Sichtbarem andererseits besteht[3].

Die einzigen dogmatischen Aussagen über die Kirche, ihre vier Prädikate »mia, hagia, katholikê kai apostolikê ekklêsia« im Nicaenischen Glaubensbekenntnis sind nicht immer Gegenstand einheitlicher und bei allen Theologen klarer Ausführungen gewesen, und ihren besten Kommentar könnte man im Amt und im sakramentalen Leben der Kirche finden. Diese vier Prädikate sind trotz ihrer anscheinenden Differenziertheit keine statischen Attribute, sondern verschiedene dynamisch ineinander übergehende Dimensionen ein und derselben Kirche.

»Die Grundlage der orthodoxen Ekklesiologie«, schreibt A. Schmemann, »liegt vor allem im Geheimnis der Inkarnation, denn die Kirche ist der Leib Christi, und die ›Manifestation‹ der Trinität geschieht nur durch die Inkarnation und die Verherrlichung des Sohnes Gottes . . . Wenn das trinitare Sein der Inhalt des Lebens der Kirche ist, als ewige Offenbarung der trinitaren Einheit, so bildet die Gott-Menschheit Christi die Form der Kirche, das ontologische Gesetz ihrer Struktur: Christus totus in capite et in corpore.«[4]

Die Kirche ist also als Leib ein lebendiger Organismus. Man darf hierbei weder die Institution zu sehr einseitig verinnerlichen auf Kosten der kanonischen und hierarchischen Struktur der Kirche noch die Organisation zu starr unterstreichen, was zur Verachtung des mystischen Aspektes der Kirche führen könnte. Denn sobald man den mystischen Aspekt der Gemeinschaft in den Vordergrund treten läßt, verachtet man wieder bewußt oder unbewußt den Begriff der Institution und verringert die Bedeutung der kirchlichen Gemeinschaftsstrukturen.

Sehr treffend bemerkt H. Küng dazu: »Wie könnte die eine Kirche wahrhaft die eine sein, wenn ihr nicht zugleich die Spannweite der Katholizität, die Kraftquelle der Heiligkeit und der Ursprung der Apostolizität gegeben wäre. Wie könnte die katholische Kirche wahrhaft katholisch sein, wenn ihr nicht zugleich der Zusammenhalt der Einheit, die Selbstlosigkeit der Heiligkeit und die Stoßkraft der Apostolizität gegeben wäre. Wie könnte die heilige Kirche wahrhaft heilig sein, wenn ihr nicht zugleich das Rückgrat der Einheit, die Weiterzigkeit der Katholizität und die Verwurzelung der Apostolizität geschenkt wäre. Und wie könnte so schließlich die apostolische Kirche wahrhaft apostolisch sein, wenn ihr nicht die Kollegialität der Einheit, die Vielfalt der Katholizität und der Geist der Heiligkeit geschenkt wäre.«[5]

Trotzdem möchte ich in den folgenden Ausführungen die eine Eigenschaft der Kirche herausgreifen: ihre Einheit, indem ich sie unter einem dreifachen Aspekt betrachte:

  I. Die Einheit der Kirche im Neuen Testament.

 II. Die Einheit der Kirche im Verständnis der Kirchenväter.

III. Die Einheit der Kirche unter Berücksichtigung unserer gegenwärtigen kirchlichen
Situation.

I. Die Einheit der Kirche im Neuen Testament

Schon im Alten Testament ist die christliche Kirche als ein Reich, das alle Völker
zusammenschließen soll, als Neu-Jerusalem, als Berg des Herrn, wo sich alle Völker
versammeln werden, vorgebildet. Noch deutlicher kommt die Einheit der Kirche in
deren neutestamentlichen Bezeichnungen[6] zum Ausdruck und am wesenhaftesten und
konkretesten durch den paulinischen Begriff »sôma Christou« – »Leib Christi«.
Die Elemente der tieferen Einheit der Kirche im Verständnis des NT sind der eine Gott[7],
der alle berufen hat durch seine eine Offenbarung in Jesus Christus[8]. Der Eine Herr Jesus
Christus, das Haupt des Leibes der Kirche, von dem aus »der ganze Leib zusammenge-
fügt und zusammengehalten wird durch jedes einzelne Gelenk, das seinen Dienst tut
nach der Kraft, die jedem einzelnen Gliede zugemessen ist«[9]; der eine Geist Gottes und
Jesu Christi, der alle erfüllt und in einem »Leib« zusammenschließt, der eine Glaube, die
eine Taufe[10], durch die wir als Getaufte dem einen Leib eingegliedert – alle »ein einziger
in Christus Jesus« – werden, als seine Glieder und Glieder untereinander[11]. »Wir alle
sind durch die Taufe in einem Geist zu einem Leib geworden.«[12]
Der eine eucharistische Tisch (und Leib), der die Einheit der Kirche immer von neuem
konstituiert und an dem alle Anteil haben, um der Verwirklichung des einen und
ständigen Zieles willen, welches die Erlösung aller Menschen ist. »Weil es ein Brot ist, so
bilden wir viele einen Leib. Wir nehmen ja alle an dem einen Brot teil.«[13] Daher sieht
Felix Malmberg mit Recht in der Inkarnation die Grundlage der »in absolut übernatürli-
cher, gegenseitiger, ontologischer Inklusion«[14] der zwischen Christus und der Kirche
bestehenden mystischen Einheit.
Unter den vielen neutestamentlichen Stellen, die die Einheit der Kirche andeuten,
bezeugen oder voraussetzen[15], möchte ich eine umfassende herausgreifen:
»So ermahne ich euch nun, ich Gefangener in dem Herrn, daß ihr wandelt, wie sichs
gebührt eurer Berufung, mit der ihr berufen seid, in aller Demut und Sanftmut, in
Geduld; und vertraget einer den andern in der Liebe und seid fleißig, zu halten die
Einigkeit im Geist durch das Band des Friedens: ein Leib und ein Geist, wie ihr auch
berufen seid zu einerlei Hoffnung eurer Berufung; ein Herr, ein Glaube, eine Taufe; ein
Gott und Vater aller, der da ist über allen und durch alle und in allen.«[16]
Er, »der Gefangene im Herrn«, erhebt seine bittende Stimme und richtet in diesem Fall
nicht eine situationsbedingte, sondern eine grundsätzliche Mahnung zur Einheit der
Kirche, die als solche ein besonderes Gewicht und einen Vorrang unter den anderen
paulinischen Mahnungen haben soll. Die vielen Glieder, die – wie es sich aus den
folgenden Versen ergibt – eine Vielgestaltigkeit und keine Vielheit in einem Leibe Christi
bilden, sollen das, was ihnen vorgegeben ist, nämlich die vom Geist in dem einen Leib
bewirkende und durch ihn bewahrende Einheit, hüten. Und die Bewahrung dieser vom
Heiligen Geiste geschaffenen und gegebenen Einheit bedarf eines reichen Maßes an

Demut und Sanftmut, an Langmut und Großmut und befreiender Liebe. Es soll durch
das zusammenhaltende Band des Friedens geschehen, welches die innere Bindung der
Einheit ist. Diese Einheit besteht durch ein unmittelbar und immer durch den göttlichen
Geist bewegtes, sich durch liebende Wechselwirkung der Glieder erhaltendes und fort-
pflanzendes Leben.

Einheit unter Christen ist so wesentlich und wichtig, daß sie mit der Einigung des Vaters
mit dem Sohn oder, besser ausgedrückt, mit der untrennbaren Einigung unter den drei
Personen der heiligen Dreieinigkeit gleichgesetzt werden kann. Und der Zerfall dieser
Einheit bedeutet Zerbrechen des Friedens, der Demut und des Glaubens, die er voraus-
setzt. »Die Einheit des einen Leibes nicht bewahren«, schreibt Schlier, »hieße also die
Einheit des einen Herrn und des Bekenntnisses zu ihm leugnen. Es hieße seine einigende
Autorität mißachten«, »hieße das neue Sein, indem sie als Glieder dieses Leibes von der
Taufe her sind, und ihre Wirklichkeit, aus der sie existieren, mißachten und ver-
sehren.«[17]

Der beste Ausdruck der Einheit der Kirche ist die Einheit im Glauben, durch dasselbe
Glaubensbekenntnis, wie es die apostolische Verkündigung herausstellte. Sie wird von
Paulus besonders betont[18], positiv, indem er die Bewahrung des überlieferten Glaubens
empfiehlt, und negativ, indem er die Pseudopropheten und Irrlehrer bekämpft, die eine
wirkliche Trennung einführten. Da sie ein anderes Evangelium lehrten, sollten sie von
der Kirche als Häretiker ausgeschlossen werden. Für die Verwirklichung dieser Einheit
im Glauben und in der Liebe auf Erden trägt mehr als das menschliche Bemühen die
Gnade Gottes bei[19].

Da der Kult im allgemeinen der Ausdruck des Glaubens ist – das »gebetete Dogma«
würden wir Orthodoxen sagen – können auch der gemeinsame Kult und die eucharistische Gemeinschaft, die – soviel wir aus dem NT wissen – nirgends aufgehoben wurden,
weitere Kennzeichen und Elemente der Einheit im Glauben sein.

Aber die Einheit der Kirche soll in jeder Hinsicht sichtbar sein, nicht nur in der Lehre
und im Kultus, sondern auch in der Leitung durch die gehorsame Unterstellung der
Gläubigen, wie die neutestamentlichen Bezeichnungen über die Kirche andeuten und die
paulinischen Mahnungen, besonders an die Korinther, voraussetzen[20].

II. Die Einheit der Kirche im Verständnis der Kirchenväter

Wollen wir aber die Einheit der Kirche im NT verstehen, so müssen wir bei den
Kirchenvätern unsere Lehrmeister suchen. Ausgehend von der neutestamentlichen Lehre betonen sie, daß die Einheit der Kirche von dem einen Heiligen Geist ausgehe und daß
sie auf die Einheit des dogmatischen Glaubens, der gegenseitigen Liebe und dem Frieden
der Glieder des kirchlichen Leibes zu begründen sei.

Schon von der Erlösung her ist die Einheit zu verstehen. Alle sind von Gott dazu
berufen, so daß »eine Kirche wurde«[21] und ein Leib, »der heilige Tempel, in dem wir
durch die Kunst des Geistes uns harmonisch verbinden«[22].

Die Einheit der Kirche ist im Verständnis der Kirchenväter unbegreifbar ohne die Einheit im Glauben, welche ein sicheres Fundament der Einheit der Kirche ist, »wenn wir alle gleich glauben, dann gibt es Einheit«, nach Johannes Chrysostomus, »denn das ist Einheit im Glauben, wenn wir alle eins sind . . .«[23]

Diese Einheit im Glauben gab es in der alten Kirche, denn die Apostel taten nichts anderes, als die von Jesus erhaltene lebendige Rede zu verkündigen. Ein und dieselbe Lehre ist überall in der gesamten Kirche ausgedehnt worden, die das eine innere religiöse Leben und ein und denselben, die Einheit bewirkenden Geist ausdrückte. »Zuerst bezeugten die Apostel«, sagt Tertullian, »in Judäa den Glauben an Jesus Christus, gründeten Kirchen und reisten dann in die ganze Welt: dieselbe Lehre desselben Glaubens verkündeten sie den Völkern. Kirchen stifteten sie sofort in jeglicher Stadt; von diesen entlehnten hierauf die übrigen Kirchen den Ableger des Glaubens und den Samen der Lehre, und entlehnen ihn täglich, damit sie Kirchen werden. Dadurch werden sie selbst apostolische Kirchen, weil sie deren Erzeugnis sind. Ein jedes Wesen irgendeiner Art muß nach seinem Ursprung beurteilt werden; es sind daher diese so viele und so große Kirchen *eine;* jene erste von den Aposteln gegründete nämlich, aus welcher alle stammen. So sind alle die erste und alle apostolisch, indem sie *eine* sind; alle bekunden die Einheit.«[24]

Bei Irenäus wird der Begriff Einheit ein Hauptbegriff. »Diese Botschaft und diesen Glauben bewahrt die Kirche, wie sie ihn empfangen hat, obwohl sie, wie gesagt, über die ganze Erde zerstreut ist, sorgfältig, als ob sie in einem Haus wohnte, glaubt so daran, als ob sie nur eine Seele und ein Herz hätte, und verkündet und überliefert ihre Lehre so einstimmig, als ob sie nur einen Mund besäße. Und wenngleich es auf der Welt verschiedene Sprachen gibt, so ist doch die Kraft der Überlieferung ein und dieselbe. Die in Germanien gegründeten Kirchen glauben und überliefern nicht anders als die in Spanien oder bei den Kelten, die im Orient oder in Ägypten, die in Libyen oder in der Mitte der Welt. So wie Gottes Sonne in der ganzen Welt ein und dieselbe ist, so dringt auch die Botschaft der Wahrheit überall hin und erleuchtet alle Menschen, die zur Erkenntnis der Wahrheiten kommen wollen.«[25]

Alle wahren lokalen Kirchen bilden »einen Leib«, und »dieser eine besteht aus vielen und ist in den vielen eins«[26], wie Johannes Chrysostomus sagt, denn »dieser Leib ist weder räumlich noch zeitlich zertrennt«[27]. Der Ort trennt, der gemeinsame Herr aber verbindet, so daß »auf dem ganzen Erdental eine Kirche sein soll, obwohl räumlich vielhaft getrennt«[28].

Die einzige und sich einigende Kirche ist nicht nur Glaubensgemeinschaft, sondern auch Kultusgemeinschaft. Der Glaube der Kirche geht in seiner geschichtlichen Kontinuität in den Kult über. Er wird Gegenstand geistlicher Erfahrung. Der Geist erzeugt den Geist und Leben das Leben; nie der Buchstabe den Geist und das Tote das Lebendige. Der Kult ist der beste doxologische, hymnologische und existentielle Ausdruck des Glaubens. Die Lehre ist nicht eine theoretische trockene Schöpfung der kirchlichen Institution, sondern ein lebendiger Ausdruck des Glaubens und des Bewußtseins der Kirche. Das Christentum besteht nicht in Ausdrücken, Formeln und Redensarten, es ist ein inneres Leben, eine heilige Kraft, und alle Lehrbegriffe und Dogmen haben nur insofern einen Wert, als sie das Innere ausdrücken, welches mithin als vorhanden vorausgesetzt wird. Ja, als Begriff, der immer beschränkt bleibt, erschöpft er das unaussprechliche Leben nicht – als Leben ist es aber auch nicht mitteilbar und kann nur durch Darstellungen in Begriffen und Ausdrücken fixiert werden. Eben darum sind diese nicht gleichgültig, sondern höchst wichtig.

Einheitliches Zentrum in der Kultusgemeinschaft sind vor allem die Sakramente der Taufe und der Eucharistie. Für Hermas, der den Begriff »Kirche« im mystischen, apokalyptischen Sinne gebraucht, ist sie der mystische Turm, der am Ufer der Wasser, nämlich der Taufwasser, gebaut ist und zu dem wir wie weißglänzende Steine ganz genau aneinander passen, so daß die Fugen dazwischen nicht mehr zu sehen sind und der Eindruck entsteht, als sei der Bau des Turmes aus einem einzigen Stein gebaut[29].

Für ihn, den guten Hirten des Hermas ist »der Fels und das Tor zum Turm der Sohn Gottes: – du siehst also den ganzen Turm zusammenhängend mit den Felsen, wie wenn er aus einem Stein gemacht wäre. So haben auch die, welche an Gott durch seinen Sohn glauben, diesen Geist angezogen. Siehe, es wird ein Geist und ein Leib sein«[30].

Aber am deutlichsten kommt die Einheit der Kirche bei der Eucharistiefeier zum Ausdruck, bei der das Bild von der Kirche als der Leib Christi gegeben und verwirklicht wird. Ignatius mahnt liebe- und sorgenvoll die Philadelphier: »Seid bedacht, eine Eucharistie zu gebrauchen, denn eines ist das Fleisch unseres Herrn Jesu Christi und einer der Kelch zur Vereinigung mit seinem Blut, einer der Opferaltar, wie einer der Bischof zusammen mit dem Presbyterium und den Diakonen, meinen Mitknechten, damit, was immer ihr tut, ihr Gott gemäß tut.«[31]

Unsere eigene wahrhafte Erlösung ist mit unserer Gemeinschaft, mit Christus und mit der Gesamtheit der Erlösten wesentlich verknüpft, ja, sie ist mit dieser identisch und kann von ihr nicht getrennt werden. In der Trennung kann der Glaube an die Gottheit Christi nicht bestehen.

Die Liturgie ist darum zutiefst ekklesial und auf das Gemeinschaftliche hin angelegt. Die Liturgie wandelt den menschlichen Individualismus ins wahrhaft Persönliche, und eine vollendete Ergänzung und Durchdringung des Persönlichen mit dem Gemeinschaftlichen vollzieht sich in ihr. Sie ist der in der Einheit vieler in einem Einzigen vernehmbare individuelle Geist, sie ist das zum Wir erhöhte Ich. Sie ist nicht nur persönliches, religiöses Anliegen, sondern vor allem gemeinschaftlicher Vollzug, wobei die vielen jedoch als Personen und nicht als Masse handeln. Als Personen sind sie untereinander und in Christo eins.

Die Individualität des einzelnen ist also damit nicht aufgehoben: er soll vielmehr als lebendiges Glied am ganzen Körper der Kirche fortdauern. Durch die Gemeinschaft wird er das, was die anderen sind, ohne aufzuhören, das zu sein, was er ist. Denn ohne Mannigfaltigkeit und Verschiedenheit ergibt sich erschlaffende und lähmende Eintönigkeit, ohne Einklang jedoch ein widriger Mißton.

Der Zelebrant der eucharistischen Agape ist der Bischof, und auf ihn als Mittelpunkt bei der Feier des Gottesdienstes ist die Einheit der Kirche ausgerichtet. Durch die Einheit der Bischöfe untereinander wiederum wird diese Einheit auf andere sichtbare Weise ausgedrückt, weil die Bischöfe einen einheitlichen Episkopat bilden, ähnlich wie die Apostel einen einzigen Apostolat; und wie der Geist Gottes nicht mit den Aposteln verschwand, sondern gegenwärtig bleibt, so ist auch deren Lehre nie vergangen, sondern mit Ihm allezeit gegenwärtig.

Nach der Lehre der Orthodoxen Kirche, in der sich das urkirchliche Synodalsystem durchgesetzt hat, ist der Träger der gesamten kirchlichen Gewalt die Synode aller

Bischöfe, deren höchster Leitung und Autorität alle einzelnen Patriarchen und Bischöfe unterstehen.

Die Bischöfe sind wesensgleiche, gleichrangige Glieder des einen Leibes, und der einzige Unterschied unter ihnen ist der Ehrenvorsitz. Das Kriterium ihrer Unterscheidung liegt nicht in der universalen, sondern in der lokalen Jurisdiktion. Es handelt sich hier also nicht um eine zentralistische oder universalistische Ekklesiologie, die von einem einzigen konkreten Organismus ausgeht, um die lokalisierten Kirchen als de facto und de jure völlig untergeordnete Teile des Ganzen aufzufassen, sondern um eine mehr synthetische, konziliare Katholizität, die die eine konkrete Ortskirche berücksichtigt und für die derselbe Name »Kirche« - »ekklêsia« verwandt wird, wie für die universale Kirche.

Die verschiedenen autokephalen oder bloß unabhängigen Kirchen stellen wieder eine Einheit in der Vielgestaltigkeit dar, eine »unanimité dans le pluralisme«, »eine gegenseitige Durchdringung ohne Erdrückung (Vernichtung) der einzelnen Teile« (nach Johannes Damascenus).

Die Einheit der verschiedenen Kirchen manifestiert sich im Konzil durch die Gemeinschaft im Geist und in der Liebe, im Sinne des urkirchlichen Synodalsystems. Die Bedeutung des Ökumenischen Konzils darf nicht nur darin gesehen werden, daß es eine unfehlbare Autorität in Glaubensangelegenheiten besitzt, sondern auch darin, daß es ein Mittel der Erweckung und des Ausdrucks des kirchlichen Bewußtseins ist. Es darf nicht als eine nur formale höchste Macht in der Kirche verstanden werden, als ein Kollektivpapst sozusagen, sondern als feierliches Ausdrucksmittel der Einheit der Kirche. Die Ökumenizität eines Konzils beweist seine Unfehlbarkeit, und seine Wahrhaftigkeit macht für uns seine Entscheidungen verpflichtend. Obwohl in diesem Synodalsystem das Prinzip der Macht durch das des Einklangs ersetzt ist, wobei der Einklang nicht im demokratisch-parlamentarischen Sinne zu verstehen ist, darf die Kollegialität wieder nicht zu sehr abstrahiert werden, damit man nicht in Gefahr gerät, vor allem in einer säkularisierten, ent-irrationalisierten Welt, die Ordnung hinter der Freiheit und das Recht hinter der Liebe zurücktreten zu lassen. Nach dem 34. Kanon der Apostolischen Konstitutionen »müssen die Bischöfe den Primus unter sich anerkennen und dürfen nichts ohne ihn tun. Der Primus seinerseits kann nichts ohne die anderen tun. Durch diese Einheit wird Gott verherrlicht werden«. »Es ist Sache der Kirche«, bemerkt Le Guillou, »ihren Primas anzuerkennen, indem sie sich ihres eigenen Lebens bewußt wird. In einer solchen Vorstellung besteht die Aufgabe des Primas ganz in der Koordination, um die Eintracht der Ortskirchen zum Ausdruck zu bringen: Er hat keine unmittelbare Macht über die Ortskirchen im einzelnen, außer über seine eigene. In dem Bereich, der die Gesamtheit der Ortskirchen angeht, hat der Primas das Privileg der Initiative. Doch der Primas kann keinen Anspruch auf eine ordentliche universale Jurisdiktion erheben: Jeder Bischof ist allein das Haupt seiner Kirche. Das ist dem Sein, der Einheit und der Katholizität der Ortskirche wesentlich.«[32]

So befindet sich der Patriarch von Konstantinopel als Primus inter pares für die gesamte Orthodoxe Kirche in einer Wechselbeziehung mit den Primaten der anderen Orthodoxen Kirchen, damit der ökumenische Grundstoff des Dogmas, des Kultes und der kanonischen Disziplin nicht verletzt oder verändert wird.

So bleibt die Orthodoxie eins im Geist und in der Wahrheit, obwohl sie sich jedoch im irdischen Bereich vervielfältigen und den Formen des kirchlichen Lebens anpassen kann.

Es handelt sich nicht um eine Einheit der Zentralisation um eine Person, sondern um eine Konziliarität, die als Abbild des trinitarischen Geheimnisses bezeichnet werden kann. Die trinitarische Gemeinschaft stellt eine Einheit von drei untereinander gleichen Personen dar.

Durchdenkt man das Dogma der Trinität im Blick auf die Einheit des Wesen Gottes, legt man das »eine Substanz, ein Wesen« zugrunde, so kann sich daraus das Filioque ergeben, so besteht die Gefahr, von der Dreiheit zu einer Person zu gelangen (Monarchianismus). Konzentriert man sich auf die Unterscheidung in drei Personen, so liegt die Gefahr nahe, Gott als drei Substanzen aufzufassen (Arianismus). Geht man in seinen ekklesiologischen Untersuchungen von der universalen Kirche aus, so kann man zu einer Zentralisation um eine Person gelangen. Unterstreicht man allzusehr die örtliche Kirche, so kann man eventuell zu einer gesegneten Anarchie geführt werden.

Unterscheidet man aber andererseits wieder den institutionellen Charakter der Kirche, so befindet man sich in der Gefahr, den hierarchischen Charakter der Kirche mit einer Hierokratie zu verwechseln und die charismatischen Wirkungen der Kirche mit ihren kanonischen Grenzen zu identifizieren oder mindestens von ihnen abhängig zu machen. Aus diesem Grunde dürfen nach Gregor von Nazianz die Bischöfe nicht »unter dem Vorwande der Trinität« usw. die eine Kirche in eine westliche und eine östliche trennen[33]; und nach Basilius dem Großen gibt es nur einen Weg, der zur organischen Einheit der Kirche führt: die Unterordnung unter das eine unsichtbare Haupt der Kirche, nämlich Jesus Christus, »den manche Glieder der Kirche, besonders Bischöfe, aus Herrschsucht und eitler Ruhmsucht oder Privatinteressen«[34] verwerfen. Nach Johannes Chrysostomus kann »nichts die Kirche so sehr spalten als die Herrschsucht . . .«[35], und »nichts anderes erzürnt Gott mehr, als die Kirche zu spalten« und das Gewand Jesu »in viele Teile zu zerreißen«, wozu nicht einmal die Henkersknechte den Mut hatten[36].

»Unseren Glauben«, schreibt Irenaeus, »haben wir von der Kirche empfangen und bewahren ihn so auf. Ihn hat der Heilige Geist gleichsam in ein ganz kostbares Gefäß jugendfrisch hineingetan, und jugendfrisch erhält er das Gefäß, in dem er sich befindet. Dieses göttliche Geschenk nämlich ist der Kirche anvertraut, damit gleichsam das Geschöpf beseelt werde und alle Glieder, die an ihr Anteil haben, das Leben empfangen. In ihr ist niedergelegt die Gemeinschaft mit Christo, das heißt der Heilige Geist, die unverwesliche Arche, die Befestigung unseres Glaubens, die Himmelsleiter zu Gott. ›In der Kirche nämlich‹, heißt es, ›hat Gott eingesetzt Apostel, Propheten, Lehrer‹ und die gesamte übrige Wirksamkeit des Geistes, an der keinen Anteil haben, die sich von der Kirche fernhalten und durch ihre schlechte Lehre und ihr ganz schlechtes Leben sich selber des Lebens berauben. Wo die Kirche, da ist auch der Geist Gottes, und wo der Geist Gottes, dort ist die Kirche und alle Gnade; der Geist aber ist Wahrheit. Die den Geist der Wahrheit nicht aufnehmen, empfangen von den Brüsten der Mutter keine Nahrung zum Leben noch das vom Leibe Christi ausgehende hellsprudelnde Quellwasser, sondern ›graben sich durchlöcherte Zisternen aus Erdlöchern‹ und trinken aus Gruben faules Wasser. Um nicht widerlegt zu werden, fliehen sie vor dem Glauben der Kirche; um nicht belehrt zu werden, verwerfen sie den Heiligen Geist.«[37]

Der universalen Kirche gegenüber stehen also die lokalen Häresien und Schismen. Die Häresie kann nur örtlich begrenzt sein im Gegensatz zur weltumspannenden Weite der Kirche. »Katholisch« sein heißt, mit dem weltweiten Erdkreis in Verbindung zu stehen;

»häretisch« sein heißt, selbstgenügsam in der lokalen Isolierung zu verharren und zu behaupten, unabhängig von aller Kirchengemeinschaft, also separatistisch und egoistisch, das Christentum am sichersten ergreifen zu können. Irenaeus sagt dazu: »Wir beschämen diejenigen, welche auf was immer für eine Art, entweder durch Selbstgefälligkeit, durch eitlen Ruhm oder durch Blindheit und böse Gesinnung, Vereine neben der Kirche stiften.«[38]

Daher sagt er auch: »Der wahre Schüler Christi wird diejenigen fliehen, welche Trennungen verursachen, weil sie leer sind von der Liebe Gottes und nur sich, aber nicht die Gesamtheit der Kirche berücksichtigen; die wegen kleinlicher, unerheblicher Ursachen den großen verehrungswürdigen Leib Christi teilen und zerreißen und, soviel an ihnen liegt, auflösen; die vom Frieden reden, aber Krieg verursachen; die in Wahrheit Mücken seihen, Kamele aber verschlucken. Durch keine gute Tat können sie den Schaden der Trennung wieder gutmachen.«

Die Häretiker trennen sich selbstbewußt von dem lebendigen Christentum. Ihr Leben, wie Cyprian es ausdrückt, vertrocknet »wie der Zweig, der vom Baum sich abreißt, wie der Bach, der von der Quelle sich trennt, wie der Strahl, der abgerissen von der Sonne nicht denkbar sei.«[39] Ignatius mahnt daher: »Keiner mache auch nur den Versuch, abgesondert für sich etwas Vernünftiges sein zu wollen, sondern ein Gebet, ein Gemüt, eine Hoffnung in Liebe und in heiliger Freude. Das ist Jesus Christus, im Vergleich zu dem es nichts Besseres gibt.«[40]

Daher ist es die größte Sorge der Apostolischen Väter und der Kirchenväter, die Einheit der Kirche zu wahren, überall nämlich, wo sie im akuten Fall bedroht ist. Es kommt positiv und negativ zum Ausdruck; positiv, indem sie den Gläubigen Gehorsam, Demut und Liebe empfehlen, und negativ, indem sie die Häretiker von der Kirche exkommunizieren und die Schismatiker entsprechend bestrafen. Die Zugehörigkeit der letzteren und ihre Weihen werden anerkannt.

Nach dem 6. Canon des II. Ökumenischen Konzils wurden in der Praxis der Kirche die Häresien von den Schismen kaum unterschieden. Auf diese Art und Weise wurde die Kirche rein bewahrt. »Auf diese Weise« liest man beim Hirten des Hermas, »wird die Kirche Gottes gereinigt werden . . . So werden die Gereinigten einen Leib bilden, und wie der Turm nach der Reinigung wie aus einem Steine geformt bestand, so wird es auch mit der Kirche Gottes sein, wenn sie gereinigt und gesäubert ist von den Bösen . . . Nach der Entfernung dieser wird die Kirche Gottes sein wie ein Leib, eine Gesinnung, ein Geist, ein Glaube, ein Wesen.«[41]

Diese Kirche ist also von Anfang an in vielen Weisen bedroht von Schismen und Häresien, von Spaltungen und Irrlehren. Trotzdem ist sie aber eins; sie ist es auch ihrem Begriffe nach.

Der Begriff »ekklêsia« bezeugt ihre Einheit, »der Name der Kirche ist Name des Einklangs und der Einigkeit«[42]. »Die Kirche wurde nicht geschaffen, damit die Versammelten getrennt sind, sondern die Getrennten vereint.«[43]

Wie in der Bibel, so bemüht man sich auch bei den Kirchenvätern, die Einheit der Kirche durch zutreffende Bezeichnungen und Benennungen abzubilden. So versucht es u. a. Johannes Chrysostomus, die mystische Einheit zwischen Jesus Christus und den Gliedern, den Gläubigen, durch Bilder, Gleichnisse und Vergleiche anzudeuten. »Christus – das Haupt; wir – der Leib; . . . er das Fundament, wir das Gebäude; er der Weinstock –

wir die Reben; er der Bräutigam – wir die Braut; er der Hirte – wir die Schafe; . . . er der Erstgeborene – wir die Brüder; er die Auferstehung – wir die Auferstehenden; er der Erbe – wir die Miterben; er das Leben – wir die Lebenden; er das Licht – wir die Erleuchteten. Alles dies bringt Einheit zuwege.«[44]

Ein Lieblingsbegriff der Kirchenväter für die Kirche ist der Begriff »Mutter«, welcher in Verbindung mit dem Begriff »Jungfrau« öfter vorkommt. »Einer ist der Vater aller Dinge, einer auch der Logos aller Dinge, und der Heilige Geist ist ein und derselbe überall, und es gibt auch nur eine einzige jungfräuliche Mutter, Kirche will ich sie nennen . . .«[45] Mit noch größerer Vorliebe gebrauchen die Kirchenväter das Bild des Bräutigams und der Braut. Es ist für sie eine Grundvorstellung, und durch sie versuchen sie einerseits die Persönlichkeit und die gegenseitige Zusammengehörigkeit von Christus und den Gläubigen, die seine Kirche mitbilden, andererseits die pneumatische Einigung zwischen Christus und der Kirche und durch sie mit jeder jungfräulichen Seele auszudrücken. Nach Johannes Chrysostomus ist der fleischgewordene Logos »zu der Braut gekommen« und mit ihr zu einem Geiste geworden[46]. Beachtenswert ist die Entwicklung dieser bräutlichen Mystik der Seele des göttlichen Logos besonders bei Origenes und Gregor von Nyssa[47].

So erhaben aber die genannten patristischen Bezeichnungen und Begriffe von der Kirche sind, sie deuten nur die Einheit an, drücken sie aber nicht so aus, wie der paulinische Begriff des Leibes Christi, auf den die Kirchenväter immer wieder mit Ausdauer hinweisen. Denn durch diesen Begriff wird die ideale Gemeinschaft und die innere Einheit Gottes mit den Gläubigen und dieser untereinander zutreffend bezeichnet.

Andererseits wird so in möglichster Vollkommenheit die absolute Einheit von Christus als dem Haupt und der Gläubigen als der Glieder seines Leibes abgebildet, d.h. die untrennbare ontologische Einigung und Verbindung des göttlichen und menschlichen Elements in der Kirche, genauso wie in Jesus die göttliche und die menschliche Natur »unvermischt, ungewandelt, ungetrennt, ungeteilt« sich vereint haben. Und diese pneumatische Einigung von Christus und seiner Kirche, d.h. des Göttlichen und Menschlichen in ihr, ist so geheimnisvoll und unerklärbar, daß sie mit der Einheit der drei Personen in der heiligen Trinität oder mehr noch mit der Einheit der zwei Naturen in Christo verglichen werden kann. Daher gehört auch die Einheit der Kirche zum Glaubensbereich: »Ich glaube an die eine, heilige, katholische und apostolische Kirche.«

III. Die Einheit der Kirche und unsere heutige Situation

Was können diese Ausführungen für unsere heutige kirchliche Situation bedeuten? Welches ist der Zusammenhang zwischen der Einheit der Kirche und der heutigen kirchlichen Lage? Bedeutet das Verständnis der Kirchenväter von der Einheit etwas für die heutigen kirchlichen Gemeinschaften, oder sind ihre Ausführungen zeitbedingt? Natürlich sind sie letzteres nicht, denn sie haben mit der Zeit die übernatürliche Offenbarung Gottes übermittelt und an der alten überlieferten Wahrheit festgehalten. Sie haben in der Zeit der einen ungeteilten Kirche gewirkt, während man sich heute eine Menge kirchlicher Gemeinschaften gegenübersieht, die im Bekenntnis der Wahrheit und ihrer Strukturierung mitunter sogar sehr weit auseinandergehen.

Wenn aber die Orthodoxe Kirche die alte ungeteilte Kirche fortsetzen und die zum Wesen der Kirche gehörende wahre Einheit seit Pfingsten zu verkörpern glaubt, – welchen Platz haben dann die anderen Kirchengemeinschaften innerhalb der Geschichte der Einen Kirche?

Kann eine Kirche, sobald sie ihre eigenen Grenzen mit denen der Einen, Heiligen, Katholischen und Apostolischen Kirche zusammenfallen läßt, den Kontinuitätsanspruch anderer Kirchen anerkennen, ohne ihren eigenen Anspruch auf Kontinuität aufzugeben oder mindestens zu relativieren? Ist hier ein Sowohl–Als auch erlaubt, oder zwingt uns der institutionelle Charakter der Kirche, vom juridischen Gesichtspunkt des Entweder–Oder auszugehen? Dies sind die heikelsten und schwierigsten Fragen im heutigen ökumenischen Gespräch, die aber mindestens gestellt werden müssen und die uns zwingen, uns auf unser eigenes Verständnis zu besinnen, es neu zu durchdenken. Denn durch unsere Zusammenarbeit mit den aus der Reformation hervorgegangenen Kirchen im Ökumenischen Rat (um unsere Beziehungen zu der römisch-katholischen Schwesterkirche einmal beiseite zu lassen) sind wir bewußt oder unbewußt mitten in das Ereignis der Reformation gestellt. Und unabhängig von unserem geschichtlichen Verständnis der Hintergründe ihrer Entstehung wie auch von der objektiven oder subjektiven Beurteilung ihrer Bedeutung für die Erneuerung der römisch-katholischen Kirche, müssen wir – wenn wir ehrlich sein und zum ökumenischen Gespräch beitragen wollen – mindestens die phänomenologische Feststellung aussprechen, daß die aus der Reformation hervorgegangenen kirchlichen Gemeinschaften einem starken Subjektivismus verfallen sind, der ihnen die Zerspaltung in viele und voneinander schwer zu unterscheidende Kirchen einbrachte. Ist nicht diese Zersplitterung mit dem Verlust der kirchlichen Autorität verbunden? Jedenfalls wäre der offensichtliche, geschichtlich wohl verständliche Bruch mit der eigenen Vergangenheit von orthodoxer Seite zu akzeptieren gewesen, wenn er nicht zu der Verwerfung von Tradition und kirchlicher Autorität geführt hätte. »Die Reformatoren aber«, schreibt Lukas Vischer, »hatten die Erfahrung gemacht, daß sich die wahre Kirche nur durch den Verlust der äußeren Kontinuität aufrechterhalten und fortsetzen ließ. Die Gemeinde, die der Sohn Gottes sich in der Einigkeit des Glaubens sammelt, muß nicht identisch sein mit der sichtbar verfaßten Kirche, die den Anspruch erheben kann, die Kirche der vorhergehenden Jahrhunderte in äußerer Kontinuität fortzusetzen.«[48]

Ich gebe natürlich zu, daß die eigentliche Kontinuität der Kirche in Gottes ständig erneuertem Handeln liegt, aber ich frage mich, wieso dieses sich erneuernde Handeln unabhängig von Institution und kirchlichem Amt sein müsse, wieso die eigentliche Kontinuität der Kirche unabhängig von der äußeren Kontinuität der Institution gesehen werden solle. Liegt hier nicht die Gefahr nahe, durch solche Gedankengänge, die den institutionellen Aspekt der Kirche verachten, zu einer Art Monophysitismus auf ekklesiologischem Gebiet zu gelangen? Durch die einseitige Betrachtung des unsichtbaren, des mystischen Aspektes der Kirche gerät man in Gefahr, das Spirituelle mit dem Intellektuellen zu verwechseln, und die sichtbare Kirche wird auf den Rang anderer weltlicher Organisationen reduziert oder den weltlichen Mächten für ihre nichtreligiösen oder nichtkirchlichen Absichten ausgeliefert. »Wäre«, schreibt H. Küng, »eine Kirche noch so imponierend einig, noch so umfassend katholisch, noch so ausgesondert heilig – wäre sie nicht die alte Kirche, die auf die Apostel zurückginge –, so wäre sie gewiß eine fromme Gesellschaft, nicht aber die Kirche Jesu Christi.«[49]

Die Gefahr bringt Lukas Vischer selbst wieder zum Ausdruck, wenn er schreibt: »Die Erkenntnis, daß die eigentliche Kontinuität nicht mit der äußeren Kontinuität der Institution gegeben ist, kann dazu führen, daß den äußeren Zeichen der Gemeinschaft zu wenig Gewicht beigemessen wird; sie kann die Freiheit des einzelnen Gliedes gegenüber dem gesamten Leibe derart übersteigen, daß die Gemeinschaft ohne wirklichen Grund immer wieder gesprengt wird, ja, daß die Glieder sich auf die Gemeinschaft des Leibes nicht mehr verlassen können. Sie macht Raum nicht nur für berufene, sondern auch unberufene Reformatoren; sie öffnet der Willkür die Türen und macht es möglich, daß sich im Namen einer angeblichen Reformation der Geist oder Ungeist einer Zeit der Kirche bemächtigt. Sie kann das Bild der Kirche verkürzen; sie kann dazu führen, daß wir Gottes Treue gegenüber seinem Volke nicht mehr sehen, seine Treue durch die Jahrhunderte, sondern die Kirche immer nur im jetzigen Augenblick vor Augen haben, eine Verkürzung, die den Glauben entscheidend schwächen kann. Es wäre nicht schwierig, für jede dieser Gefahren Beispiele aus der Geschichte der reformatorischen Kirchen anzuführen, und wir müssen bereit sein, jede Kritik, die sich auf derartige Entstellungen bezieht, nicht nur anzunehmen, sondern uns von ihr korrigieren zu lassen.«[50]

Wenn es so ist, sollte da nicht die Frage vornehmlich nach dem Verhältnis zwischen eigentlicher Kontinuität und der äußeren Kontinuität der Institution neu durchdacht werden? Hat man Bedenken gegen die Kontinuität der Institution, weil die Kontinuität im kirchlichen Amt grundsätzlich unannehmbar sei, oder weil man die Kontinuität seiner eigenen Kirche nicht in Zweifel setzen will?

Natürlich wird die Lage auch kompliziert, wenn man die Kirche unter formalen juridischen Gesichtspunkten betrachtet. Erhebt man aber einen inneren Anspruch auf Kontinuität, ohne die Institution anzutasten – und das ist bei den Orthodoxen der Fall –, so wird man auch den anderen Kirchengemeinschaften einen Platz in der Geschichte der einen Kirche zuweisen, so wird man sie als Kirchen anerkennen, ohne daß dies eine Minderung des eigenen Anspruchs in bezug auf die Verkörperung der wahren Gestalt der Kirche zu bedeuten hat oder die Anerkennung eines solchen von seiten einer anderen Kirche.

Begegnen wir uns auf Grund dieser toleranten Voraussetzung, so wird dem Dialog nicht Tür und Tor verschlossen. Wir können so zur gegenseitigen Erkenntnis gelangen, daß unsere Katholizität, die wir im Glaubensbekenntnis bekennen, keine Wirklichkeit, sondern nur ein Anspruch ist, der verwirklicht werden soll. Und nur dann können wir die Katholizität manifestieren, wenn wir zuvor die uns trennenden Mauern zu durchbrechen suchen.

Wir leben in einer Zeit der Entgiftung des vergifteten Klimas zwischen den Kirchen, das in einem jahrhundertelangen Prozeß des Fanatismus und gründlicher Mißverständnisse entstanden ist. Wir leben in einer Zeit der freien gegenseitigen Begegnung, eines echten Dialogs, der darin besteht, daß jeder seine Ansicht voll und ganz vertritt, seinen Glauben bekennt, zugleich aber auch bereit ist, zuzuhören und, wenn es sich als notwendig erweist, die unzulänglichen Elemente seiner Darlegung neu zu fassen. Die im wesentlichen bestehende Übereinstimmung in der Wahrheit erheischt, daß man miteinander alle

Punkte, in denen man auseinandergeht, neu überprüft. Eine Verständigung zwischen den Kirchen kann nicht durch Verschweigen oder Unterdrücken bestehender Gegensätze erreicht werden. Man soll eher versuchen, Verschiedenheiten zu harmonisieren, zunächst insofern als sie als einander ergänzende Aspekte der Wahrheit verschieden sind, wobei die Harmonisierung keinesfalls erzwungen werden darf. Und wenn es sich um Verschiedenheiten handelt, die wirkliche Widersprüche in der Wahrheit sind?

Auch die gegensätzlichen Widersprüche, die uns tief voneinander trennen, dürfen nicht zu einer Beziehung des toten Nebeneinander und Gegenüber bleiben, sondern müssen Gegenstand einer lebendigen Auseinandersetzung werden. Diese darf natürlich nicht mit einer überflüssigen polemischen Selbstbehauptung verwechselt werden, auch nicht mit einer »ökumenisch« verkleideten gegenseitigen Bekämpfung. Die Wahrheit liegt aber auch nicht zwischen den Gegensätzen, und es ist möglich, daß wir zur Verfestigung unserer Verschiedenheiten geführt werden oder zu einem noch tieferen Bruch, wenn wir in unserer gegenwärtigen Auseinandersetzung das Leben der Kirche nicht in seiner Gesamtheit berücksichtigen. So ist es jedenfalls paradoxerweise öfters in der Geschichte vorgekommen, daß Unionsverhandlungen zwischen den Kirchen zur endgültigen Verfestigung ihrer Trennung führten.

Wenn wir uns in unserer Situation gegenseitig helfen wollen, dann müssen wir die Frage aufwerfen, auf welche Art und Weise in den ersten tausend Jahren der Kirchengeschichte eine universalistische, mehr zentralistische Ekklesiologie im Okzident mit einer mehr konziliaren Ekklesiologie im Orient koexistieren konnte. Auch verschiedene Theologien des Heiligen Geistes ließen sich harmonisch vereinen. Eine absolute dogmatische Übereinstimmung bestand zwischen dem Osten und dem Westen fast in keiner Epoche; und unter dogmatischer Nicht-Übereinstimmung sollte man nicht wesentliche Lehrunterschiede verstehen, sondern verschiedene Züge, verschiedene Aspekte. Die mannigfaltigen Aspekte des gleichen Mysteriums wurden verschieden akzentuiert. Trotzdem schlossen sich die verschiedenen Traditionen, die schon vor dem Bruch da waren, gegenseitig nicht aus. Sie ließen sich harmonisieren durch eine Synthese. Die Gemeinschaft der beiden Kirchen wurde dadurch nicht unmöglich gemacht, noch die eucharistische Gemeinschaft ausgeschlossen. Verschieden nuancierte kirchliche Selbstverständnisse und örtliche Traditionen koexistierten; der Ort trennte, aber der gemeinsame Herr verband. Der sogenannte Prozeß der geistigen Entfremdung verursachte den Bruch. Der Bruch zerriß das Liebesband und schuf eine Isolierung, und diese wurde beiderseits offiziell vollzogen. Die verschiedenen Theologoumena wurden mit der Zeit zu dogmatisierten Widersprüchen.

Die Gegensätze im Problem der Wahrheit wurden vermehrt durch die Entstehung der reformatorischen kirchlichen Gemeinschaften, und so befindet man sich, menschlich gesehen, in einem hoffnungslosen Zustand beim Suchen nach Wegen zur Wiederherstellung der Einheit.

Wenn wir aber Auswegmöglichkeiten selbst in unseren Sackgassen finden wollen, dann müssen wir das Wie und das Warum der Entstehung unserer tiefen Unterschiede untersuchen in leidenschaftsloser theologiegeschichtlicher Sicht.

In den vielseitigen gegenwärtigen Auseinandersetzungen ist und soll niemand bereit sein, die Wahrheit aus opportunistischen Gründen preiszugeben. Das orthodoxe Selbst- und Sendungsbewußtsein bringt uns vor gewisse Grenzen, die wir nicht überschreiten dürfen. Es ist uns ein Kriterium für die Beurteilung der anderen, aber auch unser selbst, gegeben: die Botschaft unseres gemeinsamen Jesu Christi, so wie sie in der Bibel enthalten ist und in ihrer geschichtlichen Kontinuität durch die Tradition und im Leben unserer Kirche bewahrt, verkündigt und vermittelt wird.

Nach dem Beitrag der orthodoxen Delegierten in der Sektion für die Einheit in Neu-Delhi 1961 schlagen die orthodoxen Theologen »diese neue Methode der ökumenischen Forschung, diesen neuen Maßstab für eine ökumenische Bewertung als einen königlichen Fels« vor in der Hoffnung, daß die Einheit von den getrennten Denominationen wiedererlangt werden kann durch ihre Rückkehr zu ihrer gemeinsamen Vergangenheit. Auf diese Weise können divergente Denominationen sich treffen in der Einheit der gemeinsamen Tradition. Die orthodoxe Kirche ist willens, sich an dieser gemeinsamen Arbeit zu beteiligen als der Zeuge, der den Schatz apostolischen Glaubens und apostolischer Tradition kontinuierlich bewahrt hat. Keine statische Restauration alter Formen wird erwartet, sondern vielmehr ein dynamisches Wiedererlangen des überzeitlichen Ethos, welches allein die echte Übereinstimmung »aller Zeitalter« garantieren kann. »Es soll auch keine starre Einförmigkeit geben, da ein und derselbe Glaube, geheimnisvoll nach seinem Wesen und adäquat nicht meßbar durch Formeln menschlicher Vernunft, auf verschiedene Weise zutreffend ausgedrückt werden kann. Der unmittelbare Gegenstand der ökumenischen Forschung ist nach orthodoxem Verständnis eine Reintegration des christlichen Bewußtseins, die Wiedererlangung der apostolischen Tradition, die Fülle christlicher Schau und christlichen Glaubens, in Übereinstimmung mit allen Zeitaltern.«[51]

Wenn wir die anderen auffordern, auf die ersten Jahrhunderte zurückzugehen, so heißt das nicht unbedingt, daß wir von ihnen forderten, ihre eigene Tradition zu verleugnen, und auch nicht, daß wir das Wirken des Heiligen Geistes bei ihnen völlig in Abrede stellten. Wie Nikos Nissiotis in Neu-Delhi sagte: »Dasein und Zeugnis der östlichen orthodoxen Kirchen und ihr Zeugnis für die ungebrochene orthodoxe Tradition können allen anderen geschichtlichen Kirchen helfen, ihr eigenes wahres Leben zu entdecken.«[52] In der kontinuierlichen geschichtlichen Vermittlung der Verkündigung Gottes kommt dem ersten Jahrtausend der Kirchengeschichte eine besondere Bedeutung zu. Es ist auch eine Zeitperiode der Auseinandersetzung von Glauben und Verstehen, und viele von unseren heiklen ökumenischen Fragen könnten eine gewisse Antwort finden oder mindestens neu gestellt werden, wenn wir gemeinsam zu dieser Zeit zurückkehren. Die Orthodoxen werden dadurch ihr ursprüngliches Ideal einer mehr apophatischen Vätertheologie noch näher vor sich sehen, während die Protestanten zu einer gesunden Entrationalisierung ihrer Theologie und zu einer gewissen Verkirchlichung geführt werden, ohne ihr Wesen und ihre eigene Frömmigkeit völlig leugnen zu müssen.

Wann die Einheit auf Erden wiederhergestellt wird, können wir nicht wissen. Die Menschheit schaut die Jahre an, bei Gott jedoch sind tausend Jahre wie ein Tag. Jedenfalls gehören zur Wegbereitung eine gegenseitige Durchdringung, ein gegenseitiges Tragen und Getragenwerden, ein Fragen und Gefragtsein und ein Sich-verantworten-müssen. In einer gespaltenen Christenheit hat niemand das Recht, sich von der Verantwortung für die anderen frei zu machen. Jeder hat den zugleich schönen und schweren Auftrag, der Wächter seines Mitbruders zu sein.

Eine zerspaltene Christenheit ist eine offene Wunde am Leibe Christi. Und diese Wunde ist am schmerzlichsten zu spüren vor dem einen eucharistischen Tisch, der uns trennt, dort wo die Fülle der Katholizität und die Einheit der Kirche ihren sichtbarsten Ausdruck findet. Diese Wunde muß heilen. Nicht nur aus taktischen Gründen, etwa um dem Atheismus gegenüber eine geschlossene Front zu bilden; auch nicht nur darum, um in den Missionen glaubwürdig zu werden, sondern von Christus her und seiner Wahrheit, damit jener Wunsch verwirklicht werde, den Er in seinem letzten Gebet ausgesprochen hat: »Daß alle eins seien.«

Anmerkungen

1 So beginnt z.B. *S. Bulgakov* sein Buch «L'Orthodoxie», Paris 1932: »Die Kirche ist keine Institution; sie ist ein neues Leben mit Christus und in Christus, das vom Heiligen Geist gelenkt wird.« (S. 1.)

2 Vgl. D. Staniloae, *Sinteza eclesiologica* (rum.), in: Studii teologice 5–6 1955, S. 277.

3 J. Karmiris, *Abriß der dogmatischen Lehre der orthodoxen katholischen Kirche,* in: P. Bratsiotis, Die Orthodoxe Kirche in griechischer Sicht, Bd. I, 1, Stuttgart 1959, S. 85f. Vgl. die Definition von Ch. Androutsos, *Dogmatik der orthodoxen östlichen Kirche* (gr), Athen 1956, S. 262: »Die Kirche ist die heilige, von dem fleischgewordenen Wort Gottes um des Heils und der Heiligung der Menschen willen gegründete Institution; sie ist ausgestattet mit seiner göttlichen Approbation und mit seiner Autorität, sie setzt sich aus Menschen zusammen, die denselben Glauben besitzen und an denselben Sakramenten teilhaben; sie umfaßt das gläubige Volk und den leitenden Klerus, der seine Vollmacht durch eine ununterbrochene Sukzession von den Aposteln und durch sie vom Herrn selbst hat.«

4 A. Schmemann, Primauté et autocéphalie dans l'Église Orthodoxe, in: Istina, 1954, S. 33.

5 H. Küng, *Strukturen der Kirche*, Freiburg 1962, S. 73–74.

6 Siehe u.a. Gal. 4,26; Hebr. 12,22; Apok. 3,12; 21,2 und 10; 1.Kor. 1,2; Act. 9,31; 20,32 usw. Vgl. D. Papandreou, L'unité de l'Église selon le NT et les Pères. In: »Verbum Caro« 1967, No. 82. S. 58–65.

7 1. Kor. 8,6; Röm. 3,29f.; Eph. 5,6; 1.Kor. 12,3ff.

8 Röm. 14,7; 2. Kor. 5,17f.; Eph. 2,15f.

9 Eph. 4,16; Kol. 2,19.

10 Eph. 4,3–6.

11 Röm. 12,4–5; 1.Kor. 12,12–13; Eph. 4,25; 5,30; Gal. 3,27.

12 1.Kor. 12,13.

13 1.Kor. 10,17.

14 F. Malberg, *Ein Leib – ein Geist.* Vom Mysterium der Kirche, Freiburg 1960, S. 223f.

15 Direkt oder indirekt handelt es sich um die Einheit der Kirche in: Matth. 10,1f.; 16,18; 26,17; 28,16f.; Joh. 10,19; 15,1f.; 17,11f. und 20ff.; Act. 1,12f.; 2,41f.; 4,32; Röm. 5,12f.; 12,4f.; 1.Kor. 3,6f. und 9f.; 6,19f.; 10,17; 12,12ff. und 28; 15,9,22f. und 45f.; Gal. 1,13; Eph. 1,23; 2,21; 4,4f.; 5,25f.; Phil. 3,6; Kol. 1,18f.; 2,17; 1.Thess. 4,13; 1.Tim. 3,15; 2.Tim. 1,18 usw.

16 Eph. 4,1–6.

17 H. Schlier, *Der Brief an die Epheser*, Düsseldorf 1962, S. 187–188.

18 U.a. Eph. 4,3–15; 1.Kor. 1,10; 5,5; Gal. 1,6–8; Tit. 1,6–8; 3,10.

19 Vgl. Eph. 4,4,13 und 15; Kol. 3,14.

20 1.Kor. 1,10–13; Gal. 5,20.

21 Joh. Chrysostomus, *In Matth.*, Hom. 82,4 (MPG 58, 743).

22 Gregor von Nazianz, *Logos* 19,8 (MPG 35, 1052) und 32,10 (MPG 36, 185).

23 Joh. Chrysostomus, *Über die Epheser*, Hom. (MPG 62, 83).

24 Tertullian, *De praesept.*, c. 20.

25 Irenaeus, adv. haer. I, 3.

26 Joh. Chrysostomus, *Über die Epheser*, Hom. 3,2 (MPG 62, 26) und 10,1 (MPG 62, 75).

27 Joh. Chrysostomus, *Drei Homelien* (MPG 52, 277). Vgl. Über den ersten Korintherbrief, Hom. 1,1 (MPG 61, 13).

28 Joh. Chrysostomus, *Über den ersten Korintherbrief*, Hom. 1,1 (MPG 61, 13).

29 Pastor Hermae, *Vis.* 3,2.
30 Pastor Hermae, *Gleichnis* 9,12–13.
31 Ignatius von Antiochien, *Epistel an die Philadelphier,* 4 (MPG 5, 697 und 817).
32 Le Guillou, *Sendung und Einheit der Kirche,* Mainz 1964, S. 578–579.
33 Gregor von Nazianz Carm. hist. II, 13 (MPG 37, 1239).
34 Basilius der Große, *Peri crimatos Theou,* 1–2 (MPG 31, 653 und 656).
25 Joh. Chrysostomus, *Über die Epheser,* Hom. 11,4 (MPG 62, 85).
36 Joh. Chrysostomus, *Über die Epheser,* Hom. 11,4 (MPG 62, 84). Vgl. MPG 48, 863.
37 Irenaeus, *adv. haer.* 1. III, c. 24, n. 1.
38 Irenaeus, *adv. haer.* 1. IV, c. 33, n. 7.
39 Cyprian, *De unitate,* c. 5.
40 Ignatius, *Ad Magnes,* c. 7.
41 Pastor Hermae, *Gleichnis* 9,16.
42 Joh. Chrysostomus, *Über die Galater,* Hom. 3 (MPG 61, 646).
43 Joh. Chrysostomus, *Über den ersten Korintherbrief,* Hom. 27,3 (MPG 61, 228).
44 Joh. Chrysostomus, *Über den ersten Korintherbrief,* Hom. 8,4 (MPG 61, 72).
45 Clemens von Alexandrien, *Paidagogos,* I 6,42 (GCS, Clem. Al. 1, S. 115).
46 Joh. Chrysostomus, *Über die Epheser,* Hom. 20,4 (MPG 62, 140).
47 Siehe L. Bouyer, *Zur Kirchenfrömmigkeit der griechischen Väter,* in: Jean Daniélou, Herbert Vorgrimler, Sentire Ecclesiam, Freiburg 1961, S. 110.
48 L. Vischer, *Überlegungen nach dem Vatikanischen Konzil,* Zürich 1966, S. 36.
49 H. Küng, *Strukturen der Kirche,* 1962, S. 105. Vgl. auch J. Heubach, *Die Ordination zum Amt der Kirche,* S. 71: »Das Amt ist Wille Gottes. Gott will das Amt, weil er die Ekklesia (= Kirche) will. Gott will das Amt, weil er die Welt durchs Wort, durch die hör- und sichtbare Evangeliumskundmachung retten und die Herde Christi, die Kirche, eben durch dieses Wort weiden will. Gott hat das Amt um des Evangeliums willen und um der Ekklesia willen eingesetzt . . . Das Amt ist Amt der Kirche, weil die Kirche durch die Funktion des Amtes entsteht und bewahrt wird. Das Amt ist darum heilsnotwendig für die Kirche. Ohne Amt keine Kirche, weil ohne Hirten keine Bewahrung der Herde. Ohne Amt keine Kirche, weil Gott das Amt eingesetzt hat.«
50 L. Vischer, a.a.O., S. 36.
51 Siehe Erklärung in D. Papandreou, *Stimmen der Orthodoxie zu Grundfragen des II. Vaticanums,* Freiburg 1969, S. 448–451.
52 N. Nissiotis, in: Neu-Delhi 1961, Stuttgart 1962, S. 550.

4

A historico-theological review of the Anathemata of the Fourth Ecumenical Council by the Armenian Church

1.

The 4th Oecumenical Council of Chalcedon, which was to put an end to the various christological controversies which had even affected Armenia, met at a period when Armenia was facing terrible national and religious persecution from the Persians, who were trying to impose their national religion by force. During the year of the Council, the Armenian army under Vardan Mamikonian suffered a crushing defeat, while Leontius, a disciple of Maschtotz who incarnated the religious spirit of the Armenian resistance, was defeated after putting up a brave fight. He was taken with the other bishops and presbyters to Reven (Vrkanien) where they were all martyred in the year 454[1]. In honour of this band of martyrs, known as the Leontians, the Armenian Church has set aside a feast-day[2]. Before being invited to attend the council, the Armenians, under pressure from the Persians, sought help from the Byzantines, who unfortunately did not respond to their appeal[3]. As a result of the tragic circumstances, it was only natural that Persian Armenia should not be represented at the Council. From Roman Armenia the signatory of the acts of the Council is "Manasses, bishop of Theodosioupolis in Greater Armenia"[4]; from Lesser Armenia, wrenched from the whole in 385, is, among others, Constantine of Melitene[5]. But on account of the break-up of relations between the Armenians and the Byzantines, which even in peace-time had looked suspicious to the Persians (witness the case of the Catholicos Giut, who, upon being denounced by the Persian king Peroz for having relations with the Byzantines, was compelled to put forward the excuse, that he had been educated at Byzantium)[6], for a whole fifty years after the 4th Oecumenical Council it was impossible to obtain information concerning its decisions: thus it was out of the question that the Armenian Church could take part in contemporary christological controversies. These could not possibly have attracted her attention at a time when Armenia was passing through an internal crisis.

Even at the time of the 3rd Oecumenical Council[7], the Armenians had no knowledge of these controversies, until the exchange of correspondence between Isaac and Archbishop Proclus, on the one hand, and Acacius of Melitene on the other (c. 435)[8]. Nestorianism was fairly well known though the letters of Proclus and Acacius, as Catholicos Isaac allows one to infer from his replies to them. In these he firstly condemns the teaching of "two Sons or two Lords in Christ"[9], without naming Nestorius, the begs Proclus and Acacius to correct him should "anything incorrect" have slipped, in their opinion, into his letters "through ignorance"[10].

The christology of the Armenian Church remains stationary during this period; it has nothing new to offer towards solving the christological question. The new terminology evolved during the controversy, which Proclus of Constantinople had made known in writing, does not appear to have interested Catholicos Isaac, who, in his replies to him and to Acacius, makes no attempt to familiarize himself with this terminology, which he never uses[11]. After this a translation of the letter of Cyril of Alexandria to Nestorius (430)[12], with the 12 Anathemata, must have been circulated in Armenia[13].

On the strength of the above, one could contend that Armenian pre-Chalcedonian christology swayed between Nestorianism – which allowed for only a moral contact between the two natures in Christ, which they otherwiese defined in sharp separation, to the detriment of the person – and Eutychianism – which recognized the unity of the person, but to detriment of the human nature, and so confused the two natures that it saw the human as swallowed up by the divine, and taught the existence in Jesus Christ of two natures in one person. They showed strong leanings towards the later misinterpreted theology of Cyril of Alexandria, thereby foreshadowing post-Chalcedonian developments traceable from the year 506 onwards, as we shall see. At Chalcedon the Church of Alexandria, on which the Church of Armenia depended theologically, expressed itself in opposition to its traditional rival, the Church of Constantinople, which had summoned the Council[14].

As we have seen, the Armenian Church was struggling desperately at that time against Nestorian doctrine, and was ready to adopt christological trends towards Eutychianism. It was then that it heard of the doctrinal decision of the 4th Oecumenical Council; not through official channels, but from the news brought by Syrian Monophysites[15]; chiefly Symeon Beth-Arsam, Abdiso and Timothy Aelurus, who, through malevolent reports, were out to present the Council as leaning towards Nestorianism. Many Councils in the East were doing this, so as to throw the doctrine of Chalcedon into disrepute.

The most important Councils were[16]: the Council convened in Alexandria in 457 by Timothy Aelurus[17]; that at Ephesus in 477 by the Asian bishops[18]; at Antioch, 485, by Peter Gnapheus[19]; at Alexandria, 477, by Timothy Aelurus[20]; at Alexandria, 482, by Peter Mongus[21]; at Antioch, 485, by Peter Gnapheus[22]; at Constantinople, 496, by the Emperor Anastasius Dicurus[23-25], and at Constantinople, 512, by Timothy called Colon or Litrobulus[26].

The reason for the misunderstanding concerning the unconfused, unchanged, indivisible and inseparable union in Christ of the two natures in the one person of the Divine Word, as taught by the 4th Oecumenical Council, must be sought in the near – identification of the terms "nature" *(physis)* and "person" *(prosopon)*, as reported by the Monophysite Abdiso[27]. According to him, the supporters of the Council of Chalcedon, being Nestorians, taught along with Pope Leo that there were two natures and two persons in Christ, after union; linked to the doctrine of two persons was that of two Sons, so that a fourth person was brought into the Trinity[28]. "He who teaches two natures or two persons *(Dems)* and forms *(Kerparans)* in Christ after the indivisible union, in this manner introducing the number four into the Trinity, let him be anathema"[29].

2.

The basic notions making up a straightforward anti-Chalcedonian theology are reiterated by the Armenian apologists of the following century, including the Catholicoi Komitas[30] and John[31]. Of particular interest in Armenian post-Chalcedonian theology is the repercussion of the teaching of Timothy Aelurus[32], according to whom Theodoret of Cyr[33], as an active Nestorian, not only took part in but even directed the Council of Chalcedon, while Pope Leo was nothing but a "new Nestorius"[34], who along with the Council constructed the Virgin Mary as Mother of Man *(anthropotokos)* and not as Mother of God *(Theotokos)*[35].

The views of Timothy Aelurus, as set out in the Armenian translation[36], found their full expression in the work composed around 600 on "the pretexts of the 4th Council of the Duophysites"[37]. According to its anonymous author, the Council of Chalcedon was the cause of worse evils than the Nestorian heresy, inasmuch as "the impious Nestorius refused to have the Virgin described as Theotokos, whereas they (the Fathers of Chalcedon) were confessing her thus", thereby capable of leading astray officially and not surreptitiously, as Nestorius had done, "many people incapable of construing Holy Scripture"[38].

In the case of the Armenian version of the doctrine laid down by Chalcedon, in the aforementioned *On the pretexts of the Fourth Council of the Dyophysites,* the term amigos (unmingled) is used instead of asynchytos (unconfused) in the sentence "one and the same Christ . . . of two natures unmingled . . .", and thereby substitutes *"ancharneli"* for *"ansphotheli"*[39]. The term *"nouthium"* denotes sometimes "nature", sometimes "hypostasis"[40]; while the term *"dems"*, usually meaning "person", in the writings of M. Chorenatzi also bears the meaning of "hypostasis"[41].

The confusion of terms and their misinterpretation is clear in the work *"On the pretexts of the 4th Council of the Dyophysites"*. "At times," it says, "they describe the same Christ as unique and unique-personalized, as Son of God and the onlybegotten Lord. At other moments, however, they assert that he is made up of two natures unmingled (*"ancharneli"* instead of *"ansphotheli"*), and we anathematize those who accept two natures in Christ – the whole of humanity together with his divinity – as commingled. But if two natures are unmingled and unchanged . . . then one believes in the number four (in the Trinity)"[42]. This is contrary to the creed of the Fathers of Nicaea[43], who speak only of one Lord Jesus Christ and never of two natures. This faith must remain "untainted", without adjunctions and far from any form of adulteration which might creep in through the introduction of new definitions[44]. Although the writer knows how to distinguish the existing difference between the two natures in the spirit of Chalcedon, he nevertheless over-exalts at every turn the divine nature in Christ: "for it is a great insult to think of God in human terms, as if he (could) not be present in any other place than the one in which he happens to be. On the contrary, this is the true faith: He who descended from heaven and dwelt in the womb of the holy Virgin, did not withdraw himself from his Father's bosom. He who consorted with men upon earth, is worshipped by the angels in heaven and was stretched out upon the Cross, was not separated from the Father . . ."[45] The influence of Julian of Halicarnassus shows through clearly, when the same writer takes up a position against the question of the corruptibility of Jesus' Body. "And those who dare to describe Him (the Lord of glory) as corruptible, fall under the excommunication of the holy Fathers, who declare in this manner: Whosoever calls the life-giving death of the Lord and the saving Passion corruptible, as if they were those of an ordinary man, and does not confess that (Christ) was passionless in His Passion and deathless in His Death, being God for Whom all things are possible, let him be excluded . . ."[46]

3.

Thus stated, this reinforced the Armenian opposition to the 4th Oecumenical Council. Hence the so-called *"Three Chapters"*[47] escaped condemnation[48]; these being the writings of Theodore of Mopsuestia, the letter of Ibas, Bishop of Edessa, to Maris the Persian, and all that Theodoret of Cyr wrote "against the true faith and the twelve chapters of the holy father Cyril, and the 1st Oecumenical Council of Ephesus"[49]. Hence also the failure of the policy of union in favour of the Monophysites practised by the Emperors Basiliscus, Zeno and Anastasius Dicurus[50].

Let us take the example of Basiliscus. In 476 he published the notorious "Encyclical" against the 4th Oecumenical Council, which, signed by 50 bishops, aimed at refuting the definition of Chalcedon and at undermining the authority of the Council[51]. Then Zeno, in connivance with the Patriarch Acacius of Constantinople, published in 482[52] the Act of Union, or *Henotikon*[53], by which the Monophysite quarrels were to be suppressed, and the clergy and laity of Alexandria, Egypt, Libya and Pentapolis, for whom the Act was originally intended[54], were all to be united. In other words, the Monophysites were to be reconciled with the Chalcedonians. The *Henotikon* was to overrule and supplant the authority of the 4th Oecumenical Council[55]. So on the one hand it condemned Nestorianism and Eutychianism, and recognised the Twelve Anathemata of Cyril while on the other it purposefully and skillfully avoided using such phrases as "one" or "two natures", and dismissed the definition of the Council of Chalcedon[56].

This two-faced policy of Zenos' could not possibly please the Orthodox, although it could appease the advocates of Monophysitism. On the contrary, it fostered anti-Chalcedonian tendencies in Egypt, and fanned the flames of discontent among the Monophysite monks[57]. It is noteworthy that, outside the official and conservative interpretation of the *Henotikon*, there formed another, favoured in the Cyrillian environment, which became known in Armenia during the catholicate of Babgen (502/3-507/8)[58]. The *Henotikon*, as it reads in the Armenian translation, may be found in the *"Book of Letters"*[59], in addition to the doctored correspondence between Acacius of Constantinople (seven letters) and Peter Mongus (nine letters)[60], as well as "the letter composed by the Emperor Anastasius against all the schismatics"[61] (Anastasius being the successor of Zeno who tried in every way possible to enforce the *Henotikon* and spread Monophysitism)[62]. During his reign (491–518), and for the duration of the Acacian schism, before the culminating "have mercy upon us" in the Trisagion Hymn, the theopaschite formula of Peter Gnapheus of Antioch. "O thou crucified for us, have mercy upon us"[63] was introduced. This was brought to Armenia roughly during the middle of the 6th century[64], and the writer of *On the pretexts of the 4th Council* had it before his very eyes as he wrote, in the year 600. "It has also enjoined upon us the adjunct to the Trisagion, 'O thou crucified for us", to be chanted with the rest without fail . . ., yet there are many people living in the Holy City (Jerusalem, where Monophysitism had not prevailed) who do not follow the definition of Nicaea, and reject the marvellous blend and the inexpressible union and all-saving crucifixion . . . These people persuade the uninitiated that the hymnal verse 'O thou crucified for us' contains the professed belief that the Holy Trinity was crucified, which is quite preposterous. Moreover, as the economy concerns one person, that being the Son so it is with the Crcucifixion. And granting that the crucified is truly God, one must on the contrary confess before the recalcitrant: 'O Powerful and Immortal God, crucified for us, have mercy upon us . . .'"[65]

Most contemporary historians, Greek or otherwise, who have dealt with the Armenian Church on the basis of very likely spurious Armenian texts[66] and who are not aware of the new sources which have come to light since 1901, speak erroneously of a national council at Balarsapat[67], which, in the presence of Armenian, Albanian and Georgian bishops[68] condemned the decisions of the 4th Oecumenical Council[69] and decried Zeno's *Henotikon*[70].

No Council took place in Balarsapat during the catholicate of Babgen in the year 491 or 492. It is not the historians prior to 1901 who are responsible for spreading this false account, but the then known sources. John Catholicos, for example, speaks of a similar Council[71] and exaggerates the events of the post-Chalcedonian period, as if the Armenians at that time had no ecclesiastical questions other than Chalcedon to consider. The Council during the catholicate of Babgen did not take place in 491, but – as contained in the genuine letter of that Council "to the Orthodox (monophysites) in Persia", published in 1898 by Ter-Mekerttschian[72] and included in the *"Book of Letters"* published by Ismireantz in Tiflis, 1901[72] – the Council was convened in "the eighteenth year of the reign of Kawadh" (488–531), that is, between 504 and 506, in Twin (or Drin). It was chiefly concerned with internal questions[74], and not all with the official attitude of the Armenian Church towards the Council of Chalcedon or the *Henotikon* of Zeno[75]. Before the Council, the Armenians had little knowledge of the Monophysite controversy, as is shown by the absence of any mention of the 3rd and 4th Oecumenical Councils in the aforementioned conciliar letter[76].

This remarkable and valuable letter certainly gives a lively picture of the situation in Armenia at the beginning of the 6th Century[77], it sets the stage for anti-Chalcedonian developments and the writing of other letters, which, throwing into relief the vigorous personalities living in Armenia during the first half of the 6th century, shed a fair amount of light on the study of Armenian church history of the period, which was rendered well-nigh impossible before 1901 by the lack of known sources[78].

According to the text of this Armenian letter to the Persian Monophysites, before the Council presided by the Catholicos Babgen and consisting "of all the bishops, monks and chieftains gathered together in Dwin in the province of Ararat", there appeared some Syrians from Persia. Among them was a certain Symeon Beth-Arsam. They came to tell the council that the unadulterated orthodox faith, that is Monophysitism, had prevailed in their country up to the year 484. Then, "the leaven of evil reappeared, hidden away in impure men, who began (to sully) the pure faith in the true Trinity (and to set up) councils in various places . . . combining their tenets and blasphemies with those of Nestorius[79], Diodorus and Theodoretus", and thereby setting in store for themselves and the remaining orthodox in Persia "no small things and dangers in the face of the chieftains and the cadis". These men naturally maintained "that the Byzantines, the Armenians and the Albanians have the same faith and the same canons as they have". So, before launching their attack on the Nestorians, the Monophysites from Persia appeared before the Council of the Armenians with a view to obtaining a statement of doctrine in letter form, making clear that they held the same faith. They made bold to do this on the grounds that they had a royal writ according them the right to hold the same faith as the Romans, the Armenians, the Georgians and the Albanians, "that the confession of those who believe in Christ be not counterfeited by verbiage and specious interpretations". To this end they set out the Nestorian teaching in detail and finally managed to obtain the required response from the Armenians condemning the heretical teaching of Nestorius. "Since, however, you wish to be informed by us concerning these things, we declare to you, that the Greeks and we the Armenians, the Georgians and the Albanians have never accepted or will accept that blasphemy, nor are we in communion with them, nor do we share their faith, but on the contrary anathematize the ministers and teachers of such things. As the Apostle Paul writes: 'If any man preach any other gospel unto you than ye have received, let him be accursed' (Gal. 1:9), and likewiese repeats: 'But though we, or an angel from heaven, preach any other gospel than that which we have preached unto you, let him be accursed' (Gal. 1:8). So did the 318 blessed bishops maintain, who, full of divine grace, met at Nicaea. The same rule was followed by the 180 Orthodox bishops who met to discuss the same matter at Constantinople, whence, following their example, we condemn the antagonists of the true faith and the perfect canon given by God"[80].

Consequently the Armenian Church, through this conciliar letter, takes up a position against Nestorianism and nowhere mentions the 4th Oecumenical Council.

The Armenian Church first showed itself hostile to the Council in the second letter, written during the catholicate of Babgen, after the year 506, and heavily influenced by Symeon Beth-Arsam[81]. In it, the Armenians attacked the decisions of the 4th Oecumenical Council and spoke favourably of the *Henotikon* of Zeno[82], "When your kinsman Symeon, who toils unceasingly and irrepressibly on behalf of the true faith, visited us for the second time, he told us about the new Nestorian struggles. They, instead of accepting the documents on the true faith despatched to you by all the orthodox, including ourselves, and thus obtaining salvation, did even more to rock the foundations of the Holy Church and to shake the faith of the orthodox in our country. To this he added that they are supported by the Council of Chalcedon"[83]. Bent on carrying out his plan, Symeon Beth-Arsam paid a second visit to the Armenians, to inform them of the most recent developments, of Zeno's *Henotikon* and the representatives of "Orthodoxy" (Monophysitism), and to place at their disposal Monophysite documents maliciously rendered by him into Armenian; having succeeded in winning their confidence, he provoked the writing of the second anti-Chalcedonian letter to the orthodox of Persia[84]. "We detach ourselves from the lie of Nestorius at Chalcedon ... We live according to the faith received from the 318 bishops and ratified by the 150 bishops. Thus we believe the 318 bishops of Nicaea defenders of orthodoxy, and those of Ephesus, as was handed down to us by the Holy Fathers. We anathematize Nestorius, Arius, Theodorus, Diodorus, Theodoretus, Eutyches, Paul of Samosata, Ivan, Akak, Barthsume (Barsauma), Babe ..."[85].

Certainly the hostile attitude of the Armenian Church towards the Council of Chalcedon, as expressed in the second letter of Catholicos Babgen, cannot be constructed as an uninfluenced reply of the Armenians, based on direct knowledge of the Acts of Chalcedon, but rather as a manifestation instigated by Symeon Beth-Arsam via Monophysite writings and the Henotikon[86]. In this manner the way was paved in Armenia for the arrival, after 50 years, of the man destined to carry on the work of Symeon Beth-Arsam: the Syrian Monophysite Abdiso. Brandishing the letter "from the orthodox of Syria"[87], he arrived in Armenia with his suite, intent on obtaining from the Armenian Church a doctrinal letter similar the one which his predecessor, Symeon Beth-Arsam, had taken back to Persia, along with his episcopal consecration.

The text of the letter of the self-termed "orthodox" Syrians to the Armenians, runs briefly as follow: "We live among heretics who persecute us. Give us a shepherd. Our faith is the same as yours. We anathematize the heretics as you do. We are sending you a committee to present to you the sober-minded priest Abdiso from the monastery of Sareby, for you to consecrate as bishop"[88].

The Armenian reply[89] contains a confession "of the true and real incarnation of Christ, on the basis of the teaching of the prophets, the Apostles and the three Councils"; and it also calls the "holy Virgin Mary" Theotokos, "because through her the Divine Word became a true man (literally flesh) . . . one real man, who received from the Virgin one real body and soul and mind". He "suffered, was crucified and died for us, as he himself wished, truly and not speciously, and no corruption took place in him. For the Body which he had taken from us was not subject to corruption but was glorified in union with him. And in the same body he rose again and was seated on the right hand of the Father. And for this we give him praise. Holy God! Holy and powerful! Holy and immortal crucified for us, have mercy upon us[90]! We anathematize the impious Nestorius, Theodore (of Mopsuestia) . . . and Theodoret (of Cyr), the Council of Chalcedon, the Constitution of Leo, Apollinarius, Eutyches and Severus"[91]. In this way the Armenians produced a creed agreeing entirely with that of the Syrians as expressed in their letter, and informed the Syrians of Abdiso's consecration as bishop.

While Nerses II was still Catholicos, a Council was convened in Twin, not in the year 551/2 as some historians believe, but in 554, as Ter-Minassiantz has proved[92] on the basis of the Armenian historical sources to hand since 1901[93]. This shed quite a lot of light on the Council of Twin[94], as we ourselves have seen thanks to the unknown writer of the "Account". For, while citing the "Catalogue of Catholicoi of Greater Armenia", he mentions the Council thus: "Nerses, former bishop of Astarax, year IX. In those days a council was initiated in the city of Tivin by the Syrian Jacobite Abdiso. Although those present deviated from the traditions of St. Gregory and the other Fathers, yet they had no misgivings about the faith and the Council of Chalcedon, and the two natures in Christ our God, until after 53 years from the Council of Chalcedon, to the council of Tivin[95]. Then they disengaged themselves from the communion of Rome, and anathematized Jerusalem and the council of Chalcedon, *confessing one nature of godhead and humanity in Christ;* they added the verse 'O thou crucified' to the Trisagion Hymn, the 'Holy 'Holy God' with oath and cursing; and together they put down in their own handwriting that they would never depart from this creed. They then consecrated as bishops the Jacobite Eutyches and two companions, one a Julianite and the other another heretic, and sent them forth into Mesopotamia"[96]. The aim of this brief historico-theological survey of the Armenian Church's condemnation of the 4th Oecumenical Council is simply to clarify the factors, mainly non-theological, which led up to the condemnation. If this is the true situation, then the question arises, what is the relationship of the anathemas of the 4th Oecumenical Council to the present-day life of the Church? Are the condemnation and the anathemas so rooted today in the consciousness of the Church as to preclude any touching upon them? At a time when the air is being cleared and non-theological factors are at a discount – factors such as those which contributed to the condemnation – is it possible to lift the anathemata? In historical conditions not weighted by extraneous elements, would substantial recognition of the Council of Chalcedon be feasible? Reception of Oecumenical Councils does not imply that the process is completed. There is always consciously or unconsciously a new reception of Councils. Recognition of the Council of Chalcedon does not mean in this case submission and the setting up of a dry, arbitrary, collegial apparatus within the Church, but an agreement concerning the instrument whereby the truth is expressed: the Truth, and nothing but the truth, common to all concerned.

1 See Lazar of Pharpi, *A History of Armenia*, crit. ed. by G. Termekert-Tschian and St. Malchasian, Tiflos 1904 (in Armenian), pp. 45, 58, 70, 71–72, 75–79, 81–82, 85, 97, 99, 101, 103–104. Cf. V. Inglisian, *Die Beziehungen des Patriarchen Proklos von Constantinopel und des Bischofs Akakios von Melitene zu Armenien*, in: *Oriens Chr.* 41, 1957, p. 44; H. Pasermadjian, *Histoire de L'Armenie*, 118–120; A. Arvanitis, *Armenia – Armenian Church* (in Greek), in: *Theol. and Moral Encyclopaedia*, Athens 1963, vol. 3, col. 173.
2 See V. Inglisian, *Beziehungen*, p. 44, note 33.
3 Cf. F. Tournebize, *Histoire politique et religieuse de l'Armenie depuis les origines des Armeniens jusqu'a la mort de leur dernier roi (l'an 1393)*, Paris s. d. (Rev. Or. Chret. 1908), p. 87, P. Psomaidis, *The Armenian Church form an Orthodox viewpoint* (in Greek), Constantinople 1911, p. 173. According to M. Ormanian, *L'Eglise Armenienne*, Paris 1901, London 1955, one can easily infer the attitude of the Armenian Church towards the 4th Ecumenical Council's decisions, taking into consideration among other things, that it was the work of Marcian, who had refused the Armenian plea for help against the Persian persecution.
4 E. Schwartz, *Acta Conciliorium Oecumenicorum* (Berolini – Lipsiae 1914/ 1950), II, 1, 3, pg. 94 note 21–22 (title 181); *idem. Über die Bischofslisten der Synoden von Chalkedon, Nicaea und Konstantinopel*, in: *Abhandlungen der Bayerischen Akademie der Wissenschaften*, Phil.-hist. Abteilung NF 13 (München 1937,), 38 Anm. 1, 54.
5 *Ibid., op. cit.*, II, I, 1 pg. 56 note 41 (27), pg. 85 n. 32 (27) ff. See II, 6, pg. 41.
6 As a result of this, he had also made friends with fellow students.
7 There were no delegates from Armenia present at the 3rd Oecumenical Council, for reasons unknown. See Ismigreantz, *Girq Thghthotz*, Tiflis 1901, 296. The first mention of the 3rd Oecumenical Council in Armenian writings is by the 5th century Armenian Historian Koriun, ed. by Akinian, 16, 4, according to whom the students Leontius and Koriun, sent from Constantinople, brought back with them "proper codices of the God-given Scriptures" and the traditions of the Church Fathers "with the canons of Nicaea and Ephesus". V. Inglesian, p. 366, note 20. See also the specialised study of I. Rucker, *Ephesinische Konzilsakten in armenischer-georgischer Überlieferung*, in: *Sitzungsberichte der Bayerischen Akademie der Wissenschaften*, Philos.-hist. Abteilung (München 1930), fasc. 3.
8 Cf. V. Inglisian, *Chalkedon und die armenische Kirche*, in: Grillmeier-Bacht, *Das Konzil von Chalkedon* II, Würzburg 1953, p. 362.
9 See *Girq Thghthotz*, 17 and pg. 11. Cf. V. Inglisian, *Chalkedon . . .*, 363.
10 *Girq Thghthotz*, 13, 18.
11 Cf. V. Inglisian, *Chalkedon . . .*, p. 391–393.

12 Letter XVII of Cyril to Nestorius, P.G. 77, 105. *Girq Thghthotz*, 396–406. The fact that the translation was made at that time, shows "das klassisch-armenische Sprachgewand dieser Übersetzung". Cf. V. Inglisian, *Chalkedon . . .*, p. 363.
13 *Girq Thghthotz*, 396–406 cf. 358–72.
14 Ormanian 24–29. For the differences in church administration between Alexandria and Constantinople, see G. Konidaris, *A General Church History* (in Greek), Athens 1957, p. 303 ff.
15 Cf. J. Karmiris, *The Ancient Anti-Chalcedonian Churches of the East and the basis of reunion with the Orthodox Catholic Church* (in Greek), Athens 1966, p. 12.
16 *Ibid.*
17 Mansi VII, 909/ 910.
18 Mansi VII, 1013/ 1014, Hefele, *Konziliengeschichte*, 2. Bd., Freiburg im Breisgau, 1875, pg. 601.
19 Mansi VII, 1017/ 1018.
20 Mansi VII, 1017/1018, Hefele, p. 602.
21 Mansi VII, 1023/ 1024, Hefele, p. 605.
22 Mansi VII, 1165/ 1166.
23 Mansi VIII, 185/ 186.
24 Mansi VIII, 371/ 374, Hefele, p. 666.
25 Mansi VIII, 373/ 374, Hefele, p. 666.
26 Mansi VIII, 375/ 376, Hefele, p. 666.
27 See Abdiso, *Of the Accursed Nestorians and other Heretics* (in Armenian), in: *Girq Thghthotz*, 68, and ed. Termekerttschian, *The Seal of Faith* (in Armenian), 369/ 70. Abdiso's Monophysitism was of the Julian brand. Cf. *Girq Thghthotz*, 66–67, V. Inglisian, *Chalkedon . . .*, p. 393–4.
28 Abdiso, *Girq Thghthotz*, p. 66/ 67.
29 Abdiso, *Girq Thghthotz*, p. 68, Cf. Inglisian, *Chalkedon . . .*, p. 394.
30 See *Girq Thghthotz*, 216.
31 See *Girq Thghthotz*, p. 83.
32 See Timothy Aelurus, *A Refutation*, ed. Termerkerttschian and Ter-Minassiantz, *The Seal of Faith* (in Armenian), 102, 110, 130, 200, 201. Cf. V. Inglisian, *Chalkedon . . .*, p. 394.
33 Theodoret of Cyr corresponded with Armenian ecclesiastics, as is shown by his two letters or memoranda sent to Persian Armenia, one to Bishop Eulabius, who took part in the Armenian Council of Aschtishat in the year 449 (Letter 77, P.G. 83, 1245 ff.), and the other to a bishop or presbyter named Eusebius (Letter 78, P.G. 83, 1251 ff.). For Timothy Aelurus' accusations against him, see *A Refutation* (in Armenian), pp. 36, 54, 200–201.
34 Timothy Aelurus, *supra*, pp. 102, 110, 130.
35 On the Council of Chalcedon, see Timothy Aelurus, p. 163–164.
36 Cf. V. Inglisian, *Chalkedon . . .*, p. 395.
37 On this work, see D. Papandreou, *The Foundation and Organization of the Armenian Church up to the 4th Oecumenical Council* (in Greek), Athens 1966, p. 45–46.
38 *Girq Thghthotz*, 119–127.
39 *Girq Thghthotz*, 116, 122, cf. V. Inglisian, p. 395, note 20. Timothy Aelurus, instead of using the phrase "of two natures . . .", writes "in two natures", see Termekerttschian and Ter-Minassiantz, *Timotheus Aelurus' des Patriarchen von Alexandrien Widerlegung der auf der Synode zu Chalcedon festgesetzten Lehre*, Leipzig 1908 (in Armenian), 199.
40 Cf. P. Tekeyan, *Controverses christologiques en Armeno-Cilicie dans la seconde moitié du XIIe siècle (1165–1198)*, Rome 1939, 115. "Il est curieux de constater que les Armeniens n'ont aucune des expressions de leurs voisins, Grecs, et Syriens, pour designer l'union hypostatique . . . Si l'on examine cependant les explications données sur l'union hypostatique, on voit bien que leur pensée est orthodoxe". Compare J. Karmiris, p. 12 note 1, with A. Arvanitis, *Armenian Church* (in: *Theol. and Moral Encyclopaedia*, vol. 3 (in Greek), Athens 1963), col. 174.
41 Thus, for exemple, M. Chorenatzi, in a tract bearing his name and against all who consider impossible the union of two natures, insists: "It is said (in the Scriptures) 'He who was in the form of God took the form of a Servant! You see, it says form and form; which form is then absorbed in the mixture according to their confession? For (if they think that the union of the whole results in confusion) then they have to understand the same for the persons. Indeed, their sayings are ridiculous . . . because, as in the legendary tales, they create one head and two tails!" *Girq Thghthotz*, 24–25. See the observation of Karekin Sarkissian, *The person of Christ in the Armenian Church*, in: *The Greek Orthodox Theological Review*, vol. X (1964–1965) 2, p. 110.
42 *Girq Thghthotz*, 116, 122.

43 The Armenians who refused to recognise the 4th Oecumenical Council made a point of appealing to the authority of the Council of Nicaea, as did also the supporters of Chalcedon. See *Girq Thghthotz*, supra. Cf. V. Inglisian, *Chalkedon . . .*, p. 396–397.

44 *Girq Thghthotz*, 116–122.

45 *Ibid.*

46 *Girq Thghthotz, ibid.*

47 On the "Three Chapters", see V. Inglisian, *Armenien im Fahrwasser des angehenden Drei-Kapitel-Streites:* in: *Handes Amsorya* 66 (1952), 349–371 (in Armenian). Cf. Id., *Chalkedon . . .*, p. 363, note 11. For the condemnation of the Three Chapters by the 5th Oecumenical Council, See Mansi IX, 384–388; cf. col. 368 and consult *Confession of Faith of Justinian, Emperor of Constantinople, against the Three Chapters*, Mansi IX, 537–538.

48 This took place at the 5th Oecumenical Council, the 4th not having considered the matter at all, being content to oblige Theodoret and Ivan to excommunicate Nestorius and signal their agreement with the definition of Chalcedon" – J. Karmiris, *The Ancient Anti-Chalcedonian Churches . . .*, p. 12.

49 On Cyril, see the specialised studies made by Chrysostomos Papadopoulos, *St. Cyril of Alexandria, Alexandria 1933*, and Andreas Theodorou, *The Christological Terminology and Doctrine of Cyril of Alexandria and Theodoret of Cyr*, Athens 1955 (both works in Greek).

50 See Konidaris, *op. cit.*, p. 441 ff.

51 The "Encyclical" is included in Evagrius, *Ecclesiastical History* 3, 4, P.G. 86/ 2, 2600–2604. Cf. Nicephorus Callistus, *Eccles. Hist.*, 16, 4, P.G. 147, 121 ff. Consult Chrys. Papadopoulos, *History of the Church of Alexandria*, Alexandria 1935, p. 431–432; Kyrillos E. Antonis, *Cyrus of Alexandria and the Copts during the Arab conquest of Egypt*, Salonica 1959, p. 10 (both works in Greek).

52 See Phil. Vapheidis, *Church History*, Constantinople 1884, Vol. I, p. 244.

53 For the text, see Evagrius, *Eccles. Hist.*, 3, 14, P.G. 862, 2620–2625, Nicephorus Callistus, *Eccles. Hist.* 16, 12, P.G. 147, 136 ff. Cf. opinions of Chrys. Papadopoulos, *op. cit.*, p. 434–435, Kyrillos E. Antonis, *op. cit.*, p. 12. For the significance of the *Henotikon* after 482, see Konidaris, *op. cit.*, p. 441 ff.

54 Chrys. Papadopoulos, *op. cit.*, p. 434.

55 *Ibid.*

56 Cf. Phil. Vapheidis, *op. cit.*, p. 244; Chrys. Papadopoulos, *op. cit.*, p. 436; B. Stephanidis, *Church History*, Athens 1959, p. 227–228; J. Karmiris, *op. cit.*, p. 46.

57 Chrys. Papadopoulos, *op. cit.*, p. 436, 439. Most historians, in their judgment of the *Henotikon*, agree on one basic point: the separation brought about by it, and the dangers inherent in it (J. Kirsch, *Kirchengeschichte*, I. Bd., Freiburg 1930, p. 634–635; K. Müller, *Kirchengeschichte*, I. Bd., Tübingen 1941 (3), p. 666).

58 This may be inferred from the contemporary second "Letter of the Armenians to the Orthodox of Persia", *Girq Thghthotz*, 48–51, in which the *Henotikon* is dealt with for the first time in Armenian writings. Cf. V. Inglisian, *Chalkedon . . .*, 368–369.

59 *Girq Thghthotz*, 269–71. Cf. Zacharias Rh., *H. Eccl.* 5, 8, ed. Ahrens-Krüger 75 (18)–78 (5). Cf. Termekerttschian, *The Seal of Faith*, 127. On the editions of the *Henotikon*, see V. Inglisian, *Chalkedon . . .*, p. 368–369.

60 *Girq Thghthotz*, 243–76; cf. V. Inglisian, *op. cit.*, p. 369, note 32.

61 *Girq Thghthotz*, 277–78. In this work, unknown to us (see V. Inglisian, p. 369), one can read the following sentence, among others: "We disapprove of the Council of Chalcedon and, with it, Leo and his document and those who accept two Christs and two Sons". See *Girq Thghthotz*, 277. From a marginal remark V. Inglisian was able to deduce that this supposed work of Anastasius was translated in 506. Like the *Henotikon*, so the doctored correspondence and the work of Anastasius are in the same linguistic style as the first letter of Babgen (506), in the writing of which Symeon Beth-Arsam played a part. This conviction led Inglisian to the doubtful conclusion, "daß der Vermittler dieser teilweise unechten, aber sämtlich im monophysitischen Sinne abgefaßten Schriftstücke kein anderer sein kann als nur Simeon von Beth-Arsam. Die Armenier, die stets – selbst unter persischer Herrschaft – in den byzantinischen Kaisern die eifrigen Schützer der Orthodoxie erblickten (see *Girq Thghthotz*, 12–12, 17), ließen sich durch das Henotikon gegen das Konzil von Chalkedon einnehmen."

62 A. Zotos, *Armenia (Church)* (in Greek), *Great Hellenic Encycl.*, vol. 5, p. 593. Cf. Konidaris, p. 443, Chrys. Papadopoulos, *op. cit.*, pp. 432–433, 438.

63 This event provoked turmoil in Constantinople (twice, in 511 and 512). Anastasius had no choice but to parlay with Pope Hormisdas in rhe hope of ending the schism, but came up against excessive demands on the part of the Pope, exacting the underwriting of a special pamphlet

containing the phrase "we follow in all things the Apostolic Throne and preach all its constitusions" (Mansi VIII, 407, Konidaris, 443–444. *Formula Hormisdae, "Sequentes in omnibus apostolicam Sedem et praedicantes eius omnia constituta."*). For the adjunct, see *Girq Thghthotz, Book of Letters*, ed. Ismireantz, Tiflis 1901, 121–124. Cf. Konidaris, 443, V. Inglisian, 397.

64 Cf. V. Inglisian, 371–372, which deals with the Armenian influence of the Syrian Monophysite Abdiso.

65 *Girq Thghthotz*, 121–124.

66 Probably the faulty information of the historian Catholicos John. See Katholikos Johannes, *Geschichte Armeniens*, Jerusalem 1867, chapter 16, p. 80 ff. Cf. the relevant observations of Ter-Minassiantz, p. 31, and V. Inglisian, p. 366, note 21.

67 See int. al Dyobouniotes, 8, Zotos, *op. cit.*, 593, Arvanitis, 173–174, Vailhe, 208, Tournebize, 90–91, Fliche-Martin, *Histoire de l'Eglise*, t. 4, p. 511–512, P. Goubert SJ, *Evolution politique et religieuse de la Georgie a la fin du VIe siecle*. In: *Memorial L. Petit, Archives de l'Orient Chretien*, Bukarest 1948, 1, 113–127.

68 See Fliche-Martin, t. IV, 511–512.

69 Dyobouniotes, p. 8. Cf. Byzantios, 22. Psomiadis, p. 399. The information given by the historians in question concerning the Council of Valarsapat is based on untrue accounts, as aforementioned.

70 Another mistaken opinion of the same historians (Tournebize 90–91, Vailhe 208, Dyobouniotes 8), confusing the so called Council of Valarsapat with that of Tovin (505/ 506), which did not, however, adopt an attitude hostile to the *Henotikon*.

71 See Katholikos Johannes, *Geschichte Armeniens* (in Armenian), Jerusalem 1867, ch. 16. Cf. Terminassiantz, p. 30–31. *Die Armenische Kirche in ihren Beziehungen zu den Syrischen Kirchen bis zum Ende des 13. Jahrhunderts (Texte und Untersuchungen*, Bd. 26, Heft 4).

72 Karapet Ter-Mekerttschian, *"Ararat"* 1898, p. 383–386. Cf. Ter-Minassiantz, p. 31 ff.

73 J. Ismireantz, *Girq Thghthotz*, Tiflis 1901.

74 This is only a tentative guess, because from the letter we cannot get a clear picture of why the Council was convened. See Appendix I and V. Inglisian, *Chalkedon . . .*, p. 365: »Vielmehr läßt sich daraus nur die Tatsache dieser Landessynode der Armenier mit der unter ihrer Jurisdiktion stehenden Georgiern und Albaniern erheben. Über den Grund dieser Zusammenkunft erfahren wir nichts, werden aber nicht irregehen, wenn wir rein innere Angelegenheiten dieses Jurisdiktionsbereiches als Motiv annehmen. Jene monophysitischen Syrer werden wohl unerwarteterweise vor dieser Synode erschienen sein, um ihre Beschwerden vorzutragen. Man nahm sich ihrer Angelegenheit an. Das Ergebnis war das erwähnte Schreiben in armenischer und persischer Sprache.«

75 See the text of the letter in J. Ismireantz, *Girq Thghthotz*, Tiflis 1901, 41–47. Cf. the relevant disagreement of V. Inglisian, *Chalkedon . . .*, 365, with Ter-Minassiantz, 33–36, who gives as a likely reason for the convention of the Council the settling of internal church questions and the approval of the *Henotikon*, p. 33.

76 See Appendix I and V. Inglisian, *Chalkedon . . .*, 365–366.

77 Cf. Ter-Minassiantz, p. 35.

78 See Ter-Minassiantz, p. 32.

79 For Nestorian teachings, see also G. Bebis, *Contributions to the study of Nestorius (from an Orthodox standpoint)*, Athens 1964, p. 90–160 (in Greek).

80 See D. Papandreou, *op. cit.*, Appendix I.

81 The text of the letter is in J. Ismireantz, *Girq Thghthotz*, Fiflis 1901, p. 48–51 ff. Cf. V. Inglisian, *Chalkedon . . .*, p. 366–367.

82 See the text in Ismireantz and cf. Terminassiantz, 38.

83 Girq Thgthotz, 48–51, V. Inglisian, *Chalkedon . . .*, p. 367.

84 Cf. Ter-Minassiantz, p. 38; V. Inglisian, *ibid*.

85 *Girq Thghthotz*, p. 49/ 51. The letter also names: "Great Ampeghis, bishop of the city of Cherson . . ., the pious presbyter Anatolis from Constantinople". By Ampeghis, also known as Ampegh, is most probably meant (see V. Inglisian, 367–368) Amphilochios of Sidon, who in his letter to the Emperor Leo showed a hostile attitude to the 4th Ecumenical Council. Cf. Ahrens-Krüger, *K.G. des Zacharias Rh.*, 22, 31; R. Janin, *Amphiloque* (II), in: *Dict. Hist. Geogr.*, 2 (1914) 1348.

86 See V. Inglisian, *Chalkedon . . .*, p. 370.

87 See the letter of the orthodox Syrians to the Armenians, "To the Catholicos of Armenia, Nerses and Mersapuh bishop of Taron and the Mamikonians and to the other bishops and Princes". *Girq Thghthotz*, 52–54, trans. into German by Terminassiantz, p. 197–261.

88 See *Girq Thghthotz*, p. 52–54. Cf. G. Garitte, *Les ecrits anti-armeniens dits du Catholicos Isaac*, in: *Revue Hist. Eccl.* 45, Rome 1950, p. 136, Ter-Minassiantz, p. 42–43.

89 See „From Nerses, Catholicos of the Armenians, and Marsapuh, bishop of the Mamikonians, a reply to the letter of the Syrians". *Girq Thghthotz*, 55–58, German trans. by Ter-Minassiantz, p. 162–164. Nerses became Catholicos in 548/ 9.

90 On the theopaschite formula generally, see Mansi VII, 1041, 556/ 7, 1136. *"An Account . . ."*, ed. Garitte, p. 31–34. Cf. *ibid.,* p. 113–115.

91 *Girq Thghthotz*, p. 55–56. Cf. p. 53.

92 Ter-Minassiantz, p. 42, note 1 contradicts the opinion of Gelzer, *Armenien*, in: *Real-Encycl. für protestant. Theol. und Kirche*, Bd. 2.

93 Mainly on the basis of the *Book of Letters*, *Girq Thghthotz*, p. 72–73.

94 See (a) "Letter of greetings from Abdiso, bishop of the Syrians, to Ter-Nerses, Catholicos of the Armenians", *Girq Thghthotz*, p. 59–61, German trans. by Ter-Minassiantz, p. 164–166. Cf. observations, p. 44–45. (b) "Letter of Abdiso, bishop of the Syrians, to Nerses, Catholicos of the Armenians and to various other brother bishops, concerning the anathematized Nestorian heretics". *Girg Thghthotz*, p. 62–65. Cf. Ter-Minassiantz, p. 46. (c) Abdiso, "On the anathematized Nestorians and all the heretics", *Girq Thghthotz*, p. 66–67. (d) Abdiso, "Excommunication of all the heretics, who are against the Orthodox", *Girq Thghthotz*, p. 68–69. (e) "Letter of Denunciation from Ter-Nerses, Catholicos of the Armenians, to the bishops", *Girq Thghthotz*, p. 70–71. (f) "A Promise of the union of the Land of the Armenians, given by Nerses, Catholicos of the Armenians, Mersapuh, bishop of the Mamikonians, Peter, bishop of Siwneac and other bishops and all of the people", *Girq Thghthotz*, p. 72–75. See also Ter-Minassiantz, p. 46, Akinian, *Peter, bishop of Siwneac* (in Armenian), *Handes Amsorya*, 17, 1903, p. 245–257. On Bishop Peter, see *Handes Amsorya*, 18 (1904) 18–22, 77–83, 105–113. (g) "Anathema of the Nestorians by the Holy Church, a letter of Nerses, Catholicos of the Armenians, Mersapuh, bishop of the Manikonians, Peter, bishop of Siwneac, to Gregory the bishop of Mardpetakan (region of Naxcavan) and to Gregory the bishop of the Arcrunians", *Girq Thghthotz*, p. 76–77.

95 According to this information, the Council must have been convened in the year 554 (451 ciii).

96 See "An Historical Account from the days of St. Gregory up to the present day, about his successors in line, that is, to his throne, and about the rulers during the days of the Romans and the Persians; and about recognising how far they adhered to the true faith which they received from St. Gregory and the Council of Nicaea, and when it was that they were led astray and by whom, and how they conducted themselves, and what questions arose concerning the faith, and how they remained in error up to the present day", ed. by Garitte, p. 404–405, cf. pg. 69–76 and *ibid.*, p. 35–36.

5

Christologie und Soteriologie im Verständnis der Kirchenväter

Gott ist in Christus Mensch geworden, weil er der wahre Gott ist und darum sein Geschöpf liebt und es erlösen will; und weil Gott in den Menschen hineinkommt, kann der Mensch nur Mensch sein, indem er vergöttlicht wird. Gott wird zum Fleischträger, damit der Mensch zum Geistträger wird, damit er gnadenvoll als Träger der ungeschaffenen Energien Gottes mit Ihm vereint lebt. Es ist ein und dasselbe dynamische Ereignis des Neuen, welches die ganze Schöpfung erneuert. Gott wird zum Menschen, um im menschlichen Fleisch die Folgen der Ursünde, Leiden und Tod auf sich zu nehmen, denn »das nicht Angenommene wäre unheilbar«[1].

Mit der Menschwerdung, die in der Auferstehung vollendet wird, beginnt die göttliche Ökonomie. Basilius d. Gr. sagt: »Die Ökonomie Gottes und unseres Heilandes gegenüber dem Menschen ist die Wiederberufung aus dem Falle und der wieder eröffnete Zugang zur Vertrautheit mit Gott nach der durch den Ungehorsam verursachten Entfremdung.«[2]

In der Auferstehung, die nicht von dem gesamten Leben des fleischgewordenen Logos zu trennen ist, wird die Unverweslichkeit und Unsterblichkeit des ersten Menschen wiederhergestellt und das Menschengeschlecht aufs neue vergottet. Das Heil im Verständnis der Kirchenväter war kein abstraktes Ideal, welches nicht verwirklicht werden konnte, es wurde in der Geschichte vollkommen in der Person des fleischgewordenen Logos gegeben, die unlösbar mit der Trinität verbunden ist. Die Soteriologie in der alten Kirche war wesentlich Christologie, die soteriologischen Fragen waren mit der Person des Erretters unlösbar verbunden, und daher sind die folgenden Ausführungen über Christologie und Soteriologie nicht pragmatisch voneinander zu trennen.

Der Gott-Logos »nimmt das eigene Bild wieder auf«, sagt Gregor von Nazianz, »und trägt das Fleisch für das Fleisch, vermischt sich der vernünftigen Seele um meiner Seele willen, durch Gleiches das Gleiche reinigend[3]«. Und Johannes Damascenus bemerkt: ». . . Nach der Zustimmung der heiligen Jungfrau kam der Heilige Geist über sie gemäß dem Wort des Herrn, das der Engel gesprochen hatte, reinigte sie und gab ihr die Kraft, die Gottheit des Logos aufzunehmen und zu gebären.

Darauf überschattete sie die personale Weisheit und Kraft des höchsten Gottes, der dem Vater wesensgleiche Sohn Gottes, wie göttlicher Same, und bildete sich aus ihrem heiligen und reinsten Blut von einer mit Verstand (logos) und Geist (nous) begabten Seele beseeltes Fleisch als den Anfang unseres Teiges, nicht durch Samen, sondern schöpferisch durch den Heiligen Geist, wobei die Gestalt nicht durch allmähliches Wachstum gebildet wurde, sondern mit einem Male vollendet war.

Der Logos Gottes selbst wurde die Hypostase für das Fleisch. Denn nicht einem schon zuvor für sich in einer Hypostase existierenden Fleische einte sich der Gott-Logos; vielmehr wohnte er in seiner eigenen Hypostase unumschreibbar dem Leib der heiligen Jungfrau ein, bildete sich aus dem reinen Blut der Jungfrau von einer mit Verstand und Geist begabten Seele beseeltes Fleisch und nahm dieses als Anfang des menschlichen Teiges; der Logos selbst wurde die Hypostase seines Fleisches . . .«[4] Der Herr verwandelte seine Gottheit nicht in die Natur, sondern »vereinigte sich hypostatisch mit dem Fleische, unvermischt, unverändert und untrennbar, er verwandelte die Natur seiner Gottheit nicht in die Substanz des Fleisches, noch die Substanz seines Fleisches in die Natur seiner Gottheit, noch schuf er aus seiner göttlichen Natur und der menschlichen, die er annahm, eine zusammengesetzte Natur«[5].

Die göttliche und menschliche Natur vereinigten sich in der Hypostase oder Person des Gott-Logos, anders ausgedrückt: das person-machende Prinzip in Christus war der Gott-Logos selbst, deren Hypostase auch zur Hypostase der angenommenen menschlichen Natur wurde. ». . . Der fleischgewordene Gott-Logos hat weder die in der reinen Theorie erfaßte Natur angenommen (denn dies wäre keine Fleischwerdung, sondern nur ein Betrug und eine Vortäuschung von Fleischwerdung), noch die in der Species angeschaute Natur (denn er hat nicht alle Hypostasen angenommen), noch eine Natur, die zuvor schon für sich selbst und individuell bestanden hätten und als solche von ihm angenommen worden wäre, vielmehr eine Natur, die in seiner eigenen Hypostase existierte. Denn diese Hypostase des Gott-Logos wurde zur Hypostase des Fleisches . . .«[6]

Die beiden Naturen vereinigten sich solchermaßen in der einen Person des Gott-Menschen, daß Jesus Christus eine Person »in zwei Naturen«, nicht aber »aus zwei Naturen«[7] ist. Daher lehrte das Konzil von Chalzedon, indem es die Person (»hypostasis«) und Natur (»physis«) klar unterschied, es sei »zu bekennen der eine und derselbe Christus, der Sohn, der Herr, der Eingeborene, der erkannt wird in zwei Naturen unvermischt, unverwandelt [gegen den Monophysitismus], ungeteilt, unzertrennt [gegen den Nestorianismus], wobei der Unterschied der Naturen keinesfalls zugunsten der Vereinigung aufgehoben wird, sondern vielmehr die Eigentümlichkeit jeder der beiden Naturen erhalten bleibt und sich in eine Person und eine Hypostase vereint«[8]. Die fünfte ökumenische Synode (553) verdeutlichte und sicherte die Zweinaturenlehre von Chalcedon gegen eine Überbetonung des Menschseins Christi in der antiochenischen Schule. Die sechste Synode (680/81) verkündete als Konsequenz der chalcedonischen Zweinaturenlehre die Zweiheit des Willens in Christus gegen die Monotheleten: »In allen Beziehungen das ›unvermischt‹ und ›ungeteilt‹ haltend, verkünden wir in kurzer Rede das Ganze, daß einer von der heiligen Trinität auch nach der Fleischwerdung, unser Herr Jesus Christus, unser wahrer Gott ist. Indem wir das glauben, bekennen wir seine zwei Naturen, die durch seine eine Hypostase hindurchscheinen . . ., wobei der physische Unterschied in ihr bekannt ist, während jede der beiden Naturen in Gemeinschaft mit der anderen dasselbe will und wirkt: demgemäß glauben wir auch, daß sich zwei physische Willen und Energien unteilbar, unwandelbar, unzertrennlich und unvermischt in ihm befinden, die sich zur Errettung des Menschengeschlechts einander vereinigen«, insofern als auch nach der Vereinigung »sein menschlicher Wille von Gott her nicht aufgehoben wurde, sondern bewahrt worden ist«[9].

Das Erscheinen des fleischgewordenen Logos auf Erden und sein rettendes Wirken stellen sein Erlösungswerk dar. Die Erlösung besteht darin, daß der Erretter durch »seine Geburt, das heißt, durch seine Inkarnation, durch seine Taufe, sein Leiden und seine Auferstehung die Natur des Vorvaters von der Sünde, von Tod und Verderben befreite, und daß er Anfang der Auferstehung geworden ist und sich selbst zum Weg gemacht hat, zum Typus und zum Vorbild, auf daß auch wir, seinen Spuren folgend, das werden, was er von Natur ist, nämlich Söhne und Erben Gottes, und so seine Miterben«[10].

»Nachdem er uns das Bessere gegeben hatte, und wir es nicht bewahrt hatten, empfängt er nun das Schlimmere, das heißt unsere Natur, damit er durch und in sich selbst das ›nach dem Bilde‹ und das ›nach Ähnlichkeit‹ erneuere; aber auch damit er uns den tugendhaften Lebenswandel lehre, den wir durch ihn leicht beschreiten können. Damit er uns durch Lebensgemeinschaft vom Verderben befreie, ist er selbst zum Anfang unserer Auferstehung geworden; damit er das unbrauchbar gemachte und zerstoßene Gefäß erneuere und es von der Tyrannei des Teufels erlöst werde, indem er uns zur Gotteserkenntnis beruft, und damit er uns kraftvoll mache und erziehe, durch Geduld und Demut den Tyrannen niederzuringen.«[11]

Inkarnation, göttliche Lehre und rettendes Wirken, Kreuz und Auferstehung bilden ein unauflösbares, erlösendes, historisches Geschehen. »Darum die Einwohnung Christi im Fleisch, die Regeln des Lebenswandels nach dem Evangelium, das Leiden, das Kreuz, das Grab, die Auferstehung, damit der Mensch, der gerettet wird, durch Nachahmung Christi jene alte Kindschaft wieder erhalte.«[12]

Prof. Karmiris bemerkt folgendes, indem er die Kirchenväterlehre über das Erlösungswerk zusammenfaßt: »Allgemein hoben die griechischen Väter und Theologen vier Hauptstadien des Erlösungswirkens des Erretters hervor, im Gegensatz zu den westlichen, die einseitig den Kreuzestod des Herrn betonten. Es handelt sich dabei um die folgenden: a) die Menschwerdung, in welcher er schon mit der Verkündigung die ganze menschliche Natur annahm und sie mit der göttlichen vereinigend erneuerte, heiligte, unsterblich machte und ›kraft‹ derselben vergottete, indem er ihr göttliches Leben gab, und so den Anfang der Erlösung bewerkstelligte; b) seine göttliche Lehre und ethische Gesetzgebung, durch die er sich als der Prophet, als der Lehrer und als der höchste ethische Gesetzgeber an den verirrten menschlichen Geist wandte und ihn durch seine göttliche Lehre und ethische Gesetzgebung erleuchtete; c) der Kreuzestod, durch welchen er als Hoherpriester sich selbst Gott dem Vater als Versöhnungsopfer darbrachte, um den Menschen von der Sünde abzuwenden und zu dem heiligen Gott hinzuwenden; d) die Auferstehung, durch welche er als allmächtiger König von den Toten auferstand, ›im Tod den Tod zertretend‹, den Menschen vom Tode in das Leben mit-auferweckte und aufstieg gen Himmel, wo er sitzt zur Rechten des Vaters, und darüber hinaus als Besiegelung seiner Erlösung und deren Verewigung seine Kirche gründete, die er selbst unsichtbar regiert.«[13]

»Es ist noch hinzuzufügen«, schreibt Prof. Karmiris, »daß der Erretter mit seiner Menschwerdung das Erlösungswerk begann, während in seiner bis zum Kreuz andauernden Lehrtätigkeit sein Prophetenamt, im Versöhnungsopfer am Kreuz sein Hohepriesteramt und in seiner Auferstehung, Himmelfahrt, im ›Sitzen zur Rechten des Vaters‹ und in der Errichtung der Kirche sein Königsamt in Erscheinung tritt.«[14]

Nach diesen Ausführungen möchte ich mir erlauben, folgende Punkte zu unterstreichen:

1. Die obengenannten Hauptstadien des Erlösungswirkens des Erretters sind trotz ihrer scheinbaren, logischen Differenziertheit nicht voneinander zu trennende, sondern dynamisch ineinander übergehende Teilwahrheiten ein und desselben Mysteriums. Wenn man von Inkarnation spricht, dann denkt man sofort an die ganze Heilsökonomie. Obwohl der fleischgewordene Logos, kraft seines prophetischen Amtes, offenbarte und lehrte, damit er »alle von Gottesirrtum und vom Verderben befreie und selbst aller Herr und König werde«[15], »damit er uns rette, uns vom Irrtum befreie und in den Genuß des Königreiches bringe«[16], ist die Wahrheit, die er lehrte, um den Menschen zu befreien, keine bloße Idee oder ein System von Ideen, sondern der Herr selbst: »Ich bin die Wahrheit . . .« (Joh. 14,6). Im Grunde wird also die Wahrheit mit der Person gleichgesetzt und ist nicht anhypostatisch zu verstehen. Wahrheit, Christus und Kirche sind nicht voneinander zu trennen. Die Wahrheit, die Christus verkündet, ist kein tötender Buchstabe, sondern eine in Leben umgesetzte Anschauung. Sie ist selbst mit seinem Leben, mit Kreuz und Auferstehung zu identifizieren.

2. Genau weil die Wahrheit mit dem fleischgewordenen Logos in der Geschichte identisch wird, geschieht auch die Übergabe der Wahrheit durch die Jahrhunderte hindurch – durch ihre ununterbrochene Inkarnation im Leben jeder geschichtlichen Epoche. Und da jede geschichtliche Zeit verschieden von den ihr vorausgegangenen ist, soll die Inkarnation der Wahrheit immer das Kleid der Epoche tragen, das Fleisch der Geschichte. Aus diesem Grunde haben die Kirchenväter nicht gezögert, sondern es sogar als ihre Aufgabe empfunden, die Begriffe ihrer Zeit zu gebrauchen, um mit ihnen den immer wieder sich inkarnierenden Jesus zu umkleiden (z. B. die neuplatonische Philosophie). Dafür sind sie u. a. von A. von Harnack angegriffen worden, sie hätten sich vom Neuen Testament entfernt, indem sie von der hellenistischen Philosophie beeinflußt wurden. Die Wahrheit wird aber nicht verraten, wenn sie in jeder geschichtlichen Epoche inkarniert wird, sondern wenn sie wie eine Reliquie, wie in einem Museum aufbewahrt wird, aus Angst, sie könne von der Geschichte angetastet werden. Der Heilige Geist, der immer in der Kirche lebt, existiert, um diese Inkarnation der Wahrheit in jeder Epoche zu ermöglichen. Die geschichtlichen Kleider, die die inkarnierte Wahrheit in jeder Epoche annimmt, ändern nichts am Wesen der Wahrheit. Das Drama der Kirche besteht darin, daß es in ihr Glieder gibt, die nicht immer zwischen Wesen und Form zu unterscheiden verstehen, mit der Folge, daß sie formale Gesichtspunkte für wesentlich halten (der Fehler des Traditionalismus) oder die zentrale Wesenheit relativieren (der Fehler des Reformismus).

Die christologische Lehre der Väter ist also keine trockene, begriffliche Schöpfung der kirchlichen Institution, sondern Leben in Christus. Die Lehre über die Person des Erlösers Christus war grundsätzlich Soteriologie und läßt sich nur als Versuch einer Antwort auf die drängenden und konkreten Probleme jener bestimmten Zeit erklären. Da aber die Antworten, die den christologischen Fragen von den Kirchenvätern erteilt wurden, göttlich inspiriert waren, verblieben sie der Kirche als unveränderliche Regel geistlicher Erfahrung, die für dieselben Probleme immer gültig bleibt und Licht auf die Bewältigung neuer Fragen wirft. Parallel dazu setzt auch die nach schweren Auseinandersetzungen erfolgte Annahme der christologischen Beschlüsse der Allgemeinen Konzilien durch die Mehrheit der Ortskirchen die Erleuchtung des Heiligen Geistes bei der Entstehung und Ausprägung dieser Theologie voraus. Die Väter und Theologen der sieben Ökumenischen Konzilien waren Zungen Gottes, die aus der Erfahrung ihres Lebens in Christus sprachen. Ihre Christologie war eine Fortsetzung des Evangeliums, eine Fortsetzung der Prophetie[17].

3. Wenn die Christologie Leben in Christo ist, d.h. Leben in der Kirche und durch die Kirche, da sie der Leib Christi ist, dann kann sie das Leben, als unaussprechlich, nicht umfassen und erschöpfen. Als Leben übersteigt sie jede Definition, sie ist das überbegriffliche und unaussprechliche Mysterium des Gott-Menschen, welches zum Gegenstand geistlicher, doxologischer und hymnologischer Erfahrung wird. »Es gibt kein anderes Mittel, Gott zu erkennen, als in ihm zu leben«, sagt der hl. Symeon. »Niemand kann Gott erkennen, wenn ihn Gott nicht selbst unterweist«, sagt der hl. Irenäus, und der hl. Gregor von Nyssa drückt es so aus: »Gott nennt Seligkeit nicht irgendwelche Kenntnis über ihn, sondern sein Wohnen im Menschen.«[18]

Die Christologie ist also Soteriologie, die nur durch Teilnahme und Teilhabe am Leben der Kirche, als dem Leib Christi, persönlich angeeignet werden kann. »Wo die Kirche ist, da ist der Geist Gottes und wo Gottes Geist ist, ist die Kirche und die Gesamtheit der Gnade. Der Geist aber ist Wahrheit. Deswegen haben die keinen Anteil an Ihm, die nicht an den Brüsten der Mutter zum Leben genährt werden und nicht die aus dem Leibe Christi [der Kirche] strömende, reine Quelle empfangen.«[19]

4. Wenn die Christologie ausschließlich soteriologisch zu verstehen ist, muß sie die Probleme jeder Epoche begleiten und eine Lösung für sie finden. Und genau weil die Kirche den Leib Christi darstellt, der »homoousios hymin kata tēn anthrōpotēta« wurde und am Leben der Kirche und der Geschichte teilgenommen hat, existiert die Kirche nur als Inkarnation des Herrn in der Welt und der Geschichte. Als solche lebt sie die Probleme der Welt, in der heiligen Eucharistie bringt sie die täglichen Nöte und Probleme des Kosmos Gott dar. Wie die Kirche, so ist auch die Eucharistie christologisch zu verstehen. Sie ist der lebendige Leib Christi, die unteilbare Einheit von Gottheit und Menschheit Christi. Sie ist der Ort der persönlichen Aneignung der Erlösung, nicht ein Sakrament neben anderen, sondern das eine und einzige Sakrament in der alten Kirche.

Christus bezeichnet sich als »das Brot des Lebens« (Joh 6,48). Dieses Leben ist von Gott dem Vater in der Fleischwerdung seines Sohnes gegeben. Es wird vom Menschen empfangen und manifestiert in dem und durch den Leib Christi, in der und durch die Heilige Eucharistie. Durch das Essen seines Fleisches und das Trinken seines Blutes erreicht und erlebt man eine dynamische Koinonia mit Christus, die der Einheit des Sohnes mit dem Vater korrespondiert, und der Liebe des Vaters für die Welt, die er durch Hingabe seines Sohnes bezeugte, entspricht. Es handelt sich um eine echte Koinonia, um eine echte Vereinigung und Gemeinschaft mit Christus. Durch die Koinonia wird man zum echten Christophorus, Christusträger, verklärt.

Johannes Chrysostomus meint, Paulus habe bewußt das Wort »koinonia« gewählt und nicht »metochē«, also »Gemeinschaft« und nicht »Teilnahme«, denn er wollte mehr sagen, als daß es nur einen irgendwie gearteten Zusammenhang zwischen den Kommunizierenden gebe; ihm sei es um die nähere Bestimmung des Zusammenhangs als einer Vereinigung gegangen: der Kommunizierende nimmt nicht bloß am Mahl Anteil, sondern geht eine Vereinigung mit Christus und mit den Brüdern ein[20].

Wir dürfen also in ihr nicht etwa ein Gnadenmittel sehen – zur Erlangung einer abstrakten und von der Christologie unabhängigen Gnade, wie sie bedauerlicherweise unsere

Dogmatikbücher noch darstellen. Wir müssen in ihr Christus selbst sehen, der den Menschen und die Welt rettet und uns mit Gott versöhnt.

Der grundlegende Charakter der Eucharistie liegt aber in der Tatsache, daß sie in einem Zusammenwirken besteht und einen Akt darstellt und daß das ganze Mysterium Christi, der ganze Christus, das Heil der Welt, sich in ihr offenbart, in ihr lebt, sich in ihr konzentriert.

Diese Erfahrung, daß sich der ganze Mensch zum Ort der Liturgiefeier begibt, weiß wohl auch um die Tatsache, daß die Welt wegen der Sünde nicht mehr jene »sehr gute« Wirklichkeit darstellt, wie sie Gott im Augenblick der Schöpfung empfand. Die Sünde ist ein tragisches Element, das wiederholt in das Bewußtsein der feiernden Kirche tritt: »Niemand von jenen, die durch die Begierden und das Verlangen des Fleisches gefesselt sind, ist würdig, zu Dir zu kommen, sich Dir zu nähern und Dir dieses Lobopfer darzubringen, o König der Herrlichkeit . . .« Aber für die Liturgie ist die Sünde nicht – wie es in der gegenwärtigen Lehre von den Letzten Dingen mitunter vorkommt – ein beängstigendes und ungelöstes Problem der Welt. Die Verderbnis, die der Schöpfung folgte, wird in der Liturgie nicht bekräftigt, aber auch nicht weiter geleugnet. Die Welt, die den liturgischen Raum betritt, ist die gefallene Welt selbst. Aber die Welt tritt nicht in die Kirche, um so zu bleiben, wie sie ist. Die Liturgie ist gerade deswegen »ein Heilmittel für die Unsterblichkeit«, wie der hl. Ignatius von Antiochien sagt, weil sie in ihrer Annahme und Billigung der Welt deren Verdorbenheit zurückweist, sie heiligt und dem Schöpfer darbietet: »Deine Gaben, die wir von Deinen Gaben nehmen, bringen wir Dir dar in allem und für alles.«

Die Annahme der Welt durch die Liturgie zeigt also, daß diese für die liturgische Schau der Schöpfung niemals aufgehört hat, Gottes Kosmos zu sein, daß sie in Sünde und Vernichtung nicht Teufelswerk ist, wie Marcion (und Harnack!) glaubte, sondern daß all das, was wir sind, was wir tun, was uns in dieser Welt interessiert, durch die Hände des Zelebranten als Opfergabe Gott dargebracht werden kann und soll. Nicht, daß es so bleiben soll, wie es ist. Es soll andrerseits aber auch nicht aufhören, das zu sein, was es im Grunde ist, sondern das werden, was es eigentlich ist und was die Sünde entstellt hat.

Dieses Paradoxon der Bejahung und Verneinung der Welt durch die Liturgie, d.h. die Umgestaltung der Welt, ohne sie zu zerstören, und ihre Erneuerung, ohne sie neu aus dem Nichts zu erschaffen, offenbart sich durch die Eucharistie in Raum und Zeit als das Mysterium Christi. In ihm erneuert sich der alte Adam Liturgie, d.h. die Umgestaltung der Welt, ohne sie zu zerstören, und ihre Erneuerung, ohne sie neu aus dem Nichts zu erschaffen, offenbart sich durch die Eucharistie in Raum und Zeit als das Mysterium Christi. In ihm erneuert sich der alte Adam, ohne vernichtet zu werden, die menschliche Natur wird unverändert angenommen; der Mensch wird vergöttlicht, ohne aufzuhören, Mensch zu sein[21].

5. In der Eucharistie wird der Mensch vergottet durch die Teilhabe am göttlichen Leib und Blut. Nach Maximos Confessor ist »die Vergottung nicht eine Tat unserer Kraft. Wir haben ihre Kraft nicht von Natur, sondern allein durch die göttliche Kraft . . . aus Gnade sind wir vergottet worden«[22]. Kraft ihrer Gemeinschaft mit der Gottheit wurde die Menschheit vergottet, »der Logos Gottes, Mensch geworden, vergottete sie, nicht der Natur, sondern der Qualität nach, ihr ununterbrochen den Charakter seines eigenen Geistes aufprägend, so wie er Wasser wirkungsvoll in die Qualität des Weines um-

setzt . . . denn deshalb wird er auch in Wahrheit Mensch, daß er uns aus Gnade zu Göttern einsetze«[23].

Athanasius der Große lehrte, daß »der Logos Fleisch ward, damit er den Menschen fähig mache, die Gottheit zu empfangen, . . . denn er ist Mensch geworden, damit wir vergottet werden, . . . denn er wurde Mensch, damit er uns in sich vergotte . . . Wir werden also zu einem heiligen und der göttlichen Natur teilhaftigen Geschlecht . . . Denn wie der Herr den Leib anzog und Mensch wurde, so werden wir Menschen von dem Logos vergottet, weil wir durch sein Fleisch angenommen sind, und erben also ewiges Leben«[24].

Die Vergottung ist die goldene Regel der Gedanken der Väter, durch die die Versöhnung selbst, und somit die Heilsökonomie, zum Ausdruck kommt. Im Unterschied zur sogenannten »Satisfaktionstheologie« ist die östliche Konzeption nicht auf die juridische Wiedergutmachung der Schuld gerichtet, die die Vergebung nach sich zieht, sondern auf die Wiedergutmachung der Natur. »Diese stellt sich, selbst in Christus erneuert, wieder her, heilt sich und findet ihre wahre Bestimmung wieder, die durch den Fall verloren war, nämlich die der Theosis, der Vergottung.«

»Vergottung« ist ein schwieriger Begriff, und dennoch bestimmt er allein den ausdrücklichen Anspruch der Orthodoxie. Man könnte dafür auch »Pneumatisation« sagen, die Durchdringung des menschlichen Seins mit göttlichen Energien bis dahin, daß er zum Ort Gottes, zu seiner lebendigen Manifestation wird: »Seligkeit nennt Gott seine Wohnung im Menschen.«

Die Lehre des hl. Gregor Palamas über die Unterscheidung zwischen der Essenz und den ungeschaffenen Energien (der Gnade) in Gott hat ein sehr praktisches Ziel, nämlich die Art der Vergottung oder der Gemeinschaft zwischen Gott und den Menschen zu bestimmen. Sie stellt sie als die realste und innerste dar, ohne daß dadurch die menschliche Essenz zu der göttlichen würde, wodurch jeder Zug zum Pantheismus ausgeschlossen wird. Der Mensch tritt nur mit den göttlichen Energien in Gemeinschaft, aber Gott ist dabei gegenwärtig.

Man sieht hieraus, daß es in der orthodoxen Spiritualität nicht um die Rechtfertigung oder den Gewinn von Verdiensten, ja nicht einmal um das Empfangen der Vergebung aus Gnade geht. Es geht um die Metamorphose, die die Kommunion erfordert[25].

6. In der menschlichen Natur des fleischgewordenen Logos nimmt die ganze Menschheit als einheitlicher Organismus teil, so daß die ganze Menschheit in und mit Christus, in und durch die heilige Eucharistie alle Durchgangsstadien der Erlösung mitgemacht hat. Das bedeutet, daß sie mitgekreuzigt, mitauferstanden, mitemporgehoben ist und mit zur Rechten des Vaters sitzt[26]. Die Teilnahme der ganzen Menschheit an der menschlichen Natur Jesu wird von Gregor von Nyssa mit der Behauptung begründet, daß »die Natur *eine* ist, und diese, mit sich selbst vereinigt, eine unzerschneidbare Einheit bildet, die sich durch keinen Zusatz vermehrt, und auch durch keine Weglassung verringert, denn was eins ist, das ist sie, wenn sie auch in der Mehrheit in Erscheinung tritt, sie bleibt ungespalten, beständig und vollständig, ungetrennt für diejenigen, die jeweils als einzelne an ihr teilhaben . . . Einer ist der Mensch, wenn es besonders gesagt werden muß, und wenn er sich auch in der Natur als Vielheit zeigt . . . Wie es ja viele Goldmünzen gibt, aber nur ein Gold, so zeigen sich auch in der Natur viele Menschen jeweils als einzelne, wie z. B. Petrus, Jakobus und Johannes, und doch ist in ihnen nur *ein* Mensch«[27].

So vereinte sich mit dem Erlöser die ganze Menschheit, denn »als Ganzen nahm der Ganze mich an und vereinte sich als Ganzer mit dem Ganzen, auf daß er dem Ganzen Rettung bringe, denn das, was nicht angenommen ist, ist unheilbar«[28].

7. Die weltweite, erlösende Bedeutung des Kreuzestodes, der mit der Inkarnation untrennbar verbunden ist und das Auferstehungsereignis miteinschließt, interpretiert Eusebius von Caesarea folgendermaßen:

»Nicht einen Grund, sondern viele könnte man finden, wenn man sie suchen wollte. Erstens nämlich, so lehrt der Logos, daß er über Tote und Lebendige herrsche; zweitens aber, daß er unsere Sünden abwische, für uns verwundet und zum Fluch geworden; drittens, daß er als das Schlachtopfer Gottes, als das große Opfer für die ganze Welt dem Gott des Alls dargebracht werde; viertens, daß er selbst die Zerstörung der auf unsagbare Weise umherirrenden und dämonischen Energie vollende; ferner fünftens, daß er den ihm Bekannten und den Jüngern die Hoffnung auf das Leben bei Gott nach dem Tode darstelle, nicht in Worten, in Reden und mit der Stimme, sondern in den Werken selbst, indem er ihnen die mit Worten gegebene Verheißung vor Augen führt, und sie dadurch zuversichtlich mache und bereiter, allen Griechen und Barbaren zusammen den mit ihm begonnenen frommen Lebenswandel zu verkündigen.«[29]

8. Die Christologie der griechischen Väter kennt nicht die einseitige Interpretation des Kreuzes, auch nicht die Extreme, in die einerseits Pelagius, andererseits Augustinus in bezug auf die voneinander abhängigen Lehrsätze über die Erbsünde, ihre Folgen und vor allem über den Tod und die Erlösung verfielen.

Die erst im 16. und 17. Jahrhundert von manchen orthodoxen Theologen übernommene Anselmische Lehre von der Satisfactio vicaria et superabundans des Kreuzestodes Christi findet keinen Anhalt an den Vätern. Sie legen den Nachdruck auf das Mysterium der Versöhnung und der Liebesoffenbarung Gottes. Andererseits übt das objektive Mysterium des Opfertodes Christi nur dann erlösende Kraft auf die Seele aus, wenn sie an ihm subjektiv teilnimmt durch den Glauben und die Nachfolge Christi. »Das Opfer Christi kommt nur denen von uns zugute, die ihrerseits bereitwillig an seinem Leiden teilnehmen, damit sie seinem Tode ähnlich werden ... Wir nehmen an dem Leiden und dem Tode Christi teil durch den lebendigen Glauben, durch die Sakramente, in denen die erlösende Kraft des Leidens und Sterbens Jesu Christi verborgen und versiegelt ist und endlich durch die Kreuzigung unseres Fleisches und seiner Lüste und Begierden.«[30]

9. So muß die vollbrachte, Erneuerungskraft ausstrahlende, geschichtliche Erlösung durch sein Wirken[31] zu einer persönlichen werden: »Das Alte ist vergangen, siehe, es ist alles neu geworden.«[32]

Diese subjektive Aneignung der Erlösung darf weder passiv, mechanisch oder magisch verstanden werden, noch juristisch oder anthropomorphisch. Der Mensch ist am Heil mitbeteiligt. »Gottes ist das Geben, dein ist das Empfangen und Erhalten«, sagt Kyrill von Jerusalem[33].

Die Christologie der Väter vertritt nicht den Monergismus, sondern den Synergismus der göttlichen Gnade und der menschlichen Freiheit. So hat sich der Mensch unter dem Heilshandeln Gottes frei zu bekennen und zu verhalten. »Die von oben kommende Gnade wird dem nicht zuteil«, sagt Basilius der Große, »der sich nicht müht, sondern es muß beides sich vermischen: die menschliche Anstrengung und der durch den Glauben von oben kommende Beistand zur Vollendung der Tugend.«[34]

»Beider bedürfen wir, sowohl des bei uns, wie auch des bei Gott Möglichen, wenn wir ganz sicher gerettet werden wollen«[35], sagt Johannes Chrysostomus, und an anderer Stelle sagt er: »Wenn wir uns auch tausendfach bemühen, so vermögen wir doch nichts zu erreichen, es sei denn, daß wir Zuneigung von oben genießen; denn gleich wie wir, wenn wir von dort keine Bundeshilfe empfangen, gar nichts zu erreichen vermögen von dem, was nötig ist, so werden wir auch, wenn wir das Unsere nicht hinzubringen, der Gunst von oben nicht gewürdigt werden können.«[36]

Bei der persönlichen Aneignung der Erlösung wird die menschliche Freiheit keinesfalls erzwungen. »Gott zieht niemanden durch Zwang und Gewalt an sich, sondern, wenngleich es sein Wille ist, daß alle gerettet werden, zwingt er doch niemanden, . . . der verstockt ist und nicht will, was ich ja oft schon gesagt habe, sondern Gott ist bereit, den Menschen, der aus freien Stücken gerettet werden will, zu retten.«[37]

»Siehe, ich stehe vor der Tür und klopfe an. So jemand meine Stimme hören wird und die Tür auftun, zu dem werde ich eingehen und das Abendmahl mit ihm halten und er mit mir.«[38] Beides muß sich vermischen, die von oben kommende Gnade und die Bemühung des hinaufsteigenden Menschen. »Denn bis zu dem Grade und bis dahin ging das aus Menschenliebe in der Offenbarung für die Menschen sich vollziehende Hinuntersteigen dessen, der durch die Gnade die, die aus freier Zustimmung mit ihm hinaufsteigen, vergottet.«[39]

10. Wenn die Väter manchmal von der Gnade sprechen, so wie z. B. Basilius der Große: »In der Gnade Gottes ist das Heil«[40], oder: »Alles Gute, das aus der göttlichen Macht zu uns kommt, ist, meinen wir, die alles in allem wirkende Energie der Gnade«[41], so schließt ihre Auffassung von der Gnade das Mitwirken des Glaubens ein. »Der Mensch hat zwei Flügel«[42], sagt Maximos, »Freiheit und Gnade«. »Man kann paradox sagen«, bemerkt dazu Evdokimov, daß »Gott arbeitet, und der Mensch schwitzt«. Es handelt sich niemals um »verdienstliche Werke«, sondern um menschliches Handeln innerhalb des göttlichen Handelns; und das ist die genaueste Formel des Synergismus. Es handelt sich niemals um irgendeine Entschädigung. »Gott ist unser Schöpfer und Erlöser, er mißt und wägt nicht den Preis der Werke« (Marcus Eremita). »Gott schafft alles in uns: Tugend, Erkenntnis, Sieg, Weisheit, Güte und Wahrheit«, sagt Maximos sehr klar, nichtsdestoweniger ist die Wahrheit immer widersprüchlich und paradox[43].

11. Im Zusammenhang zu dem oben Gesagten möchte ich folgende Auffassung von Nikolaos Kabasilas zitieren: »Die Menschwerdung war nicht nur das Werk des Vaters, seiner Kraft und seines Gewissens, sondern auch das Werk des Willens und Glaubens der Jungfrau. Ohne ihre Einwilligung, ohne das Mitwirken ihres Glaubens wäre dieser Plan ebensowenig zu verwirklichen wie ohne die Beteiligung der drei göttlichen Personen selbst. Erst nachdem sie unterrichtet und überzeugt war, nahm Gott sie zur Mutter [des Gottmenschen, des Christus] und lieh ihr das Fleisch, das sie ihm geben wollte. Ebenso wie er Mensch werden sollte, ebenso wollte er, daß seine Mutter ihn frei gebar nach ihrem freien Willen.«[44] So nimmt die Jungfrau an der Inkarnation teil, nicht aber an der Versöhnung. Die Menschheit bringt das reinste Opfer, die Jungfrau, und Gott macht daraus den Ort der Geburt, wie es Weihnachten gesungen wird: »Was sollen wir Dir opfern, o Christe . . . Der Himmel bringt Dir die Engel dar, die Erde bringt Dir ihre Gaben, wir aber, wir Menschen, opfern Dir eine jungfräuliche Mutter.«

12. Obwohl die orthodoxe Kirche keine umfassende Lehre von der Gnade und der Rechtfertigung formuliert hat – die dritte ökumenische Synode (Ephesus 431) verurteilt

nur in der Person des Caelestius den Pelagianismus, d.h. die Lehre, daß der Mensch ohne aktuelle Gnade, allein durch den Aufblick auf Christi Lehre und Beispiel das Heil erlange, und das Trullanum (692) hat die antipelagianischen Definitionen der Synode von Karthago (418) bestätigt – war sie erst durch das Eindringen der reformatorischen Gedanken des Kyrill Lukaris genötigt, zur Rechtfertigungslehre Stellung zu nehmen. »Gemäß der östlichen Tradition erkennt die Confessio Dosithei der ›pistis di agapēs energoumenē‹ (dem durch die Liebe, d.h. durch die Beobachtung der göttlichen Gebote wirksamen Glauben) rechtfertigende Kraft zu: Der Mensch wird also gerechtfertigt, ›nicht *allein* durch den Glauben‹ (ou dia pisteōs, haplōw monēs), sondern ›durch den Glauben *und* die Werke‹ (dia tēs pisteōs kai tōn ergōn).«[45] Hatte die orthodoxe Theologie des 17. Jahrhunderts Einflüsse der reformatorischen Gnadenlehre abgewehrt, so drang im 18. Jahrhundert der lutherische Gedanke der sola fides vor allem in die russische Theologie ein, hauptsächlich durch Feofan Prokopovič und seine Schüler[46].

Chomjakov versucht die gleichgewichtige Beziehung von Glauben und Werk folgendermaßen zu formulieren: »Unvernünftig sind sowohl jene, die sprechen, daß der Glaube allein nicht rette, daß auch Werke erforderlich seien, wie jene, die sprechen, daß der Glaube rette ohne die Werke; denn wenn die Werke fehlen, so ist der Glaube tot; wenn tot, so unwahr ... Der Ausdruck des Glaubens ist ja das Werk ... Es ist aber ganz widersinnig zu behaupten, daß der Mensch durch Glauben *und* Werke errettet werde.«[47] »An der Stelle«, bemerkt Friedrich Heiler, »der abendländischen Lehre von der rechtfertigenden und heiligenden Gnade hat die östliche Theologie im Zusammenhang mit der Inkarnationslehre ihre Theorie von der Verklärung und Vergottung der erlösten Seele entwickelt. Nachdem durch die Menschwerdung des Logos die menschliche Natur in einem neuen Schöpfungsakt Gottes umgeschaffen, verklärt und wahrhaft vergottet ist, wird der Christgläubige durch die Teilnahme an Christus seiner göttlichen Natur teilhaftig. Diese Vergottung bedeutet freilich kein Aufhören der menschlichen Kreatürlichkeit ... Die mystische Idee der Vergottung (theōsis) ist die Form, in der die östliche Theologie den christlichen Glauben an die Rechtfertigungs- und Heiligungsgnade erfaßt hat.«[48]

Die Erlösten werden nach den Worten des Athanasius ebenfalls Gottessöhne, doch nicht wie Christus »von Natur und in Wahrheit« (physei kai alētheia), sondern durch göttliche »Setzung und Gnade« (thesei kai chariti), durch »Teilnahme an seinem Geist« (metechontes tou pneumatos autou) und Nachahmung (kata mimēsin)[49].

Der sich immer wieder inkarnierende Logos, der Gott-Mensch »Jesus Christus ist derselbe gestern, heute und in Ewigkeit«[50]. Jede wesentliche Abweichung von der christologischen Lehre würde auch eine Abweichung des soteriologischen Lebens mit sich bringen. Jede Untreue zu der gleichgewichtigen Durchdringung der Zwei Naturen in der einen Person des Gottmenschen würde gewisse Konsequenzen auf anthropologischem, ekklesiologischem und soteriologischem Gebiet nach sich ziehen. Die Untreue könnte dadurch ausgedrückt werden, daß man die eine oder die andere Teilwahrheit aus dem christologischen Dogma herausgreift, mit der Tendenz, sie zu verabsolutieren. Eine solche Teilwahrheit ist zum Beispiel die – für uns sicher verständlichere – Menschheit Christi. Der mit Mühsal und Leiden beladene Mensch klammert sich an die menschliche Natur des leidenden Jesus von Nazareth und hält sich daran fest. Die unfaßbare Natur Gottes aber »entschwindet von ihnen« (vgl. Lk 24,31 b). Man denkt nur an den Menschen Jesus.

Eine andere Teilwahrheit ist die göttliche Natur im Gottmenschen; oft wird sie isoliert. Man denkt nur daran, daß Jesus Gott ist, und so wird man zum weltfremden Geschöpf Gottes, weil man vergißt, daß die göttliche Natur Jesu unser Menschsein und unsere Beziehung zur Welt bestimmen soll. – Das, wovon man sich ansprechen läßt, darf man nicht überbetonen und verabsolutieren, so als ob die Frage wäre: menschliche oder göttliche Natur, Humanismus oder Theokratie, Kreuz oder Auferstehung.

Man kann das eine nicht gegen das andere ausspielen, auch nicht das eine hinter dem anderen suchen und so voneinander trennen – sondern alles gehört zusammen. Das eine ist im andern.

Auch die Kirche ist der lebendige Leib Christi. Die Gott-Menschheit Christi bildet die Form der Kirche, das ontologische Gesetz ihrer Struktur. Christus totus in capite et in corpore.

Geht man ebenfalls nicht in seinen ekklesiologischen Voraussetzungen von der untrennbaren Einheit von Gottheit und Menschheit Christi aus, so wird dann die Kirche entweder als eine bloı soziologische und menschliche Organisation und Institution oder als eine bloß weltfremde Gesellschaft verstanden, je nach der Teilwahrheit, die man herausgreift und bewußt oder unbewußt verabsolutiert.

Sind wir dem chalcedonensischen Christus-Bild treu, so werden wir die konkrete heutige Situation berücksichtigen, durch eine gleichgewichtige Bestimmung unserer vertikalen und horizontalen Beziehung zu Gott.

Die Vertikalität bestimmt die Beziehung des Menschen zu Gott. Der Mensch schwingt sich in die göttliche Transzendenz, um darin aufzugehen. Der Liebestausch zwischen Schöpfung und Schöpfer vollzieht sich gleichzeitig von unten nach oben und von oben nach unten. Die Horizontalität bestimmt die Beziehungen des Menschen zu seinen Brüdern. In ihnen liebt und dient er Gott, den er nicht sieht. Die Brüder sieht er nicht nur im Blick auf ihre ewige Berufung, sondern auch im Blick auf ihre zeitliche Situation. Er sieht oft »den Nächsten als einen zweiten Gott, nach dem einen und einzigartigen Gott«. Die Gefahr der Vertikalität ist das Vergessen unserer Brüder beim Bestreben, uns in Gott zu versenken. Die Gefahr der Horizontalität ist das Vergessen Gottes unter dem Vorwand des Dienstes an den Brüdern.

Auf diese letztere Gefahr müssen wir hier hinweisen: daß die Kirchen, um in der Welt zu wirken, schließlich selber verweltlichen. Aber Kirche muß auch da Kirche bleiben, wo sie für die Armen, Verfolgten und Hungernden Partei ergreift. Denn ob die Menschen genügend Brot zum Leben haben werden, das wird davon abhängen, ob genügend Menschen erkennen, daß der Mensch nicht vom Brot allein lebt.

Es wäre falsch, hier die Vertikale gegen die Horizontale auszuspielen. Alle Dimensionen des Glaubens gehören zusammen. Es gibt keine strenge Trennung zwischen Heilsgeschichte und Weltgeschichte. Natürlich ist die Kirche nicht nur der Arzt am Krankenbett der Gesellschaft. Denn wir leben in der Gesellschaft, wir können mit ihr krank sein, kämpfen oder verzweifeln.

Es ist schwer, das Gleichgewicht zwischen den beiden verschiedenen Tendenzen zu finden: zwischen der Horizontalen und der Vertikalen, zwischen der Menschlichkeit Gottes und der Vergöttlichung des Menschen. Unsere Generation hat noch jene »guten

Christen« gekannt, deren Ideal es war, der Welt zu entfliehen, obwohl sie sich darin manchmal sogar recht häuslich niedergelassen hatten. Heute leiden wir an der entgegengesetzten Versuchung; weil sie sich ganz dem Dienst an den Brüdern widmen wollen, gelangen viele Christen heute zu einem Vergessen der Transzendenz Gottes und wollen nur mehr seine Immanenz in den Menschen wahrhaben.

Wenn wir also tiefer »theologisch« werden in dem Sinne, daß der Dienst am Menschen nicht vom Gottesdienst abzutrennen ist, dann wird uns unsere Liebe zu Gott zu unseren Mitbrüdern führen und die Liebe zu unseren Mitbrüdern zu Gott; dann werden wir unsere Solidarität mit der Welt gleichsam automatisch und selbstverständlich bekunden, ohne diese Aufgabe den Marxisten oder Atheisten überlassen zu müssen.

Denn auch der heutige, verweltlichte Mensch, um den es geht, wird seine Orientierung wiederfinden, wenn er auf die Theanthropologie hingewiesen wird, die die Basis einer fehlenden Theologie des »neuen« Menschen darstellen kann, auf das Geheimnis, daß Gott Mensch wird, um den Menschen aus Gnaden zu dem zu machen, was er, Gott, von Natur her ist – wenn also der Mensch das Prinzip des paradoxen Gleichgewichts zwischen göttlichem und menschlichem Element, zwischen Transzendenz und Immanenz wiedergewinnen kann.

Anmerkungen

1 Gregor von Nazianz, epist. 101 = MPG 37, 181.
2 Basilius d. Gr., De Spiritu Sancto 15, 35 = SChr 17, S. 168.
3 Gregor von Nazianz, Or. 38, 13 = MPG 36, 325.
4 Johannes von Damaskus, Expos. Fid. Orth. III, 2 = PTS 12, S. 110.
5 Johannes von Damaskus, ebd.
6 Johannes von Damaskus, ebd. III, 11 = PTS 12, S. 131.
7 Johannes von Damaskus, ebd. II, 3 = PTS 12, S. 114.
8 J. Karmiris, Ta Dogmatika kai Symbolika Mnēmeia tēs Orthodoxou Katholikēs Ekklēsias, Bd. 1, Athen 1953, I, S. 165.
9 J. Karmiris, ebd. I, 188.
10 Johannes von Damaskus, a.a.O., IV, 13 = MPG 94, 1137.
11 Johannes von Damaskus, ebd., IV, 4 = PTS 12, S. 192.
12 Basilius d. Gr., De Spiritu Sancto 15, 35 = SChr 17, S. 168.
13 J. Karmiris, Abriß der dogmatischen Lehre der orthodoxen katholischen Kirche = P. Bratsiotis. Die orthodoxe Kirche in griechischer Sicht, Stuttgart, 1970, S. 63.
14 J. Karmiris, a.a.O., S. 64.
15 Athanasius d. Gr., Contr. Arianos II, 14 = MPG 26, 181.
16 Johannes Chrysostomus, In Gen., hom. 3, 4 = MPG 53, 36.
17 St. Papadopoulos, Beitrag zur Theologie der Einheit = D. Papandreou, Stimmen der Orthodoxie zu Grundfragen des II. Vatikanums, Herder 1969, S. 148–149.
18 P. Evdokimov, Grundzüge der Orthodoxen Lehre = R. Stupperich [Hrsg.], Die russische orthodoxe Kirche in Lehre und Leben, Witten, 1966, S. 65.
19 Irenäus, Adv. haer. I, III. c. 24, 1.
20 MPG 61, 200, bei Gerasimos Saphiris, Die Eucharistie als Sacrificium und Commemoration = E. Suttner, Eucharistie – Zeichen der Einheit. Erstes Regensburger Ökumenisches Symposium, Regensburg, 1970, S. 68.
21 J. Zizioulas, Die Welt in eucharistischer Schau und der Mensch von Heute = Una Sancta, 1970, S. 343–345.
22 Maximos Confessor, Ad Marinos = MPG 91, 33.
23 Maximos Confessor, Ad Thalassium quaest. 40 und 54 = CCSG 7, S. 275 ff. u. 459 ff.

24 Athanasius d. Gr., Or. de Incarnatione Verbi 54 = MPG 25, 192.
25 P. Evdokimov, a.a.O., S. 69.
26 Vgl. 2.Kor 15,14; Eph 2,4–6.
27 Gregor von Nyssa, Quod non sint tres Dii = MPG 45, 120, 132.
28 Johannes von Damaskus, a.a.O., III, 6 = PTS S. 120ff.
29 Eusebius von Caesarea, Demonstr. evang. 4, 12 = GCS Eusebius Bd. 6, S. 170.
30 F. Heiler, Urkirche und Ostkirche, München, 1937, S. 204.
31 Epiphanius schreibt dazu: ». . . der Herr, in das Fleisch gekommen, nahm an unser Fleisch, der Gott-Logos ist uns ähnlich geworden, auf daß er uns in seiner Gottheit Rettung bringe und in seiner Menschheit für uns Menschen leide, durch Leiden das Leiden aufhebend und durch den eigenen Tod den Tod tötend.« Ancoratus 93 = GCS Epiphanius Bd. 1, S. 114.
32 2.Kor. 5,17.
33 Kyrill von Jerusalem, Katech. I, 4 = MPG 33, 376.
34 Basilius d. Gr., Constit. monast. 15 = MPG 31, 1377.
35 Johannes Chrysostomus, hom. in Rom. 32, 2 = MPG 60, 677.
36 Johannes Chrysostomus, In Gen. cap. 32, hon. 58, 5 = MPG 54, 513.
37 Johannes Chrysostomus, In: »Saule Saule« 6 = MPG 51, 144.
38 Offb 3,20.
39 Maximos Confessor, Ad Georgium de Christi Mysterio = MPG 91, 57.
40 Basilius d. Gr., Hom. in Ps. 33,2 = MPG 24, 353.
41 Basilius d. Gr., Epist. 38. 4 = Saint Basile, Lettres. Hrsg. von Y. Courtonne. Bd. 1, S. 84.
42 Zitiert bei P. Evdokimov, a.a.O., S. 79.
43 P. Evdokimov, ebd.
44 Zitiert bei Evdokimov, ebd.
45 F. Heiler, a.a.O., S. 211 f.
46 F. Heiler, ebd.
47 A. Chomjakov, Polnoe sobranie sočinenij II, Moskau, 109 ff.
48 F. Heiler, Ebd., S. 211.
49 Athanasius d. Gr., Contra Arianos 19 = MPG 26, 361–364.
50 Hebr 13,8.

6

Justice et Orthodoxie*

I.

Aujourd'hui, nous vivons dans l'ère de la science et de la technique: l'homme est désorienté et ne sait plus ce qu'il est. Il cherche la paix et exige la justice; cet homme, on le voit méprisé, défavorisé, languissant après la dignité humaine, isolé dans une solitude tragique.

La solidarité chrétienne avec une humanité qui, dans des convulsions et des révolutions, dans des luttes et des contradictions, tend vers l'unité, constitue un but déterminant pour toute notre réflexion théologique. Les besoins et les exigences du monde nous poussent constamment et déterminent aussi, d'une façon plus ou moins consciente, la mission de l'Eglise.

Alors, la théologie cède le pas à des perspectives sociologiques et anthropologiques. Pour beaucoup, le problème principal n'est plus la désunion des chrétiens, mais la discrimination des races. On a même défini un nouvel aspect de l'hérésie: «Il faut que nous nous rendions compte que les membres de l'Eglise qui, dans la pratique, nient leurs responsabilités pour les pauvres dans le monde, se rendent coupables d'hérésie aussi bien que ceux qui réfutent l'une ou l'autre des vérités de la foi» (Visser T'Hooft). C'est l'homme qui se trouve au centre des discussions; les églises cherchent leur salut dans le monde. On voit le chrétien avec et dans le monde, mais non pas en face du monde.

Bien sûr, il y a des raisons à tout cela; mais il serait faux de vouloir opposer la verticale à l'horizontale, car toutes les dimensions de la foi sont cohérentes. Il n'y a pas de séparation rigoureuse entre l'histoire du salut et l'histoire du monde. Il est vrai que l'Eglise n'est pas uniquement le médecin au chevet de la société; nous vivons au sein de la société, nous sommes malades avec elle, nous luttons ou nous désespérons avec elle.

L'Eglise n'est ni une organisation purement humaine et sociologique, ni un rassemblement pieux: elle est le Corps vivant du Christ, l'unité indivisible de sa divinité et de son humanité. C'est pourquoi cette question se pose aux églises: pourront-elles retrouver cet aspect de leur essence qui réside dans l'Incarnation, dans la «théandrie» du Christ, aspect qui constitue le principe ontologique de la structure ecclésiale.

Si nous restons fidèles à l'image du Christ telle qu'elle nous est transmise par le Concile de Chalcédoine, nous allons aussi répondre aux problèmes concrets d'aujourd'hui, en

---

* Sermons, prononcés pour le Carême de 1972, à «France-Culture», dans le cadre de l'émission «Orthodoxie et christianisme oriental» de Gérard Stéphanesco.

retrouvant un équilibre dans nos relations avec Dieu: dans la verticalité, où il y a échange entre le Créateur et sa créature, dans l'horizontalité, où nous découvrons notre frère non pas seulement quant à sa vocation éternelle, mais aussi quant à sa situation temporelle.

Il ne faut pas pourtant, oublier Dieu en essayant de voir «son prochain comme un second Dieu, après le Dieu un et unique». L'Eglise pourrait ainsi succomber au danger de se séculariser, tout en essayant de servir le monde. Il faut que l'Eglise reste l'Eglise, même là où elle prend parti pour les pauvres, pour les persécutés et pour les affamés. Il est vrai que «la question concernant mon pain est une question matérielle, mais la question concernant le pain de mon prochain, est une question spirituelle», comme le dit Berdiaeff. Mais pour que les hommes aient assez de pain pour vivre, il faudra qu'un nombre suffisant d'hommes reconnaissent que l'homme ne vit pas de pain seulement.

Au lieu d'oublier la transcendance divine et au lieu de se borner à une immanence divine dans le prochain, les chrétiens devraient redevenir beaucoup plus fidèles dans le sens théologique, dans le sens d'une redécouverte de la vérité vivante au sein de l'Eglise qui est identique au Logos incarné, dans le sens d'une théologie qui n'aura pas à répondre à la raison raisonnante de l'homme, mais qui, dans la vie quotidienne, pourrait trouver son application harmonieuse.

Notre amour envers Dieu nous mènera alors vers nos frères; et l'amour envers nos frères nous mènera vers Dieu. Nous manifesterons alors notre solidarité avec le monde, notre souci de justice et de paix, d'une façon presque «automatique» et naturelle, sans avoir à laisser cette tâche aux athéistes ou aux gauchistes. En effet, l'homme sécularisé d'aujourd'hui pourra se réorienter si nous ne cessons pas de lui signaler la «théanthropologie» comme la base de toute science de l'homme nouveau.

II. La justice du point de vue profane et religieux

Dikaiosynê est une forme dérivée de *dikê-dikaios,* forme qui apparait à l'époque post-épique de l'*antiquité classique.* La formation de ce mot va de pair avec un essor considérable de la vie juridique chez les Grecs anciens. Dans la formation de ce terme, il faut relever la relation étroite entre les aspects juridiques, éthiques et religieux; ceci s'explique par le rôle central joué par «dikê» dans la pensée grecque à ses débuts, par la notion de «droit», comprenant des aspects juridico-politiques, éthiques et surtout religieux.

On trouve cette relation étroite chez Aristote, qui propose l'idée d'un juge accordant à chacun ce qui lui revient (Rhet. I: 9). La législation de Solon, en introduisant l'idée de «justice distributive», contribue à développer la notion de *dikaiosynê.* Mais on trouve la notion de justice judiciaire et législative à côté de la notion de «justice» en tant que vertu civique.

Dans l'*Ancien Testament,* le terme «justice» recouvre une multitude de significations. Il est nécessaire d'insister sur le fait que «justice» est un terme de relation. Est juste celui qui satisfait à toutes les exigences relevant d'une relations avec autrui.

La justice de Dieu donc se réalise en tant qu'action divine conforme à l'Alliance de Dieu avec Son peuple. En déterminant la notion de «justice» comme notion de relation et non pas comme notion idéale, l'usage dans l'Ancien Testament inclut en même temps le *«forense»* et le salut. Malgré ceci, la notion de justice judiciaire, avec récompense et punition, persiste toujours.

Chez l'homme, la «justice» apparaît comme une action conforme à la volonté de Dieu, en opposition au «péché»; très souvent le terme se trouve à côté de celui de «vérité» et revêt alors le sens d' «honnêteté». (Voir l'évolution de *pravda* à partir du slavon jusqu'au russe moderne).

A certains endroits du *Nouveau Testament,* «justice» signifie le juste jugement de Dieu, rendu par le Christ à son retour: «Il a fixé le jour où il doit juger le monde selon l'équité» (Actes 17:31), ou encore, il «s'appelait le Fidèle et le Véritable, il juge et il combat avec justice» (Apoc. 19:11). – Dans la deuxième lettre de Saint Pierre, «justice» signifie la manifestation d'une justice qui implique une récompense: «à ceux qui ont reçu avec nous une foi du même prix, par la justice de notre Dieu et Sauveur Jésus-Christ» (II Pe 1:1). – L'emploi du terme dans le sens du droit judiciaire des juges et des rois comme dans l'épître aux Hébreux est assez rare: «ceux qui, par la foi, ont conquis les royaumes, ont exercé la justice et ont obtenu des promesses» (Heb. 11:33).

En faisant abstraction de ces exemples ainsi que des lettres de Saint Paul, on peut dire que *dikaiosynê,* dans le Nouveau Testament, signifie presque toujours *l'action humaine conforme à la volonté de Dieu,* l'honnêteté de la vie humaine devant la face de Dieu, et l'action juste devant son «Tribunal». Le fait qu'il s'agit toujours de la relation fondamentale entre l'homme et Dieu, constitue la différence essentielle avec l'emploi dans l'enseignement moral de l'époque classique et hellénistique et suit en cela l'usage vétérotestamentaire.

Pour saint Paul, il faut partir de la justice légaliste pour comprende la «justice de Dieu». La dévouverte de l'apôtre, c'est que la loi ne constitue pas l'origine de la justice. Paul affirme que notre salut se réalise *kata eleos, ouk ex ergon ton en diakiosynê,* «selon la miséricorde, et non pas à partir d'œuvres de justice» (Tite 3,5). La *dikaiosynê theou* n'appartient qu'à Dieu; l'homme ne peut qu'être saisi et placé en elle. La justice de Dieu est l'unité de jugement et de grâce qui se manifeste dans l'action divine, qui propose et communique la justice dans un verdict d'acquittement.

Le rôle de la Loi n'était que celui d'un moyen par lequel Dieu voulait révéler aux hommes leurs péchés (Rom. 5:20). La loi elle-même n'était pas le moyen choisi par Dieu pour sauver les hommes; elle n'avait qu'une tâche: celle d'ouvrir les yeux des hommes sur leur état de perdition. L'unique tâche de la loi est donc de manifester le péché des humains et d'exercer une activité pédagogique (Gal. 3:24). La loi ne pouvait et ne devait pas en faire plus: le chemin du salut propre à Dieu devait être tout différent.

III. La justice chez Saint Paul

Comme saint Paul le dit dans l'epître aux Romains et dans celle aux Galates, Dieu s'est réservé de mettre le monde, prisonnier des *stoicheia tou kosmou,* sur la voie du salut: Il envoie son Fils dans ce monde. «Car, chose impossible à la loi parce qu'elle était affaiblie par la chair, Dieu, en envoyant son propre Fils dans une chair semblable à celle du péché, a condamné à cause du péché le péché dans la chair, afin que la justice de la loi fût accomplie en nous» (Rom. 8:3).

Voilà l'événement décisif dans l'histoire du salut: l'Incarnation de Dieu. Pour le Fils de Dieu, c'est un abaissement que de devenir semblable aux hommes et de venir parmi eux dans la condition de pécheur. Venu dans le monde, le Fils de Dieu est soumis à la contrainte qui pèse sur les hommes: il est soumis à la loi, pour l'accomplir et lui enlever sa raison d'être. Malgré cet abaissement et cette égalité avec les hommes, le Fils de Dieu continue à garder sa forme divine.

La vie des hommes est maintenant totalement transformée; ce nouvel état de vie, saint Paul le nomme *Justice*. Il ne le décrit pas comme une justice acquise par les actes de la loi, mais comme une justice reçue du Christ. Celui qui croit en Christ participe à son salut, à sa justice. La rédemption effectuée par le Christ «justifie» l'impie: «Et à celui qui ne fait pas d'œuvres, mais qui croit en celui qui justifie l'impie, sa foi lui est imputée à justice» (Rom. 4:5).

Cette justification salutaire, apportée par le Christ, signifie en même temps la réalisation de la justice. C'est elle qui devient le fondement d'une vie nouvelle pour les hommes. Ce que Dieu promet et ce que les hommes saisissent, est une réalité. Celle-ci consiste en un nouvel état: désormais l'homme est capable de vivre d'une façon juste; animé par la force de Dieu, il est capable d'œuvrer et d'accomplir Sa volonté: «Si le Christ est en vous, le corps est mort à cause du péché, mais l'esprit est vivant à cause de la justice.» (Rom. 8:10).

Justice et Vie sont désormais les termes qui désignent pour le monde la libération du péché et de la mort: «Car s'il avait été donné une loi qui pût produire la vie, la justice viendrait véritablement de la loi» (Gal. 3:21).

La justice n'est donc pas seulement un commencement, mais aussi le moteur de tout progrès. Grâce aux dons offerts par le Christ, nous participons au monde divin; par notre justification, Dieu nous rend dignes de communier à Lui. Notre salut se réalise par la justice qui mène à la sainteté. Paul appelle les chrétiens des «saints par vocation» (Rom 1:7). La force vivifiante de cet état de justice est l'Esprit; son don propre est la sanctification – l'état d'*agiasmos*.

L'apôtre ne nous décrit pas cet état comme un événement unique, mais comme toute une vie à la suite du Christ. Car, les dons obtenus, nous avons aussi l'obligation de les maintenir constamment présents. Nous-mêmes, nous en sommes incapables, mais en Christ la plénitude du salut est présente. La grandeur de Dieu est ainsi révélée par l'action divine dans l'homme et dans le monde entier.

«Le royaume de Dieu ne consist pas dans le manger et dans le boire, mais dans la justice, la paix et la joie que donne l'Esprit Saint» (Rom 14:17). Voici l'éthique du Royaume: *dikaiosynê, eirenê, chara*, enracinée dans la pneumatologie.

«Le fruit de la lumière consiste en toute sorte de bonté, de justice et de vérité;» (Eph. 5:9). Toute action morale, l'exercice de la justice y compris, ne peut être que la conséquence de notre illumination.

«Remplis du fruit de justice par Jésus-Christ, pour la gloire et la louange de Dieu» (Phil. 1:11), nous reconnaissons que ce don spirituel nous est offert par le Verbe incarné, pour que, en retour, notre vie dans la justice devienne notre culte doxologique.

Cette *kainotes pneumatos*, l'état nouveau dans l'Esprit, se manifeste par sa force de vie.

Ce qui s'est produit en Christ, se produit également dans les chrétiens. Pour l'apôtre, il ne s'agit pas de spéculation métaphysique, mais de la réalisation de la vie chrétienne.

IV. La justice et le chrétien dans le monde

Le Christ est venu pour creer des témoins qui offriraient la voie du renouveau à tous les hommes, par le message de l'amour divin libérateur. C'est pour cette raison que tous les membres de l'Eglise ont le devoir de s'approcher de leurs prochains pour exercer cette diaconie que le Christ nous a montrée lors de son séjour terrestre. Il s'agit de «se solidariser avec l'homme dans toutes ses situations, de le suivre même dans les extrémités de l'abandon» (Alfred Delp).

Le Fils de Dieu, dans son Incarnation, a assumé la condition humaine. En tant que Bon Pasteur de ses frères il a tout entrepris pour retrouver même la dernière de ses brebis égarées. Si, de cette façon, la christologie devient sotériologie, il est du devoir des chrétiens d'être présents aux problèmes de leur époque et de trouver des solutions. Et précisément parce que l'Eglise est le Corps du Christ qui a assumé notre humanité et participé à notre histoire, l'Eglise ne peut exister qu'en tant qu'Incarnation du Seigneur dans le monde et dans l'histoire. Comme telle, elle subit tous les problèmes du monde et offre devant Dieu les besoins et les souffrances du cosmos.

Le message chrétien de la délivrance des hommes, c'est la proclamation de l'action révolutionnaire de notre Dieu. Dieu nous accueille en nous pardonnant nos péchés, c'est lui qui nous offre la paix et qui établit la justice. Parce que le Christ est le salut du monde, il ne peut pas se contenter de rester la propriété de quelques-uns. Si Dieu a réconcilié le monde avec lui dans le Christ Jésus, cette libération de la servitude du péché a pour conséquence l'établissement de la justice dans tous les domaines. L'Eglise est ainsi rendue capable de servir les autres.

Parce que nous avons saisi le salut, nous nous efforçons de guérir le monde de ses détresses; parce que le repentir quotidien nous libère, nous voulons apprendre à repenser et à surmonter nos préjugés; parce que nous avons connu la paix qui surpasse toute raison, un manque de paix ne nous laisse pas indifférents; parce que nous avons reçu la *justice divine* nous luttons pour la *justice sur terre;* parce que nous attendons un nouveau ciel et une nouvelle terre, nous œuvrons déjà ici-bas pour le commencement de l'ère nouvelle.

«Nous offrons à Dieu nos membres, à savoir le sens de notre existence, l'énergie de notre vie, comme armes de la justice; ce qui signifie armes produites par la justice de Dieu, et non armes pour une cause plus juste. Car cette justice n'a pas son origine dans l'analyse de la situation du monde, mais dans l'information sur notre propre situation devant Dieu» (Adriaan Geense).

«L'engagement social des chrétiens ne produira pas le royaume de Dieu et n'amènera pas le ciel sur la terre; il saisira, par contre, toutes les occasions et les possibilités qui s'offrent à la promotion de la liberté, de la justice et de la dignité humaine ici-bas, dans la confiance en la justice qui vient de Dieu. Alors, cet engagement ne sera ni conservateur ni révolutionnaire, mais il signifiera la perception réaliste de possibilités réalisables au cours de l'histoire. Il ne poursuivra aucune utopie dans la foi, mais suivra l'imagination créatrice de l'amour envers les hommes» (J. Moltmann).

Le service de la charité chrétienne n'est pas un engagement impersonnel; il n'est pas une aumône, mais une aide fournie à un homme par un homme. Il ne se bornera pas à mitiger une détresse extérieure, mais s'efforcera de donner aussi une orientation intérieure à celui qui est en détresse. Il devra le rendre capable de surmonter son mal. Il ne s'agit donc plus de simple compassion qui, en définitive, laisserat l'homme là où il est. Il s'agit, au contraire, d'une solidarité dans la souffrance qui aidera le malheureux à retrouver les forces de sa vie. Mais: «Non pas dans l'horizon des rôles sociaux accordés par la société mais dans l'attente eschatologique qui lui est propre – c'est ainsi que la communauté chrétienne vit pour le futur royaume de Dieu, pour la future justice et la future paix . . . La chrétienté n'a pas à servir ce monde pour que ce monde reste ce qu'il est, mais pour qu'il se transforme et qu'il devienne ce qui lui est promis» (J. Moltmann).

V. La justice et les membres du corps du Christ dans la perspective de la grace céleste

Quand nous autres chrétiens parlons de l'efficacité et des fruits de notre service pour les hommes, nous pensons à ce but final: *faire participer les hommes à la vie divine de la justice, dans le temps,* et à son achèvement dans la gloire, dans l'éternité. En ce sens, notre service sera d'autant plus fructueux que nous réussirons à obtenir pour les hommes cette grâce, ce don divin non dû, et à fournir l'aide nècessaire à son maintien et à son essor.

L'obligation pour le chrétien de servir son prochain signifie, essentiellement, qu'il existe et qu'il agit avec et pour les autres. Ceci est le sens profond des paroles de saint Paul au sujet du Corps mystique du Christ. Tous les chrétiens en tant que membres de ce Corps sont obligés d'œuvrer pour le bien du Corps entier et de tous ses membres: «pour que tous les membres s'occupent de la même manière les uns des autres» (I Cor. 12:24 ss).

Saint Paul en conclut que chaque membre doit apporter sa propre contribution à l'édification de ce Corps mystique. Ainsi celui-ci croîtra lentement d'une laçon organique, car il sera édifié «selon la vertu de la mesure attribuée à chaque membre» (Eph. 4:16) par l'opération du Christ lui-même, tête du Corps.

En vertu de leur baptème, les chrétiens participent à la mission salvatrice du Christ lui-même. Ils coopèrent à son œuvre sacerdotale. C'est ainsi qu'ils commencent, par leur transformation accomplie dans le bain de la régénération, à participer à la vie du Dieu-Homme, et de même ils partagent également la grâce de participer à son œuvre rédemptrice pour l'humanité entière. C'est pourquoi ils prient sans cesse: «que ton règne vienne» – car ce royaume concerne, par sa nature et par son essence, l'humanité entière.

Si les chrétiens compreaient que le corps mystique du Christ, par son essence même, a tendance à englober l'humanitié entière, ils seraient beaucoup plus conscients de leurs responsabilités en tant que membres de ce corps et leurs actions seraient beaucoup plus efficaces. Car l'action du Christ dépasse de loin des cadres visibles de l'Eglise: le Christ est aussi à l'œuvre chez ceux qui ne le connaissent pas ou qui ne veulent pas le connaître. Le Christ est mort pour tous, et pour tous il n'y a qu'une seule vocation – la vocation divine: «Dieu veut que tous les hommes soient sauvés». Les chrétiens donc, lorsqu'ils travaillent pour l'humanité continuent l'œuvre du Christ, en pleine union avec Celui-ci. Si quelqu'un, dans son raisonnement humain, croit que la meilleur manière de coopérer avec le Christ d'une façon valable est de s'engager activement mais croit que la souffrance dans toutes ses formes ne peut que nuire à une telle coopération, le Nouveau Testament lui répond exactement le contraire, à savoir que précisément le chemin de la Croix est le moyen le plus fructueux et le plus efficace.

Le chemin de la Croix et de la souffrance à cause de l'injustice est inséparable du chemin de la Résurrection. Non pas l'un sans l'autre, ni l'un après l'autre: mais l'un dans l'autre, la Résurrection dans la Croix, la Vie dans la Mort. «Justice» doit être interprétée comme rédemption au milieu de la souffrance, pour laquelle on ne peut que remercier Dieu. Seul ce service dans l'esprit de la Croix produira son véritable fruit: la vie de la grâce et son augmentation dans les hommes.

«Vous êtes appelés à la liberté, chers frères, mais n'employez pas cette liberté pour faire du mal, mais servez-vous les uns les autres dans la charité» (Gal. 5:13). Cet appel au service dans la charité remonte à ce commandement divin qui égale le commandement exigeant l'amour de Dieu: «Tu aimeras ton prochain comme toi-même» (Mt. 22:39). Depuis l'Incarnation, le chemin qui mène vers Dieu peut passer par le «prochain». D'où la nécessité du Nouveau Commandement: «Aimez-vous les uns les autres comme je vous aime» (Jn. 13:34).

Cette volonté divine qui se manifeste dans la relation entre le Christ et les chrétiens est également à l'origine du verdict du Christ au Jugement Dernier: «Ce que vous avez fait à un de ces plus petits d'entre mes frères, c'est à moi que vous l'avez fait» (Mt. 25:40).

Notre dévouement dans ce service sera d'autant plus grand que nos motifs seront nobles et forts. Si donc le service dans la charité est le dernier mobile de notre action, il est encore plus efficace que sie notre mobile ne visait que la dignité et l'honneur humains. Si nous assumons le service des hommes dans ce sens, nous n'abaissons aucunement l'homme, mais nous faisons, au contraire, valoir toute sa dignité, dignité issue de Dieu. Ceci signifie l'affirmation et la reconnaissance de la dignité de l'homme en tant qu'image et enfant de Dieu. Au sens strict, l'homme ne peut jamais dépendre de personne d'autre que de son Créateur.

Le prochain que l'on sert dans cette perspective est placé ainsi totalement dans le plan du salut divin; ce n'est que sous cet angle que les perspectives divines et éternelles s'ouvriront devant les hommes: par la grâce, le don de la vie, à savoir: dans ce temps, le don de la vie dans la justice divine, et dans l'éternité, l'union glorieuse avec Dieu.

Telle est la caractéristique d'un service spécifiquement chrétien: que le chrétien, en servant tous les hommes sans exception, ne perde jamais de vue les besoins et les valeurs purement humains et temporels, mais qu'il vise, en premier lieu, la réalisation du Royaume de Dieu dans le temps et au-delà du temps. Car la vie en communion avec Dieu est, en définitive, la grande et unique perspective réelle pour l'humanité.

VI. La justice dans la perspective de la resurrection

Dieu s'est fait homme en Jésus-Christ, parce qu'il est le vrai Dieu qui aime sa création; par le fait que Dieu s'incarne, l'homme ne peut être homme que lorsqu'il est déifié. Dieu se fait «porteur de la chair» pour que l'homme devienne «porteur de l'Esprit». Le Verbe «est devenu homme pour que nous soyons déifiés», dit s. Athanase.

«Déification» est un terme difficile, et pourtant c'est lui qui détermine toute l'exigence de l'Orthodoxie. Pour elle, il s'agit plus que de simple «justice». Il s'agit de «métamorphose», de transfiguration de l'homme et du monde entier.

L'œuvre rédemptrice du Seigneur, selon la théologie des Pères, comprend toutes les étapes de l'événement christologique. Selon s. Jean Damascène, le Verbe, «par sa Naissance, à savoir son Incarnation, par son Baptême, ses Souffrances et sa Résurrection, a libéré la nature de l'Ancêtre; . . . il s'est fait la Voie . . . pour que nous aussi, en le suivant, devenions ce que Lui est par nature, c'est-à-dire des Fils et des Héritiers de Dieu». Les vérités de notre rédemption sont inséparables; elles sont un seul Mystère, malgré leur différenciation logique.

Cette rédemption historique qui dégage une force rénovatrice, doit être saisie par les hommes dans la foi. C'est par la foi et à la suite du Christ que l'homme participe à ce mystère. Sans la foi en l'Incarnation et en la Résurrection de Jésus-Christ, les chrétiens ne peuvent participer au Royaume de la Justice.

C'est la Résurrection qui rend visible la nature du salut: elle est la victoire sur la mort en tant que chute, elle est le don de la Vie à l'homme qui désormais ne sera plus victime de la mort. C'est pourquoi la foi chrétienne n'est pas une foi quelconque, et ne se ramène pas non plus, selon une interprétation existentialiste, à l'obtention d'une vraie conscience de soimême en face de Dieu; elle est une foi qui a un contenu, foi en ce qui, pour des yeux terrestres, est impossible: la foi que Jésus de Nazareth est ressuscité de la mort physique. Seule, une telle foi correspond à la foi d'Abraham qui lui fut imputée comme *«justice»*: «Mais ceci n'a pas été écrit que pour lui . . . mais aussi pour nous . . . qui croyons en Celui qui a ressuscité Jésus Notre Seigneur, . . . qui a été ressuscité à cause de notre *justification»* (Rom. 4:23–25)

C'est en reconnaissant que Dieu est capable d'accomplir ce qui, humainement, est impossible, qu'Abraham reconnait la divinité de Dieu; cette foi lui est imputée comme *«justice»*. Mais l'apôtre Paul, en ayant recours à Abraham, ne vise pas le passé, mais le présent de la communauté chrétienne, ici et maintenant: «à cause de nous». Pour elle, l'objet de la foi est le *kerygma* pascal de la Résurrection: comme pour Abraham, ceci par là même, c'est l'objet propre à la foi, à savoir que Dieu a le pouvoir de ressusciter les morts. C'est *cette foi* qui est imputée aux chrétiens comme la *«justice»;* ils obtiennent par là le salut en vue duquel le Christ est ressuscité des morts.

C'est pourquoi, il n'est pas possible de chercher le salut ailleurs – soit au ciel pour faire descendre le Christ sauveur, soit dans les abîmes pour l'en ramener (Rom. 10:6). En effet, le Sauveur, le Christ, est déja descendu du ciel dans son incarnation – et déjà remonté de l'enfer dans sa Résurrection. Ce qui apporte le salut aux hommes, c'est la foi dans ce message qui proclame: Dieu a ressuscité Jésus-Christ.

«Car si Christ n'a pas été ressuscité, votre foi est vaine, et vous continuez d'être dans vos péchés. Si dans cette vie nous avons placé notre confiance en Christ, nous sommes plus pitoyables que tous les hommes. Si les morts ne doivent pas ressusciter, mangeons et buvons: car demain nous serons morts» (cf. I Cor. 15:14–19:32).

L'Eglise, en tant que Corps du Christ qui a fait sienne l'Histoire de ce monde, vit constamment les problèmes de son époque pour leur donner une solution, dans la réalité nouvelle de la Résurrection. En accompagnant les hommes dans leurs détresses, elle s'identifie avec leurs recherches et offre à Dieu leurs besoins.

Le chrétien est bien conscient du fait que le monde, à cause du péché, n'est plus cette réalité «très bonne» qu'il était au moment de la création. C'est le péché qui est l'élément tragique et qui est constamment présent à la conscience de l'Eglise quand elle célèbre les mystères. Le monde qui entre dans l'espace de la liturgie, c'est bien le *monde de la chute*. Mais il n'y entre pas pour rester ce qu'il est. En acceptant le monde tel qu'il est, la liturgie en repousse la dépravation et le présente à son Créateur: «Nous t'offrons ce qui est à Toi de ce qui est à Toi».

Cette acceptation du monde nous montre que, pour la Liturgie, le monde n'a jamais cessé d'être le *cosmos de Dieu.* Comme tel, il continue d'être un monde *juste,* bien qu'il soit défiguré par le péché. Mais, avec l'homme, il est appelé à atteindre le but qui lui est propre: tout comme l'homme est déifié sans cesser d'être homme, le monde est transfiguré sans cesser d'être ce qu'il est fondamentalement. Le renouvellement d'Adam sans recréation signifie la transformation du monde sans destruction.

Dans l'Eucharistie et par l'Eucharistie – qui est le Corps du Christ vivant dans la Résurrection – nous rencontrons Jésus crucifié et ressuscité. Notre foi pascale reçoit une force d'expression doxologique et hymnologique qui apporte la rédemption à toute notre existence.

Dans la tradition de l'Eglise ancienne, chaque dimanche est une image de la Fête de Pâques; pendant les Matines dominicales, on donne lecture d'un des évangiles de la Résurrection. En profondeur, c'est toute l'année qui est pâque pour l'Eglise orthodoxe, une anticipation des Pâques éternelles au Ciel.

VII. Christ est ressuscité!

Par la Résurrection, la passage de Dieu vers l'humanité s'achève; d'autre part, l'humanité est rendue capable de passer à la déification. Par la Résurrection, l'économie divine du salut toute entière est affirmée et justifiée. Sans la Résurrection, l'Incarnation de Dieu, l'Enseignement et les Miracles divins et la Passion divine jusqu'à la Croix demeureraient un fait historique incomparable, une grande lumière et un exemple extraordinaire, mais ils ne seraient pas devenus anéantissement de la mort et liberté de la vie nouvelle.

Mais voici que le Fils de Dieu pénètre dans les recoins les plus cahés de l'humanité jusque chez les esprits enchaînés; il brise le joug du péché et de la mort en arrachant l'univers tout entier des mains du diable. Il ressuscite avec Lui une humanité nouvelle, un monde nouveau. Pour nous, il ya a une autre naissance, un autre genre de vie, une transmutation de notre nature.

Le grand et joyeux message de Pâques: c'est *l'homme nouveau*, l'homme que la Résurrection du Christ libère des chaînes de la suffisance égoïste et de la vaine recherche de son *accomplissement dans une récompense juridique*. La Résurrection le conduit, en pleine liberté, à la conscience du péché et de sa propre insuffisance, afin de le mener par la puissance de la Rédemption à faire éclater le noyau durci de son individualité, pour que l'énergie provenant de sa vraie personnalité jaillisse dans la grâce accordée.

Nous vivons à une époque où l'on parle d'humanité nouvelle, et elle l'est en effet. Nouvelle dans le sens de l'évolution. Cependant, l'homme d'aujourd'hui, et surtout les jeunes d'âge et d'esprit, ont soif d'un rajeunissement d'un autre ordre, au-delà des vicissitudes et de la corruption. Tous les mouvements de protestation, soit passive soit révolutionnaire, révèlent, même dans leurs manifestations bizarres, des situations intérieures dramatiques dignes de l'attention la plus profonde.

Ce qu'offre la Résurrection coïncide avec l'appel angoissé de l'homme contemporain, avec le besoin de l'heure présente: un rajeunissement radical et incorruptible, rajeunissement qui n'est pas renfermé sur lui-même, mais centré sur le Corps vivant du Christ qui renouvelle éternellement toute chose; un rajeunissement qui assure aussi bien l'unité intérieure de la personne que l'unité organique de la communion de tous ceux qui ont été rendus parfaits et libres en Christ.

Néanmoins, tout un monde vit encore dans la nuit du Vendredi Saint, à la veille de la Résurrection, les portes fermées par crainte, le visage sombre, rempli de doute et de contradictions, sans soupçonner que le Christ est ressuscité et compagnon de notre route, prêt à se révéler dans la fraction du pain.

Certes, *le mal* se trouve encore dans l'histoire et dans le temps qui la contrôle. Cette coexistence de la Résurrection et du mal dans l'histoire constitue le mystère de la coexistence de la liberté et de la destinée. Elle est la paradoxe, voulu par Dieu, de *l'injustice* subie par le *juste* pour que *justice* soit faite sur la terre. Car devant nous se dresse le Christ vainqueur. Il surgit de l'enfer pour arracher d'un seul coup et à jamais l'aiguillon du mal, «par sa mort ayant vaincu la mort».

Le Christ est ressuscité: Dieu n'est pas mort. Dieu vit. L'homme, avec lui, vit et ne mourra pas. Le monde et l'homme continuent leur marche dans l'histoire. Et l'histoire avance dans le temps. Elle aura sa fin un jour, mais l'homme ne finira pas. Ce n'est pas le temps qui a le dernier mot, c'est la Résurrection du Christ.

La Résurrection a jailli de l'amour: de l'amour suprême qui possède la suprême sainteté, l'heroïsme de se faire chair quoique de condition divine, d'être indigent bien qu'omnipotent, d'être persécuté et injurié au nom de la *loi* sans se plaindre, de se taire et de bénir: de se sacrifier, et sacrifié même, de donner l'absolution et le pardon.

En vivant la Résurrection, nous vivons la joie et la paix et nous avons Pâques dans nos cœurs; nous commençons à créer une *atmosphère pascale* autour de nous, atmosphère *qui changera le monde* autour de nous. Nous transmettons à tous cette parole pascale, parole de joie et de paix. Plus que jamais, le monde d'aujourd'hui a besoin de Pâques, d'un passage de la servitude à la liberté, de *l'injustice* au salut, la guerre à la paix, des discriminations à l'unité, de la tristesse à la joie du ciel.

Notre devoir en tant que chrétiens, le devoir de l'Eglise est non seulement de fêter Pâques individuellement pour notre propre bien spirituel, mais d'offrir Pâques à la plus grande partie de l'humanité, ces Pâques qu'elle n'a jamais connues, ni fêtées, elle qui vit encore comme si le Christ n'avait jamais été ressuscité. Cependant, le Christ est ressuscité. Que nous, chrétiens, unis, le proclamions.

Depuis toujours, le plus nobles des fils de la race humaine ont *lutté* pour un monde *plus libre, plus juste, plus fraternel.* Qu'ils se rallient autour de leur chef victorieux: *«Jour de la Résurrection, illuminons-nous de triomphe; dans la joie, embrassons-nous les uns les autres; disons: frères, aussi à ceux qui nous haïssent – Pardonnons tout dans la résurrection, et ainsi clamons: Le Christ est ressuscité des morts; par la mort il a vaincu la mort, et à ceux qui sont dans les tombeaux, il a donné la vie».*

7

Gottesdienst – geschlossene Gesellschaft?
Solidarität mit der Welt

Aus orthodoxer Sicht

Trotz mannigfaltiger Verschiedenheiten der Kulturformen in fast allen christlichen Gemeinschaften, die manchmal nicht bloß akzidenteller, sondern sogar substantieller Natur sein können, sollte man doch den Gottesdienst als das einigende Band unter den Konfessionen ansehen. Auf der Grundlage des gemeinsamen Glaubensgutes und vor allem der gemeinsamen Ziele wegen müßten die Christen sich auch zum gemeinsamen Gebet an den einen Vater verbinden. Viel wichtiger noch als die ökumenische Begegnung im Dialog dürfte wohl die Begegnung im Gebet sein[1].

Es scheint nicht einfach zu sein, den gleichen Grundsatz auch auf die heilige Eucharistie anzuwenden. Die interkonfessionelle Praxis hinsichtlich der Sakramentsgemeinschaft ist sehr nuanciert und reicht von einer fast voraussetzungslosen, leichtfertigen »Interkommunion« bis zur Ablehnung der eucharistischen Gemeinschaft dort, wo die Einheit des Glaubens nicht gegeben ist, wie dies immer wieder von orthodoxer Seite vertreten wird. Der Eindruck entsteht, als stünden fortschrittliche und konservative Richtungen einander gegenüber, als herrsche ein weltoffener, solidarischer Geist auf der einen Seite und ein weltverschlossener, abgekapselter Geist auf der anderen.

Es sei mir gestattet, das Thema »Gottesdienst – geschlossene Gesellschaft? Solidarität mit der Welt« auf das gottesdienstliche, eucharistische Ereignis zu beschränken, indem ich das mehr säkulare und weltliche Institutionen und Geschehnisse heraufbeschwörende Wort »Gesellschaft« durch das mehr dem kirchlichen und liturgischen Geschehen entsprechende Wort »Koinonia = Gemeinschaft« ersetze. Meine Ausführungen würden somit das folgendermaßen formulierte Thema betreffen: »Eucharistie – geschlossene Gemeinschaft? Solidarität mit der Welt.«

I. Die Eucharistie als Koinonia

1. Wie die Kirche, so ist auch die Eucharistie christologisch zu verstehen. Sie ist der lebendige Leib Christi, die unteilbare Einheit von Gottheit und Menschheit Christi. »Christus totus in capite et in corpore.«[2] Als solche ist sie ihrem Wesen nach ein

Mysterium, eine Angelegenheit der Erkenntnis durch Erfahrung, durch Koinonia, durch Teilhabe und Teilnahme, und keine Angelegenheit des Verstandes. Man kann sie nur erfassen durch eine in der Gnade geschenkte Erfahrung, indem man an ihr teilnimmt. Als der Leib Christi ist sie Fülle (pleroma). Sie ist wesentlich Leben und übersteigt jede Definition.

Christus bezeichnet sich als »das Brot des Lebens« (Joh 6,48). Dieses Leben ist von Gott dem Vater in der Fleischwerdung seines Sohnes gegeben. Es wird vom Menschen empfangen und offenbart sich in dem und durch den Leib Christi, in der Eucharistie und durch die Eucharistie. Durch das Essen seines Fleisches und das Trinken seines Blutes erreicht und erlebt man eine dynamische Koinonia mit Christus, die der Einheit des Sohnes mit dem Vater entspricht, und der Liebe des Vaters für die Welt, die er durch Hingabe seines Sohnes bezeugte. Es handelt sich um eine echte Koinonia, um eine echte Vereinigung und Gemeinschaft mit Christus. Durch die Koinonia wird man zum echten Christophorus, Christusträger, verklärt.

Johannes Chrysostomus meint, Paulus habe bewußt das Wort Koinonia gewählt und nicht metoche, also »Gemeinschaft« und nicht »Teilnahme«, denn er wollte mehr sagen, als daß es nur einen irgendwie gearteten Zusammenhang zwischen den Kommunizierenden gebe; ihm sei es um die nähere Bestimmung des Zusammenhangs als einer Vereinigung gegangen: der Kommunizierende nimmt nicht bloß am Mahl Anteil, sondern geht eine Vereinigung mit Christus und mit den Brüdern ein[3].

Mit Recht macht daher die Kommission für Glauben und Kirchenverfassung in ihrem Dokument »Interkommunion oder Gemeinschaft« die folgenden beachtenswerten Bemerkungen: »Der Mensch wurde in der Gemeinschaft mit Gott und für diesen geschaffen. Wenn er sie verliert, ist seine gesamte Beziehung zu seinen Mitmenschen und zu seiner natürlichen Umwelt gestört. In Jesus Christus erneuert Gott die Gemeinschaft in beiden Dimensionen. Die Eucharistie ist das sakramentale Geschehen, in dem diese erneuerte Gemeinschaft durch die Kraft des Heiligen Geistes gefeiert und bewirkt wird. Unsere Teilhabe am Tisch des Herrn schließt somit, in Jesus Christus, untrennbar die Gemeinschaft mit Gott und mit unseren Mitmenschen ein. Die Eucharisuie ist das eschatologische Zeichen des universalen Heils.«[4]

2. Daß die Eucharistie keine geschlossene Gemeinschaft ist, finden wir im Einheitsbewußtsein der Urkirche verwurzelt. So finden wir z.B. in der Didache, die die ursprünglichen eucharistischen Gebete bewahrt hat, das Bild der Einheit in der Eucharistie nicht nur in jeder Kirche, sondern in der ganzen »katholischen Kirche in der Ökumene«: »Wie dieses gebrochene Brot auf dem Berge zerstreut war und zusammengebracht eins wurde, so sammle deine Kirche von den Enden der Erde in dein Reich.«[5]

Es handelt sich um die paulinische Konzeption der Eucharistie, nach der alle Anteil haben an dem einen Tisch um der Verwirklichung des einen und ständigen Zieles willen, nämlich der Erlösung aller Menschen: »Weil es ein Brot ist, bilden wir viele einen Leib, wir haben alle an dem einen Brot teil« (1 Kor 10,17).

In der Eucharistiefeier ist das Bild von der Kirche als dem Leib Christi nicht nur gegeben, sondern auch verwirklicht und manifestiert. »Was ist denn das Brot?« fragt Johannes Chrysostomus, »Leib Christi. – Und was werden die Empfangenden? Leib Christi. Nicht viele Leiber, sondern ein Leib. Wie das Brot aus vielen Körnern besteht und zu einem wird, so daß man nirgendwo die Körner sieht und sie trotzdem bestehen und ihr

Unterschied geheim bleibt durch die Verbindung, so sind auch wir miteinander und in Christus verbunden.«[6]

3. So kommt die allumfassende Dimension der kultischen Opferhandlung nicht nur in den großen Synaptien[7] der östlichen Liturgie zum Ausdruck, in denen das Fürbittegebet eine allumfassende Liebe atmet, welche eine Überwindung des Egoismus bewirkt und zu einer Quelle innerer Freiheit und Freude für alle wird, »seien sie männlich oder weiblich« – »Kai pantôn kai pasôn« (Schlußformel der Diptychen, der persönlichen Fürbitten in der Chrysostomus-Liturgie), nicht nur im Gebet des Priesters für die Katechumenen[8], sondern hauptsächlich und vor allem im Hauptteil der Anaphora, dem eucharistischen Hochgebet[9].

Mit der Rezitation der Einsetzungsworte werden die Apostel und ihre Nachfolger beauftragt, das Sakrament der heiligen Eucharistie zu feiern. Gleichzeitig wird auf die kosmische Weite und Katholizität verwiesen, wie es in der Fortsetzung der Anamnese unterstrichen wird: »Eingedenk also dieses heilsamen Gebotes und all dessen, was für uns geschehen ist, des Kreuzes, des Grabes, der Auferstehung am dritten Tage, der Himmelfahrt, des Sitzens zur Rechten des Vaters, der künftigen glorreichen Wiederkunft, bringen wir dir dar das Deinige vom Deinigen, *gemäß allem und für alles.*« Es folgt die Epiklese mit der Wandlung, daran anschließend das Gedächtnis der Entschlafenen, bei dem sich die sichtbare Kirche mit der unsichtbaren vereint.

Das Opfer wird aber nicht nur für die Entschlafenen, sondern für alle Heiligen dargebracht, vornehmlich aber für die Gottesmutter: ». . . insonderheit für unsere allheilige, allreine, hochgepriesene und glorreiche Gebieterin, die Gottesmutter und Immerjungfrau Maria.« Nicht allein die anwesenden Gläubigen, sondern die ganze Gemeinschaft der Heiligen nimmt an der Eucharistiefeier teil. Das geistige Opfer wird dargebracht »für das ganze Erdenrund, für die heilige, katholische und apostolische Kirche . . .«

So lebt die Kirche in der Eucharistie in der Communio Sanctorum, in dauernder Vereinigung mit den im Jenseits weilenden Gliedern des Leibes Christi. Sie vereint Himmel und Erde, Diesseits und Jenseits, Zeit und Ewigkeit: »Zehntausendmal zehntausend standen bei Ihm, und tausendmal tausend dienten Ihm, und sie riefen: heilig, heilig, heilig ist seiner Herrlichkeit Fülle. Auch wir wollen deshalb, in Eintracht am selben Ort (›epi to auto‹) pflichtbewußt versammelt, wie aus einem Munde beharrlich zu Ihm rufen, damit wir seiner großen und herrlichen Verheißungen teilhaftig werden . . .«[10]

4. Das ganze Mysterium Christi, der ganze Christus als das Heil der Welt offenbart sich in der Eucharistie, lebt in ihr, konzentriert sich in ihr: »Die Welt, die den liturgischen Raum betritt, ist die gefallene Welt selbst. Aber die Welt tritt nicht in die Kirche, um so zu bleiben, wie sie ist. Die Liturgie ist gerade deshalb ›ein Heilmittel für die Unsterblichkeit‹, wie der hl. Ignatius von Antiochien sagt, weil sie in ihrer Annahme und Billigung der Welt deren Verdorbenheit zurückweist, sie heiligt und dem Schöpfer darbietet: ›Deine Gaben, die wir von Deinen Gaben nehmen, bringen wir Dir dar in allem und für alles.‹ Die Annahme der Welt durch die Liturgie zeigt also, daß diese für die liturgische Schau der Schöpfung niemals aufgehört hat, Gottes Kosmos zu sein, daß sie in Sünde und Vernichtung nicht Teufelswerk ist, wie Marcion (und Harnack!) glaubte, sondern daß all das, was wir sind, was wir tun, was uns in dieser Welt interessiert, durch die Hände des Zelebranten als Opfergabe Gott dargebracht werden kann und soll. Nicht, daß es so

bleiben soll, wie es ist. Es soll aber andrerseits auch nicht aufhören, das zu sein, was es im Grunde ist, sondern das werden, was es eigentlich ist und was die Sünde entstellt hat. Dieses Paradoxon der Bejahung und Verneinung der Welt durch die Liturgie, d. h. die Umgestaltung der Welt, ohne sie zu zerstören, und ihre Erneuerung, ohne sie neu aus dem Nichts zu erschaffen, offenbart sich durch die Eucharistie in Raum und Zeit als das Mysterium Christi. In ihm erneuert sich der alte Adam, ohne vernichtet zu werden, die menschliche Natur wird unverändert angenommen; der Mensch wird vergöttlicht, ohne aufzuhören, Mensch zu sein.«[11]

Die orthodox-katholische Kirche strebt trotz aller Askese nicht nach Weltverneinung, sondern nach Weltverklärung. Nicht allein der Mensch, sondern der gesamte Kosmos wird in der Eucharistie verklärt.

So ist die eucharistische Gemeinschaft kosmisch. »Im Leibe seiner Kirche handelt Christus, der neue Mensch, als Priester für die gesamte Schöpfung, indem er die ganze Schöpfung als Eucharistie darbringt. Die Eucharistie hat es daher mit der Transfiguration und Heiligung aller Dinge zu tun.«[12] Der Priester betet nach der Kommunion: ». . . breite deine Herrlichkeit aus über die ganze Erde.« Und nach dem Abschluß der Liturgie: »Die Gnade, die aus deinem Munde gleich einer Fackel aufloderte, hat den Erdkreis erleuchtet . . .« Das unscheinbare Rinnsal des menschlichen Gebetes mündet in den brausenden Strom des himmlischen Gebetes. Gott und Kosmos, ungeschaffene und geschaffene Natur, Himmel und Erde werden mystisch-symbolisch vereint.

5. Liturgie ist zutiefst ekklesial und damit auf das Gemeinschaftliche hin angelegt, während der Mensch von sich aus oft individualistisch eingestellt ist. Die Liturgie wandelt diesen Individualismus ins wahrhaft Persönliche; eine vollendete Ergänzung und Durchdringung des Persönlichen und Gemeinschaftlichen vollzieht sich in ihr. »Sie ist in der Einheit vieler in einem Einzigen der vernehmbare individuelle Geist, sie ist das im Wir verschmolzene Ich.«[13] Sie ist nicht bloß Erfüllung privater Bedürfnisse, sondern in erster Linie gemeinschaftlicher Vollzug, wobei die vielen aber als Personen und nicht als Masse einbezogen werden. Als Personen sind sie eins untereinander und in Christus. Am Schluß der Anaphora heißt es: »Und laßt uns einmütig und eines Herzens deinen allgeehrten und hocherhabenen Namen rühmen und preisen, des Vaters und des Sohnes und des Heiligen Geistes, jetzt und immerdar, und von Ewigkeit zu Ewigkeit.« Und nach der Anaphora betet der Diakon: »Nach dem Gebet um Einheit im Glauben und um Gemeinschaft im Heiligen Geiste lasset uns selbst und einander und unser ganzes Leben Christus, unserem Gott, befehlen.«

Im anschließenden »Vater unser« wird nicht die »ich«-Form, sondern die Mehrzahl »wir« gebraucht. Auch in der Anaphora, besonders in der Anamnese und Epiklese, wird die Pluralform angewendet: »Boōmen«, »legomen«, »prospheromen«, »eucharistoumen«, »memnemenoi«, »parakaloumen«, »deometha« usw.

Mit diesen Worten werden ausgedrückt: die Einheit und Fülle der Kirche, die untrennbare Gemeinschaft all derer, die die Eucharistie darbringen. Man nimmt nicht als unabhängiger einzelner teil, sondern als ein Glied am Leibe Christi und mystisch in seiner Gemeinschaft. Die Pluralformen in der Liturgie weisen hin auf die Universalität und Einheit der Kirche. Jede Liturgie wird vollzogen in Gemeinschaft mit der katholischen Kirche und in deren Namen. Man könnte sagen, daß an jeder Liturgie die gesamte Kirche teilnimmt: auf eine unsichtbare und doch reale Weise ist die Gemeinschaft der Heiligen aller Zeiten anwesend mit den unzähligen seligen Mächten, den Engeln und Erzengeln, den Cherubim und Seraphim. Die heilige Eucharistie ist das Sakrament der Kirche. Sie ist mehr als bloß der Ausdruck des göttlichen Erlösungsmysteriums[14]. Liebevoll und besorgt mahnt daher der heilige Ignatius die Philadelphier: »Seid deshalb bedacht, eine einzige Eucharistie zu gebrauchen; denn einer ist der Leib unseres Herrn Jesu Christi und einer der Kelch zur Vereinigung mit seinem Blute, einer nur der Opferaltar, einer nur der Bischof, zusammen mit dem Presbyterium und den Diakonen, meinen Mitknechten; damit, was immer ihr tut, ihr Gott gemäß handelt.«[15]

II. Die untrennbare Einheit der Theologie der Eucharistie und der Hierosyne (des Priestertums)

1. Von dem oben ausgeführten eucharistischen Standpunkt aus ist die Einheit der Kirche auf den Bischof als Mittelpunkt ausgerichtet. Er ist der eine Zelebrant der eucharistischen Agape: »Folgt alle dem Bischof, wie Christus dem Vater, und dem Presbyterium wie den Aposteln; die Diakone achtet wie Gottes Gebot. Keiner soll ohne den Bischof etwas, was die Kirche betrifft, tun. Jede Eucharistiefeier gelte als zuverlässig, die unter dem Bischof oder einem von ihm Beauftragten stattfindet. Wo der Bischof erscheint, dort soll die Gemeinde sein, wie da, wo Christus ist, die katholische Kirche ist. Ohne Bischof darf man weder taufen noch das Liebesmahl halten; was aber jener für gut findet, das ist auch wohlgefällig, auf daß alles, was ihr tut, sicher und zuverlässig sei.«[16] »Hopou an phanē ho episkopos, ekei to pléthos estin, hosper hopou an é Iésous Christos ekei é katholiké ekklesia.« Ich übersetze das Wort pléthos bewußt mit Gemeinde, Kirche. »Pléthos« als im ersten Glied und »ekklesia katholiké« im anderen entsprechen sich. Die Katholizität der Kirche wird also in der eucharistischen Gemeinschaft der Ortsgemeinde, vereint um den einen zelebrierenden Bischof, am innerlichsten erlebt und ausgedrückt. Wenn wir von der katholischen Kirche sprechen, dann verstehen wir darunter vor allem die lokale Kirche, das heißt, das Volk Gottes, das, versammelt um seinen Bischof, am Geheimnis des Todes und der Auferstehung des Herrn vollständig teil hat, das teil hat am Erlösungswerk vor allem durch die Teilhabe am eucharistischen Tisch. Die Katholizität verwirklicht sich wesentlich in der Lokalkirche, welche das Geheimnis der Erlösung in der Erwartung des zukünftigen Lebens in der Fülle lebt. Das bedeutet, daß jede vollständige, d.h. vom Bischof (oder von dem von ihm eingesetzten und dazu beauftragten Priester) präsidierte eucharistische Versammlung die Fülle der Kirche Gottes in Christus besitzt, als einer örtlichen Manifestation dieser Fülle der »katholischen« Kirche. Unter diesem Gesichtspunkt kann man nicht von Teilen der Kirche sprechen; denn diese ist unteilbar und weder als Summe noch als Teil zu fassen.

2. Man muß zwei verschiedene Aspekte der Katholizität unterscheiden: einen inneren, geheimnisvollen und einen äußeren, manifesten. Die mittelalterliche westliche Theologie hat die Auffassung von der Katholizität vollständig mit der Universalität der Kirche identifiziert.

Dieser zweite Aspekt der Katholizität ist aber unvollständig und sekundär. Die Kirche ist katholisch von ihrem Ursprung her, und dazu ist es nicht erforderlich, daß sie sich bis an die Enden der Erde ausbreite. Die Katholizität ist das Charisma, das ihr von Christus gegeben ist, damit sie Heils- und Evangelisationsmittel werde. Sicher ist der äußere Aspekt der Katholizität nicht zu vernachlässigen, aber die Kirche muß missionarisch sein, sie muß ihrem Wesen nach die Fähigkeit haben, das in ihr Vorhandene zu verbreiten. »Ohne dieses dynamische Verständnis der Katholizität wird der Begriff des Katholischen fast bedeutungslos oder bestenfalls eine Art von Reliquie, die in den hochgeschätzten Unterlagen des Glaubensbekenntnisses erhalten und gehegt wird ... Die Kirche Christi ist katholisch oder sie ist überhaupt nicht die Kirche Christi. Aber wir müssen katholisch werden, indem wir diese Katholizität in ihrer Fülle ausdrücken und sie zu ihrem letzten Ziel bringen: der Einheit der Menschen in der Gefolgschaft des dreieinigen Gottes zur Ehre des ewigen Reiches.«[17]

Man könnte aus orthodoxer Sicht sagen, daß die Anerkennung der Kirche als katholische ein Aufruf ist, »an der Ganzheit des Lebens in Gemeinschaft mit Gott teilzunehmen. Die Katholizität kann dann nicht mit der äußerlichen Ausweitung der Kirche gleichgesetzt werden, die bestrebt ist, sich auszudehnen, alle Menschen zu umfassen und an allen Enden der Erde gegenwärtig zu sein. Natürlich ist diese geographische, quantitative Dimension ein wesentlicher Teil des kirchlichen Auftrags. Die Frage nach der Katholizität der Kirche ist aber, wie die Welt mit dem Geist und der Qualität des Lebens durchdrungen wird: Fülle des Lebens bedeutet Gemeinschaft mit Gott. Dieses Leben ist von Gott dem Vater in der Fleischwerdung seines Sohnes gegeben; es wird vom Menschen empfangen und manifestiert sich in dem und durch den ›Leib Christi‹, die vom Heiligen Geist belebte Kirche. Das ist der eigentliche Imperativ der Katholizität der Kirche. Wir müssen unser Denken über Katholizität von einer rein horizontalen Dimension auf ihr vertikales Sein einstellen. Katholizität ist nicht nur eine Beziehung zwischen Menschen, Nationen, Klassen, Rassen als solchen, sondern eine Beziehung dieser Beziehungen zu dem dreieinigen Gott. Sonst könnte Katholizität leicht mit einem Panhumanismus gleichgesetzt werden, der heute im rein weltlichen Verständnis der internationalen Gesellschaft des 20. Jahrhunderts so häufig vertreten wird.«[18]

3. So bezeichnet der Begriff »katholische Kirche« die Gemeinschaft und Teilnahme nicht nur an der heiligen Eucharistie, sondern auch im Glauben. Der orthodoxe Glaube und das eucharistische Opfer stehen in gegenseitiger Abhängigkeitsbeziehung. Von der Harmonie dieser beiden Faktoren während der ersten drei Jahrhunderte hängt die Einheit der Kirche ab, und zwar in solchem Ausmaße, daß jeder, der mit dieser Realität nicht übereinstimmt, sei er nun Bischof oder Priester, »kein Bischof ist und auch kein Priester; wenn er Diakon ist, ist er kein Diakon und nicht einmal ein Laie; wenn er ein Laie ist, ist er kein Laie und wird somit nicht teilhaftig (d.h. er hat keinen Anteil an der eucharistischen Versammlung).«[19]

Die Verbindung der Einheit in der Eucharistie mit der Einheit in der Orthodoxie verwirklichte sich mit dem Beginn des dritten Jahrhunderts und unter dem Druck der Häresie, die bereits versuchte, sich das Mäntelchen der Kirchlichkeit umzuhängen. In der Person des Bischofs fanden diese beiden Elemente ihren Ausdruck. Zur Zeit des Kyprianos dehnte sich diese Verbindung der Eucharistie mit der Orthodoxie weiter aus und steigerte sich immer mehr unter dem Druck eines anderen negativen Faktors: des Schismas. Die Eucharistie befand sich nunmehr in Übereinstimmung mit der Orthodoxie, und die Orthodoxie in Übereinstimmung mit der Eucharistie (Irenäus); der Bischof hingegen wurde zum Nachfolger der Apostel sowohl in der Eucharistie als auch in der Orthodoxie (Hippolyt), indem er durch das »Charisma der Wahrheit« (Irenäus), welches er ausschließlich durch die in der Eucharistie zelebrierte Weihe empfing (Hippolyt), die Identität des Glaubens und die Fülle der Kirche bewahrte (Kyprianos). Somit war jede Kirche, die unter ihrem solchermaßen eingesetzten Bischof vereint war, eine vollkommene Kirche, identisch mit dem gesamten Leib Christi. Aus diesem Grunde wurde der Begriff »katholische Kirche« während der ersten drei Jahrhunderte ursprünglich und hauptsächlich verwendet, um jeweils eine lokale Kirche zu bezeichnen, für die der Bischof ein anderer Christus, ein anderer Apostel (alter Christus, alter apostolus) war[20].

4. Diese Katholizität jeder bischöflichen Kirche machte jedoch diese Kirche nicht in ekklesiologischer und historischer Hinsicht von den übrigen Kirchen der Welt unabhängig. Die hier vorgetragene These der Vollkommenheit jeder lokalen »katholischen Kirche« ist im Zusammenhang mit der Einheit mit den übrigen katholischen Kirchen zu betrachten. Jede abgetrennte Kirche hört auf, eine katholische Kirche zu sein. Während es also in der Welt viele »katholische Kirchen« gibt, gibt es nur einen Leib, denn »Christus ist unteilbar«. Daher sehen wir in einer in ihrer selbstgenügsamen lokalen Gemeinschaftlichkeit gefesselten Ortskirche eine wesentliche Abweichung von der eucharistischen ekklesiologischen Auffassung. Eine solche Einstellung birgt Gefahren in sich, an die wir sorgenvoll denken, wenn wir z. B. die Verengerungen der offiziellen deutschen Übersetzung der liturgischen Texte der römisch-katholischen Kirche nach dem Zweiten Vatikanischen Konzil vor Augen haben. Zwei solche Beispiele seien hier angeführt:

»In der deutschen Übersetzung des Missale Romanum ist das Wort ›Kirche‹ beinahe ganz verschwunden. Es ist durch den Terminus ›Gemeinde‹ ersetzt, der dadurch noch weiter beherrschend wird, daß auch andere Ausdrücke wie das schöne und traditionsreiche ›familia‹ unbegreiflicherweise mit Gemeinde übersetzt sind: die vielfältigen Farbtöne des Kirchenbegriffes gehen in dem gleichmäßigen Grau der alleinseligmachenden ›Gemeinde‹ unter.

Ein anderes Beispiel liefert der an sich reichlich traditionsfremd wirkende neue Taufritus. Der in der alten Kirche so bedeutsame Akt der Besiegelung mit dem Kreuz wird im lateinischen Text schon recht farblos folgendermaßen eingeleitet: N. N. Magno gaudio communitas christiana vos excipit. In cuius nomine ego signo vos signo crucis . . . Im deutschen Text ist das blasse, traditionsfremde Wort ›communitas christiana‹, das immerhin noch die Assoziation zur ›communio‹ hin weckt, so übersetzt: ›Es nimmt euch die *christliche Gemeinde* auf.‹ Zur Wahl gestellt ist die Lesart: ›Die Pfarrgemeinde nimmt euch auf.‹ Der Täufling wird nach diesem Ritual nicht mehr in die eine, welt- und zeitenumspannende Kirche hineingetauft, sondern in eine Pfarrgemeinde eingegliedert und in ihrem Namen – nur in ihrem! – wird er mit dem Kreuz bezeichnet.«[21]

Das in der Urkirche schon früh in Erscheinung tretende Bewußtsein der »kata ten oikoumenen katholikes Ekklesias« (Martyrium des Polykarp) bedeutete, daß, obschon es in der Welt *Kirchen* gab, es doch in Tat und Wahrheit nur *eine Kirche* gab. Alle wahren lokalen Kirchen bilden »einen Leib«, und dieser eine besteht aus vielen und ist »in den vielen eins«[22], wie Johannes Chrysostomus sagt, denn »dieser Leib ist weder räumlich noch zeitlich zertrennt«[23]. Der Ort trennt, der gemeinsame Herr aber verbindet, so daß

»auf dem ganzen Erdental eine Kirche sein soll, obwohl räumlich vielhaft getrennt«[24]. So anerkannte die Urkirche als einziges Einheitszentrum der in der Ökumene verbreiteten Kirche den einen Herrn Jesus Christus, mit dem sich die in der Ökumene eingesetzten Bischöfe identifizieren sollten. Sie vertreten ihn mystisch und real, indem sie die Heilige Eucharistie präsidieren, durch die an jedem Ort die Kirche Gottes in ihrer Fülle offenbart wird.

5. Die Eine katholische Kirche in der Ökumene fand also ihren höchsten Ausdruck in der Einheit von Eucharistie und Bischof. Von diesem Standpunkt aus betrachtet gründet derjenige, der nicht an dieser Einheit teilnimmt und eine zweite Eucharistie unter einem zweiten Bischof innerhalb der grographischen Grenzen einer bestimmten Kirche ins Leben ruft (und somit ein Schisma begründet), eine zweite Kirche, und zwar nicht nur in kanonischem, sondern auch in substantiellem, dogmatischem Sinne. Da es jedoch nach der grundlegenden Auffassung des Kyprianos nur eine Kirche gibt, ist jede Kommunion in einer anderen Eucharistie und unter einem anderen Bischof ohne jede Beziehung zum Leib Christi. Zwei oder mehr eucharistische Versammlungen unter zwei oder mehr Bischöfen in der gleichen Stadt sind unzulässig. Diese Voraussetzung ist die Grundlage für die von Kyprianos entwickelte »Ekklesiologie des Schismas«.

Diese »Ekklesiologie des Schismas« gründet sich auf die ursprüngliche Identität der Kirche mit der eucharistischen Versammlung. Voraussetzung für die These des Kyprianos ist das Zusammenfallen der kanonischen und der substantiellen Grenzen der Kirche. Dies wird durch die Einheit der Kirche in einer Eucharistie und unter einem Bischof erreicht.

Wurde jedoch das Problem des Schismas überhaupt durch diese Ekklesiologie gelöst? Vom historischen und vielleicht auch vom theologischen Standpunkt aus muß man diese Frage verneinen. Das Zusammenfallen der kanonischen und der charismatischen Grenzen der Kirche wurde von Papst Stephan nicht anerkannt und später von Augustin gänzlich verworfen. Dieser ablehnenden Haltung schloß sich später fast die ganze westliche Kirche an, die es vorzog, zwischen dem charismatischen und dem kanonischen Bereich der Kirche zu unterscheiden und die Möglichkeit der Teilnahme am ersteren Bereich für diejenigen anzunehmen, die wegen des Schismas nicht am letzteren teilnehmen konnten. Die östliche Kirche scheint mit einigen wenigen Ausnahmen dem Kyprianos gefolgt zu sein, ohne jedoch bis jetzt dies grundlegende Problem völlig gelöst zu haben, weder vom theologischen noch vom historischen Standpunkt aus[25].

III. Schlußfolgerung für unsere heutige Situation

Versuchen wir, aus diesen Ausführungen die Konsequenzen für unsere heutige Situation herauszukristallisieren.

1. Die eucharistische Interkommunion oder, um es treffender auszudrücken, die eucharistische Kommunion – denn »Interkommunion« kann sowieso nur etwas Unvollkommenes, Vorläufiges sein – ist nach orthodoxer Auffassung eine ekklesiologische Realität. In der Kommunion und durch die Kommunion wird die vollkommene Einheit der

Kirche erlebt. Durch die Eucharistie und in der Eucharistie vereinen sich die Gläubigen mit Christus und miteinander zu einem Leib. Eucharistische Koinonia bedeutet also Kommunion in der Einen Kirche, vollkommene Vereinigung der Glieder des einen und einzigen Leibes der einen Kirche Christi.

2. Da die Frage der eucharistischen Gemeinschaft nicht in den Bereich des Gefühls oder der Vernunft oder der Kirchenpolitik gehört, sondern nur in jenen der Ekklesiologie, muß jeder Versuch einer Lösung des Problems mit größter Vorsicht und Überlegung geschehen. Vom orthodoxen Standpunkt aus ist die sakramentale Gemeinschaft nicht ein Problem, das in die Zuständigkeit der lokalen Kirchen fällt, sondern eine Angelegenheit der gesamten Orthodoxie. Jede provisorische, partielle oder andere Lösung durch eine Lokalkirche, unter Umständen sogar aus anderen als theologischen Gründen, mit der lediglich eine oberflächliche und provisorische Erleichterung angestrebt wird, ohne auf das Wesen und die Grundlage einzugehen, kann Verwirrung stiften und sich auf alle aufrichtigen Bemühungen um eine Annäherung der Kirchen nachteilig auswirken.

3. Kommunionsgemeinschaft ist da nicht möglich, wo eine Trennung im Eigentlichen der Pistis, d. h. der großen konziliaren Symbole vorliegt, oder wo die Grundordnung der Ekklesia, das Fortbestehen der altkirchlichen apostolischen Struktur, also die successio apostolica gestört ist. Diese Elemente sind nicht voneinander zu trennen, es geht um ein kontinuierliches, lebendiges Ganzes, das man durch Teilnahme und Teilhabe am Leben der Kirche erfahren kann. Es ist letzten Endes nicht möglich, den sakramentalen Christus vom Christus des Glaubens und der Wahrheit zu trennen.

Es ist daher vom eucharistischen Standpunkt aus inkonsequent, wenn man die dogmatischen Unterschiede in der Einheit der Kirche als bedeutungslos abtun will, und zwar mit der Behauptung, daß jede Kirche, insofern sie die Eucharistie zelebriert, nicht aufhört, eine Kirche Gottes zu sein, wenn auch isoliert und von den übrigen Kirchen getrennt. Für den Begriff der »katholischen Kirche« genügt nämlich nicht die Eucharistie, auch die Orthodoxie ist dafür erforderlich, wie wir bereits erläutert haben.

4. Von diesem Standpunkt aus betrachtet ist jeder Versuch einer »Interkommunion« zwischen den durch Häresie oder Schisma getrennten Kirchen unvorstellbar. Der Grund für die Unmöglichkeit der Kommunion in der Eucharistie liegt also hauptsächlich nicht in diesem oder jenem Unterschied zwischen den getrennten Kirchen, sondern in der Trennung als solcher. Die forcierte Tendenz zur »Interkommunion« in der heutigen ökumenischen Bewegung hat einerseits theologische Gründe – und als solche zitierten wir den Mangel an ekklesiologischen Betrachtungen über die Eucharistie – und andererseits psychologische Gründe, nämlich die Tendenz, das Schisma als eine natürliche, vom Organismus der Kirche nicht wegzudenkende Tatsache hinzunehmen, wodurch jedes Gefühl der Trauer und Reue gegenstandslos wird. Im Gegensatz zu dieser Haltung steht die Vermeidung der Kommunion mit Andersgläubigen für alle jene, die die Eucharistie im Lichte der Ekklesiologie betrachten. Dieser Betrachtungsweise liegt jede Selbstzufriedenheit und Überheblichkeit ferne; es wird damit eher das dauernde Erlebnis der Tragödie des Schismas zum Ausdruck gebracht[26].

5. Diese Feststellung, daß vor dem einen eucharistischen Tisch die Einheit der Kirche am sichtbarsten, aber auch ihre Trennung am schmerzlichsten zum Ausdruck kommt, zwingt uns, die trennenden Wände zu durchbrechen, uns auf unser eigenes Verständnis zu besinnen, es neu zu durchdenken. Es ist eine Fügung Gottes, daß wir in einer Zeit der

Entgiftung des vergifteten Klimas zwischen den Kirchen leben, das in einem jahrhundertelangen Prozeß des Fanatismus und gründlicher Mißverständnisse entstanden ist. Wir
leben tatsächlich in einer Zeit der freien gegenseitigen Begegnung, eines echten Dialogs,
der darin besteht, daß jeder seine Ansicht voll und ganz vertritt, seinen Glauben bekennt,
zugleich aber auch bereit ist, zuzuhören und, wenn es sich als notwendig erweist, die
unzulänglichen Elemente seiner Darlegung neu zu fassen. Die im wesentlichen bestehende Übereinstimmung in der Wahrheit erheischt, daß man miteinander alle Punkte, in
denen man auseinandergeht, neu überprüft. Eine Verständigung zwischen den Kirchen
kann nicht durch Verschweigen oder Unterdrücken bestehender Gegensätze erreicht
werden.

Es ist von kirchlicher Seite noch nicht genügend geprüft und geklärt worden, ob unsere
Unterschiede eine gegenseitige Kommunionsverweigerung rechtfertigen, d.h. ob die
Trennungen im Sinn verschiedenartiger Traditionen zu verstehen sind und nicht mehr als
Trennungen in der Tradition des Glaubens selbst. Ich denke, man muß in der Tat auch
von der anderen Seite her fragen, nicht nur: »Dürfen wir miteinander kommunizieren«,
sondern auch: »Dürfen wir einander die Kommunion verweigern?« Denn auch dies darf
doch nur geschehen, wenn wirklich das Wesentliche des Glaubens und der Kirchenordnung dazu zwingt. Geschieht es ohne solchen zwingenden Grund, machen wir uns
schuldig.

Sollten andererseits im Dialog grundlegende Widersprüche festgestellt werden, die uns
tief voneinander trennen, wie dies auch der Fall zu sein scheint, so dürfen sie nicht in
einer Beziehung des toten Nebeneinander und Gegenüber verharren, sondern müssen
Gegenstand einer lebendigen Auseinandersetzung werden. Diese darf natürlich nicht mit
einer überflüssigen polemischen Selbstbehauptung verwechselt werden, auch nicht mit
einer »ökumenisch« verkleideten gegenseitigen Bekämpfung. Die Wahrheit liegt aber
auch nicht zwischen den Gegensätzen, und es ist möglich, daß wir zur Verfestigung
unserer Verschiedenheiten geführt werden oder zu einem noch tieferen Bruch, wenn wir
in unserer gegenwärtigen Auseinandersetzung das Leben der Kirche nicht in seiner
Gesamtheit berücksichtigen. So ist es jedenfalls paradoxerweise schon öfters in der
Geschichte vorgekommen, daß Unionsverhandlungen zwischen den Kirchen zur endgültigen Verfestigung ihrer Trennung führten. In ihrem Suchen nach einem Einvernehmen zwischen den verschiedenen Denominationen in ihren gegenwärtigen Erschei-
nungsformen sollten die Kirchen ihr räumliches Nebeneinander, ihren »Ökumenismus
im Raum« (ecumenism in space) durch einen »Ökumenismus in der Zeit« (ecumenism in
time) vervollständigen, unter der besonderen Berücksichtigung ihres geschichtlichen
Gewordenseins.

6. Wie Ratzinger[27] bemerkt, sollte es jedenfalls in unserer heutigen Situation die Aufgabe lebendig nach Einheit suchender Kräfte sein, positive Alternativen zur Interkommunion zu finden, etwa in Anknüpfung an die altkirchliche Büßer- und Katechumenenlitur-
gie. Bei Origenes gibt es eine wundervolle Auslegung von Jesu Verzichtwort beim letzten
Abendmahl: »Ich werde vom Gewächs des Weinstocks nicht mehr trinken, bis ich es neu
trinke im Reiche Gottes« (Mk 14,25). Origenes sagt dazu: Jesus kann den Kelch nicht
allein trinken, den er nur mit allen seinen Jüngern zusammen trinken wollte. Der
Festtrunk Jesu bleibt aufgeschoben, bis er ihn mit *allen* trinken kann. Ist es nicht eine
sinnvolle Form liturgischen Handelns, wenn die getrennten Christen, die als Getrennte

zusammenkommen, dabei bewußt in den Verzicht Jesu eintreten – wenn sie gerade durch das Fasten mit ihm und so miteinander kommunizieren, an Jesu Selbstexkommunikation aus der eschatologischen Freude Israels teilnehmen und so die »Eucharistie der Hoffnung« begehen? Könnte so nicht auch stärker ins Bewußtsein gerückt werden, daß dem Mahlhalten die Versöhnung vorausgehen muß und daß wir zuerst lernen müssen, zusammen Büßer zu sein, Bußliturgie zu feiern, ehe wir den nächsten Schritt wagen dürfen? Vielleicht ist im Hinblick auf solche Fragen die Behauptung angebracht, daß man sich, allem gegenteiligen Anschein zum Trotz, in der Ökumene heute die Leidenschaft und die Phantasie eines verantwortungsvollen Handelns am Ort ersparen will. Statt dessen möchte man lieber gleich jetzt Gesamtkirche spielen, womit sowohl der lokale wie der universale Aspekt verfehlt wird.

Damit aber jener Wunsch verwirklicht werde, den Christus in seinem letzten Gebet ausgesprochen hat, »daß alle eins seien«, »damit die Welt glaube« (Joh 17,20–21), braucht es das gemeinsame Gebet, gegenseitige Buße, gegenseitiges Tragen und Getragenwerden, gegenseitiges Verantwortungsgefühl. In einer gespaltenen Christenheit hat niemand das Recht, sich der Verantwortung für die anderen zu entziehen.

Darum ist es nicht Zufall, daß in der Liturgie des Johannes Chrysostomus der Rezitation des Glaubensbekenntnisses die folgende sinnvolle Aufforderung vorausgeht: »Lieben wir einander, auf daß wir in Einmütigkeit bekennen . . .«

Anmerkungen

1 D. Papandreou, Das Ökumenismus-Problem von der Liturgie her gesehen, in: »Liturgie und Mönchtum«, Heft 40, Maria Laach, 1967, S. 32. (s. o. S. 13 ff.)
2 Augustinus, In Evang. Ioannis, tr. XXVIII, CSEL 36, S. 277 f.
3 Migne, PG 61, 200 bei Gerasimos Saphiris, Die Eucharistie als Sacrificium und Commemoration, in: E. Suttner, Eucharistie – Zeichen der Einheit, Erstes Regensburger Ökumenisches Symposion, Verlag Friedrich Pustet, Regensburg 1970, S. 68.
4 Interkommunion oder Gemeinschaft? In: Ökumenische Rundschau, Nr. 4/69, S. 578.
5 Didache IX, 4.
6 J. Chrysostomus, Zum ersten Korinther-Brief: Homilie 24, 2 (Pg 61, 200). Vgl. D. Papandreou, L'Unité de l'Eglise selon le N.T. et les Pères, in: Verbum Caro, 1967, Heft 82, S. 61–62, 66.
7 Der Gemeinschaftscharakter der Liturgie tritt bereits in vielen urchristlichen liturgischen Texten hervor: In der Didache (IX, 1–4 und X, 1–5) wird darum gebetet, daß die Kirche in der Eucharistie geeint werden möge (s. o.). – Noch deutlichere ähnliche Gedanken finden sich in der sogenannten Clemens-Liturgie, siehe Apostolikai Diatagai VIII, 1 (PG 1, 1085). – Vgl. P. Rodopoulos, Die Anaphora der Clemens-Liturgie, 1959, S. 18 (gr.). – Auch in der Liturgie Gregors des Theologen betet der Priester für das Aufhören der Spaltungen und die Einigung aller Christen auf dem Erdenrund (PG 36, 713). – Ähnliche Gedanken erfüllen auch die Anaphora der antiochenischen Liturgie, die den Namen des Apostels Petrus trägt; siehe: Die heilige Liturgie des Apostels Petrus (A. Stavrinos, Die ältesten und zeitgenössischen Liturgien, Bd. I, 1929, S. 153) (gr.). – Desgleichen in der Anaphora der Liturgie des A. Jakobus, siehe: Apostolikai Diatagai VII, 2, 1 (PG 1, 1104), und in der alexandrinischen Liturgie des Basileios des Großen (PG 31, 1629, 1640).
8 »Herr, unser Gott, der du in der Höhe des Himmels wohnst und auf das Niedrige herabblickst, der du zum Heile des Menschengeschlechtes deinen einzigen Sohn und Gott, unseren Herrn Jesus Christus gesandt hast, schau auf deine Diener, die Katechumenen, die sich beugen vor dir. Würdige sie zur rechten Zeit des Bades der Wiedergeburt, der Vergebung ihrer Sünden

und des Gewandes der Unverweslichkeit; vereinige sie mit der heiligen, katholischen und apostolischen Kirche und zähle sie deiner auserwählten Herde bei.«

9 Während der Chor das »Heilig, heilig, heilig . . .« singt, betet der Priester: »Mit diesen seligen Mächten, o menschenliebender Herr, bezeugen auch wir und sprechen: Heilig bist du und allheilig, du und dein eingeborener Sohn und der Heilige Geist. Heilig bist du und allheilig, und erhaben ist deine Herrlichkeit. So sehr hast du die Welt geliebt, daß du deinen eingeborenen Sohn dahingabst, damit jeder, der an ihn glaubt, nicht verlorengehe, sondern das ewige Leben habe. Er war gekommen und hatte für uns die ganze Heilsordnung erfüllt. Dann nahm er in der Nacht, in der er überliefert wurde oder vielmehr sich selbst zum Heile der Welt überlieferte, das Brot in seine heiligen, makellosen und unbefleckten Hände, dankte, segnete, heiligte, brach es und gab es seinen Jüngern und Aposteln und sprach: Nehmet, esset, das ist mein Leib, der für euch gebrochen wird zur Vergebung der Sünden. Desgleichen nahm er auch den Kelch nach dem Mahle und sprach: Trinket alle daraus, das ist mein Blut des Neuen Testamentes, das für euch und für viele vergossen wird zur Vergebung der Sünden.«

10 Clemens-Brief 34,6–7.
11 J. Zizioulas, Die Welt in eucharistischer Schau und der Mensch von heute, in: Una Sancta, 1970, S. 343–345.
12 Interkommunion oder Gemeinschaft? a.a.O., S. 580.
13 Bulgakov, L'Orthodoxie, Paris 1932, S. 84 und 91.
14 D. Papandreou, Das Ökumenismus-Problem von der Liturgie her gesehen, a.a.O., S. 35–36. (o. S. 13 ff.) – Vgl. G. Florowsky, The elements of liturgy in ways of worship, 1951, S. 61, und R. Rodopoulos, a.a.O., S. 97.
15 Ignatius, An die Philadelphier IV.
16 Ignatius, An die Smyrnäer 8,1–2.
17 K. Sarkissian, in: Bericht aus Uppsala 1968, hrsg. von Goodall, Ökumenischer Rat der Kirchen, Genf 1968, S. 4–5.
18 K. Sarkissian, a.a.O., S. 4.
19 Jean Scherer, Entretien d'Origène avec Héraclide, Sources Chrétiennes No. 67, 1960, S. 64 (5,5).
20 J. Zizioulas, Die Einheit der Kirche in der göttlichen Eucharistie und dem Bischof in den ersten drei Jahrhunderten, Athen 1965, S. 146–147 (gr.).
21 J. Ratzinger, Ausführungen, vorgetragen am 16. 11. 1972 anläßlich der Versammlung der Delegierten der Ökumenischen Nationalkommissionen im Vatikan; Thema des Vortrags: Ökumenismus am Ort.
22 Joh. Chrysostomus, Über die Epheser, Hom. 3,2 (PG 62, 26) und 10, 1 (PG 62, 75).
23 Joh. Chrysostomus, Drei Homilien (PG 52, 277). – Vgl. Über den ersten Korintherbrief, Hom. 1, 1 (PG 61, 13).
24 Joh. Chrysostomus, Über den ersten Korintherbrief, Hom. 1, 1 (PG 61, 13).
25 J. Zizioulas, a.a.O., S. 133–134.
26 J. Zizioulas, a.a.O., S. 197–198. – Überlegungen orthodoxer Theologen zur Interkommunion hat Prof. Raymund Erni auf sorgfältige und zusammenfassende Art und Weise gesammelt in seiner Artikelserie: Interkommunion – Abendmahlsgemeinschaft in der Sicht der Orthodoxie, in: Catholica Unio, 40. Jahrgang, 1972.
27 J. Ratzinger, a.a.O.

8

Das orthodoxe Verständnis des Menschen in der neuzeitlichen Theologie

1. Als sich 1948 der Weltkirchenrat konstituierte, ging es um die Welt vor Gott. Konnte Amsterdam sich noch zum »Jahrhundert der Kirche« rechnen und die Kirche zum Zentralthema erheben, so hat sich inzwischen die damalige, scheinbar einfachere Weltsituation geändert und zugleich verschärft. Das ökumenische Anfangserlebnis scheint vorbei zu sein. Nicht mehr die Welt vor einem traditionellen Gott des Glaubens und die Welt vor einer als Selbstverständlichkeit aufgefaßten Kirche ist die Perspektive, sondern die Spannung zwischen Kirche und Welt, Gott und Mensch.

Der Irrtum des heutigen, verweltlichten Menschen scheint nicht ein »theologischer«, sondern ein »anthropologischer« zu sein. Er setzt nicht eine Erlebnisbeziehung des Gläubigen zu seinem Gott voraus, sondern drückt sich durch eine gleichgültige und passive Haltung jeder metaphysischen Realität gegenüber aus, durch Ablehnung des persönlichen Gottes und selbstgenügsame, gottverachtende Isolierung, durch ein tragisches Suchen nach dem unbekannten Gott inner- oder außerhalb der Kirche oder durch Bemühen und Sehnsucht nach Wiederherstellung seiner persönlichen Beziehung zu dem »toten« Gott seiner Kirche.

Heute geht es um den Menschen im Zeitalter der Wissenschaft und Technik, der seinen Orientierungspunkt verloren hat und der nicht weiß, wer er ist. Es geht um den Menschen, der nach Frieden sucht und nach Gerechtigkeit ruft, um den Verachteten und Benachteiligten, um den nach Menschenwürde Verlangenden, den tragisch einsam Isolierten. Es geht um die Verifikation des christlichen Glaubens an Gott, um die Kluft zwischen Gott und Mensch.

So tritt heute hinter gesellschaftlichen, soziologischen und anthropologischen Perspektiven die Theologie zurück. Der Ökumenismus scheint auf dem Wege zum Humanismus zu sein, weil er die Entwicklung zur kommenden Weltgemeinschaft, zur einen Menschheit beschleunigen will. Der Mensch wird mit und in der Welt gesehen, nicht ihr gegenüber. Der Mensch steht im Mittelpunkt der Erörterungen.

Eine vierjährige »Humanum-Studie« wurde innerhalb des Weltkirchenrates abgeschlossen und wird den Mitgliedskirchen zur Anregung übergeben werden[1]. Vom 2.–7. 9. 1973 fand in Bossey eine Studientagung statt über das Thema »Es geht um den Neuen Menschen«. Die vielseitigen Auseinandersetzungen gehen heute so weit, daß der Mensch, das Subjekt der Glaubensaussage, gleichzeitig zum Inhalt dieser Aussage gemacht werden soll. Welches ist dieses Ich, das bekennt: »Ich glaube an einen Gott . . .«? Warum soll dieses Ich nicht zum Teil des Bekenntnisses werden? Es wird also behauptet, daß der Mensch im Glaubensbekenntnis miteinbeschlossen werden kann, genauso wie

Gott, Christus und der Heilige Geist, und man ignoriert dabei die Tatsache, daß die Menschwerdung Gottes mit der Menschwerdung des Menschen untrennbar verbunden ist. Es wird nicht genug darüber nachgedacht, daß der ganze Inhalt des Glaubens den Menschen voraussetzt und daß die Christololgie im wesentlichen Soteriologie ist, denn sie gründet ihre Daseinsberechtigung auf den Versuch, eine Antwort auf die drängenden anthropologischen Fragen zu geben.

Auf der Suche nach dem neuen Menschen in Jesus Christus identifizieren manche Gott mit den Unterdrückten und die Botschaft des Evangeliums mit der Überwindung von Gewalt und Ungerechtigkeit. Die Gerechtigkeit wird manchmal mit der Rechtfertigung verwechselt, die politische Befreiung und der Sieg über die Armut mit der Erlösung. Die Fragen nach Gott und dem Menschen wurden zu situationsbedingten Fragen. Sie sind es natürlich auch, aber es wäre zu einfach, Gott und den Menschen aus der zeitbedingten Situation heraus bestimmen zu wollen.

Es ist sowieso nicht möglich, ein Bild des Menschen von Gott her zu definieren. Gott, dessen Bildnisträger der Mensch ist, kann und darf nicht in ein Bildnis eingefangen werden. Was das unfaßbare und unaussprechbare Gottesmysterium anbetrifft, so gilt auch heute noch der gewaltige Ausdruck des Gebetshymnus Gregors von Nazianz, eines der größten Kirchenväter des Ostens[2]:

»›Jenseits von allem, was ist!‹ Wie anders kann ich Dich nennen?«
Wie soll Dich preisen ein Wort, da Du jedem Worte unsagbar?!
Wie soll Dich schauen ein Sinn, da Du jedem Sinne unfaßbar?!
Namenloser allein: Du west über aller Benennung;
Unerkannter allein: Du west über aller Erkenntnis.
Alles, was sprechen kann, preist Dich, und alles, was ohne die Sprache;
Alles, was denken kann, ehrt Dich, und alles, was ohne Gedanken.
Sehnsucht des Alls zielt nach Dir, nach Dir gehen all seine Wehen.
Dich betet an das All: beständig denkend Dein Sinnbild,
Stammelt das ganze All Dir stumm eine schweigende Hymne.
Alles harret auf Dich, drängt hin auf das Ziel aller Dinge.
Einer und Alles und Keiner; Du weder Eines noch Alles.
Allnamig bist Du fürwahr, und bist zugleich Namenloser.
Welcher himmlische Bote hat je das Dunkel gelichtet,
Welches jenseits der Wolken?! O Ewiger, sei Du mir gnädig!
›Jenseits von allem, was ist!‹ Wie anders kann ich Dich nennen?«

Obwohl Gott seinem Wesen nach die Begrifflichkeit und Begreifbarkeit übersteigt, wurde er jedoch, indem er in Jesus Christus um des Menschen willen Mensch wurde, zur bleibenden inkarnierten Wahrheit, die als solche durch die Wirkung des Heiligen Geistes in der Kirche und durch die Kirche erfahren werden kann. Seitdem Gott Mensch wurde, gibt es eine Gemeinschaft zwischen Gott und Mensch. Seit der Inkarnation führt der Weg zu Gott über den Mitmenschen. Das Ereignis der Inkarnation ist keine Zufälligkeit. Weil Gott Gott ist, weil er in Jesus Christus Mensch wurde und weil Gott in den Menschen hineinkommt, kann der Mensch nur Mensch sein, Träger des Bildes Gottes und berufen zur Ähnlichkeit mit ihm, wenn er von der Menschlichkeit Gottes bestimmt wird.

Das Christentum ist die Religion dieses neuen Menschen in Christus; es ist nicht eine

Religion des Individuums, sondern der Person, d.h. eine übernatürliche und sakramentale Gemeinschaft von Brüdern und nicht ein Individualismus, eine Religion einer
wesenhaften und wirklichen und nicht nur einer kollektiven oder mechanischen, gefühlsmäßigen oder diplomatischen Einheit; denn eine »Person« ist im Gegensatz zum »Individuum« nicht vorstellbar ohne eine tiefere Beziehung zu anderen Personen. Mit diesen ist
sie verbunden nicht nur in Trauer und Tod, sondern auch durch ein gemeinsames
Verlangen nach Erlösung und nach einer Einheit gemäß dem Bilde der heiligsten Dreifaltigkeit und der Einheit der zwei Naturen – »unvermischt, unverwandelt, ungetrennt und
ungesondert« – in der einen Person des Gottesmenschen.

2. Nach diesen einführenden Bemerkungen möchte ich mich darauf beschränken, die
neueren orthodoxen Tendenzen hinsichtlich des neuen Menschen in Christus aufzuzeigen.

Die Fragen »Wer ist der Mensch? Was ist der Mensch?« wurden auch in orthodoxen
theologischen Kreisen zu drängenden Fragen. Im Dezember 1972 fand im Orthodoxen
Zentrum in Chambésy eine Konsultation von orthodoxen Theologen statt, die die
Revision des Themenkatalogs der Panorthodoxen Konferenz von Rhodos (1961) zum
Thema hatte. Dieses Gremium drückte, natürlich inoffiziell und unverbindlich, den
Wunsch aus, die ganze Thematik der künftigen Panorthodoxen Synode anthropologisch
zu bestimmen. Einer der Teilnehmer, Prof. Stylianos Papadopoulos, unterstrich in
seinem Bericht, den er dem Sekretariat für die Vorbereitung der Synode vorlegte,
folgendes:

»Bis jetzt wurden die Ökumenischen Konzile nur mit dem Zweck einberufen, eine
bestimmte Frage zu lösen, die mit der Erlösung der Gläubigen verbunden war. Es
handelte sich also immer um theologische Fragen, wie dies auch von Athanasius dem
Großen bestätigt wird. So sollte sich die künftige Synode mit der Frage des neuen
Menschen in der Welt auseinandersetzen. Das unklare Bewußtsein und die ungenaue
Kenntnis der Beziehung zwischen dem neuen und dem natürlichen Menschen schaffte
und schafft Verwirrung, die z.B. in einem unfruchtbaren Konservativismus, in der
Verweltlichung und in der revolutionären Theologie ihren Ausdruck findet. Diesen
Verwirrungen, unter denen die Kirche leidet und die die Erlösung der Glieder der Kirche
gefährden, kann man nur dann richtig begegnen, wenn die Kirche durch den Heiligen
Geist die Beziehung erhellt, die zwischen dem neuen und dem natürlichen Menschen
besteht, nämlich daß es sich um die gleiche Person handelt, genauso wie der Herr zwar
zwei Naturen besitzt, eine göttliche und eine menschliche, und doch stets die gleiche
Person ist. Die Gläubigen erwarten vom Konzil eine Hilfe, die es ihnen gestatten soll, ein
Leben in der Orthodoxie und in der Wahrhaftigkeit zu führen. Zu diesem Zweck muß
die aufgeworfene Frage durch Synodalbeschluß und nicht durch eine scholastische
Analyse gelöst werden«.

3. In ihrem Versuch, über den Menschen nachzudenken, setzen die meisten orthodoxen
Theologen der Neuzeit hauptsächlich die Ausführungen der Kirchenväter fort. Wenn
man jedoch einige von ihnen herausgreift, werden vielfältige Nuancen sichtbar.

a) Ein Kapitel über den Menschen von Prof. Karmiris, das mit Zitaten aus den Kirchenvätern belegt ist, endet mit der folgenden Schlußfolgerung:

»Allgemein gesagt, distanzieren sich von den dogmatischen Voraussetzungen der Orthodoxie die gegenteiligen Lehren des römischen Katholizismus und des Protestantismus

über die Erbsünde, den Zustand des Menschen vor und nach dem Fall und seine Schuld und Freiheit, über die göttliche Gnade, die Erlösung, die Kirche usw. Diese entfalteten sich im Westen durch die dem orthodox-östlichem Denken in manchem fremden Lehren des Augustin, des Pelagius, der Scholastiker und der Reformatoren. Darum führen uns die dogmatischen Voraussetzungen der Orthodoxie zur Darstellung der Dogmen innerhalb der Formen und Grenzen des dogmatischen Denkens und der Theologie der griechischen Kirchenväter.«[3].

b) Die anthropologischen Überlegungen des verstorbenen Professors P. Evdokimov lassen sich folgendermaßen zusammenfassen:

»Geschaffen zum Ebenbild und Gleichnis Gottes, ist der Mensch die Darstellung, die Gestalt Gottes im Menschlichen, seine lebendige Ikone. Der hl. Johannes Damascenus nennt den Menschen einen ›Mikrokosmos‹, das All in der Zusammenfassung, er nennt ihn auch ›Gott im Kleinen‹; denn Gott hat sich in ›irdenen Gefäßen‹ widergespiegelt, er macht aus ihnen Spiegel seiner Herrlichkeit und will sich in ihnen betrachten.

Das Bild Gottes ist somit der konstitutive Ursprung des menschlichen Wesens. Der Reichtum seines Inhalts offenbart sich in allen Möglichkeiten des menschlichen Geistes (Freiheit, Liebe, Schaffen usw.). Immer liegt sein essentieller Ausdruck primär oder zentral im Geistigen. So ins Herz des menschlichen Seins gelegt, bedingt und erklärt die Ebenbildlichkeit sein Heimweh nach dem Himmel, seinen Durst nach Gott, sein Grundstreben nach dem Absoluten; die Ikone ist auf das Original, auf das göttliche Urbild, gerichtet: ›Für Dich lebe, rede und singe ich‹ (St. Gregorios Palamas). Dem Menschen ist es eigentümlich, über sich hinauszugehen, um sich in die göttliche Gegenwart zu werfen und dort die Befriedigung für sein Grundbegehren zu finden. ›Du hast uns zu Dir geschaffen, Herr, und unser Herz ist unruhig, bis daß es Ruhe findet in Dir‹ (St. Augustin).

Das Bild ist vollständig, und seine Unverletzlichkeit kann keine Abwandlung erleiden. Jedoch bringt es der Fall zum Schweigen, verdrängt es und macht es unwirksam durch die Veränderung seiner seinsgemäßen Bedingungen. Aber das Bild, der objektive Grund des Seins, verlangt eine subjektive persönliche Ähnlichkeit. ›Zum Bilde Gottes geschaffen sein‹, setzt die Existenz als Bild des göttlichen Lebens voraus. Die patristische Tradition ist hier sehr genau. Nach dem Fall bleibt das Bild ohne Veränderung, aber unwirksam durch die Zerstörung der Ähnlichkeit, die für die menschlichen Kräfte unerreichbar geworden ist. ›Nach dem Fall haben wir die Ähnlichkeit fortgeworfen, aber wir haben nicht das Ebenbild-Sein verloren‹ (St. Gregorios Palamas). Der Christ stellt die Macht der Taten (das Sakrament der Salbung) her, erlangt wirklich die Ähnlichkeit als Bild zurück (wiedererworben im Sakrament der Taufe).

›Wir werden Ihm ähnlich sein‹, dieses Wort des hl. Johannes bestimmt noch einen Aspekt des Bildes und bezeichnet die gottmenschliche Struktur des menschlichen Seins ›nach dem Ebenbilde Christi‹.

Das göttliche Urbild vereinigt das Göttliche und das Menschliche in sich und bedingt so die universale Gemeinschaft der ›geschaffenen und der ungeschaffenen Natur durch die Erlangung der Gnade‹ (St. Maximus Confessor). In dieser Vereinigung, in Christus allein, hört der Mensch auf, Individuum zu sein und wird eine Person. Jedoch ist sie nach dem hl. Maximus ›ewig empfangen‹, ist sie ›Identität durch Gnade‹. Sie gehört uns nicht und verwirklicht sich nur im Werk, im Opfer und in der völligen Selbstentäußerung. ›Ich lebe, doch nun nicht ich, sondern Christus lebt in mir‹ (Gal. 2,20), ›auf daß Christus in euch Gestalt gewinne‹. Das ist die Christwerdung des Menschen. Das Dogma von der Einheit der zwei Naturen in Christus drückt sich deutlich aus in der Einheit der beiden Willen und vollendet sich in der Einheit der beiden Freiheiten. Das ›Ja‹, das fiat des Menschen zur Liebe Gottes, wird geboren im Geheimnis und an der Quelle seines Wesens selbst und bestimmt den menschlichen Anteil und seine Offenheit gegenüber dem gottmenschlichen Mysterium.

Was den Menschen vom Engel unterscheidet, ist die Tatsache, daß er zum Bilde der Inkarnation bestimmt ist, sein Geist wird Mensch. Der ursprüngliche Befehl, den Garten Eden zu bebauen, öffnet sich auf die Kultur hin, die sich steigert, um bis zum Kult zu reichen, der schon hier auf Erden ein Vorgeschmack der himmlischen Liturgie, ›eine musikalische Ordnung, ein wunderbar komponierter Hymnus mit machtvoller Stärke‹ ist – wie der hl. Gregor von Nyssa sagt. Ein Heiliger ist kein Übermensch, sondern einer, der seine Wahrheit im liturgischen Leben findet. Die genaueste Definition des Menschen ist gerade die liturgische: das ist der Mensch des Trishagion und des Sanctus, der mit seinem ganzen Wesen sagen kann: ›Ich singe meinem Gott, solange ich lebe.‹ Als Antwort auf die Berufung des Menschen, charismatisch zu sein – ›ihr seid versiegelt worden durch den Heiligen Geist‹ . . . – ›hat Gott (diese versiegelten Menschen) zum Lobe seiner Herrlichkeit erworben‹ (Eph. 1,13–14). Er ist nicht mehr derjenige, der das Gebet hat, sondern der es wird, der das inkarnierte Gebet ist. Der hl. Johannes Klimakos faßt sein Leben auf wunderbare Weise zusammen: ›Ich komme vorwärts, indem ich Dich besinge.‹ Dieser Jubel dringt im geflügelten Wort des hl. Gregors so schön durch: ›In Wahrheit ist der Mensch ein Spiel Gottes‹, und weiter: ›Dein Ruhm, o Christe, ist der Mensch, den Du als Engel und Sänger Deiner Strahlen eingesetzt hast . . . das einzige Opfer, das mir von all meinem Besitz bleibt.‹ Ebenso der hl. Gregorios Palamas: ›Schon hier auf Erden erleuchtet, wird der Mensch ganz Wunder. Auf Erden stimmt er mit den himmlischen Kräften im unaufhörlichen Singen zusammen, noch auf Erden führt er wie ein Engel die ganze Kreatur zu Gott.‹

Die göttliche Eingebung (Gen. 2,78) zeigt, daß der Mensch im Augenblick, da er geschaffen wurde, nicht nur auf das Gute gerichtet, oder moralisch ausgerichtet ist, sondern daß er ›göttlichen Geschlechts‹ (Apg. 17,28) ist. ›Zwischen Gott und dem Menschen besteht die nächste Verwandtschaft‹, sagt der hl. Makarios: ›er ist das Ebenbild Gottes‹. Dieses bestimmt ihn im voraus zur Vergottung. Die östliche Anthropologie kann daher nur Ontologie der Vergottung sein. Vergottung ist nichts Heidnisches oder Pantheistisches. Nach dem hl. Petrus (2. Pt. 1,4) bezeichnet Vergottung nur die gnadenhafte Teilhabe an den Bedingungen des göttlichen Lebens: Unsterblichkeit und Unversehrtheit. Sie ist nicht nur moralisch, sondern ontologisch zu verstehen. Sie ist nicht auf die Eroberung der Welt gerichtet, sondern auf ihre Verwandlung (kosmische Liturgie), die bereits ›der Raub des Reiches Gottes‹ ist (vgl. Mt. 11,12 in der orthodoxen Auslegung). Daher heiligt die Kirche mehr, als daß sie unterrichtet und regiert.

Ein gewisser Optimismus der Asketen setzt die Würde des Menschen als Kind Gottes und der neuen Schöpfung sehr hoch an. Er stammt aus ihrer Schau der menschlichen Natur und der Gnade. Im Gegensatz zu jeder Theologie der ›reinen Natur‹ der ursprünglichen Schöpfung, zu der die Gnade von außen hinzutritt, ist die Gnade der Adoption für die östlichen Christen im Schöpfungsakt selbst impliziert, dem Menschen seit seiner

Erschaffung eingeleibt. Außerhalb der angeborenen Gnade ist die Natur selbst nicht denkbar. Auf diese Weise ist der Mensch kein homo animalis mit dem geistlichen Leben, das durch die Gnade hinzugefügt ist, sondern ein homo spiritualis, bei dem das animalische Leben nur in dem Maße anomal ist, in dem es sich vorzeitig bestätigen mußte, nämlich im Sündenfall, vor seiner Vergeistigung. Die Askese findet wieder zur wahren Hierarchie und führt zur Herrschaft des Geistigen über das Materielle. ›Das ist die Rückkehr des gegen die Natur Gerichteten zu dem, was ihm eigen ist.‹ (St. Johannes Damascenus), zu dem Übernatürlich-natürlichen. Das ist die äußerst radikale Behauptung, daß die menschliche Natur außerhalb der Gnade ein Nichts und unwirklich ist.«[4]

c) Interessant sind auch die Überlegungen von Prof. J. Zizioulas, was den Menschen von heute anbetrifft, in Zusammenhang mit der Welt in eucharistischer Schau:

»Das orthodoxe liturgische Leben hat seine eigene Schau vom Menschen, die ebenfalls dem Menschen der heutigen Zeit und seinen Bedürfnissen entgegenzukommen scheint. Als Erbe einer Jahrhunderte alten theologischen Tradition lebt er in der Angst vor seiner Zweiteilung in Leib und Seele, Geist und Materie, und in dem Dilemma der Wahl zwischen diesen beiden, da ihm der eigentliche geistliche Bereich unbegreiflich ist. Im Gegensatz dazu wendet das orthodoxe geistliche Leben dem Leib und seinen Bedürfnissen größte Aufmerksamkeit zu. Die Materie ist derart gegenwärtig, daß Brot und Wein mit dem Herrn selbst identisch werden, daß Holz und Farben zu Ikonen der Heiligen werden, deren Reliquien andererseits Träger und Ausdruck einer persönlichen heiligenden Gegenwart sind. An dieser Tradition nimmt der Mensch als *ganzer* teil – ohne nach dem Vorbild einer abendländischen Frömmigkeit die Augen zu schließen, um Gott in einer angeblich immateriellen Beziehung zu begegnen (die im Grunde genommen nur eine einfache psychologische Beziehung ist). Entspricht eine derartige Wahrung der ganzheitlichen Natur des Menschen nicht zutiefst dem Menschen von heute, der aufgehört hat, in den anthropologischen Kategorien von Aristoteles und Plato zu denken – und wer wollte ihm daraus einen Vorwurf machen?

Außer der Wahrung seiner Integrität findet der moderne Mensch in der Eucharistie noch eine andere grundlegende Dimension wieder, deren Verlust eine Gewissens- und Lebenskrise heraufbeschworen hat. Wir haben betont, und müssen es immer wieder tun, daß die Eucharistie nicht der Bereich einer rein vertikalen Begegnung jedes einzelnen mit Gott ist. Sie ist ihrem Wesen nach sozial und ekklesial und als solche im Osten – mehr oder weniger lebendig – erhalten geblieben. In keiner anderen Ausdrucksform kirchlicher Existenz geben die Christen in diesem Maße ihre Individualität auf, um Kirche zu werden. In der Eucharistie hören Gebet, Glauben, Liebe, Caritas (d. h. alles, was die Gläubigen individuell praktizieren), auf, ›mein‹ zu sein, um ›unser‹ zu werden, und die gesamte Beziehung des Menschen zu Gott wird zum Verhältnis von Gott zu seinem Volk, zu seiner Kirche. Die Eucharistie ist nicht nur Gemeinschaft jedes einzelnen mit Christus; sie ist auch Gemeinschaft der Gläubigen untereinander und Einheit im Leibe Christi: ›Nicht mehrere Leiber, sondern ein Leib‹, heißt es bei Johannes Chrysostomos, der den Apostel Paulus getreu interpretiert. So wird die biblische Wahrheit, daß der Weg zu Gott auch den wahren Weg zum Nächsten bedeute, besonders lebendig in der Eucharistie, die der stärkste anti-individualistische Akt der Kirche ist.

Damit hört der Mensch auf, Individuum zu sein und wird Person; d. h. er wird zu einer Wirklichkeit, die kein Bruchstück ist, kein Anhängsel einer Maschine oder einer auf ihr eigenes Ziel ausgerichteten Organisation, sei dieses auch noch so heilig (Kollektivismus). Er ist kein Mittel zum Zweck: er ist selbst das Ziel, Ebenbild und Gleichnis Gottes, und findet seine Vollendung nur in der Gemeinschaft mit Gott und den andern.

Der moderne Mensch lebt jeden Tag unter der Last des Gegensatzes zwischen Individuum und Kollektiv. Sein Leben in der Gesellschaft ist nicht communio, sondern societas. Da er keine andere Wahl hat, führt ihn seine heftige Reaktion gegen den Kollektivismus zum Individualismus und umgekehrt: paradoxerweise setzen beide einander voraus. Unsere christliche Tradition hat dem Menschen von heute keine Anthropologie gegeben, die ihn als Person rechtfertigen könnte, denn selbst in der Kirche wurde er bald vom Individualismus, bald vom Kollektiv her betrachtet. Die Liturgie dagegen setzt eine Anthropologie voraus (und führt darauf hin), in welcher der Mensch einzig als ›neue Schöpfung in Christus‹ betrachtet wird. Sie treibt keine Theologie, sie präzisiert nicht, doch sie legt dar und macht offenbar. Auf die Frage: ›Was ist der Mensch?‹ antwortet sie, indem sie Christus als den Menschen schlechthin ausweist, d. h. als den Menschen, der mit Gott eins geworden und vergöttlicht ist. In der Gemeinschaft mit ›dem Heiligen, das den Heiligen‹ dargebracht wird, wird direkt auf Jenen hingewiesen, der ›allein heilig, allein der Herr, Jesus Christus‹ ist, in dem der Mensch durch die heilige Kommunion zu dem wird, was er ist: homo totus, der Mensch in seiner Ganzheit.

Das erlebt, wer an der Liturgie teilnimmt. Aber was geschieht, wenn er ›in Frieden hinausgeht‹ und in die Welt zurückkehrt? Wir sagen gewöhnlich, daß der Mensch im Sakrament der Eucharistie göttliche, übernatürliche Kräfte schöpft, die ihm im Kampf gegen die Sünde beistehen. Unabhängig von dieser Stärkung gibt die Eucharistie, als Akt und als Gemeinschaft, dem sittlichen Leben seinen vollen konkreten Sinn.

Unsere theologische Tradition hat die Moral in ein System von Verhaltensmaßregeln und ein autonomes Gebiet der Theologie verwandelt. So sind gewisse Verhaltensweisen zu absoluten, abstrakten Dogmen geworden, ohne Beziehung zu verschiedenen Geschichtsperioden oder zur Vielfalt der Menschen. Sie sind zu Typen einer konformistischen Frömmigkeit geworden und fahren fort, die Welt zu richten und moralisch zu verurteilen. Unter diesem Einfluß ist das Verhältnis des Menschen zu Gott, im Sinne einer alten Versuchung des Abendlandes, zu einer rein rechtlichen Beziehung geworden. Im Gegensatz zu dieser Tradition gestattet die eucharistische Schau der Welt und der Gesellschaft keine Autonomie der Moral oder deren Beschränkung auf absolute juristische Regeln. Das sittliche Leben entspringt aus einer Verklärung und Erneuerung der Schöpfung und des Menschen in Christo, so daß jedes sittliche Gebot einzig und allein als Folge jener sakramentalen Wandlung (transfiguratio) verstanden werden kann. Von diesem Gesichtspunkt aus – wie z. B. im Brief des Apostels Paulus an die Kolosser – wird das sittliche Verhalten als ein Weiterwirken des liturgischen Erlebens begriffen: ›Da ihr mit Christus auferweckt seid . . ., ertötet, was an euren Gliedern irdisch ist . . . Habt ihr doch den alten Menschen samt seinen Taten ausgezogen und den neuen angezogen, der sich ständig . . . erneuert . . .‹ (Kol 3,1–5. 9–10)[5]. Deshalb läßt die Liturgie auch nur eine einzige Moral-Terminologie gelten: die Heilung der Seele und des Leibes, damit wir, in Gemeinschaft mit ›der allerseligsten Jungfrau und allen Heiligen‹ ›uns selbst, einander und unser ganzes Leben Christus, unserm Gott, darbringen‹.

So bietet die Eucharistie der Welt nicht ein System moralischer Vorschriften an, sondern eine verwandelte und geheiligte Gesellschaft, einen Sauerteig, der die ganze Schöpfung nicht durch den Zwang moralischer Gebote, sondern durch eine heiligende Gegenwart durchwirkt. Diese zeugnishafte Gegenwart legt den Menschen keine unerträglichen Ketten an, sondern lädt sie ein zur Freiheit der Kinder Gottes, zu einer Gemeinschaft mit Gott, die zur Wiedergeburt führt.

Der Mensch von heute scheint die moralischen Vorschriften, die ihm von einer christlichen Zivilisation seit Jahrhunderten auferlegt wurden, mit Entrüstung völlig zu verwerfen. Lassen wir die Ursachen dieser Lage beiseite und stellen nur fest, daß das Gebäude, das wir mit soviel Eifer aus unsern guten Moralprinzipien errichtet haben, nunmehr wie ein Gefängnis empfunden wird und seine Fundamente einzustürzen drohen für jeden, der es ablehnt, daß Jesus Christus über ihn herrsche.

Wieso kommt es zum Verfall der sogenannten moralischen Werte in der säkularisierten Gesellschaft? Warum verhallt unsere christliche Stimme im Leeren? Wir nehmen Zuflucht zu Moralpredigten, zu Erklärungen von Prinzipien, um die Welt zu überzeugen, und kommen damit nicht an, niemand hört auf uns. Wir bieten den Logos an, aber die Welt nimmt ihn nicht auf. Wir vergessen, daß der Logos nicht aus Worten besteht, sondern eine Person ist. Er ist keine Stimme, sondern lebendige Gegenwart – eine Gegenwart, die in der Eucharistie Gestalt gewinnt – in einer Eucharistie, die vor allem Sammlung und Kommunion ist. Jene Gesellschaft, die sich verwandeln läßt, um ihrerseits selbst zu verwandeln, existiert nicht mehr. Sie hat sich aufgelöst durch unsern frommen Individualismus, der glaubte, für die Arbeit in der Welt keine Gemeinde und keine eucharistische Gemeinschaft mehr zu brauchen. Er hat sie durch instruktives Reden ersetzt und meint, es genüge, mit der Welt ins Gespräch zu kommen, um sie zu ändern. Die Gegenwart unserer Kirche in der Welt ist zu einer Kanzel ohne Altarraum geworden, zu einer Anzahl von Christen ohne Einheit und Gemeinschaft. Wir schöpfen unser sittliches Verhalten nicht aus dem neuen Leben, das wir in der eucharistischen Versammlung kosten, und die Gesellschaft scheint den Sauerteig der göttlichen Gemeinschaft verloren zu haben, der allein eine echte Erneuerung in ihr hervorrufen kann.

Wir wollen damit nicht behaupten, daß eine eucharistische Schau eine Lösung für die sittlichen Probleme unserer Gesellschaft bringen wird. Im Gegenteil, wir müssen betonen, daß in einer solchen Schau kein Raum für das ›Opium‹ eines ›Sozial-Evangeliums‹ ist. Die Erwartung eines irdischen Paradieses in einer moralisch vollkommenen Gesellschaft ist eine Schöpfung des abendländischen Rationalismus, die mit dem Zeugnis der Eucharistie unvereinbar ist. Denn diese besitzt ihrem innersten Wunsch nach eine eschatologische Dimension: Obwohl sie in die Geschichte hineinreicht, geht sie dennoch nicht gänzlich in ihr auf. Sie ist hier und jetzt das lebendigste Zeugnis einer Begegnung zwischen dem Eschaton und der Geschichte, zwischen dem Vollkommenen und dem Relativen der menschlichen Existenz. Sie ist das Zeugnis einer Moral, die nicht historische Evolution, sondern ontologische Gnade bedeutet – einmal erlangt und von neuem verloren bis zum Jüngsten Tag, wenn sie endgültig erworben werden wird. Eine solche eschatologische Durchdringung ergibt sich nicht aus einer historischen Entwicklung, die man logisch und erfahrungsgemäß erfassen kann; sie ist eine vertikale Herabkunft des Heiligen Geistes, durch die Epiklese – jene Epiklese, die in der orthodoxen Eucharistie eine so grundlegende und bezeichnende Rolle spielt –, die ›diesen Äon‹ verklärt und in Christus zur ›neuen Schöpfung‹ umwandelt. Diese Herabkunft vom Himmel auf die Erde, die den Aufstieg von der Erde zum Thron Gottes ermöglicht, erfüllt die Erde mit

Licht, Gnade und Freude und macht die Liturgie zu einem Fest, einer Feier, von der die Gläubigen frohen Herzens und mit Gaben überhäuft in die Welt zurückkehren. Aber sobald sie die Kirche verlassen, erwartet sie ein unablässiger Kampf. Bis ans Ende der Zeit müssen sie ihre eucharistische Wanderschaft fortsetzen und dürfen nur den Vorgeschmack der Gemeinschaft mit Gott kosten, der sich bald mit dem bitteren Geschmack des Bösen vermischt. Die Eucharistie gibt ihnen die lebendigste Gewißheit des Sieges Christi über den Teufel. Doch auf dieser Erde bleibt das immer nur ein Sieg der ›Kenosis‹, ein Sieg des Kreuzes, ein Sieg der standhaften Askese, wie diese vom Mönchtum des Ostens verstanden und gelebt worden sind.

Darum fördert die Eucharistie nie den Traum einer fortschreitenden Vervollkommnung der Welt, sondern das Verlangen nach heroischer Askese und einer Erfahrung der ›Kenosis‹ und des Kreuzes, in der allein der Sieg der Auferstehung in dieser Welt erlebt werden kann bis zum Ende der Zeit. Gleichzeitig bietet sie der Welt die Erfahrung jener eschatologischen Dimension, die durch die eucharistische Kommunion in die Geschichte einbricht und unsere Vergöttlichung in Raum und Zeit ermöglicht. Ohne diese Dimension wird durch keine missionarische Methode, keinen intelligenten und diplomatischen ›Dialog mit der Welt‹, kein Moralsystem die Welt von heute in Christus verklärt und verwandelt werden.

Die Krise in der Beziehung des modernen Menschen zu Christus und die Unfähigkeit des Christentums, dem heutigen Menschen zu begegnen, stammen sicherlich in großem Maße von der entarteten theologischen Tradition, die wir lehren. Diese Tradition hat den Menschen gespalten, durch dualistische Begriffe und Moralkonstruktionen erstickt und seine Integrität zerstört. Während früher in unseren Ländern jene Art des Denkens allen Menschen gemeinsam war, verschwinden heute diese psycho-sozialen Formen zugunsten einer neuen Lebensanschauung, die die Naturwissenschaft und eine radikale philosophische Fragestellung mit sich bringen. Die Menschen mühen sich mit Dichotomien ab, die wir ihnen überliefert haben, während wir uns auf die Verteidigung toter Formen beschränken – daraus erwächst die zunehmende Krise zwischen Kirche und Welt.

In dieser Lage setzt die orthodoxe Kirche ihr theologisches Zeugnis aufs Spiel, wenn auch sie sich auf die Verteidigung dieser Formen beschränkt. Umgekehrt wird sie jedoch in liturgischer Hinsicht als die Hoffnung der Welt erscheinen, wenn in ihrer Eucharistie jene Zertrennungen (Dichotomien) eine Lösung finden und der Mensch dort in der Gemeinschaft mit Gott seine Integrität wiedererlangt. Möge sich die orthodoxe Kirche der in ihr verborgenen eucharistischen Schau bewußt werden und zu einer theologisch schöpferischen Selbstbesinnung und einer erneuerten Praxis geführt werden, die sie selbst vor der Verweltlichung bewahren und die Welt aus ihrer gottfernen Einsamkeit erretten werden.«[6]

d) Prof. Stylianos Papadopoulos denkt über das Thema: »Der neue und der natürliche Mensch« in seiner Beziehung zu den zeitgenössischen Strömungen nach. Er stellt dabei die folgenden Betrachtungen an:

»Die Frage der Beziehung zwischen dem neuen und dem natürlichen Menschen hat für die Gläubigen riesige Ausmaße angenommen und wurde in unserer Zeit, die von sozialphilosophischen Strömungen beherrscht wird, zu einer äußerst dringenden Frage. Die genannten Strömungen haben entscheidend zur Zuspitzung dieser Frage beigetragen. Dafür sind vor allem zwei Gründe verantwortlich:

a) Die Glieder der Kirche leben in einer Welt, die von Auffassungen und Gedankenströmungen beherrscht wird, die nicht im Glauben an Christus begründet sind. Somit tragen die Christen im wahrsten Sinne des Wortes die Welt, die sie jeweils umgibt, und ihre Auffassungen in sich. Die Welt und ihre Auffassungen sind für den Christen nicht etwas Wesensfremdes, mit dem der neue Mensch einfach in Berührung kommt. Der neue Mensch und der natürliche Mensch (und folglich auch die Welt schlechthin) koexistieren, nur daß diese Koexistenz in einen gegenseitigen Vernichtungskampf mündet.

Hier ist natürlich eine Erklärung des Begriffes ›natürlicher Mensch‹ am Platze, denn die Kirchenväter bezeichnen bisweilen den Zustand des Menschen nach dem Fall, der Gott nicht anerkennt, als ›widernatürlich‹. Für sie ist der natürliche Zustand des Menschen jener, für den er ursprünglich geschaffen wurde; jener, in dem er Gott anerkannte und in dem er hätte verweilen sollen. Die Zerstörung des ersten natürlichen Zustandes des Menschen durch die Erbsünde wird durch die Kirche überwunden. Doch die Wirkung der Kirche kann weder den Zustand vor dem Fall wiederherstellen noch den Kampf gegen die Folgen des Falles überflüssig machen. Die Wirkung der Kirche führt den Menschen zu einem neuen Zustand, der durch Christus und den Heiligen Geist geschaffen wurde und ständig neu geschaffen wird. Dieser Zustand, der dem erstgeschaffenen Menschen fremd war, machte und macht den Menschen zum ›neuen‹ Menschen. Darum bezeichnete der Apostel Paulus Christus als den ›neuen‹ Menschen (Eph 2,15; 4,24; vgl. auch 2 Kor 5,17), im Gegensatz zum Menschen in seiner natürlichen Erscheinungsform. Wir folgen Paulus und bezeichnen den in Christus lebenden Menschen als neu, während wir den einzigen uns aus Erfahrung bekannten Zustand, den Zustand nach dem Sündenfall, als ›natürlichen‹ Zustand des Menschen bezeichnen, ebenso wie das Gesetz ›natürlich‹ ist, von dem dieser Zustand regiert wird. Dies Gesetz aber ist jenes, von dem Paulus sagt, daß es ›widerstreitet dem Gesetz in meinem Gemüte‹ (Röm 7,23), das selbstverständlich ›Christi Sinn‹ (1 Kor 2,16) ist.

b) Die modernen philosophischen und sozialen Strömungen sind heute mehr als je eine ›Lebenshaltung‹; sie sind nicht bloß, wie dies früher der Fall sein mochte, logische Folgerungen intellektueller Gedankengänge und Auffassungen. Mit der philosophischen Orientierung Ende des letzten Jahrhunderts und später mit Husserls Phänomenologie, mit Bergson, Dilthey und anderen gelangten wir zur Vielgestaltigkeit des Existentialismus, dessen Gegenstand hauptsächlich die Existenz und das Leben des Menschen sind. Der Existentialismus ist also ursprünglich eine Lebenshaltung. Dadurch wird er zu einer Herausforderung und zu einem Problem für den Gläubigen, der bereits eine Lebenshaltung besitzt (nämlich die des neuen Menschen in Christus); der Gläubige wird versuchen, seine Haltung vor den Übergriffen des Existentialismus zu schützen, der sich die Vernichtung der christlichen Haltung zum Ziel gesetzt hat.

Diese heute weitverbreitete philosophische Strömung drückt nicht nur eine Lebenshaltung aus, sondern sie stellt selbst eine Lebenshaltung dar. Von diesem Gesichtspunkt aus steht sie dem Anschein nach auf der gleichen Ebene wie das Christentum. Für jene, die nicht die Gabe der Unterscheidung besitzen (sei es dank ihrer Kultur oder ihrer religiösen Erziehung), sind der Existentialismus und das Christentum einfach zwei Lebensformen und zwei Lebensauffassungen. Beide Formen gründen sich tatsächlich – oder nur in der Definition – auf den Wunsch, die Person zu würdigen oder zu verwirklichen. Welche Bedeutung mißt die Kirche diesen scheinbaren Übereinstimmungen bei? Sie wird verständlich, wenn wir uns die Krise der Kirche, vor allem im 2. Jh., ins Gedächtnis rufen. In jenen dunklen Zeiten war der Gnostizismus, unter dem wir eine große Anzahl verschiedener gnostischer Bewegungen verstehen, die größte Gefahr für das Weiterbestehen der Kirche. Warum wurde die Kirche von diesen Bewegungen erschüttert? Weil sie verkündigten, daß auch sie dem Menschen fast das gleiche bieten können, was ihnen auch die Kirche bot, nämlich die Erkenntnis der Wahrheit und, demzufolge, die Erlösung. Die Kirche führte gegen den Gnostizismus, den sie als ›falsche Erkenntnis‹ (ψευδώνυμος γνῶσις nach dem griechischen Titel des Werkes ›Adversus haereses‹ des Irenäus von Lyon) bezeichnete, einen schmerzlichen und langen Kampf, indem sie sich bemühte, die Gläubigen davon zu überzeugen, daß der Gnostizismus eine nur scheinbare – und auch dies nur partielle – Beziehung zum Christentum hatte.

Es erscheint nicht wünschenswert, die Vergleiche zwischen Gnostizismus und Existentialismus im Verhältnis zur Kirche weiterzuführen. Diese Aufgabe ist sehr schwer, und es besteht Gefahr, den Tatsachen nicht gerecht zu werden, sowie die Gefahr von Mißverständnissen. Trotzdem wäre es nützlich, darauf hinzuweisen, daß: 1. Ein bedeutender Teil der gnostischen Bewegungen fälschlicherweise als christlicher und kirchlicher Gnostizismus auftrat; er war es in erster Linie, der der Kirche gefährlich wurde und den sie vor allem bekämpfte. 2. Heute gibt es einen ›christlichen‹ Existentialismus, der weitverbreitet ist und der von Gliedern der Kirche anerkannt und geschätzt wird.

Es folgt daraus, daß die Kirche besonders durch Bewegungen und Strömungen gefährdet wird, die ›parallel‹ zur Kirche auftreten und die sich den Anschein geben, als brächten sie die gleiche Heilung wie die Kirche. Ein Beweis für diese Gefahr unserer Zeit ist die Säkularisierung. Die Gründe für die Säkularisierung liegen in der Kleingläubigkeit der Glieder der Kirche, gleichzeitig aber auch in der ungenauen Definition der Grenzen oder der Beziehungen zwischen dem neuen Menschen und dem, was der autonome Mensch ist und schafft. Nicht immer also kennen die Gläubigen die Grenze zwischen dem neuen und dem unabhängigen Menschen, und sie vermögen daher nicht einzuschätzen, wie sehr und wie weit sie an dem teilnehmen können, was der selbständige natürliche Mensch ist und schafft; sie können nicht immer unterscheiden, in welchen Punkten der natürliche Mensch das charismatische Leben des Gläubigen zunichte macht und in welchen nicht. Daraus folgt auch das Abgleiten der Kirche in die Säkularisierung, die die Verwirrung in den Beziehungen und in den Grenzen zwischen dem neuen und dem natürlichen Menschen bezeugt. Dieser Fragenkomplex scheint alt zu sein, und er ist es teilweise wirklich. Diese Fragen gab es schon früher, wenn auch in milderer Form. Und die Kirche hörte niemals auf, zu raten, zu leiten und zu retten. Aber sie war niemals so in ihren Wurzeln gefährdet, wie sie es heute durch das ständig wachsende Phänomen der Säkularisierung ist. Die wachsende Gefahr ruft nach einer Behandlung der der Säkularisierung zugrunde liegenden Frage durch das Konzil.

Um die Ausmaße, die Tiefe und die Dringlichkeit der Frage zu verstehen, verweisen wir auf das entscheidende Phänomen unserer Zeit, nämlich auf unsere von der Technik beherrschte Kultur oder, genauer, auf die Vorherrschaft der Technik in unserer Kultur. Die Problematik besteht nicht, wie allgemein angenommen wird, in den erstaunlichen Leistungen auf diesem Gebiet. Auch frühere Zeiten kannten, wenn auch in geringerem Ausmaß, das Erstaunen über neue Leistungen der Wissenschaft. Das, was heute die scharfblickenden und empfindungsfähigen Gemüter beschäftigt, ist die bisher unbekannte Tatsache, daß, während der Mensch bisher seine Schöpfung beherrschte, er heute von ihr beherrscht wird. Die technische Kultur, die vom Menschen geschaffen wurde, lenkt und beherrscht nun ihren Schöpfer, sie zwingt ihn zu einem Leben und einer Denkweise, die von der Maschine diktiert sind. Mithin ist die Menschheit heute Gefangene und Untertan ihrer Schöpfung. Es ist nicht möglich – und es ist wohl auch noch zu früh dazu –, die Bedeutung dieser erschreckenden und unmenschlichen Tatsache zu ermessen. Sicher ist, daß diese Umwälzung bei den großen Philosophen und Theologen unserer Zeit Furcht hervorgerufen hat; sie zwingt uns alle, Spenglers († 1936) zu gedenken, des Propheten des Untergangs der europäischen Kultur.

Im Lichte dieser Gegebenheiten wird die dramatische Stellung der Kirche leicht verständlich, denn die Kirche lebt nicht außerhalb der Welt. Ebenso wie die ganze zivilisierte Menschheit von ihrer technischen Kultur versklavt wurde und nun den blinden und unlogischen Gesetzen ihrer Geschöpfe (der Maschinen) gehorcht, läuft auch die Kirche diese Gefahr. Hier handelt es sich schon nicht mehr um eine andere Lebenshaltung, sondern um die Versklavung durch das Geschöpf. Früher, und auch heute noch, verehrten die Menschen die Geschöpfe Gottes. Wegen der ungeheuren Zunahme der Abhängigkeit des Menschen geschieht heute etwas Schlimmeres: nicht mehr Verehrung der Geschöpfe, sondern Versklavung durch sie, und zwar nicht durch göttliche, sondern durch menschliche Geschöpfe. Wie reagiert die Kirche in dieser Situation? Auch dies ist ein Problem. Die Glieder der Kirche reagierten auf verschiedene Weise: richtig, falsch, unsicher, verkrampft, mutig, fragmentarisch, inspiriert usw. Die Kirche selbst hat nicht offiziell und definitiv, also konziliär und erleuchtet vom Heiligen Geist geantwortet. Unzweifelhaft ist daran die Unsicherheit schuld, die die Kirche in der Frage der Beziehung zwischen neuem und natürlichem Menschen beherrscht. Die Frage der technisch beherrschten Kultur ist nicht eine Frage der Weltentstehungs-Lehre oder der Kernphysik, sondern in erster Linie eine Frage der menschlichen Personen. Die Person jedoch muß ein genaues Bewußtsein der Grenzen ihrer natürlichen und ihrer charismatischen Situation haben, damit sie über die Beziehung beschließen kann, die zwischen den beiden herrschen soll. Einmal mehr unterstreichen wir, daß die Glieder der Kirche hin- und hergerissen werden, daß sie kein klares Bewußtsein dieser Grenzen und dieser Beziehungen haben. Die Kirche als katholisches Ereignis muß die Frage auf katholische und definitive Art und Weise überprüfen, damit ihre Glieder vom Zweifel erlöst werden, vom unerwünschten Agnostizismus, vom Abgleiten in die Säkularisierung und von der Versklavung durch die technische Kultur.«[7]

e) Persönlich möchte ich folgendes zu bedenken geben:

Von dem hl. Irenäus an berichten alle Theologen des 2. bis einschließlich des 4. Jh.s von ein und demselben dramatischen Geschehen in drei Akten: von der Geschichte des Menschen, der geboren ist in der seligen »Athanasie« göttlicher Kindschaft, der durch die Sünde stirbt und durch die Gnade wieder zum Leben kommt. Alle sind sich darin einig, daß Adam »zu Bild und Gleichheit (homoiosis)« und nicht nur zu einer einfachen Ähnlichkeit mit Gott geschaffen ist. Kraft dieses Geburtsrechts hätte Adam der Gnade und Herrlichkeit teilhaftig werden müssen! Das heißt, das Übernatürliche wäre die wahre Natur des Menschen im irdischen Paradies geworden.

Dieser zur Freiheit und Unsterblichkeit geschaffene Mensch, im Stande fortschreitender dynamischer Vervollkommnung, war zum Zentrum des Universums bestimmt, als ein

Mikrokosmos, der seiner Zusammensetzung nach gleichzeitig dem Intelligiblen und dem Sensiblen angehört. Als Organ und nicht als passives Instrument des Willens seines Schöpfers hatte Adam eine Aufgabe zu erfüllen. Vom ersten Tag an hat Gott ihm, wie ebenfalls schon der hl. Irenäus sagt, »die Absorption des Fleisches durch den Geist« zum Ziel gesetzt[8].

Dieser Ausgangspunkt, der die Haltung Gottes zu seiner vernunftbegabten Schöpfung und die innere Natur ihrer Beziehung bestimmt, macht das besondere Gepräge des patristischen Denkens aus. Auf diese Gleichheit des Menschen mit Gott stützt sich insbesondere Clemens von Alexandrien, sie wird aber schon von Philo gelehrt (der »himmlische Anthropos«). Die erste vollständige Darstellung der Schöpfung des Menschen, seiner ihm eigenen Natur und seiner übernatürlichen Bestimmung findet sich bei Gregor von Nyssa (Sermo de Imagine, PG 44).

Eine besondere Prägung erfährt diese Schau vom Menschen durch den großen Dialektiker der Mystik des 6. Jh.s, den hl. Maximos den Bekenner. Als Trichotomist unterscheidet auch er im Aufbau des Menschen den Leib, die Seele und den Geist. Den »nous« (den »spiritus« bei Augustinus, die »mens« des Mittelalters) betrachtet er als das Kap der vernünftigen Seele und damit als natürlicherweise gottförmig.

Anthropologie und Kosmogonie sind bei Maximos unlösbar miteinander verbunden und kreisen um einen zentralen Punkt: den vorewigen Logos – den »logos spermatikos« der Stoiker. Das Universum ist jedoch weder einfach noch unveränderlich, wie nur Gott allein es ist. Es setzt sich aus zwei Welten, nämlich der intelligiblen – den Engeln und den menschlichen Seelen – und der sensiblen – der der Materie – zusammen. Obwohl die sensible Welt wegen ihrer Beweglichkeit als Täuschung erscheinen kann, so existiert sie doch wirklich, weil sie vom Schöpfer gewollt ist, und steht in dauernder Berührung mit ihrem Prinzip, dem Logos, durch die Verhaftung mit der anderen, der vernünftigen Welt. Das Band, welches diese beiden verbindet, ist der Mensch. Er ist die sinnhafte und vernunfthafte Schöpfung zugleich.

Der Mensch erhält somit seine außerordentliche Würde, die ihn selbst über die Engel hinaus erhebt. Mit anderen Vätern der Kirche zögert auch Maximos nicht, den Menschen einen »geschaffenen Gott« zu nennen[9]. Und dies mit der ganzen Kraft des Begriffes, ohne irgend etwas abzuschwächen. Der Mensch ist, wie Sergij Bulgakov sagen wird, eine wirkliche »irdische Hypostase Gottes«[10]; denn der Leib, der die menschliche Seele umgibt, stellt eine Analogie dar zum Kosmos, welcher den Logos umgibt wie mit einem Gewand. Darum gelangt man durch die Erkenntnis des Menschen zu einer ersten, noch unvollkommenen Erkenntnis seines ungeschaffenen Vorbildes. Und außerdem kann man dieses Urmodell noch erkennen, indem man es bewundert in der Weisheit und Schönheit seines sichtbaren Werkes: »natürliche Kontemplation«.

Die Sendung Adams war, wie schon angedeutet, die volle Verwirklichung des Vorsehungsplanes der göttlichen Ökonomie. Der Mensch hatte auf Erden die Rolle des Logos zu übernehmen, ihn gewissermaßen zu ersetzen und so alle Widersprüche der im Werden begriffenen Schöpfung zu harmonisieren, diese Schöpfung also fortzusetzen und zur Vollendung zu bringen. Maximos zeichnet diesen Weg bis zu unbegrenzten Perspektiven nach, als einen Weg, dem der Mensch ohne Abweichung hätte folgen müssen: unter Beibehaltung seiner integralen Menschlichkeit hätte er sich über alle vorläufigen Unterscheidungen, angefangen mit der der Geschlechter, erheben und kraft Tugend und

Einsicht zur Vergeistigung alles Existierenden gelangen sollen; die Erde hätte zum Paradies umgeformt werden müssen, um mit dem Himmel eins zu werden; der Mensch selber hätte mit Ihm vollends eins werden müssen, da er Ihm ähnlich ist in allem außer in der Natur: »Der Natur nach ist der Mensch als Leib und Seele weniger denn ein Mensch; durch die Gnade aber wird er ganz Gott, seinem Leib und seiner Seele nach« (Maximus Confessor, Ambigua XVIII 64). Also erfährt der Mensch eine letzte, gänzlich dem charismatischen Handeln des Geistes unterworfene Metamorphose.

Der mit der Entscheidungsfreiheit ausgestattete Mensch ist jedoch gefallen. Er ist gefallen, weil er die nichtige Liebe zu sich selbst der wahren Liebe zu Gott vorgezogen hat. Eigenwillig, aus Stolz und Begierde läßt er sich verwirren durch die falsche Erkenntnis und sinkt in die Nacht. Der Ungehorsam Adams, dieses »lebendigen Keimes, der die gesamte Zukunft unserer Art in sich trug«, wurde zu einem unmittelbaren Sturz in das Leben der Sinne und durch diese in den Tod. Der hl. Augustin sagt ausdrücklich: »Der Mensch hat sich für den geizigen Besitz seiner privaten Güter entschieden.«[11]

Die Folgen waren katastrophal. Das Fleisch wurde zur Begehrlichkeit und dadurch zur Gebrechlichkeit und Auflösung verurteilt. Die Seele wurde bis in ihre Tiefen erschüttert und zersetzt, der Wille verkehrt und verfälscht, die Erkenntnis von der Illusion vernebelt. Der gesamte Makrokosmos, der berufen war zum frohen Lobpreis seines Herrn, wurde durch die Verwundung an seinem Haupte zum Leiden und Seufzen verdammt.

Angesichts dieser Verfallenheit des menschlichen Seins gibt es jetzt nur noch eine Sehnsucht, eine Besessenheit: nicht nur das verformte Bild wiederherzustellen, sondern vor allem das schon vor seinem Beginn abgebrochene Werk zu seinem Ende zu führen. Dies bedeutet zuallererst, die verwischte »Gleichheit« (»similitudo«/»homoiosis«) wiederzuerwecken, und sodann, die verklärte Welt in die göttliche Herrlichkeit eintauchen zu lassen.

Dies ist das Werk der Rekapitulation (»anakephalaiosis«), der Wiederherstellung der Menschheit, in welcher der inkarnierte Gott dem Menschen vorangeht. Hier wird diesem das ewige Leben wiedergegeben und durch den Geist die vergöttlichende Kraft mitgeteilt, die ihn heiligt und schließlich in den Schoß des Vaters, in die »lichte Wolke« des dreieinigen Gottes erhebt.

Die Lehre von der Rekapitulation ist der eigentliche Nerv des patristischen Denkens. Sie stützt sich auf die »koinonia« (communio) als göttliche Adoption, welche geradewegs auf die Vergöttlichung zuführt: Gott ist Mensch geworden, damit die Menschen vergöttlicht werden können. Der Schriftbeleg dieser Wahrheit ist der berühmte Vers aus Ps 82: »Ich sprach: ihr seid Götter«, welchen der Heiland selber aufnahm (Joh 10,34). Der Fels, auf den sich diese Wahrheit gründet, ist das Bekenntnis Jesu Christi als wahren Gott und als wahren Menschen.

Jesus Christus ist das geworden, was wir sind, um uns zu dem zu machen, was er ist. Darum mußte das Fleisch Wort werden und zu uns kommen »um unseres Heiles willen«. Dieses Heil wird dadurch gewirkt, daß der verletzten menschlichen Natur das Ferment der Unverweslichkeit inkorporiert wird durch ihre engste Vereinigung mit dem fleischgewordenen Gotte. Die machtvolle Wiederherstellung des verlorenen Erbes und Unterpfand der Unsterblichkeit ist die Frucht schon der Inkarnation allein. Die Seelen der Christen werden regeneriert durch die »Enanthropesis« (»Einmenschlichung«) Gottes des Heilandes.

Über die Wirkungen dieser Ungnade, welche unsere Spezies in die göttliche Abstammung reintegriert, schreiben die Kirchenväter in aller Einstimmigkeit und Unerschöpflichkeit. Den Ton gibt Athanasius der Große an, dem schon Irenäus, Clemens und Origenes vorausgegangen sind. Der Sieger des Konzils von Nizäa nimmt das Thema der Vergöttlichung oder Gottwerdung so auf: »Jesus Christus ist Mensch geworden, um uns zu vergöttlichen« (De incarnatione verbi, PG 25). Dies ist jedoch nur möglich, weil der Logos unser Modell von Anbeginn her gewesen ist: »Der Mensch würde nicht vergöttlicht werden, wenn Der, welcher Fleisch geworden ist, nicht das Wort Gottes wäre«; und umgekehrt: »Wir würden nicht von der Sünde erlöst, wenn das Fleisch, welches der Logos angenommen hat, nicht unser menschliches Fleisch wäre« (a.a.O.). Der hl. Basilius der Große sagt: »Um unseretwillen ist der Logos sterblich geworden, um uns von der Sterblichkeit zu erlösen« (Epist. VIII 5 = PG 32, 245). Der hl. Gregor von Nazianz, der Theologe schreibt: »Jesus stellt ›in figura‹ das dar, was wir sind.« »Wir werden göttlich durch Ihn« (Or I 7 = PG 36). Von seinem Freunde Basilius überlieferte Gregor: »Der Mensch ist eine Kreatur, aber sie hat den Auftrag, Gott zu werden.«[12]

Dieselben Aussagen finden sich bei dem hl. Kyrill von Alexandrien: »Wenn Gott Mensch geworden ist, ist der Mensch Gott geworden« (Rom., hom. IX 3). Der hl. Johannes Chrysostomus drückt sich als Antiochener ein wenig verhaltener aus: »Wir bedurften des Lebens und des Sterbens eines Gottes, um zu leben.«[13] Und am Ausgang des patristischen Zeitalters schließlich faßt der hl. Johannes Damaszenus die Heilsökonomie so zusammen: »Christus, dessen Natur unserer identisch ist, hat in uns das göttliche Bild wiedererschaffen, um uns von der Verwesung zu befreien. Er hat uns an Geist und Fleisch unsterblich gemacht« (De fide orthodoxa, PG 94).

Der auf den hl. Paulus zurückgehende und von den Vätern reich ausgebaute Paralellismus zwischen dem ersten und zweiten Adam ist allgemein bekannt. Christus ist das mystische Haupt des neuen Leibes, an dem wir die Glieder sind. Was der zweite Adam im jungfräulichen Schoß Mariens angenommen und uns gegeben hat, ist die menschliche Natur in ihrer Integralität. Durch Ihn wird das »häutene Gewand« – unser sündiges Fleisch – wiedergeboren aus seiner Verschlissenheit. Die Inkarnation ist damit schon Erlösung.

In der Soteriologie fällt der Akzent immer auf die Erlösung durch das Prinzip der Regeneration. Eine Verlagerung des Akzentes auf die Rekonziliation oder die Sündenvergebung wie im Westen seit dem Mittelalter würde zu einer schwerwiegenden Verengung führen. Es ist nicht dasselbe, ob sich der Mensch zunächst als gerechtfertigt und vom Gesetze befreit empfindet oder aber sich als verherrlicht und ins lebendige Licht getaucht erfährt. Ist die Taufe zunächst Abwaschung der Makel oder Bad der Wiedergeburt? Ist die Beichte Gericht oder Zuflucht beim Arzt der Leiber und Seelen? Ist die Eucharistie Sühneopfer oder »pharmakon tes athanasias«?

Für uns ist die »homoiosis« Voraussetzung unserer göttlichen Kindschaft; Christus, der gekommen ist, um den Tod zu zerstören, erneuert uns nach seinem Bild, um uns teilhaben zu lassen an der zukünftigen Herrlichkeit.

Um dem heutigen Menschen zu helfen, sollte man m. E. versuchen, eine Anthropologie zu entwickeln, die auf das Christusbild der Urkirche gegründet werden könnte. Und um die Gefahr der Erstarrung, des Traditionalismus und der leblosen Wiederholung zu überwinden, sollten wir uns nach dem tieferen Sinn der Christuslehre im Hinblick auf unsere heutige, konkrete Weltsituation fragen.

Was hat das christologische Dogma des IV. Ökumenischen Konzils (451) über die »unvermischte, ungewandelte, ungetrennte, ungeteilte« Vereinigung der göttlichen und der menschlichen Natur in der einen Person des fleischgewordenen Logos dem heutigen Menschen zu sagen?

Die vom Logos angenommene Menschheit, die in ihm »hypostatisierte« Menschheit wird ihrerseits Quelle göttlichen Lebens, allein durch die Tatsache, daß sie des Logos eigenes Fleisch geworden ist. Die Christen, welche das göttliche Leben nicht durch hypostatischen Besitz erhalten, wie Christus, erlangen es aber aus Gnaden durch Partizipation an diesem Christus. Damit wird die in Christus hypostatisierte Menschheit des Wortes zur entscheidenden Grundlage der eingangs aufgezeigten Lehre von der Vergöttlichung des Menschen als des eigentlichen Inhaltes unseres Heils.

Denn die »vergöttlichte« menschliche Natur wird nicht »bezüglich ihrer natürlichen Charakteristika« verändert, sondern zur göttlichen Herrlichkeit restauriert, die ihr seit der Schöpfung zugedacht war. Die Menschlichkeit Jesu ist auch unsere begrenzte, unwissende und verwesliche Menschheit, die das Wort in jener Verfassung angenommen hat, in der sie uns Adam zurückgelassen hat. Im Kontakt mit Gott wird unsere Menschheit aber erst wirklich menschlich, weil Gott seine Schöpfung nicht zerstören, sondern vollenden will.

Gott ist in Christus Mensch geworden, weil er der wahre Gott ist und darum sein Geschöpf liebt und erlösen will; und weil Gott in den Menschen hineinkommt, kann der Mensch nur Mensch sein, indem er vergöttlicht wird.

Gott wird zum Fleischträger, damit der Mensch zum Geistträger wird, damit er gnadenvoll, als Träger der ungeschaffenen Energien Gottes mit ihm vereint lebt. Es ist ein und dasselbe Ereignis des Neuen, welches die ganze Schöpfung erneuert. Der sich immer wieder inkarnierende Logos, der Gott-Mensch und Jesus Christus, ist »derselbe gestern, heute und in Ewigkeit« (Hebr 13,8)[14].

Dieser gesamte Christus, die gleichgewichtige Durchdringung der zwei Naturen in der einen Person des Gottmenschen ist das Urbild der Menschlichkeit des Menschen.

Anmerkungen

1 Vgl. Konrad Raiser, Prozeß für den Menschen = Evangelische Kommentare = P. Bratsiotis, Die Orthodoxe Kirche in griechischer Sicht, Suttgart 1970, 40–52.
2 Gregor von Nazianz, PG 37, 507 A.
3 I. Karmiris, Abriß der dogmatischen Lehre der Orthodoxen Katholischen Kirche = P. Bratsiotis, Die Orthodoxe Kirche in griechischer Sicht, Stuttgart 1970, 40–52.
4 P. N. Evdokimov, Grundzüge der orthodoxen Lehre (= Die Russische Orthodoxe Kirche in Lehre und Leben. Hrsg. von Robert Stupperich, Witten 1966, 62–82) 74–76.
5 Zu beachten ist, daß die Ausdrücke ›ausziehen‹ und ›anziehen‹ hier liturgische Termini sind und, wie die ganze Terminologie dieses Abschnittes, sich besonders auf die sakramentale Erfahrung der Taufe beziehen.
6 J. Zizioulas, Die Welt in der eucharistischen Schau und der Mensch von heute, in: Orthodoxe Beiträge V, hrsg. von Ilse Friedeberg, Marburg 1973.

7 St. Papadopoulos, Τό θέμα »Καινὸς καί φυσικός ἄνθρωπος« ἐν τῇ σχέσει αὐτοῦ πρὸς τά σύγχρονα ρεύματα = Gregorios Palamas, Nov./Dez. 1972, 474–478.
8 Zitiert bei Myrrha Lot-Borodine, La déification de l'homme, Paris 1970, 41.
9 Siehe dazu: Capitula theologica et oeconomica; Quaestiones ad Thalassium; Ambigua in Gregorium Theologum (PG 90).
10 Zitiert: M. Lot-Borodine 43.
11 Zitiert: M. Lot-Borodine 47.
12 Zitiert: M. Lot-Borodine 56.
13 Zitiert: M. Lot-Borodine 56.
14 D. Papandreou, Einige Überlegungen zum Menschenbild unter Berücksichtigung des Christusbildes der Urkirche (Vortrag gehalten im Engadiner Kollegium, St. Moritz 1972) = Endliches und Unendliches im Menschen, Editio Academica, Zürich 1973, 273–282, besonders 279–282.

9

Discours lors de l'inauguration du Centre Orthodoxe du Patriarcat Oecuménique de Chambésy, 1975

En premier lieu, nous chantons un hymne de triomphe et de gloire à Dieu, *«qui seul a fait des merveilles»*, car *«il a parlé, et tout est né; il a commandé, et tout a été créé»*[1].

La consécration de cette stavropigie patriarcale, telle que nous la vivons aujourd'hui, avec la participation des représentants des très saintes Eglises de Dieu, des autorités locales et l'affluence du peuple de Dieu, en son expression interconfessionnelle et internationale, ne fait que perpétuer une coutume ancienne et universelle de l'Eglise. En ces temps-là, la consécration d'une église revêtait un éclat particulier, étant souvent l'occasion de réunir des conciles et des rencontres entre Eglises locales, d'échange d'amitiés entre peuples réunis et l'expression visible de l'unité des chrétiens. C'est ainsi que la réalité qu'elle nous permet de vivre aujourd'hui nous rappelle une description de l'historien Eusèbe, qui dit que: *«En outre nous fut procuré le spectacle désiré et souhaité par nous tous: fêtes de dédicaces dans chaque ville, consécrations d'églises récemment construites, assemblées d'évêques réunis à cette fin, concours de fidèles venus de loin et de partout, sentiments d'amitiés des peuples pour les peuples, union des membres du corps du Christ et une seule harmonie d'hommes assemblés.»*[2]

Cette *«union des membres du Christ en une harmonie»*, vécue aux premiers siècles dans le sacrement de l'Eucharistie – point culminant de la fête de l'inauguration –, le Patriarcat oecuménique l'a pressentie lorsque, pour marquer la communion de foi et d'amour et, en plus, la dépendance stavropigique illimitée de ce Centre, il a offert à l'autel de son temple un calice patriarcal, *«par lequel la divine liturgie fut célébrée dans le passé par l'arche du sacrifice»* et *«qu'ont effleuré les lèvres de patriarches, de hierarques et de fidèles communiant au sang du Seigneur, répandu pour beaucoup, en rémission des péchés».*

Ainsi, par l'Eucharistie, se forge une harmonie entre le passé, le présent et l'avenir, entre l'Ancien et le Nouveau, dans la fête inaugurale d'aujourd'hui. Car l'Eucharistie constitue l'axe de la vie quotidienne et universelle de ce Centre Orthodoxe du Patriarcat Oecuménique. Elle est le sacrement par excellence de l'Eglise, par lequel le Verbe se fait chair et l'homme devient Dieu, par lequel et dans lequel nous nous unissons avec Dieu fait homme et nos frères en un seul Corps.

«Célébrer la consécration est une veille loi et une bonne coutume; ou plutót célébrer ce qui est neuf par une consécration», dit Grégoire le Théologien[3]. Voici donc ce qui est neuf, ce qui est célébré aujourd'hui, ici-même, par une consécration. Le lien qui va de l'autel au Baptême et à la Confirmation au nom de la Sainte Trinité, ainsi qu'aux reliques *«de ceux qui furent égorgés pour la parole de Dieu et le témoignage qu'ils avaient rendu»*[4].

Elle n'est d'ailleurs pas fortuite, la sanctification de cette Stavropigie patriarcale dédiée au saint, glorieux et illustre apôtre Paul, dont l'enseignement sur la rédemption et l'Eglise a pour point de départ le fait que Jésus-Christ est la tête de l'humanité nouvelle. L'Apôtre des nations, qui consacrait toutes ses forces à l'avènement du Royaume de Dieu, rendu possible par le Christ, retourne d'Orient en Occident en porteur authentique de l'esprit supranational et unificateur de ce Royaume, pour que l'esprit paulinien du Patriarcat oecuménique prenne corps. Tout comme l'Apôtre, celui-ci s'adresse, en cette heure faste, à nous tous dans l'exhortation de l'Epître aux Ephésiens, qui dit: «*je vous exhorte donc, moi le prisonnier dans le Seigneur, à mener une vie digne de l'appel que vous avez reçu: en toute humilité, douceur et patience, supportez-vous les uns les autres avec charité: appliquez-vous à conserver l'unité de l'Esprit par ce lien qu'est la paix. Il n'y a qu'un corps et qu'un Esprit, comme il n'y a qu'une espérance au terme de l'appel que vous avez reçu; un seul Seigneur, une seule foi, un seul baptême; un seul Dieu et Père de tous, qui est au-dessus de tous, par tous et en tous*»[5].

La conception paulienne du renouveau, qui doit toujours être comprise en rapport parfait avec le message chrétien ininterrompu, a tout naturellement inspiré jusqu'à l'architecture de l'église et du nouveau complexe des bâtiments, qui représentent un effort angoissé de transposition du message orthodoxe au lieu et au temps présents, sans toutefois rompre avec la tradition. Il va de soi qu'il y aura une recherche de la continuité harmonieuse et, par là, une combinaison du reçu avec le récipient, pour qu'il y ait «*un vin nouveau dans les outres nouvelles*»[6] pour servir «*l'Eglise Une, sainte, orthodoxe, catholique et apostolique et l'ensemble de la chrétienté sur la terre, afin de promouvoir l'unité chrétienne*». Par ailleurs, le service des Eglises orthodoxes par le truchement du Secrétariat de préparation au Saint et Grand Concile, établi dans ce Centre, ainsi que le développement des rapports qu'entretiennent les orthodoxes avec les autres Eglises et Confessions, constitue en quelque sorte une tradition du Centre, puisqu'il fut à maintes reprises le lieu de dialogues et de rencontres, inspirés par l'orientation de la Commission interorthodoxe pour la préparation du Concile: «*Consciente de l'importance de la structure actuelle du christianisme, notre sainte Eglise orthodoxe, bien qu'étant l'Eglise une, catholique et apostolique, non seulement reconnait l'existence ontologique des autres Eglises chrétiennes, mais aussi croit fermement que tous ses rapports avec elles doivent être basés sur l'élucidation aussi rapide et objective que possible du problème ecclésiologique de l'ensemble de leur doctrine sur les sacrements, la grâce, le ministère et la succession apostolique.*»[7]

Mais tout cela, appliqué au destin des nouveaux locaux du Centre, a déjà été mentionné dans le message inspiré du Patriarche oecuménique Dimitrios Ier et du Synode patriarcal, que vous venez d'entendre. Filialement reconnaissant à l'Eglise-mere, j'aimerais souligner le besoin de créer au Centre «*une pépinière théologique et scientifique dans une perspective oecuménique, capable de former au degré d'études supérieures des cardes en provenance de toutes les Eglise orthodoxes, de les rendre compétents pour faire face aux besoins de leurs Eglises, spécialisés dans la conduite de dialogues interorthodoxes et interconfessionnells impliquant une rencontre théologique entre l'Orient et l'Occident . . . dans le but unique d'édifier le corps du Christ . . .*».

En effet, l'Eglise orthodoxe a besoin de théologiens capables d'affronter ensemble, dans l'esprit du Sauveur, les problèmes angoissants de l'homme moderne, et d'offrir à la vérité chrétienne, seule et unique, la chair de l'histoire, le vêtement de l'époque, respectant les limites permises dans la variété des expressions – qui peut assurément être un enrichissement de la Tradition unique de la foi, dans la mesure ou, bien entendu, elle ne se heurte pas à la vérité essentielle transmise sans interruption, identique à la personne du Verbe incarné. Comme l'a si bien exprimé S.E. le Métropolite Méliton de Chalcédoine, promoteur de l'idée de créer ici un séminaire théologique: *«Du fait que la vérité est personne et amour, c.à.d. le Seigneur fait chair dans l'histoire, la sainte tradition de la Vérité effectue à travers les siècles par l'incarnation perpétuelle dans la vie de chaque époque historique. Cependant chaque époque historique diffère des précédentes; par conséquent l'interprétation de la Tradition, c.à.d. l'incarnation de la vérité, doit à chaque époque revêtir l'habillement de l'époque, la chair de l'Histoire. Ainsi les Pères de l'Eglise n'ont pas hésité; ils ont cru leur devoir d'utiliser les catégories de pensée de leur temps pour exprimer la vérité de l'Evangile (p.e.x. la philosophie néoplatonicienne). A ce titre ils ont été attaqués par Harnack et d'autres comme s'éloignant du Nouveau Testament et subissant l'influence de la philosophie grecque. Mais la vérité n'est trahie quand elle s'incarne à chaque époque de l'histoire. Elle est trahie quand elle est conservée comme dans un musée, de crainte qu'elle ne soit souillée par l'Histoire. Le Saint-Esprit, qui vit toujours dans l'Eglise, existe justement pour rendre possible à chaque époque cette incarnation de la vérité.»* [8]

Et maintenant, ayant placé espoir de l'incarnation de ces visions d'avenir entre les mains de la Providence, nous adressons une parole reconnaissante à ceux qui, en instruments de Dieu, ont ouvert la voie à la réalisation de cette oeuvre sacrée, en des circonstances parfois décourageantes. En ce qui concerne cette Eglise, qui par cette inauguration devient *»l'Eglise du Dieu vivant, colonne et support de la vérité»* [9], nous disons seulement: Bienheureux ceux qui se sont endormis dans le Seigneur. J'entends par là, le Patriarche oecuménique Athénagoras Ier, d'éternelle mémoire, qui a donné sa bénédiction à la pose de la première pierre, effectuée par nous-même, à la demande des fondateurs, le Grand Logothète Georges Christos Lemos et son épouse Katingo, fille de Diamantis Patéras, qui ont aimé la majesté de la demeure de Dieu et *«le lieu du séjour de Sa gloire»* [10]. Quel remerciement serait-il plus grand que la célébration perpétuelle de leur mémoire ici pendant l'Eucharistie? Comme le dit St. Jean Chrysostome: *«Il n'y a rien de plus puissant que la prière, ni même d'égal à elle.»* [11]

En conclusion, nous disons ceci: tous ceux qui, d'une manière ou d'une autre, ont travaillé et collaboré au progrès de ce Centre Orthodoxe du Patriarcat Oecuménique vers l'accomplissement de sa mission ont aidé moralement à rendre évidente la nécessité de son extension, afin de faciliter le dialogue sur les questions préoccupant l'Eglise orthodoxe.

Il est manifestement claire qu'aujourd'hui les perspectives sont de bonne augure, et que le Centre peut rendre des services positifs dans le domaine des rapports interorthodoxes et interconfessionnels. C'est pourquoi nous faisons appel à tous, afin que la ligne de conduite tracée par le Patriarcat oecuménique en collaboration avec les autres Eglises orthodoxes puisse être suivie sans empêchements pour le plus grand bien de l'Eglise une, sainte, catholique et apostolique, et à la gloire de Dieu Trinité.

114

1 Psaume 33 (32), 9.
2 Eusèbe, Histoire ecclésiastique X, 3 : Sources Chrétiennes 55, p. 80.
3 Grègoire le Théologien, Sermon XLIV, sur le nouveau jour du Seigneur; PG 36, 608 A.
4 Apocalypse 6,9.
5 Ephésiens 4,1–7.
6 Cf. Matthieu 9,17.
7 Secrétariat pour la préparation du Saint et Grand Concile, Commission interorthodoxe de préparation du Saint et Grand Concile 16–28 juillet 1971, Centre Orthodoxe du Patriarcat Oecuménique, Chambésy 1973, p. 126.
8 Episkepsis, No 7 du 19. 5. 1970, p. 4.
9 I. Tim. 3,15.
10 Psaume 26 (25), 8.
11 Jean Chrysostome, Contra Anomöos VII, 7; PG 48, 766.

10

Nizäa heute

In der Stadt mit dem hochtönenden Namen Nizäa – »die Siegreiche« – fand vor 1650 Jahren vom 20. Mai bis zum 25. Juli 325 im Hauptsaal des Kaiserpalastes jene »heilige und große Synode« statt, wie sie sich selbst in dem an die Kirche von Alexandrien gerichteten Brief nannte[1], die bald als ökumenisch bezeichnet wird.

Die dringende Notwendigkeit und die gerechtfertigten Gründe, die Konstantin verpflichteten, ein wirklich repräsentatives Konzil einzuberufen, waren einerseits der Arianische Streit, der im ganzen Orient hohe Wellen schlug, und andererseits kirchliche Streitigkeiten, die Unruhe stifteten, wie der Termin der Osterfeier.

Die Länder, aus denen die über 250 Bischöfe stammten, die innerhalb und außerhalb des römischen Reiches lagen und die sich über die Ökumene erstreckten, erinnerten Eusebius an das ›Pfingstfest‹. Selbst aus Spanien, berichtet er, »war jener weitberühmte (Hosius) einer der zahlreichen Teilnehmer der Versammlung. Von der Kaiserstadt (Rom) jedoch war der Bischof (Silvester) wegen seines Alters nicht gekommen, Priester aber erschienen von ihm, seine Stelle zu vertreten«[2]. Aus dem Westen kamen nur fünf Bischöfe.

Weder die Vorgeschichte des Konzils, noch die feierliche Eröffnung, noch die dreifache Parteigruppierung der Teilnehmer und die weitauseinandergehenden Meinungen über die Konzilsakten, noch der Gang der Debatten und die Geschäftsordnung, die immer noch im dunkeln bleiben, können in den folgenden Ausführungen berührt werden, aufgrund der kurzen Zeit, die mir zur Verfügung steht, um die Zusammenhänge des Konzils von Nizäa mit unserer Zeit, hier und jetzt, zu beleuchten.

Ich habe meine Überlegungen in zwei Teile gruppiert:
I. Die Bedeutung des Konzils von Nizäa.
II. Gedanken zu der heutigen kirchlichen Situation und Konsequenzen.

I. Die Bedeutung des Konzils von Nizäa.
Mein Versuch, die Bedeutung des Konzils von Nizäa in einer mehr persönlichen Art und Weise aufzuzeigen, führte mich zu folgenden Überlegungen und Feststellungen.
1. Durch das Konzil von Nizäa hat die Einheit der Kirche einen neuen, wichtigen, ja zum Wesen der Kirche gehörenden Ausdruck erhalten, nämlich die auf der ökumenischen Synode vereinte Gesamtheit der Bischöfe.

Konstantin lebte in dem Gedanken, daß Gott, der die Welt erschaffen hatte, ihn zum Kaiser bestellt und ihm das ökumenische Reich anvertraut habe. Die Vorsehung hatte die Einheit des Reiches wiederhergestellt. Auch die Kirche sollte nun wie das Reich ökumenisch, katholisch, eins und ungeteilt sein. Folglich mußte auch ihre Einheit wiederhergestellt werden. Christus, der göttliche König über alle, sollte in der Kirche so herrschen, wie der Kaiser im ökumenischen Kaiserreich herrschte. So sollte eine Zusammenkunft der katholischen Bischöfe die Einheit wiederherstellen und der Welt verkünden. Bis dahin war es undenkbar gewesen, eine Synode einzuberufen, an der Bischöfe von Antiochen, Alexandrien und Rom teilnehmen würden, wenn auch die Einheit der Kirche durch alle Bischöfe verkündet werden sollte[3].

Die Tatsache, daß im konziliaren Ausdruck der Einheit der Kirche das Bischofsamt dominierend wird, – die untrennbare Verbindung von Konziliarität und Episkopat, die die ganze spätere Konzilienstruktur kennzeichnet – hängt mit dem Verständnis des bischöflichen Amtes zusammen, wie es sich in jener Zeit entwickelt hatte.

Die Kirche gründete sich auf die Bischöfe. Der Bischof wurde zum Nachfolger der Apostel sowohl in der Eucharistie als auch in der Orthodoxie (Hippolyt), indem er durch das »Charisma der Wahrheit« (Irenäus), welches er ausschließlich durch die in der Eucharistie zelebrierte Weihe empfing (Hippolyt), die Identität des Glaubens und die Fülle der Kirche bewahrte (Kyprianos). Somit war jede Kirche, die unter ihrem solchermaßen eingesetzten Bischof vereint war, eine vollkommene Kirche, identisch mit dem gesamten Leib Christi. Aus diesem Grunde wurde der Begriff »katholische Kirche« während der ersten drei Jahrhunderte ursprünglich und hauptsächlich verwendet, um jeweils eine lokale Kirche zu bezeichnen, für die der Bischof ein zweiter Christus, ein anderer Apostel (alter Christus, alter apostolus) war[4].

Die hier vorgetragene These von der Vollkommenheit einer jeden lokalen »katholischen Kirche« ist im Zusammenhang und in Einheit mit den übrigen katholischen Kirchen zu betrachten. Jede abgetrennte Kirche hört auf, eine katholische Kirche zu sein. Während es also in der Welt viele katholische Kirchen gibt, gibt es nur einen Leib Christi, denn »Christus ist unteilbar«. Daher sehen wir in einer selbstgenügsamen, in ihrer lokalen Gemeinschaftlichkeit gefesselten Ortskirche, eine wesentliche Abweichung von der eucharistischen ekklesiologischen Auffassung. Eine solche Einstellung bringt ebenso Gefahren mit sich wie jene universale Ekklesiologie, die die lokalen Kirchen als de jure und de facto untergeordnete Teile der Einen, Heiligen, Katholischen und Apostolischen Kirche versteht.

Die Koinonia zwischen den lokalen Kirchen, zu der sie ihrem Wesen nach verpflichtet sind, kann und soll auch konziliar manifestiert werden.

2. Der konziliare Ausdruck der Gemeinschaft, so wie er in Nizäa erlebt wird, ist ein außergewöhnliches Ereignis, welches die Sorge um die Wiederherstellung der Einheit zum Ausdruck bringt, wenn sie durch häretische und schismatische Gefahren bedroht wird. Die Konzilsväter wenden alle möglichen Mittel an, um die volle Kommunion im Corpus Christi zu bewahren. Man versucht, die gebrochene Einheit wiederherzustellen und bestehende Schismen wiedergutzumachen. Das Anliegen Nizäas ist die volle Kommunion im Bereich des Glaubens und des sakramentalen Lebens. Da die Eucharistie in Übereinstimmung mit der Orthodoxie gesehen wird, und die eucharistische Gemeinschaft die Einheit in dem geoffenbarten Christusglauben voraussetzt, verpflichtete sich Nizäa zur Formulierung eines Glaubensbekenntnisses, damit Mißverständnisse und Abweichungen beseitigt werden könnten. So werden bestimmte Grenzen der Kirchenzugehörigkeit gesetzt, ein wesentliches Kriterium, nach dem Wahrheit oder Irrtum einer Lehre beurteilt werden kann. Eine Gewähr für die Rechtgläubigkeit, ein Ausdruck von

universeller Gültigkeit im Christusglauben gibt uns dieses Glaubensbekenntnis, das zugleich auch die erste Definition des kirchlichen Lehramtes ist, welche die absolute Einheit Gottes im Zusammenhang mit der absoluten Gottheit Christi abgrenzt. Der Glaube, daß unser einziger Herr Jesus Christus Gottes Sohn ist, der Eingeborene, der vom Vater gezeugte, ist eine im Neuen Testament geoffenbarte, prinzipielle Glaubenswahrheit, die durch die ältesten Glaubenssymbole aufgenommen und im Leben der Kirche umgesetzt wird.

»Wir glauben an einen Gott, den allmächtigen Vater, Schöpfer aller sichtbaren und unsichtbaren Dinge, und an einen Herrn Jesus Christus, den Sohn Gottes, den einzigen, vom Vater gezeugt, das heißt aus der Substanz des Vaters.

Gott von Gott, Licht vom Licht, wahrer Gott vom wahren Gott, gezeugt, nicht geschaffen, wesenseins (homoousios) mit dem Vater, durch den alles geschaffen worden ist, das, was im Himmel, und das was auf Erden ist,

der für uns Menschen und für unser Heil herabgestiegen ist, Fleisch angenommen hat, Mensch geworden ist, gelitten hat, auferstanden ist, am dritten Tag,

aufgestiegen ist zu den Himmeln und kommen wird, zu richten die Lebenden und die Toten,

und an den Heiligen Geist[5]«.

Der Bekenner dieses Glaubensbekenntnisses ist orthodox, der Verwerfer Häretiker.

Die aber, die sagen: »Es gab eine Zeit, in der er nicht war«, und »Ehe er geboren wurde, war er nicht«, und »Er ist geschaffen worden aus dem Nichts«, oder die erklären, der Sohn Gottes sei von anderer Substanz (hypostasis) oder anderem Wesen (ousia), oder daß er geschaffen ist oder dem Wechsel und der Veränderung unterworfen – die erklärt die katholische und apostolische Kirche für ausgeschlossen.

3. Das Glaubensbekenntnis verfaßte, wie Athanasius berichtet[6], Hosius von Corduba mit dem Beistand des kappozischen Klerikers Hermogenes.

Die Diskussion darüber, ob die nizänische Formel tatsächlich von der caesarenischen abhängt oder ob bei deren Verfassung das Glaubensbekenntnis der Kirche von Jerusalem berücksichtigt wurde, nach der soliden Argumentierung H. Lietzmanns[7], beweist, daß das Nizänische Glaubensbekenntnis keine völlig neugeschaffene Formulierung und auch nicht eine trockene, rationale Schöpfung der kirchlichen Institution ist, sondern den lebendigen Ausdruck des Christusglaubens darstellt. Daher gründet sich die Formulierung von Nizäa auf die in den verschiedenen Kirchen gebräuchlichen Taufsymbole. Und demzufolge finden im Symbolum von Nizäa Bibel und Tradition ihre lehrmäßige, autoritative, unfehlbare Synthese. Nizäa richtet sich dabei an den bestimmten Menschen jener Zeit, um desen Erlösung es geht. Nizäa soll unter Beweis stellen, daß die Kirche Christi der Ort der ununterbrochenen Inkarnation der Wahrheit durch den Heiligen Geist ist. Eben weil die Wahrheit mit dem fleischgewordenen Herrn in der Geschichte identisch ist, geschieht auch die Überlieferung der Wahrheit durch die Jahrhunderte hindurch durch ihre ununterbrochene Inkarnation im Leben jeder geschichtlichen Epoche. Da jede geschichtliche Zeit von der vorangegangenen verschieden ist, soll die Interpretation der Überlieferung, d.h. die Inkarnation der Wahrheit, immer das Kleid der Epoche tragen[8].

Aus diesem Grunde haben die Konzilsväter nicht gezögert, ja sie haben es sogar als ihre Aufgabe empfunden, die Begriffe ihrer Zeit zu gebrauchen, um ihr Glaubensbekenntnis auszudrücken. Die Konzilsväter hatten kein Bedenken dagegen, Begriffe wie Ousia und homoousios, die aus der philosophischen Fachsprache entlehnt waren, in ihre Glaubensformel einzubauen. »Homoousios« wird sogar zum neuralgischen Punkt und ein entscheidendes Wort für die Rechtgläubigkeit.

So hat Nizäa zur prinzipiellen Erkenntnis geführt, daß der christliche Glaube nicht nur in biblischen oder katechetischen Formeln festzustellen ist – gegen homoousios wurde anfangs immer wieder das Fehlen des Wortes in der Bibel geltend gemacht –, »sondern daß er die Sprache und die Denkweise der Wissenschaft fordert«[9]. Die Neuerung, die Nizäa brachte, ist die Tatsache, daß Bedeutung und Geltung der Wissenschaft in den höchsten Interessen der Christenheit prinzipiell festgestellt werden kann. Die praktische Anerkennung war, daß die Wahrheit nicht verraten wird, wenn sie in jeder geschichtlichen Epoche inkarniert wird, sondern vielmehr, wenn sie wie eine Reliquie, wie ein Museumsstück, aufbewahrt wird, aus Angst, sie könne von der Geschichte angetastet werden. Der Heilige Geist, der immer in der Geschichte lebt, ermöglicht diese Inkarnation der Wahrheit in jeder Epoche, ohne die wesentliche Kontinuität des christlichen Glaubens zu durchbrechen.

4. Die Väter von Nizäa können nicht den einen Christusglauben vom Leben der Kirche trennen, denn Glauben und Leben gehören zusammen. Daher sollten die Osterfeststreitigkeiten aufgehoben werden, als natürliche Folge des gemeinsamen Glaubens an den einen Herrn Jesus Christus, »der für uns Menschen und für unser Heil herabgestiegen ist, Fleisch angenommen hat, Mensch geworden ist, gelitten hat, auferstanden ist am dritten Tag . . .«[10].

Danach sollte die ganze christliche Welt Ostern am selben Tag feiern. Das war der Grundsatz der Synode von Arles (314) (1. Kanon), den Nizäa keinesfalls übersehen durfte. Die Streitfrage barg eine Fülle von Schwierigkeiten, die überwunden werden sollten.

Das Dekret von Nizäa, das erst im neunzehnten Jahrhundert von Pitra entdeckt und ediert wurde[11], entscheidet, das alle Christen dem gemeinsamen Brauch folgen sollten, der von den Römern und Alexandrinern beachtet wurde.

Konstantin unterstreicht folgende drei Grundsätze in seinem Brief an die Kirchen[12]:

a) daß alle am selben Tag das Fest der Welterlösung begehen sollten

b) daß die Christen die eigene Fähigkeit haben sollten, das Osterfest zu begehen, ohne dem jüdischen Brauch zu folgen

c) daß man sich dem Brauche »Roms, Italiens, Afrikas, ganz Ägyptens, Spaniens, Galliens, Britanniens, Libyens, ganz Griechenlands, der Diözesen Asiens, des Pontus und Ciliciens« anschließe.

Die Einigung über das Osterfestdatum drückt sich dadurch aus, wie es aus dem Synodalschreiben an Alexandrien hervorgeht[13], daß alle Kirchen des Ostens dem Brauch Roms und Alexandriens folgen wollten.

Leo der Große berichtet davon, daß das Konzil von Nizäa den Bischof von Alexandrien beauftragt hatte, im voraus das Osterfestdatum berechnen zu lassen und es an Rom mitzuteilen[14], dies aufgrund der besonderen fachwissenschaftlichen Bedeutung Alexandriens auf dem Gebiete der Mathematik und der Astronomie. Athanasius in seinen Osterfestbriefen[15] teilt das Osterdatum mit, welches unmittelbar nach dem 14. Nisan liegt, das heißt, nach dem Vollmond, der auf die Frühlings-Tag-und-Nachtgleiche folgt.

II. Gedanken zu der heutigen kirchlichen Situation und Konsequenzen.

Wenn man heute aufrichtig und offen sein will, wie Konstantin, der das glühende Verlangen hatte, durch Nizäa die kirchliche Eintracht zu verkünden, dann sollte man sein Wort an die Konzilsväter ernst nehmen. »Ja, ich bin der Meinung, daß die Zwietracht innerhalb der Kirche verderblicher und gefahrvoller ist als die offenen Kriege.«[16]

1. Nizäa hat den Weg zur Wiederherstellung der Einheit gezeigt und auch deren Beschützung. Es ist der konziliare Weg, der seine Wurzeln im liturgischen Leben der Kirche hat und als solcher in engstem Zusammenhang mit dem eucharistischen Leben der Gemeinde gesehen werden soll. Es wurde dies bereits erläutert.

Die Konziliarität ist unlösbar mit der Einheit der Kirche verbunden. Sie darf nicht als eine bloß formelle, höchste Macht in der Kirche verstanden werden, sondern als feierlicher Ausdruck der Einheit der Kirche. Die Ökumenizität eines Konzils beweist dessen Unfehlbarkeit, und seine Wahrhaftigkeit macht dessen Entscheidungen für uns verpflichtend.

Was können diese Überlegungen für unsere heutige kirchliche Situation bedeuten? Welches ist der Zusammenhang zwischen Nizäa und der heutigen kirchlichen Lage? Bedeutet das konziliare Vorgehen Nizäas etwas für die heutigen kirchlichen Gemeinschaften? Ein direkter Vergleich ist unmöglich, insofern als das erste ökumenische Konzil in einer ganz bestimmten geschichtlichen Periode des Byzantinischen Imperiums stattgefunden hat, während man sich heute in einer in mancherlei Hinsicht verschiedenen Situation befindet. Nizäa fand in der einen ungeteilten Kirche statt, während wir uns heute vor einer Menge von kirchlichen Gemeinschaften befinden, die mitunter sogar weit auseinandergehen im Bekenntnis der Wahrheit und in ihrer Strukturierung. Könnte man sagen, daß die Ökumenizität des Konzils von Nizäa auch heute bestätigt werden kann und soll durch die Anerkennung ihrer Wahrhaftigkeit in einer Rezeption, die nicht als eine Art konstitutionellen Gehorsams, auch nicht als eine bloße Manifestation brüderlicher Verbundenheit verstanden werden sollte, sondern als der gute Wille, in der Wahrheit übereinzustimmen, als ein geistliches Geschehen einer Manifestation a posteriori und einer Akzeptierung ihres Anspruchs, Stimme des in der ganzen Kirche wirksamen Heiligen Geistes zu sein? Wenn ihr Anspruch als solcher auch für unsere Zeit gültig sein sollte, sollte man dann nicht von einer Rezeption sprechen, die heute wohl möglich sein könnte? Natürlich ja. Der Anspruch des Konzils gilt auch heute. Es ist eine Realität für alle Kirchen, vor allem für diejenigen, die sich ausdrücklich dessen Entscheidungen verpflichtet haben. Nizäa muß daher stets neu angeeignet werden.

Es ist kein Zufall, daß das zweite ökumenische Konzil (381) erneut und in feierlicher Weise das Symbolum von Nizäa bestätigt[17]. Dasselbe Konzil veröffentlicht ein Dekret, in dem in aller Form untersagt wird, den Wortlaut der nizänischen Formulierung anzufechten oder Änderungen daran vorzunehmen. Das umfangreiche dogmatische Dekret von 381 beginnt mit der erneuten Feststellung, daß die versammelten Bischöfe »den unfehlbaren Glauben der Väter erneuert haben, indem sie allen das Bekenntnis der dreihundertachtzehn Väter verkündigten«[18].

2. Die Feststellung von Papst Damasus (366–384) über Nizäa sollte uns heute noch Anlaß zum Nachdenken geben:

»Dies ganze in Übereinstimmung mit der apostolischen Autorität in Nizäa geschaffene Symbolum muß unerschütterlich und verbrüchlich bewahrt werden. Es ist ein Ruhmestitel für uns wie für die Christen des Ostens, die sich als katholisch bekennen, und für die Abendländer. Wir glauben, daß nunmehr binnen kurzem diejenigen, die nicht damit einverstanden sind, sich von der Gemeinschaft mit uns trennen und den Namen ›Söhne‹ verlieren werden.«[19]

Bevor man im dritten ökumenischen Konzil zur Prüfung der Lehren des Nestorius und des Cyrills schritt, verlas man zunächst die nizänische Glaubensformel und im Anschluß daran formulierte man dann die Frage: Stimmt das, was diese beiden Lehren verkünden, mit dem Symbolum von Nizäa überein oder nicht? Es ist dies eine Frage, die Christen und Kirchen im Westen und Osten sich selbst und einander stellen sollten. Stimmt unser Christusglaube mit dem Glaubensbekenntnis von Nizäa überein oder nicht? Es ist nämlich von kirchlicher Seite noch nicht genügend geprüft und geklärt worden, ob unsere Trennungen heute im Sinne verschiedenartiger Traditionen zu verstehen sind und nicht mehr als Trennungen in der Tradition des Glaubensbekenntnisses selbst.

Die Beantwortung dieser Frage ist Sache eines neuen ökumenischen Konzils. Wer wird aber dieses Konzil einberufen, das für alle Christen verpflichtend sprechen und den Weg in die Zukunft weisen kann?

Durch die orthodoxe Teilnahme an der ökumenischen Bewegung ist das Verständnis der ökumenischen Konzilien ein wesentliches Element der lebendigen Auseinandersetzung. Wieso haben wir Orthodoxen seit dem achten Jahrhundert kein ökumenisches Konzil mehr erlebt? Ist ein solches Konzil überhaupt durch die Trennung unmöglich geworden? Inwiefern könnte man den Ökumenischen Rat der Kirchen als ein Werkzeug der Vorbereitung eines solchen Konzils betrachten, wie manche behaupten wollen, eine Meinung, die wir natürlich nicht teilen können. Man sagt dabei, daß der Weltkirchenrat nur dazu beitragen kann als Ort der Gemeinschaft von verschiedenen Kirchen, wenn er die dafür notwendigen Voraussetzungen zu schaffen versucht. Aber welches sind überhaupt die Voraussetzungen für die Versammlung eines zukünftigen ökumenischen Konzils?

Die orthodoxe Kirche bereitet z. Z. eine »heilige und große Synode« vor[20]. Niemand kann den Platz voraussehen, den diese Synode in der Kirchengeschichte einnehmen wird. Auch kann niemand im voraus sagen, welche Bedeutung sie für die zeitgenössische christliche Welt haben kann. Jedenfalls können wir uns bei der Vorbereitung der Verantwortung für die Wiederherstellung der Einheit nicht entledigen. Selbst dann, wenn die orthodoxe Kirche ihre eigenen Grenzen mit denen der Einen, heiligen, katholischen und apostolischen Kirche zusammenfallen läßt, kann sie den Kontinuitätsanspruch anderer Kirchen nicht ablehnen, wenn die Einheit im Eigentlichen der Pistis vorliegt und die Grundordnung der Ekklesia ungestört bewahrt bleibt.

Was Katholiken und Orthodoxe anbetrifft, so möchte ich die Meinung mancher Theologen unterstreichen, die sie in Wien beim 1. ekklesiologischen Symposium »Koinonia« vertreten haben[21], nach der eine offizielle konziliare Anerkennung des Konzils von Konstantinopel in den Jahren 879–880 als 8. ökumenisches von seiten der Katholiken und Orthodoxen dazu beitragen könnte, offene Schwierigkeiten zu lösen und die kirchliche Gemeinschaft wieder herzustellen. Es wurde dort eine konziliare Konzeption der Kirche zum Ausdruck gebracht. Diese scheint von beiden Seiten anerkannt worden zu sein. Sie respektiert die obersten kanonischen Instanzen jeder der beiden Kirchen und vertritt die gegenseitige Nichteinmischung in die internen Angelegenheiten. Dieses Konzil sanktionierte übrigens die Nichteinfügung des Filioque in das Glaubensbekenntnis und respektierte so die den beiden Kirchen gemeinsame und von den vorhergehenden Konzilien angenommene Glaubensformel.

3. Wenn man die Glaubensformel von Nizäa heute ernsthaft berücksichtigen will, dann sollte man die Frage aufwerfen, welchen Platz das Bekenntnis dieser Synode im Leben und Denken der Kirche heute einnimmt und einzunehmen hat. Wie bekennt man heute Christus als den Herrn, den Sohn des lebendigen Gottes? Und wie kann man dieses Christuszeugnis weitergeben? Es sind dies Fragen, die die bevorstehende 5. Vollversammlung des Weltkirchenrates in Nairobi zu beantworten hat.

Wollen wir uns, wie gesagt, zur Treue gegenüber Nizäa verpflichten, muß betont werden, daß, wenn die Kirche ihrer geistigen Sendung gerecht werden will, sie die Aufgabe hat, die Probleme jeder Epoche zu verfolgen und eine Lösung für sie zu finden. Die Kirche befindet sich in organischer Beziehung zur Welt und zur Geschichte. Eben weil die Kirche den Leib Christi darstellt, der »uns der Menschlichkeit nach wesensgleich« wurde und der am Leben, am Leben der Kirche und der Geschichte teilgenommen hat, existiert die Kirche nur als Inkarnation des Herrn in der Welt und der Geschichte.

Als solche lebt sie die Probleme der Welt, in der heiligen Eucharistie bringt sie die täglichen Nöte und Probleme des Kosmos vor Gott. Die orthodoxe Liturgie ist voll von solchen Anaphoren[22]. Wenn die Kirche in ihrem sakramentalsten Moment der heiligen Eucharistie nicht vergißt, an die Nöte der Welt zu denken, dann hat sie auch die dauernde Aufgabe, die Nöte und Probleme des heutigen Menschen, welche es auch immer seien, auf das ernsteste zu berücksichtigen.

Christus heute bekennen, bedeutet den konkreten Menschen unserer Zeit berücksichtigen. Der Gegenstand aber unseres Glaubensbekenntnisses, der sich immer wieder inkarnierende Logos, der Gott-Mensch »Jesus Christus ist derselbe gestern, heute und in Ewigkeit«. Jede wesentliche Abweichung von der christologischen Lehre würde auch eine Abweichung des soteriologischen Lebens mit sich bringen. Jede Untreue zu der Menschheit und Gottheit des Sohnes in der einen Person des Gottmenschen würde gewisse Konsequenzen auf anthropologischem, ekklesiologischem und soteriologischem Gebiet nach sich ziehen. Die Untreue könnte dadurch ausgedrückt werden, daß man die eine oder andere Teilwahrheit aus dem Glaubensbekenntnis herausgreift, mit der Tendenz, sie zu verabsolutieren. Eine solche Teilwahrheit ist zum Beispiel die – für uns sicher verständlichere – Menschheit Christi. Der mit Mühsal und Leiden beladene Mensch klammert sich an die menschliche Natur des leidenden Jesus von Nazareth und hält sich daran fest, die unfaßbare Natur Gottes aber »entschwindet von ihnen« (vgl. Lk 24,31 b). Man denkt nur an den Menschen Jesus.

Lassen wir hier die theologischen Auseinandersetzungen über das Verhältnis zwischen dem historischen Jesus und dem kerygmatischen Christus beiseite. Ebenfalls die Gegenüberstellung dieser Problematik zu der Frage nach dem Verhältnis zwischen dem historischen Jesus und Gott, so wie sie vor Nizäa bei dem Kampf gegen die Gnostiker gestellt wurde. Ich möchte hier auch nicht die Frage beantworten, ob die heutigen liberalen Theologen, wissentlich oder nicht, Anhänger der so alten Monarchianer sind, sondern von der anderen Teilwahrheit des Glaubensbekenntnisses sprechen, die oft ebenfalls isoliert wird.

Es ist die Gottheit Christi, die unser Menschsein und unsere Beziehung zur Welt bestimmen soll. – Das, wovon man sich ansprechen läßt, darf man nicht überbetonen und verabsolutieren, so als ob die Frage wäre: menschliche oder göttliche Natur, Humanismus oder Theokratie, Kreuz oder Auferstehung. Man kann das eine nicht gegen das andere ausspielen, auch nicht das eine hinter dem anderen suchen und so voneinander trennen – sondern alles gehört zusammen. Das eine ist im andern.

Auch die Kirche ist christologisch zu verstehen. Sie ist der »Leib Christi«. Die Gott-Menschheit Christi bildet die Form der Kirche, das ontologische Gesetz ihre Struktur.

4. In der Vorbereitungsarbeit für Nairobi versucht man, das Christus-Glaubensbekenntnis heute mit dem Suchen nach einem gemeinsamen, möglicherweise für alle Christen gültigen Ostertermin zu verbinden – eine Nizäa treue Bemühung und Parallele. Im Exekutivkomitee des Weltkirchenrates wurde in der Sitzung vom 14.–18. April dieses Jahres der Beschluß gefaßt, einen Vorschlag für die Vereinheitlichung des Osterdatums auszuarbeiten, der dann der 5. Vollversammlung vorgelegt werden soll. Der ausgearbeitete Vorschlag hat die Anregungen von Chambésy 1969 und den 3. offiziellen Bericht der gemischten Arbeitsgruppe zwischen der katholischen Kirche und dem Weltkirchenrat (Addis Abeba 1970, S. 227) in Betracht gezogen. Seine Heiligkeit Papst Paul VI. hat ebenfalls die Osterdatumsdiskussion neu eröffnet. Sowohl die katholische Kirche als auch der Weltkirchenrat teilen ihre Initiativen den orthodoxen Kirchen mit, damit nach Möglichkeit ab 1977 – wo zufälligerweise Ostern von allen Christen am 2. Aprilsonntag gemeinsam gefeiert wird – dieser Sonntag für immer in das Leben der Kirchen umgesetzt werden kann.

Dieser Vorschlag ist für die Orthodoxen nicht neu[23]. Der ökumenische Patriarch Athenagoras hat öfters vom 2. Aprilsonntag gesprochen, der den heutigen astronomischen Gegebenheiten und dem Geist von Nizäa vielleicht am ehesten entspricht. Die Lösung dieser Streitfrage scheint jedoch nicht einfach zu sein, genauso wie es für Nizäa der Fall war. Die Meinungsverschiedenheiten über den Ostertermin sind durch die Beschlüsse von Nizäa nicht ohne weiteres aus dem Wege geschaffen worden. Schon ein Jahr nach der Synode feierten die Römer Ostern an einem andern Tag als die Alexandriner, und im Jahre 387 gab es immer noch einen Unterschied von fünf Wochen, so wie es auch in diesem Jahr der Fall war zwischen den Christen des Ostens und des Westens.

In jenem Jahre 387 verurteilte Johannes Chrysostomus die »Protopaschiten«, die sich nicht um die Datumsregelung von Nizäa kümmerten, sondern an den jüdischen Berechnungen festhielten und deshalb die Begehung des Osterfestes bisweilen bis zu einem Monat vorverlegten. Dementsprechend wurde natürlich auch die Fastenzeit vorverlegt, und so entstand eine beträchtliche Verwirrung im Leben der christlichen Gemeinde[24]. Chrysostomus beschwor dabei die Autorität des Konzils von Nizäa. Die Untreue zu Nizäa beschäftigt uns ebenfalls heute. Wird das Ergebnis unserer Bemühungen ohne Kaiser erfolgreicher sein, als mit ihm, der Maßnahmen ergreifen konnte um die Beschlüsse durchzusetzen, der es für seine Pflicht hielt, den Beschlüssen rechtliche Geltung zu verleihen indem er zu deren Befolgung aufforderte und die Widersprechenden strafte? Das wird die Zukunft erweisen.

Jedenfalls berücksichtigt die orthodoxe Kirche die Frage nach dem gemeinsamen Osterdatum in ihren Konzilsvorbereitungen. Der ausführliche Titel dieses Themas im Katalog lautet:

»Die Kalenderfrage, Untersuchung dieser Frage im Hinblick auf die Entscheidung des

I. Ökumenischen Konzils über das Osterfest und Suche nach einem Mittel, die Einheit zwischen den Kirchen in diesem Punkt wiederherzustellen.«

Die Interorthodoxe Kommission für die Vorbereitung der Synode (Chambésy 1971) betonte, daß die Frage nicht dogmatisch ist, sondern daß sie die Kirchenordnung betrifft[25]. Es gibt keine kanonische Vorschrift über den Kalender, der damals im Römischen Reich in Gebrauch war.

In diesem Punkt besteht bekanntlich in der Orthodoxie nicht die nötige Einheit. Die orthodoxen Lokalkirchen benutzen nicht den gleichen korrekten Kalender für die beweglichen Feste entsprechend der Entscheidung des I. Ökumenischen Konzils von Nizäa. Verschiedenheit der Riten und kirchlichen Gebräuche ist zweifellos im Prinzip für die orthodoxe Kirche annehmbar, solange nur die innere organische Einheit sich darin ausdrückt. Aber die Verschiedenartigkeit des Kalenders schwächt das Band der Einheit. Da die verschiedenen lokalen orthodoxen Kirchen teils dem neuen, teils dem alten Kalender folgen, wird auch das Prinzip des I. Ökumenischen Konzils für das Osterdatum nicht mehr festgehalten, nämlich daß es von allen gemeinsam am ersten Sonntag nach Frühlingsvollmond gefeiert werden soll. Das Osterfest müßte für die gesamte orthodoxe Kirche auf den gleichen Tag fallen.

Um dieses Datum so genau wie möglich zu bestimmen, muß man einem möglichst exakt berechneten Kalender folgen. Der gegenwärtig benutzte neu-orthodoxe Kalender ist nach Ansicht der besten Astronomen exakter als der alte, darum sollten alle orthodoxen Kirchen dem neuen Kalender folgen, sowohl für die unbeweglichen Feste als auch für Ostern. Die Interorthodoxe Vorbereitende Kommission erkennt jedoch die pastoralen Schwierigkeiten in gewissen lokalen Kirchen an (wie man aus dem Bericht der russischen Kirche, der Erklärung der serbischen Kirche und der des Patriarchats von Jerusalem ersieht), und schlägt vor, daß der Übergang hinsichtlich der Zeit und der Methode in vernünftiger Weise von den lokalen Kirchen verwirklicht werden sollte.

Die Kommission empfiehlt zudem, auch mit den übrigen christlichen Kirchen zu beraten, damit das Osterdatum nach Möglichkeit für die ganze christliche Welt gleichzeitig gefeiert werden kann.

In meinen Ausführungen habe ich versucht, das Glaubensbekenntnis und den Osterdatumsbeschluß von Nizäa in Beziehung zu heute zu bringen, und vor allem, eine aus ihrem Geist hervorgehende, ernste Mahnung nach Glaubenseinheit an alle Christen von heute zu richten.

Anmerkungen

1 *Conciliorum Oecumenicorum Decreta*, Bologna 1973, S. 16 f.
2 *De Vita Constantini* III, 7 und 8 (= GCS, Eusebius 1, S. 84 f.).
3 Johannes Anastasiou, »Was bedeutet das Wort ›oekumenisch‹ im Hinblick auf die Konzile?« In: *Konzile und die oecumenische Bewegung: Studien des Oecumenischen Rates*, Nr. 5, Genf 1968, S. 28.
4 J. Zizioulas, *Die Einheit der Kirche in der göttlichen Eucharistie und dem Bischof in den*

ersten drei Jahrhunderten, Athen 1965, S. 146–147 (griechisch). D. Papandreou, *Eucharistie*. In: R. Erni/D. Papandreou *Eucharistiegemeinschaft. Der Standpunkt der Orthodoxie*. Freiburg, Schweiz 1974, S. 83.

5 *Conciliorum Oecumenicorum Decreta*, S. 5. Die deutsche Übersetzung bei Ignacio Ortiz de Urbina, Nizäa und Konstantinopel, Matthias Grünewald Verlag 1964, S. 30–81.

6 Athanasius von Alexandrien *Historia Arianorum* 42, 3.

7 H. Lietzmann, *Symbolstudien*, XIII. In: Zeitschrift für die neutestamentliche Wissenschaft und die Kunde der älteren Kirche. 24, 1925, S. 193–202. Edb. 203–218, die Kritik von Harnack dazu.

8 Metropolit von Chalcedon Meliton. In: *Episkepsis*, N. 7, 1970, S. 2–8.

9 R. Seeberg, *Lehrbuch der Dogmengeschichte*, Darmstadt 1959, 2. Band, S. 46.

10 Auch einige bis dahin umstrittene Fragen des praktischen Lebens, was die Wiederaufnahme der Schismatiker und Häretiker (Kanones 18 und 19) und die öffentliche Buße anbetrifft (Kan. 10, 12, 13 und 14), sind geregelt worden. Auch kirchliche Strukturen (4, 5, 6, 7, 15, 16), das Amt und die Würde des Klerus (1, 2, 3, 9, 10, 17) und liturgische Vorschriften sind berücksichtigt worden.

11 J.-B. Pitra, *Juris ecclesiastici Graecorum historia et monumenta I*, Rom 1864, S. 435 f.

12 Eusebius, *Vita Constantini* 3, 18 (= GCS, Eusebius, S. 90 f.).

13 *Conciliorum Oecumenicorum Decreta*, S. 16 f.

14 Bei Ignacio Ortiz de Urbina, a.O., S. 107.

15 Vgl. K. Bauss »Osterfestbriefe«. In: *Lexikon für Theologie und Kirche* 7, 1273.

16 Eusebius, *Vita Constantini* 3, 12 (= GCS, Eusebius 1, S. 87 f.).

17 *Conciliorum Oecumenicorum Decreta*, S. 31.

18 *Conciliorum Oecumenicorum Decreta*, S. 83.

19 Sozomenus, *Hist. Eccl.* 6, 23 (= GCS, Sozomenus, S. 265 ff.).

20 D. Papandreou, *Zur Vorbereitung der Panorthodoxen Synode:* UNA SANCTA 2, 1974, S. 161 f.

21 ›*S. Koinonia*‹, *Premier colloque écclésiologique entre théologiens orthodoxes et catholiques*, Vienne 1–7 avril 1974, Istina 1975, 162.

22 Metropolit von Chalkedon Meliton, in: *Episkepsis*, N. 7, 1970, S. 2–6.

23 Aus dem Vortrag ist es zu ersehen, daß er vor Nairobi geschrieben wurde.
Als die Frage des gemeinsamen Osterdatums in Nairobi behandelt wurde, in Abwesenheit des Metropoliten von Chalkedon, Meliton, legte ich persönlich folgende gemeinsame Erklärung der östlichen orthodoxen Delegierten vor: »Wir, die Delegierten der östlichen orthodoxen Kirchen, Mitglieder des Oekumenischen Rates der Kirchen und bei der fünften Vollversammlung anwesend, erklären als einstimmige Entscheidung unserer entsprechenden Kirchen und nachdem wir hier in Nairobi über die Frage eines festen Datums für die gemeinsame Feier der Auferstehung unseres Herrn durch alle Christen beraten haben:

1. Wir begrüßen mit Freude die Initiative des ÖRK und des Sekretariats für die Einheit der Christen des Vatikans, diese Angelegenheit vor die Vollversammlung zu bringen und der Aufmerksamkeit aller christlicher Kirchen zu empfehlen.

2. Wir erinnern alle Christen, daß unser Wunsch, eine gemeinsame Feier des Osterfestes und ein gemeinsames Zeugnis der Auferstehung unseres Herrn am gleichen Tag zu haben, vor vielen Jahren von der östlichen orthodoxen Kirche zum Ausdruck gebracht wurde, und wir sind glücklich, daß diese Angelegenheit Gegenstand ernster Erwägungen durch den ÖRK und den Vatikan gewesen ist.

3. Obwohl wir die Bemühungen der Vereinten Nationen zugunsten eines gemeinsamen Osterdatums für alle Christen anerkennen und respektieren und wir die Wichtigkeit der hinter diesen Bemühungen liegenden sozialen und wirtschaftlichen Überlegungen anerkennen, wollen wir dennoch der Heiligkeit der Feier der Auferstehung unseres Herrn in Übereinstimmung mit der Tradition unserer ehrwürdigen Kirche Priorität einräumen.

4. Aus diesem Grund haben unsere entsprechenden Kirchen nach einer Korrespondenz über diese Angelegenheit entschieden, daß keine einzelne orthodoxe Kirche in dieser Sache eine Stellung beziehen darf ohne eine allgemeine panorthodoxe Entscheidung.

5. In Übereinstimmung mit und als Folge der obengenannten Initiative der orthodoxen Kirche für ein gemeinsames Osterdatum erklären wir, daß, da diese Angelegenheit bereits der gesamten östlichen orthodoxen Kirche zur Prüfung vorgelegt wurde, es uns überlassen bleibt, unseren Kirchen vorzuschlagen, daß die Sache geprüft und darüber auf einem unserer kommenden panorthodoxen Treffen entschieden wird.

6. Wir bitten den Führer der Delegation des Oekumenischen Patriarchates diese Erklärung vor der Vollversammlung abzugeben.« In: Bericht aus Nairobi 75, S. 206–207.

24 Bei Ignatio Ortiz de Urbina a.O., S. 108.

25 S. Towards the Great Council, Introductory reports of the Interorthodox Commission in preparation for the next Great and Holy Council of the Orthodox Church, London 1972, S. 36–38.

11

Das orthodoxe Christentum und das Judentum

Der Stand ihrer Beziehungen

Schon seit der Entstehung der christlichen Religion hat sich das orthodoxe Christentum mit dem Judentum auseinandersetzen müssen. Beide Religionen sind im Osten geboren. Beide Religionen sind mit ihren Absolutheitsansprüchen aufgetreten.

Der jüdische Gott ist ein eifersüchtiger Gott, der keine anderen Götter neben sich duldet, wie er im Dekalog verkündet (2. Mose 20,3). Wer an Gottes Einzigkeit glaubt, muß gegen die widergöttlichen Mächte, die Bealim, kämpfen. Für den heutigen Juden sind all diese Götter irdische, sich selbst verabsolutierende Mächte.

In der vorprophetischen Religion Israels findet sich ein Absolutheitsanspruch, der auf der exklusiven Beziehung des Volkes zu seinem Gott gegründet ist: »Ich bin Jahve, dein (also des Volkes) Gott, der dich aus Ägyptenland, aus dem Knechthause geführt hat, nicht sollst du andere Götter haben neben mir« (Exod. 20,2). Dieser Bund schließt eine Beziehung zu einem anderen Gott aus. Auf der anderen Seite wird jedoch der Anspruch fremder Götter in anderen Ländern an die ihnen zugehörenden Völker anerkannt (Richter 11,23). In einem späteren Stadium wurden universale Gottesanschauungen entwickelt, wobei die Bindung an Jahve noch tiefer geht und Jahve selbst als universaler Weltgott erscheint. Der Anspruch auf absolute Verehrung Jahves wird auf die ganzen Völker der Welt ausgedehnt: »Von Sonnenaufgang bis zum Sonnenuntergang, allerorten wird meinem Namen geopfert« (Mal. 1,11).

Auch das Christentum tritt mit einem Absolutheitsanspruch auf. Der Anspruch auf die ausschließliche Heilsmöglichkeit des Glaubens an Jesus Christus findet sich bereits in der Apostelgeschichte. Dort heißt es: »Es ist in keinem anderen Heil, ist auch kein anderer Name unter dem Himmel den Menschen gegeben, darin sie können selig werden«, denn allein der Name Jesus Christus (Apost. 4,12).

Es geht hier nicht darum, den Absolutheitsanspruch der beiden Religionen die Jahrhunderte hindurch zu untersuchen: auch nicht darum, die Wandlung des orthodoxen Absolutheitsanspruches bei manchen Kirchenvätern zu analysieren. In der Tat: Bei den Kirchenvätern findet sich eine universalistische Haltung dem Absolutheitsanspruch gegenüber, wie beispielsweise bei Justin, der mit Nachdruck die Offenbarung des göttlichen Logos in der Heidenwelt vertritt und der sagt: »Die Heiden, die mit dem Logos gelebt haben, sind Christen wie Sokrates und Heraklit« (1. Apol. 46): »Was immer Philosophen und Gesetzgeber Gutes gefunden und ausgesprochen haben, das haben sie kraft ihres Anteils am Logos durch Forschen und Betrachten herausgearbeitet«

(2. Apol. 10). Die aus der griechischen Philosophie stammende Idee des Logos ermöglichte es Justin, einen Zusammenhang zwischen der vorchristlichen Glaubenswelt und dem Christentum herzustellen, indem er lehrte, daß derselbe Logos, der unter Griechen und Nichtgriechen wirkte, in Jesus Gestalt annahm und Mensch wurde (Apol. 1,5).
Clemens von Alexandrien hat vom Logos spermatikos (dem als Samen wirkenden Logos) gesprochen und hat diese Lehre zu einer umfassenden Theologie der Geschichte ausgebaut. Die heidnische Philosophie ist für ihn eine großartige »Vorschule Christi« (Strom. 1,5), eine »den Griechen verliehene Gabe Gottes«.
Weder die gegenseitige Polemik und der Kampf der beiden Religionen in der Vergangenheit noch der Antisemitismus des 20. Jahrhunderts kommen hier zur Sprache, sondern einfach die Notwendigkeit ihres Dialogs und die neuern Entwicklungen.

Die Notwendigkeit des Dialogs

Bei aller trennenden Verschiedenheit bestehen dennoch tiefgehende Zusammenhänge, die erst nach einem konstruktiven und fruchtbaren Dialog festgestellt werden können.
Seit Beginn des 20. Jahrhunderts hat sich das Verhältnis der beiden Religionen Christentum und Judentum im allgemeinen glücklicherweise geändert. Das Judentum hat begonnen, sich mit dem Christentum auseinanderzusetzen, und seither besteht eine Jesus-Forschung von seiten des modernen Judentums. Dadurch wurden einige wertvolle Erkenntnisse erzielt, zum Beispiel wurde festgestellt, daß die geistigen Voraussetzungen Jesu im pharisäischen Judentum liegen; das heißt: das Erscheinungsbild Jesu weist zahlreiche jüdische, aber auch unjüdische Züge auf. Das Bild des Pharisäismus ist auch außerhalb des Judentums entstanden, ist nicht nur Verfallserscheinung, sondern auch Träger schöpferischer Entwicklung.
Der beiderseitige Wille zur Kommunikation ist gegeben. Nach dem Zweiten Weltkrieg entstanden vor allem in Westdeutschland Gesellschaften für christlich-jüdische Zusammenarbeit, in denen die Kommunikation zwischen den beiden Religionen gepflegt wird. Nur durch einen Dialog könnte die Kluft zwischen den beiden Religionen, die die Jahrhunderte hindurch immer weiter und tiefer geworden ist und auf beiden Seiten zum völligen Verkennen des anderen führte, überwunden werden; denn das Christentum ist innerhalb der jüdischen Religion entstanden, und bestimmte Wesenselemente seines Glaubens und Kultes hat das Christentum vom Judentum empfangen.
Als orthodoxer Theologe, der die Theologie von der Doxologie und vom Leben der Kirche nicht trennen kann, könnte ich eine gewisse tiefe Parallele im jüdischen Glauben finden, der viel mehr im täglichen Dienst Gottes lebendig wird, das heißt in der Erfüllung des doppelten Gesetzes, der Gottes- und Nächstenliebe, das letztlich den Einzelbestimmungen der Thora zugrunde liegt.
Vergleicht man den jüdischen Gottesdienst mit dem christlichen, so findet man, daß der christliche Gottesdienst vom jüdischen zum Teil bestimmt wurde. Die jüdischen Gebetszeiten sind in das christliche Stundengebet übergegangen: das Morgengebet in die Matutin und die Laudes, die Mincha in die Vesper und das Abendgebet in das Nachtge-

bet. Abgesehen von den Psalmen und anderen biblischen Gesängen, ist eine Reihe von Formeln von der christlichen Gemeinde aus den Synagogen übernommen worden: das »Herr, tue mein Lippen auf« als Einleitung des Stundengebetes, das »wahrhaft würdig und recht« als Einleitung des eucharistischen Hochgebetes (Präfation), die Quedusa, als das Trisagion oder Sanctus, der Ruf: »Einer ist heilig« als Einladungsruf zum Abendmahl und die Responsorien Hosanna, Halleluja und Amen. Die jüdischen Bußgebete haben ihr Echo in den christlichen Bußgebeten gefunden. Vor allem aber ist die jüdische Segnung (berakha) von Brot und Wein beim Sabbatmahl zur »Eucharistia« zum heiligsten Sakrament der Christenheit, geworden.

»Das Problem der Beziehungen zwischen Juden und Christen«, erklärt die römische Kommission für die religiösen Beziehungen zum Judentum, »ist ein Anliegen der Kirche als solcher, denn sie begegnet dem Mysterium Israels bei ihrer »Besinnung auf ihr eigenes Geheimnis«. Es ist also von bleibender Bedeutung auch in den Gegenden, in welchen es keine jüdischen Gemeinden gibt. Ebenso hat dieses Problem auch einen ökumenischen Aspekt: »Die Rückkehr der Christen zu den Quellen und den Ursprüngen ihres Glaubens, der im Alten Bund gründet, ist ein Bestandteil der Suche nach der Einheit in Christus, dem Eckstein.«

Während es zwischen nichtorthodoxen Christen und dem Judentum eine Reihe von Kontakten und Gesprächen gegeben hat, ist es leider, sei es aus politischen Gründen, sei es wegen der delikaten Situation der Koexistenz der beiden Religionen im Nahen Osten, bis vor kurzem nicht zu offiziellen theologischen Gesprächen zwischen orthodoxen Christen und Juden gekommen.

Die neueren Entwicklungen

Anlaß zu der neueren Entwicklung hat das Luzerner akademische Gespräch gegeben, welches auf einen Vortrag zurückzuführen ist, den ich im Februar des Jahres 1976 auf Einladung der Schweizerischen, Jüdisch-Christlichen Arbeitsgemeinschaft in Zürich über das Thema: »Der Absolutheitsanspruch der beiden Religionen Christentum und Judentum und die Notwendigkeit ihres Dialoges« gehalten habe. Der Vortrag wurde seinem Wesen nach nicht angegriffen oder gar zurückgewiesen und ist schon zum Gegenstand einer lebendigen Auseinandersetzung zwischen Vertretern des Judentums und der Orthodoxie im Zentrum des Ökumenischen Patriarchats in Chambésy im Oktober 1976 geworden.

Solche Gespräche wurden durch die erste Panorthodoxe Konferenz, die vom 21. bis zum 30. November 1976 in Chambésy stattfand, ermutigt. Diese hat den Wunsch der orthodoxen Kirche geäußert, mit den verschiedenen Religionen im Einverständnis zusammenzuarbeiten, um den auf allen Seiten bestehenden Fanatismus auszumerzen und dadurch zu einer Versöhnung der Völker und zur Wahrung des Friedens und der Freiheit in der Welt beizutragen, im Dienste der Menschheit, ohne Unterschied von Rasse oder Religion. Sie hat beschlossen, daß die orthodoxe Kirche mit den nichtchristlichen Religionen zusammenarbeiten wird, um dieses Ziel zu erreichen. Durch diesen Beschluß wurde der

Ökumenische Patriarch Dimitrios I. inspiriert, als er in seiner Weihnachtsbotschaft 1976 alle seine Brüder, Häupter der verschiedenen Religionen ohne Unterschied, die internationalen Organisationen, die spirituellen Institutionen, die Staatschefs, die für den Frieden, die Entwicklung und das Wohlergehen ihrer Völker verantwortlich sind, alle Männer des Geistes und der Kultur, der verschiedensten Meinungen und Tendenzen zu einer gemeinsamen Bemühung im Lauf des kommenden Jahres aufrief, damit überall die religiöse Freiheit wie auch die Toleranz sich durchsetze und der religiöse Fanatismus aus der Welt geschafft werde.

Am 16. März 1977 wurde in der Theologischen Fakultät Luzern das akademisch-theologische Gespräch zwischen Juden und orthodoxen Christen unter den Auspizien der Theologischen Fakultät von Rektor Victor Conzemius eröffnet. An der Durchführung der Tagung wirkten das Orthodoxe Zentrum des Ökumenischen Patriarchats in Chambésy und das aus den repräsentativen jüdischen Organisationen bestehende Internationale Jüdische Komitee für interreligiöse Beziehungen mit.

Die Luzerner Konferenz war die erste akademische Zusammenkunft beider Religionen auf internationaler Ebene. Außer ihr gab es auch ein Gespräch lokalen Charakters in New York im Jahre 1972. Es begann am 25. Januar mit einer Eröffnungsansprache des griechischen Erzbischofs Iakovos. Es wurden folgende Themen besprochen: Die theologische Aufgabe des griechisch-orthodoxen-jüdischen Dialoges; Zusammenhänge der griechisch-orthodoxen-jüdischen Beziehungen unter besonderer Berücksichtigung der Religion und des Nationalismus.

Unser Gespräch in Luzern hat die Richtung auch für andere, zukünftige, ähnliche Gespräche gegeben. Dort haben wir bewiesen, daß wir als Akademiker in einer Zeit der freien gegenseitigen Begegnung leben, eines echten Gespräches, das darin besteht, daß jeder seine Ansicht voll und ganz vertritt, seinen Glauben bekennt, zugleich aber auch bereit ist, zuzuhören und, wenn es sich als notwendig erweist, die unzulänglichen Elemente seiner Darlegung neu zu fassen. Eine Verständigung zwischen den Religionen kann nicht durch Verschweigen oder Unterdrücken bestehender Gegensätze erreicht werden. Sollten im Gespräch grundlegende Widersprüche festgestellt werden, die uns tief voneinander trennen, wie dies auch der Fall zu sein scheint, so dürfen die Partner nicht in einer Beziehung des toten Nebeneinanders und Gegenübers verharren, sondern müssen die Widersprüche zum Gegenstand einer lebendigen Auseinandersetzung machen.

Formelle Toleranz sollte zu inhaltlicher Auseinandersetzung führen. »Toleranz«, sagt Goethe, »sollte eigentlich nur eine vorübergehende Gesinnung sein. Sie muß zu Anerkennung führen. Dulden heißt Beleidigen.« Hier möchte ich ein prophetisches Wort von Rudolf Otto wiedergeben: »Das wird der höchste, feierlichste Moment der Geschichte der Menschheit werden, wenn nicht mehr politische Systeme, nicht wirtschaftliche Gruppen, nicht soziale Interessen, wenn die Religionen der Menschheit gegeneinander auferstehen werden und wenn nach den Vor- und Scheingefechten um die mythologischen und dogmatischen Krusten und Hüllen, um die historischen Zufälligkeiten und gegenseitigen Unzulänglichkeiten zuletzt einmal der Kampf den hohen Stil erreichen wird, wo endlich Geist auf Geist, Ideal auf Ideal, Erlebnis auf Erlebnis trifft, wo jeder ohne Hülle sagen muß, was er Tiefstes, was er Echtes hat und ob er was hat . . . Wie immer, wer könnte wünschen oder wagen, solchen Entwicklungen mit vorzeitiger »Universalreligion« und mit nützlichen Ratschlägen dazu in den Arm zu fallen . . . »Herr« ist, wer über Herren siegen kann, und keine Religion möge sterben, bevor sie ihr Letztes und Tiefstes sagen konnte.«

Im Geist einer positiven Entwicklung bereiten wir unser zweites akademisches Treffen, die Fortsetzung von Luzern, vor. Die Zukunft liegt in den Händen Gottes. »Die göttliche Macht«, um Gregor von Nyssa zu zitieren, »ist fähig, eine Hoffnung entstehen zu lassen, da wo keine Hoffnung mehr besteht, und einen Weg ins Unmögliche zu finden.« Nicht der Weg ist unmöglich, sondern das Unmögliche selbst kann der Weg sein, der zum gemeinsamen Vater führt.

12

Bleibendes und Veränderliches im Petrusamt

Überlegungen aus orthodoxer Sicht

Bevor ich meine Überlegungen über das mir von der Katholischen Akademie in Bayern gestellte Thema vortrage, erlaube ich mir, zwei Bemerkungen zu machen:

1. Ich werde hier nicht als Vertreter der orthodoxen Kirche sprechen, sondern als ein orthodoxer Theologe, der immerhin seine Stellungnahme verantworten kann. Ich bin kein offizieller Abgesandter meiner Kirche, sondern ein orthodoxer Theologe, der eingeladen wurde, seinen persönlichen Beitrag zu geben, natürlich von der Tradition seiner Kirche her gesehen.

2. Daher stellen meine Ausführungen nicht eine undiskutierbare Haltung dar. Sie versuchen, neue Perspektiven zu eröffnen, Ausgangsmöglichkeiten aus der Sackgasse, unter Berücksichtigung der jüngsten kirchlichen Ereignisse, jenen zum großen Teil gemeinsamen kirchlichen Erlebnissen in den letzten Jahren, die uns zum theologischen und ekklesiologischen Nachdenken herausfordern und verpflichten. Ich werde es natürlich nicht auf eine isolierte Art und Weise tun, welche die Gefahr in sich birgt, das Bild der Kirche zu verkürzen. Indem ich also die Kirche von heute vor Augen habe, werde ich ebenfalls die Vergangenheit berücksichtigen. Denn die Wurzel unserer Trennung liegt in der Geschichte. Gehen wir von der Vergangenheit aus, so verstehen wir besser und leichter unsere gegenwärtige Situation und blicken zugleich in eine gemeinsame verantwortungsvollere Zukunft. Dringen wir tiefer in die Geschichte unseres Gestern, so bereiten wir realistischer unser Heute und zugleich eine stabilere Basis für unsere Einheit von morgen vor.

Die Frage nach dem Petrusamt ist eine wichtige ekklesiologische Frage, die uns verpflichtet, in einem leidenschaftslosen Dialog die trennenden Wände zu durchbrechen. Es gibt keinen anderen Weg, die vollkommene Kommunion zwischen unseren beiden Kirchen wiederherzustellen; denn eucharistische Gemeinschaft, die der Ausdruck und die Krönung der vollkommenen Gemeinschaft ist, ist nicht möglich, wo eine Trennung im Eigentlichen der Pistis, des Glaubens, d. h. der großen Glaubensbekenntnisse der großen alten Konzilien, vorliegt oder wo die Grundordnung der Kirche, das Fortbestehen der altkirchlichen apostolischen Struktur, also der apostolischen Sukzession, gestört ist. Diese Elemente sind nicht voneinander zu trennen[1].

Unsere gemeinsame Verantwortung zur Überwindung der Trennung wird noch größer, wenn man vor Augen hat, daß wir denselben Glauben über das Bischofsamt, welches christologisch zu verstehen ist, teilen. Der Bischof als Ikone Christi, des Hauptes der

Kirche, ist derjenige, der die Gemeinschaft als Leib Christi strukturiert, wobei auch er in dieser so gebildeten Gemeinschaft einen integrierenden Bestandteil darstellt. In jeder der Lokalkirchen, in welchen und durch welche sich das Geheimnis der Liebe Gottes verwirklicht – Gott, der uns rettet, indem er uns im Sohn zu seinen Söhnen macht –, wacht jeder von Gott zum Hirten seines Volkes bestellte Bischof, in Übereinstimmung mit allen anderen, darüber, daß der von den Aposteln empfangene Glaube treu bewahrt bleibt. Er fordert die Gläubigen auf, Christus nachzuahmen, der der Weg, die Wahrheit und das Leben ist. Durch die Gemeinschaft der Heiligen treten sie in die Wolke unzähliger Zeugen ein, die seit Anbeginn und bis ans Ende treu gewesen sind und sein werden. Dem, der da ist, der da war und der da kommt.

Derselbe Glaube, gemeinsam gelebt von den Getauften, deren Leben durch die Teilnahme an denselben Sakramenten unter der Leitung ihrer Bischöfe wächst, die sich wegen Weitergabe des von den Aposteln empfangenen Episkopats als legitime Hirten des ihnen anvertrauten Teiles der Herde Christi anerkennen: Dies ist für Orthodoxe und Katholiken das für die Einheit der Kirche Notwendige. Dies war die von der ungeteilten Kirche des ersten Jahrtausends gelebte Einheit, wobei Bischöfe bestimmter Kirchen im Dienst dieser Einheit und mit den verschiedensten Mitteln eine besondere Autorität genossen. Innerhalb dieser Autoritäten hatte das Petrusamt eine besondere Stellung. Dieses Amt führte im Zusammenhang mit der Rolle der römischen Bischöfe innerhalb der universellen Gemeinschaft der Kirchen im Westen und im Osten zu verschiedenen Interpretationen. Ich werde mich bemühen, in einem ersten Teil meiner Ausführungen aus orthodoxer Sicht die Entwicklung des Petrusamtes in einigen Thesen kurz zusammenzufassen, und darauf dann meine Überlegungen und Perspektiven des zweiten Teiles gründen.

Petrusamt – Primat des Bischofs von Rom – Papsttum

1. Es besteht kein Zweifel darüber, daß Petrus der Koryphaios im Kollegium der Apostel ist. Er wird als erster unter den Zwölf genannt; er ist häufig ihr Sprecher; er hat in der Jerusalemer Gemeinde eine besondere Stellung; er ist vielen Kirchen wohlbekannt. Er wird als der erste apostolische Zeuge des auferstandenen Herrn aufgeführt (1 Kor 15; Lk 24); er bzw. sein Bekenntnis ist der Felsen, auf den die Kirche gegründet werden soll, und ihm wird die Schlüsselgewalt anvertraut werden (Mt 16); er ist derjenige, der seine Brüder im Glauben stärken soll (Lk 22); er ist derjenige, dem, nachdem er seine Liebe bekannt hat, aufgetragen wurde, Jesu Lämmer zu weiden (Joh 21); er ergreift die Initiative zur Besetzung des frei gewordenen Platzes unter den Zwölf (Apg 1) und nimmt die ersten zum Christentum konvertierten Heiden auf (Apg 10). Er ist auch derjenige, der Jesus in einer besonders dramatischen Weise verleugnet (vgl. alle vier Evangelien) und wegen seines mangelnden Glaubens in den Wellen versinkt (Mt 14). Er wird von Jesus (und später von Paulus) scharf zurechtgewiesen (Mk 8; Mt 16; Gal 12). Die Tatsache, daß man sich dieses Versagens so lebhaft erinnerte, ist vielleicht auch ein Hinweis auf seine besondere Stellung[2].

2. Aber selbst wenn wir vertrauenswürdige Informationen darüber hätten, daß Petrus,

der nach Rom ging und dort den Märtyrertod fand, als Aufseher oder Bischof der Ortskirche in Rom wirkte, wäre es nicht richtig, das spätere Papsttum mit dem Petrusamt gleichzusetzen. Und es wäre anachronistisch, aus neutestamentlichen Zeugnissen über das Petrusamt Schlußfolgerungen für das heutige Papsttum zu ziehen.

»Was man auch immer über die Rechtfertigung für die Entstehung des Papsttums, die das Neue Testament anbietet, denken mag, die Form des Papsttums, so wie sie sich im Laufe der Zeit entwickelt hat, kann nicht in das Neue Testament hineingelesen werden. Und es wird weder den Gegnern noch den Anhängern des Papsttums helfen, wenn sie bei der Diskussion um die Rolle des Petrus das Modell des späteren Papsttums vor Augen haben.«[3]

3. So hat eine römisch-katholische Petrus-Exegese bzw. eine Auslegung des Petrusdienstes und -amtes keine überzeugende Beziehung zur späteren Entwicklung des Papsttums. Außerdem kann die Autorität eines einzelnen Apostels niemals auf die Person eines einzelnen Bischofs übertragen werden. Alle Bischöfe sind ex officio durch das Charisma der Wahrheit, welches ihnen bei der Ordination übertragen wird, Nachfolger aller Apostel, nicht nur des Petrus oder des Paulus.

4. Eine ausdrückliche Berufung auf den Primat des Petrus zur Unterstützung des Anspruchs, der Bischof von Rom sei als Nachfolger des Petrus der Bewahrer einer autoritativen Überlieferung, finden wir zum erstenmal im Streit Stephans (254–257) mit Cyprian über die durch Häretiker vollzogene Taufe[4]. Bekannt ist auch die berühmte Stelle bei Irenäus, die eigentlich nur als ein Beispiel betrachtet werden soll, wonach die Kirche Roms als eine apostolische Kirche die Trägerin der authentischen apostolischen Überlieferung ist:

»Weil es zu lange ist, in diesem Werke die Reihenfolge aller Kirchen aufzuzählen, so genügt es zur Beschämung aller, die Afterkirchen sammeln, wenn wir die von den Aposteln niedergelegte Tradition der größten, der ältesten und allen bekannten, von den glorreichsten Aposteln Petrus und Paulus gegründeten Kirche anführen – denn mit dieser stimmt notwendig jede Kirche wegen ihres vorzüglichen Ansehens überein, d.h. alle Gläubigen allenthalben, da in ihr immer von denen, welche allenthalben sind, die apostolische Überlieferung aufbewahrt wurde.«[5]

Es soll hier unterstrichen werden, daß es nicht richtig ist, das apostolische Prinzip überzubetonen, als ob der apostolische Ursprung eines Bischofssitzes allein seine Vorrangstellung begründen könnte.

5. Fest steht, daß Rom unter dem Einfluß des römischen Rechts im Lauf der Jahrhunderte einen Jurisdiktionsprimat entwickelte und man anerkennen muß, »daß die von der Kirche Roms der gesamten christlichen Gemeinschaft geleisteten Dienste gleichfalls zur Stärkung ihrer Autorität beigetragen haben. Sehr wahrscheinlich hat sie eine wichtige Rolle bei der endgültigen Feststellung des Kanons der Heiligen Schrift und der Glaubenssymbola gespielt. In dem Bewußtsein, die Gemeinde zu sein, in der die ›großen‹ Apostel Petrus und Paulus bis zum Martyrium ihre Zeugenarbeit verrichtet hatten, im Bewußtsein auch ihrer Rolle als der Reichshauptstadt, hat sie sich mit großem Eifer darum bemüht, anderen Gemeinden zu helfen, hat sie heroische Märtyrer hervorgebracht, sich mit großer Sorge um die reine Bewahrung der Tradition bemüht und ihre Fähigkeit erwiesen, in Streitigkeiten über Fragen der Kirchenzucht und des Glaubens als Schiedsrichter zu dienen. Diese Leistungen Roms sind selbst von Calvin ausdrücklich

anerkannt worden (Inst. IV, 6, 16; 7, 1–24). Verallgemeinernd könnte man vielleicht sagen, daß die Dienste der römischen Gemeinde den Grund für die beispiellose Autorität ihres Bischofs gelegt haben, zumindest haben sie in erheblichem Maß dazu beigetragen«[6].

6. Bereits das Konzil von Florenz identifiziert die Apostolica Sedes mit dem Sitz des Pontifex Romanus, der als Nachfolger Petri »der wahre Stellvertreter Christi«, »das Haupt der gesamten Kirche«, »Vater und Lehrer der ganzen Christenheit« sei[7]. Nach dem Ersten Vatikanum ist Petrus von Christus zum sichtbaren Haupt der ganzen streitenden Kirche gemacht worden. Er hat »den Vorrang der wahren und eigentlichen Rechtsbefugnis« (verae propriaeque iurisdictionis primatum). Die Definition des Primats des Pontifex Romanus besteht darin, daß der römische Bischof iure divino der ständige Träger des Primates Petri ist, und daß er nicht nur das »Amt der Aufsicht oder Leitung« besitzt, sondern die volle und oberste Gewalt der Rechtsentscheidung über die gesamte Kirche (plenam et supremam potestatem iurisdictionis in universam Ecclesiam), und zwar nicht nur in Fragen des Glaubens und der Sitte, sondern auch in dem, was zur Ordnung und Regierung der über den ganzen Erdkreis verbreiteten Kirche gehört[8]. Pius IX. fügt schließlich noch folgende dogmatische Definition der päpstlichen Unfehlbarkeit hinzu: »Wenn der römische Papst in höchster Lehrgewalt (ex cathedra) spricht, das heißt, wenn er, seines Amtes als Hirte und Lehrer aller Christen waltend, in höchster, apostolischer Amtsgewalt endgültig entscheidet, eine Lehre über Glauben oder Sitten sei von der ganzen Kirche festzuhalten, so besitzt er aufgrund des göttlichen Beistandes, der ihm im heiligen Petrus verheißen ist, jene Unfehlbarkeit, mit der der göttliche Erlöser seine Kirche bei endgültigen Entscheidungen in Glaubens- und Sittenlehren ausgerüstet haben wollte. Diese endgültigen Entscheidungen des römischen Papstes sind daher aus sich und nicht aufgrund der Zustimmung der Kirche unabänderlich« (ex sese, non autem ex consensu ecclesiae)[9].

7. Das Zweite Vatikanische Konzil versuchte, indem es die Dekrete des Ersten Vatikanums nochmals bestätigte, auf eine definitionsscheue Art und Weise durch neue ekklesiologische Perspektiven die Beziehungen zwischen dem römischen Primat und dem Episkopat zu umschreiben. So heißt es in ›Lumen gentium‹ (Nr. 22): »Das Kollegium oder die Körperschaft der Bischöfe hat aber nur Autorität, wenn das Kollegium verstanden wird in Gemeinschaft mit dem Bischof von Rom, dem Nachfolger Petri, als seinem Haupt, und unbeschadet dessen primatialer Gewalt über alle Hirten und Gläubigen. Der Bischof von Rom hat nämlich kraft seines Amtes als Stellvertreter Christi und Hirt der ganzen Kirche volle, höchste und universale Gewalt über die Kirche und kann sie immer frei ausüben. Die Ordnung der Bischöfe aber, die dem Kollegium der Apostel im Lehr- und Hirtenamt nachfolgt, ja, in welcher die Körperschaft der Apostel immerfort weiterbesteht, ist gemeinsam mit ihrem Haupt, dem Bischof von Rom, und niemals ohne dieses Haupt, gleichfalls Träger der höchsten und vollen Gewalt über die ganze Kirche. Diese Gewalt kann nur unter Zustimmung des Bischofs von Rom ausgeübt werden.«[10] Diese neue Perspektive bestätigt die Aussagen des Ersten Vatikanums, daß der Bischof von Rom »das immerwährende, sichtbare Prinzip und Fundament für die Einheit der Vielfalt von Bischöfen und Gläubigen« ist, und sie bemüht sich, das Gleichgewicht zwischen Primat und Kollegialität herzustellen – unter Berücksichtigung eines neuen Aspektes, der Ekklesiologie der Ortskirche.

So betont Rom einerseits die kollegiale Autorität der Bischöfe und anderseits die unanfechtbar klare Gültigkeit des Primatsdogmas. So hat nach dem Ökumenismusdekret »Christus das Amt der Lehre, der Leitung und der Heiligung dem Kollegium der Zwölf anvertraut«, und anderseits »unter ihnen ... den Petrus ausgewählt, auf dem er nach dem Bekenntnis des Glaubens seine Kirche zu bauen beschlossen hat; ihm hat er die Schlüssel des Himmelreiches verheißen, ... ihm hat er alle Schafe anvertraut, damit er sie im Glauben stärken und in vollkommener Einheit weiden solle« (1,2)[11]. Demnach befindet sich unter den Aposteln ein privilegierter Führer, Petrus. Die Lehre von der Gewalt der Apostel ist zugleich ganz einfach und außer jeder Diskussion; die Gewalt des Petrus ist von Gott geoffenbartes Dogma.

8. So betrachtet die katholische Kirche die universale Jurisdiktion des Bischofs von Rom als ein für die christliche Einheit wesentliches und darum unerläßliches ekklesiologisches Element. Selbst wenn »die Art dieser Jurisdiktion sehr variabel ist, heute sehr zentralisiert, ehemals mehr dezentralisiert, im Osten sehr abgeschwächt, im Westen mehr vereinheitlicht«[12], scheint es, daß Rom eher auf seinem Primat besteht, wie er im Verlauf des Ersten Vatikanischen Konzils (1870) formuliert worden ist.

Doch was kann dieses Festhalten im Grund bedeuten, da sich das Dogma vom Primat heute im Bewußtsein der römischen Katholiken gewandelt hat und in seiner praktischen Anwendung so weit abgeschwächt worden ist, daß Theologen notgedrungen die Frage stellen: Was ist letztlich maßgebend? Ist es der trockene Buchstabe des Dogmas? Ist es das Gewissen der Gläubigen, sein Ausdruck in gelebter Erfahrung, in Wort und Schrift? Und wenn wirkliche Handlungen und Erfahrungen von heute mit ›unwandelbaren‹ und ›unveränderlichen‹ Thesen von gestern zusammenprallen, sind wir dann nicht wegen der Wichtigkeit der Sache gehalten, die alten Thesen zu überprüfen, sie zu erneuern, indem wir theologisch die Erfahrungen der Kirche von heute berücksichtigen[13]?

Überlegungen und Perspektiven

Die Frage nach der Kirchenordnung ist tatsächlich eine der schwierigsten – einerseits für Rom, weil es den Primat der sedes romana als konstitutiv für die Kircheneinheit ansieht, anderseits für den Osten, weil er eben diesen Anspruch als eine Änderung der episkopalen Struktur der Kirche betrachtet. Was könnte hier vorwärtshelfen? Lassen Sie mich bitte einige Überlegungen und Perspektiven unterstreichen.

1. Wenn Rom – natürlich nach panorthodoxem Einvernehmen – die Kommunion mit dem Osten ohne Vorbedingungen aufnimmt, so ist dies eine ausdrückliche Anerkennung der Legitimität der episkopalen Struktur des Ostens. Damit wird zugleich anerkannt, daß der Osten nicht auf die entfaltete Primatsstruktur des Westens verpflichtet werden muß.

2. Umgekehrt würde freilich der Osten damit anerkennen, daß der Westen trotz der Primatslehre prinzipiell die episkopale Struktur der alten Kirche nicht verlassen hat – auch wenn sie einen zusätzlichen Faktor aufnahm, dessen Notwendigkeit von der orthodoxen Kirche her nicht zu erkennen ist. Daß die altkirchliche apostolische Struktur

auch im Westen fortbesteht, könnte leichter anerkannt werden, zum einen nachdem sich das Zweite Vatikanum um die deutliche Wiederherstellung der episkopalen Ordnung bemüht hat, zum anderen weil der Papst, wenn er mit dem Osten kommuniziert, selbst den primatialen Anspruch von 1870 (iurisdictio in omnes ecclesias) dem Osten gegenüber faktisch nicht mehr erhebt.

3. Das wäre insofern zu verstehen, als durch das Erste Vatikanische Konzil neue, wesentliche Verschiedenheiten auf dogmatischem Gebiet eingeführt wurden und diese lokalgeschichtlich bedingt waren – in einer Zeit, als die Kontakte zwischen beiden Kirchen mehr oder minder abgebrochen waren und man praktisch nicht mehr Ost und West konfrontieren konnte, um sich vom gemeinsamen Denken der Kirche ein Urteil zu bilden. Diese Konfrontation war jahrhundertelang ein Mittel zur Unterscheidung zwischen dem von der lebendigen apostolischen Tradition getragenen Glauben und den die verschiedensten Kulturen ausdrückenden theologischen Traditionen. Diese Entwicklung war ebenfalls von der Polemik gekennzeichnet, die damals in Blüte stand und deshalb einen einseitigen Charakter nicht vermeiden konnte. Es darf aber nicht vergessen werden, daß auch in den ersten elf Jahrhunderten die Lehrübereinstimmung zwischen Ost und West nicht immer vollkommen gewesen ist und daß man, namentlich zu dem auf dem Ersten Vatikanischen Konzil zum Gegenstand dogmatischer Definition gewordenen Punkt, in Rom seit dem 4., 5. und vor allem 6. Jahrhundert Ansichten vertrat, die der Osten nicht teilte. Dennoch sind zu jener Zeit diese Verschiedenheiten in der Interpretation der Rolle der römischen Bischöfe innerhalb der universellen Gemeinschaft der Kirchen niemals als eine den Bruch der Gemeinschaft auferlegende Ursache angesehen worden.

4. Rom vermittelt den Eindruck, daß die katholische Kirche für eine sofortige Wiederaufnahme einer völligen kanonischen und eucharistischen Kommunion zwischen den beiden Kirchen ist, ohne daß die Orthodoxen die neuen Dogmen Roms akzeptieren und zur kanonischen Obedienz Roms ›zurückkehren‹ müßten und ohne daß Rom auf seine neuen Dogmen verzichten müßte.

Eine solche Interpretation könnte durch das Breve ›Anno Ineunte‹ vom 25. Juli 1967 ermutigt werden, welches der »Bischof der römischen Kirche und Oberhaupt der katholischen Kirche« (Romanae Ecclesiae Caput) dem »orthodoxen Erzbischof von Konstantinopel und ökumenischen Patriarchen«[14] bei seinem historischen Besuch in Istanbul übergab. Es ist ein wichtiges Dokument, welches als Basis für den Dialog dienen kann.

Das Breve ›Anno Ineunte‹, welches weder auf die Lehre vom Vorrang Roms noch auf die von der römisch-katholischen Kirche seit der Trennung aufgestellten Dogmen anspielt, unterstreicht die Schwesterkirchen-Theologie, deren Basis dem Text zufolge im Mysterium der sakramentalen Gegenwart Christi liegt. Dieses Mysterium »vollzieht sich in jeder lokalen Kirche«, und demzufolge »existiert bereits die Kommunion, obwohl sie noch nicht perfekt ist«. »Heute, nach einer langen Zeit der Trennung und der gegenseitigen Verständnislosigkeit, gibt uns der Herr die Kraft, uns als Schwesterkirchen wiederzuentdecken.«

Diese Theologie, die in der orthodoxen Ekklesiologie der Ortskirche gründet, findet ihre Formulierung am Ende der Nr. 14 des Dekrets über den Ökumenismus: »Es darf ebenfalls nicht unerwähnt bleiben, daß die Kirchen des Orients von Anfang an einen

Schatz besitzen, aus dem die Kirche des Abendlandes in den Dingen der Liturgie, in ihrer geistlichen Tradition und in der rechtlichen Ordnung vielfach geschöpft hat. Auch das darf in seiner Bedeutung nicht unterschätzt werden, daß die Grunddogmen des christlichen Glaubens von der Dreifaltigkeit und von dem Wort Gottes, das aus der Jungfrau Maria Fleisch angenommen hat, auf ökumenischen Konzilien definiert worden sind, die im Orient stattgefunden haben. Jene Kirchen haben für die Bewahrung dieses Glaubens viel gelitten und leiden noch heute.«[15]

Im selben Dekret erklärt das Zweite Vatikanische Konzil, »daß dieses ganze geistliche und liturgische, disziplinäre und theologische Erbe« des Orients »mit seinen verschiedenen Traditionen zur vollen Katholizität und Apostolizität der Kirche gehört«. Es wird an anderer Stelle die für alle sehr verpflichtende Bedeutung hervorgehoben, »die der Kenntnis, Verehrung, Erhaltung und Pflege des überreichen liturgischen und geistlichen Erbes der Orientalen zukommt, damit die Fülle der christlichen Tradition in Treue gewahrt und die völlige Wiederversöhnung der orientalischen und der abendländischen Christen herbeigeführt werde« (Nr. 15)[16].

5. Ein Ausdruck der Schwesterkirchen-Theologie ist die gegenseitige Achtung und das Zeugnis, das in der gemeinsamen Erklärung seinen Ausdruck fand, wonach »die Begegnung dazu beitragen konnte, daß ihre Kirchen sich in noch stärkerem Maß als Schwesterkirchen erwiesen«, ebenso wie die von ihnen zum Ausdruck gebrachte, indirekt den Proselytismus verdammende Überzeugung, »daß der Dialog der Liebe zwischen ihren Kirchen Früchte der uneigennützigen Zusammenarbeit auf der Ebene eines gemeinsamen Handelns auf pastoralem, sozialem und geistigem Gebiet tragen müsse, immer in gegenseitiger Achtung vor dem Glauben des anderen gemäß seiner eigenen Kirche«. »Jede Art von geistiger und intellektueller Vorherrschaft« soll nach dieser gemeinsamen Erklärung von Athenagoras I. und dem Papst in Rom »vermieden werden«[17].

6. Der Begriff der Brüderlichkeit der Kirchen begründet die Theorie der Konziliarität, welche aber von der katholischen Theorie der Kollegialität (Zweites Vatikanum) zu unterscheiden ist. Die Konziliarität setzt die durch die brüderlichen Gemeinschaftsbeziehungen ausgedrückte Einheit durch den Dienst ihrer im Konzil versammelten Bischöfe voraus. Die Kollegialität zielt zuerst auf das gemeinsame Handeln der Bischöfe in der Verbindung mit dem Papst.

In den Jahren 879–880 wurde beim Konzil von Konstantinopel eine konziliare Konzeption der Kirche zum Ausdruck gebracht. Diese scheint von beiden Seiten anerkannt worden zu sein. Sie respektiert die obersten kanonischen Instanzen jeder der beiden Kirchen und vertritt die gegenseitige Nichteinmischung in die internen Angelegenheiten[18]. In einem dort beschlossenen Kanon heißt es: »Jede der beiden Kirchen hat eine bestimmte Anzahl alter traditioneller Bräuche. Man sollte darüber weder diskutieren noch sich streiten. Es ist recht, daß die römische Kirche ihre Bräuche beibehält. Aber auch die Kirche von Konstantinopel behält die wenigen Bräuche, die sie aus der Vergangenheit ererbt hat. Das gleiche soll auch für die übrigen Bischofssitze des Ostens gelten.«[19] Dieses Konzil sanktionierte übrigens die Nichteinfügung des Filioque in das Glaubensbekenntnis und respektierte so die den beiden Kirchen gemeinsame und von den vorhergehenden Konzilien angenommene Glaubensformel. Manche haben gemeint, »daß die offizielle Anerkennung dieses Konzils als VIII.

Ökumenisches von seiten der Katholiken und der Orthodoxen dazu beitragen würde, offene Schwierigkeiten zu lösen und die kirchliche Gemeinschaft wiederherzustellen«[20].

7. Die Behandlung des Themas: ›Bleibendes und Veränderliches im Petrusamt‹ kann nicht von der wechselseitigen und gegenseitigen feierlichen Aufhebung der Bannsprüche losgelöst werden, die am 7. Dezember 1965 in der Patriarchatskirche des Phanars, des Sitzes des Ökumenischen Patriarchen von Konstantinopel, und in der Basilika St. Peter in Rom vollzogen wurde[21].

Die Aufhebung der Anathemen hat in der Tat eine neue Situation geschaffen, die vom theologischen Standpunkt aus gewürdigt werden muß. Vor allem für das orthodoxe Bewußtsein waren die Bannsprüche von 1054 der feierliche Akt, der den Bruch hervorhob und auf den Beziehungen zwischen den beiden Kirchen lastete. Kein weiterer Akt der Kirche Roms oder der Kirchen des Ostens hat in der Folge eine vergleichbare Bedeutung für die die beiden Kirchen einander entfremdende und trennende Entwicklung gehabt.

Die Aufhebung der Bannsprüche hat darum eine psychologische und auch ekklesiologische Tragweite, die weit über das Geschehen hinausreicht, dessen Gedächtnis man getilgt hat. Die Zeit erweist, daß sein Widerhall im Volk tiefer und breiter gewesen ist als man voraussah. »Weiter bewirkt und muß die Aufhebung der Anathemata eine Reinigung des Gedächtnisses bewirken, welche Verzeihung ist. Sie hat das Symbol der Trennung durch das Symbol der Liebe ersetzt. Sie setzt eine neue kirchliche Situation voraus, welche immer mehr Rückwirkungen auf allen Ebenen jeder unserer Ortskirchen haben muß. Diese Rezeption gehört zu einem Prozeß der Annäherung und des Verständnisses, denn wenn es wahr ist, daß es ein unverbrüchliches Band zwischen Theologie und Liebe gibt, so wird uns die Tatsache, daß wir gemeinsam das christliche Mysterium, das uns vereint, leben, notwendigerweise weiterführen. Das Reich Gottes leidet Gewalt.«[22] Eine neue Epoche hat damit für die Beziehungen zwischen den beiden Kirchen begonnen.

Es ist natürlich abzuwarten, wie die beiden Kirchen in ihrem offiziellen Dialog unter Berücksichtigung der Vergangenheit und der neuen Ereignisse die Frage nach dem Bestehen der Einheit zwischen der katholischen und der orthodoxen Kirche beantworten werden.

8. Als das erste ekklesiologische Kolloquium zwischen römisch-katholischen und orthodoxen Theologen vom 1. bis 7. April 1977 in Wien stattfand – ich hatte die Ehre, mit P. Pierre Duprey diesem Kolloquium zu präsidieren –, vertrat P. Emmanuel Lanne in seinem Vortrag ›Schwesterkirchen. Ekklesiologische Aspekte des Tomos Agapis‹ folgende Ansicht: »Die Ekklesiologie der brüderlichen Beziehung der Schwesterkirchen, die der Papst nach dem Vaticanum II in ihrem tiefsten Sinn aufgefaßt hat, bewirkt, daß von katholischer Seite nichts gegen eine sofortige Wiederaufnahme der kanonischen Gemeinschaft der beiden Teile spricht, unter der Bedingung, daß die orthodoxe Kirche gleichfalls unter denselben theologischen Aspekten dazu bereit ist. Mit anderen Worten: Wenn die Gesamtheit der orthodoxen Kirchen bereit ist, die katholische Kirche, wie sie ist, als die wahre Kirche Christi und als Schwester der orthodoxen Kirche anzuerkennen (womit auch der römische Glaube als der gleiche wie der orthodoxe anerkannt werden muß; ebenso wie eine Anerkennung der Gleichheit der Sakramente und des Wirkens der Heiligen in den beiden Kirchen notwendig ist), steht einer Wiederaufnahme der kanonischen Beziehungen zwischen den beiden Kirchen nichts mehr im Wege.«[23]

Obwohl diese Stellungnahme, was wenigstens die römisch-katholischen Voraussetzungen der Wiederherstellung der Einheit betrifft, der Logik meiner oben genannten Ausführungen entspricht, bemerkte damals in Wien P. de Vries ausdrücklich: »Rom ist noch nicht bereit, diese Bedingungen anzunehmen, auch nicht Papst Paul VI., der von seinem Primat sehr überzeugt ist und nicht auf seine Jurisdiktion über den Orient verzichten würde: Hier darf man sich keine Illusion machen.«[24] Vielleicht hat ein realistischer Kirchenhistoriker mehr recht als ein optimistischer systematischer Theologe, der seine Folgerungen auf offizielle päpstliche Texte und gemeinsame kirchliche Erklärungen gründet, ohne einige Tatsachen ausreichend zu berücksichtigen, die den Eindruck erwecken, daß, wenn es sich um konkrete Implikationen und Entscheidungen handelt, Rom sich den Orthodoxen gegenüber so verhält, als ob sich überhaupt nichts geändert hätte. Ein Beispiel sei dafür angeführt: die Ernennung im Jahre 1975 eines Bischofs als Nachfolger des verstorbenen Oberhauptes der kleinen unierten griechischen Gemeinde in Athen – trotz der Tatsache, daß man im Geist der Überwindung der Schwierigkeiten in den Beziehungen zwischen der katholischen Kirche und der Kirche von Griechenland Rom gebeten hatte, natürlich nicht die kleine Gemeinde von Athen aufzulösen oder ihr das Haupt nicht zuzugestehen, welches sie für ihr kirchliches Leben brauchte, sondern kein Oberhaupt bischöflichen Charakters zu ernennen; eine solche Geste wäre eine natürliche Konsequenz des Breves ›Anno Ineunte‹ und der Ekklesiologie der Schwesterkirchen.

9. Wie dem auch sei, die orthodoxe Überlieferung erkennt dem Bischof von Rom eine besondere Autorität in der Kirche zu, die natürlich nicht juristisch zu verstehen ist. Diese Sonderstellung des Nachfolgers Petri ist von orthodoxen Theologen, Kirchenfürsten und Kirchen öfters unterstrichen worden. »Die orthodoxe Kirche«, schreibt John Meyendorff, »schließt die Idee aus, daß eine lokale Kirche universale Jurisdiktionen besitzen könne, sie schließt jedoch keinesfalls die eines Zentrums aus, in dem sich ständig die Konziliarität der Kirche zeigen würde. In der byzantinischen und nachbyzantinischen Zeit war die Konziliarität ein konstantes Element im kirchlichen Leben – rund um den Patriarchen von Konstantinopel waren Konzile, welche die Oberhäupter oder Vertreter der lokalen Kirchen versammelten, relativ häufig: ... Innerhalb des orthodoxen Episkopats besitzt der Stuhl von Konstantinopel einen ›petrinischen‹ Primat (der natürlich nach göttlichem Recht an keinen besonderen Ort gebunden ist). Ich sage sehr wohl ›petrinisch‹ – selbst wenn diese Eigenschaft für den Fall einer Einigung wieder an den Bischof von Rom gehen sollte, denn Petrus allein ist der ›erste‹ Apostel, und es gibt demnach keinen anderen Primat als den des Petrus. Aber dieser Primat muß, um der Kirche von Nutzen zu sein, im Dienste aller stehen und die Möglichkeit besitzen, fruchtbringend zu wirken, die Gedanken und die Meinungen aller Kirchen zu reflektieren, die Meinungsverschiedenheiten in Bahnen auf gemeinsame Lösungen hinzulenken.«[25]

Den Primat des Ökumenischen Patriarchats in der orthodoxen Kirche unterstreicht der Metropolit Maximos von Sardes, indem er den reinen Geist der ›communio‹, durch den die orthodoxe Kirche geleitet wird, hervorhebt. Es ist der Geist, der in wunderbarer Weise Freiheit und Autorität vereinigt. »Die Orthodoxie ist also Leben, und Leben ist Organismus, und hat als Haupt und Zentrum das Ökumenische Patriarchat, das für die Orthodoxie wie keine andere Kirche gelitten hat ... Sie (diese Kirche) hat Jahrhunderte

hindurch die Rolle der heiligen Mutter, der Großen Kirche Christi gespielt, die sie
erworben hat und die sie bewahrt. Der Platz und die Rechte der orthodoxen Ortskirchen
sind festgelegt durch die heiligen Kanones und durch die Geschichte, die in gleicher
Weise unter ihnen als ersten Thron den des Ökumenischen Patriarchats bezeichnen.«[26]
So drückt der Metropolit Maximus von Sardes die östliche Primatskonzeption aus und
lehnt die Primatsentwicklung des Papsttums ab, indem er betont, daß man nicht zu
fürchten braucht, daß das Ökumenische Patriarchat etwa die Rolle eines ›orientalischen
Papismus‹ spielen werde, was der ganzen orientalischen Geschichte zuwider wäre.

Der damalige Metropolit von Heliopolis und heutige Metropolit von Chalzedon, Meliton, wandte sich nach der Aufhebung des Anathemas an den Papst mit den Worten: »Ihr,
der erste Bischof der Christenheit, und Euer Bruder, der zweite dem Rang nach, der
Bischof von Konstantinopel, könnt im Gefolge des heiligen Ereignisses dieses Tages zum
ersten Male nach langen Jahrhunderten Euch mit einem Mund und mit einem Herzen in
diesem Jahr zu den Menschen wenden, ihnen die Weihnachtsbotschaft zu verkünden.«[27]
Und der verstorbene Ökumenische Patriarch Athenagoras betonte bei der Begrüßung
des Papstes in Phanar: »Wider alle Erwartung ist unter uns der Bischof von Rom, der
erste an Ehre unter uns, der, der den Vorsitz hat in der Liebe« (vgl. dazu den Prolog des
Römerbriefs des Ignatius von Antiochien)[28].

Derselben Terminologie des hl. Ignatius von Antiochien bediente sich der Papst in seiner
Ansprache anläßlich des Besuches von Athenagoras I. in Rom: »Die Kirche von Rom,
die in der Nächstenliebe vorangeht.«[29]

Dieses archaische Bekenntnis weiß natürlich nichts vom Jurisdiktionsprimat und bedeutet nur einen Erweis von ›Ehre‹ (timé) und Agape. Daß die orthodoxe Kirche nicht bereit
ist, ihren eigenen Boden bei der Interpretation des Primats des Bischofs von Rom zu
verlassen, zeigt die Ansprache des Ökumenischen Patriarchen Dimitrios anläßlich des
Besuches von Kardinal Willebrands in Phanar am 30. November 1973: »Um klar,
aufrichtig, ehrlich einander und der ganzen Welt gegenüber zu sein, sollen wir wiederho-
len und betonen, daß kein Bischof der christlichen Kirche ein von Gott oder von den
Menschen gegebenes universales Privileg über die Eine, Heilige, Katholische und
Apostolische Kirche Christi hat. Wir alle, sei es in Rom, in dieser oder irgendeiner
anderen Stadt, ... sind einfach und allein Ko-Bischöfe unter dem einen höchsten
Hohenpriester, dem Haupt der Kirche, unserem Herrn Jesus Christus – nach der seit
jeher bestehenden und kirchlich anerkannten hierarchischen Ordnung.« Und er hat auch
folgende Tatsache unterstrichen: »In Zukunft werden alle pan-katholischen und panorthodoxen Begegnungen, jeglicher Dialog und alle Konsultationen auf folgender
Grundlage stattzufinden haben:

1. Die oberste Autorität der Einen, Heiligen, Katholischen Kirche kommt dem ökumenischen Konzil der Universalkirche zu.
2. Niemand unter uns Bischöfen der Universalkirche hat kanonisch begründete Autorität, Privilegien oder Rechte über irgendeine andere kirchliche Jurisdiktion ohne die
kanonische Zustimmung der anderen.
3. Obwohl künftig gemäß den Entscheidungen der dritten pan-orthodoxen Konferenz
unsere Bemühungen um eine Zusammenarbeit und andere Gespräche von beiden gemeinsam getragen werden können, wird die endgültige Entscheidung auf pan-katholi-
scher und pan-orthodoxer Ebene zu fallen haben.«[30]

Durch diese klare Stellungnahme möchte man einerseits bestehende Mißverständnisse ausräumen, anderseits andeuten, daß in der kollegialen Ausübung des Bischofsamtes unter dem einen Hohenpriester, dem Haupt der Kirche, Jesus Christus, der Bischof von Rom als »primus inter pares« den dienenden Primat hat. Dies kommt in dem offiziellen patriarchalischen und Synodalschreiben zum Ausdruck, welches eine Delegation des ökumenischen Patriarchats unter der Leitung des Metropoliten von Chalzedon, Meliton, dem Papst im Dezember 1975 überreichte, um der römischen Kirche die Bildung einer inter-orthodoxen theologischen Kommission mitzuteilen, die den offiziellen Dialog mit der römisch-katholischen Kirche vorbereiten soll.

»In Ihm, dem Worte Gottes, umarmt unsere Heilige Kirche Christi in Konstantinopel den Bischof von Rom und die Heilige Kirche Roms. Sie tut es in einem Akt, der, einem Lobesduft ähnlich, zu Gott der Pentarchie der Einen, Heiligen, Katholischen und Apostolischen Kirche emporsteigt. In dieser wurde der Bischof von Rom bestimmt, in der Liebe und der Ehre vorzustehen. Sie umarmt ihn und erweist ihm dadurch alle Ehre, die ihm durch diese Bestimmung gebührt.

Indem er sich in dieser Weise ausdrückt und nachdem er sich mit der ihn umgebenden heiligen Synode beraten hat, ist unser hochheiliger Apostolischer, Patriarchalischer und Ökumenischer Thron überzeugt, daß er den Gedanken der Urkirche zum Ausdruck bringt.

Indem wir diese Worte an Ihre selige Heiligkeit richten, machen wir Ihnen außerdem bekannt, daß wir, die Orthodoxen des Orients, in aller Einfachheit des Herzens, aber auch in strenger Hochachtung für die alte Tradition der Einen Kirche, uns bereit halten, die christliche Einheit zu fördern. Wir tun dies im Rahmen der Prinzipien, die von jeher von der Einen, Heiligen, Katholischen und Apostolischen Kirche gelebt wurden.«[31]

Damit unterstreicht der Ökumenische Patriarch die bleibende Tradition des ersten Jahrtausends, für die ›Einheit der Kirche‹ und ›Einheit des Episkopats‹ gleichbedeutend ist, sowie seine Mitverantwortung als Bischof von ›Neu-Rom‹ für die Wiederherstellung der Einheit. Ich möchte hier an ein schönes, belehrendes Wort Cyprians erinnern: »Diese Einheit müssen wir bewahren und verrteidigen, vorzüglich wir Bischöfe, die wir in der Kirche den Vorsitz haben, damit wir auch den Episkopat selbst als einen und unteilbar erweisen.«[32] Und: »Von Christus stammt eine Kirche, durch die ganze Welt hin in viele Glieder geteilt, auch ein Episkopat, durch die einträchtige Menge vieler Bischöfe verbreitet.«[33]

10. Was die Gewalt und die Funktion des Papstes betrifft, so scheint es klar zu sein, daß die östliche Überlieferung dem Bischof von Rom eine besondere Autorität in der Kirche zuerkennt. Diese Tatsache muß von den verschiedenen Formen unterschieden werden, die die Ausübung im dogmatischen Ausdruck des Westens angenommen hat. Was den ersten Aspekt anbetrifft, so ist es klar, daß sie von der eigentlichen patriarchalischen Autorität des Papstes in der westlichen Welt verschieden ist und daß eine Unterwerfung der orthodoxen Kirche unter diese patriarchalische Gewalt des Papstes bei Anerkennung der Autorität des Bischofs von Rom nicht in Frage kommt (vgl. UR 16).

Es müßte hier hinzugefügt werden, daß die Beziehungen zwischen der orthodoxen Kirche und der Kirche von Rom vor der Trennung niemals so waren, wie jene zwischen Rom und den anderen abendländischen Kirchen.

11. Ich möchte hier unterstreichen, daß man sowohl auf der einen wie auf der anderen

Seite die Möglichkeit nicht a priori verwerfen sollte, zu einer Übereinstimmung in der Interpretation der Formulierungen des Ersten Vatikanums und der orthodoxen Theologie zu kommen. Nur sollte man zuerst damit beginnen, miteinander zu leben und zu denken und auf diese Weise zu einer neuen und gemeinsamen Erfahrung des Geheimnisses der Kirche zu gelangen.

Es wäre zu wünschen, daß dabei die Bemühungen um Verständnis erleichtert würden durch die Entfaltung der Ekklesiologie der lokalen Kirche, und zwar in urkirchlicher, eucharistischer Sicht, sowie durch die Verstärkung der Konziliarität, die zum Wesen der Kirche gehört. Ich glaube, daß man durch eine gesunde eucharistische Ekklesiologie der Ortskirche, die die Kirche weder als Teil noch als Summe auffaßt, zur Überwindung der trennenden Problematik zwischen Lokal- und Universalkirche geführt werden kann. Einheit und Katholizität der Kirche bestehen nicht in einer Universalität, deren Mittelpunkt Rom wäre, so daß die Kirche mit Rom identifiziert werden müßte. Nach orthodoxer Ekklesiologie ist die Einheit der Kirche nicht verwaltungsmäßig zu verstehen. Vielmehr ist die Feier der Eucharistie in der Einheit mit dem Bischof das eigentliche Mysterium dieser Kirche und ihrer Einheit. Durch sie und in ihr vereinigen sich die Gläubigen untereinander in einem Leib. Eucharistische Gemeinschaft bedeutet folglich: Gemeinschaft in der Kirche, absolute Einheit der Glieder des einen und selben Leibes, der einen Kirche Christi. Die Koinonia zwischen den lokalen Kirchen, zu der sie ihrem Wesen nach verpflichtet sind, kann auch konziliar manifestiert werden. Und bei dieser konziliaren Gemeinschaft hat der Primas die dienende Funktion der koordinierenden Liebe und Initiative auszuüben (vgl. 34. apostolischen Kanon).

Die höchste tatsächlich unfehlbare Autorität in der Kirche übt nur ein Ökumenisches Konzil aus. Ein solches Konzil aber, bei dem der Bischof von Rom natürlich das Vorrecht hat, den Vorsitz zu führen, gibt es nicht nur dann, »wenn es vom Nachfolger Petri als solches bestätigt oder wenigstens angenommen wird«, wie es in ›Lumen gentium‹ (vgl. Nr. 22–23)[34] heißt.

Ich glaube, daß man neue, hoffnungsvolle Perspektiven für unseren Dialog eröffnen würde, wenn man das Petrusamt im Sinn eines Primats erneuern könnte, der seine Funktion nicht als Rechtskompetenz versteht, sondern als Dienst und Verpflichtung – wobei der Primatsträger nicht ›Universalbischof‹ über alle, sondern, nach einem Wort von Papst Gregor I., nur ›Diener der Diener Gottes‹ für alle sein soll –, und wenn der Primat stärker in den weiteren Rahmen einer Volk-Gottes-Ekklesiologie gestellt und unter den Aspekten der Gliederung von Ortskirchen um einen Primas sowie der Förderung der universalen Communio erneuert würde.

Anmerkungen

1 *D. Papandreou*, Eucharistie, in: E. Erni/D. Papandreou, Eucharistiegemeinschaft. Der Standpunkt der Orthodoxie, Kanisius-Verlag 1974, 89.
2 Siehe den Bericht der offiziellen lutherisch/römisch-katholischen Dialoggruppe in den USA vom Mai 1974. Deutsch: Amt und universale Kirche. Unterschiedliche Einstellungen zum päpstlichen Primat, in: H. Stirnimann/L. Vischer, Papsttum und Petrusdienst. Eine kritische Bestandsaufnahme, hrsg. von G. Gassmann u. H. Meyer (Ökumenische Perspektiven 7), Frankfurt 1975, 100.
3 Bericht, a.a.O., 120–121. Peter in the New Testament. Hrsg. R. E. Brown, K. P. Donfried und J. Reumann, Minneapolis/New York 1973, 8.

4 Cyprian, Ep. 75, 17.
5 Irenäus, Adv. haer., III, c. 3, 1–4.
6 *A. Ganoczy*, Amt, Episkopat, Primat, in: Katholizität und Apostolizität, Beiheft zu Kerygma und Dogma 2, Göttingen 1971, 180.
7 Conciliorum Oecumenicorum Decreta, Edidit Istituto per le scienze religiose, Bologna 1973, 528. »῎Ετι ὁρίζομεν τὴν ἁγίαν ἀποστολικὴν καθέδραν καὶ τὸν Ρωμαϊκὸν ἀρχιερέα εἰς πᾶσαν τὴν οἰκουμένην τὸ πρωτεῖον κατέχειν, αὐτόν τε τὸν Ρωμαϊκὸν ἀρχιερέα διάδοχον εἶναι τοῦ μακαρίου Πέτρου, τοῦ κορυφαίου τῶν ἀποστόλων, καὶ ἀληθῆ τοποτηρητὴν τοῦ Χριστοῦ, καὶ πάσης τῆς ἐκκλησίας κεφαλήν, καὶ πάντων τῶν χριστιανῶν πατέρα καὶ διδάσκαλον ὑπάρχειν . . .
᾽Ανανεοῦντες ἔτι καὶ τὴν ἐν τοῖς κανόσι παραδεδομένην τάξιν τῶν λοιπῶν σεβασμίων πατριαρχῶν, ὥστε τὸν Κωνσταντινουπόλεως πατριάρχην δεύτερον εἶναι μετὰ τὸν ἁγιώτατον πάπαν τῆς Ρώμης, τρίτον δὲ τὸν τῆς ᾽Αλεξανδρείας, τέταρτον δὲ τὸν τῆς ᾽Αντιοχείας, καὶ πέμπτον τὸν τῶν ᾽Ιεροσολύμων· σωζομένων δηλαδὴ καὶ τῶν προνομίων ἁπάντων καὶ δικαίων αὐτῶν.«
8 Conciliorum Oecumenicorum Decreta, 814:
»Si quis itaque dixerit, Romanum pontificem habere tantummodo officium inspectionis vel directionis, non autem plenam et supremam potestatem iurisdictionis in universam ecclesiam, non solum in rebus, quae ad fidem et mores, sed etiam in iis, quae ad disciplinam et regimen ecclesiae per totum orbem diffusae pertinent.«
9 Conciliorum Oecumenicorum Decreta, 816:
»Romanum pontificem, cum ex cathedra loquitur, id est, cum omnium christianorum pastoris et doctoris munere fungens, pro suprema sua apostolica auctoritate doctrinam de fide vel moribus ab universa ecclesia tenendam definit, per assistentiam divinam, ipsi in beato Petro promissam, ea infallibilitate pollere, qua divinus Redemptor ecclesiam suam in definienda doctrina de fide vel moribus instructam esse voluit; ideoque eius modi Romani pontificis definitiones ex sese, non autem ex consensu ecclesiae irreformabiles esse.«
10 Conciliorum Oecumenicorum Decreta, 865–866.
11 Conciliorum Oecumenicorum Decreta, 909 f.
12 Vue Prophétique de Dom Lambert Beauduin sur la situation actuelle de l'Eglise: Irénikon (1969) 393.
13 *D. Papandreou*, Überlegungen zur Primatsfrage, in: H. Stirnimann/L. Vischer, a.a.O., 52 f.
14 Siehe Dokument Nr. 176, in: Tomos Agapis, Vatican. Phanar (1958–1970), Rome/Istanbul 1971, 386–387.
15 Conciliorum Oecumenicorum Decreta, 916.
16 Conciliorum Oecumenicorum Decreta, a.a.O.
17 Dokument Nr. 195, in: Tomos Agapis, 445–447.
18 Auf dem Weg zur Einheit des Glaubens, Herausgegeben im Auftrag Pro Oriente, Innsbruck, 1976, 164.
19 Mansi 17, 489. *I. Karmiris*, Tà dogmatikà kai symbolikà mnemeīa tes Orthodoxou Katholikēs Ekklesias, Band I, Athen ²1960, 271.
20 Auf dem Weg zur Einheit des Glaubens, a.a.O.
21 Tomos Agapis, 284 f.
22 Auf dem Weg zur Einheit des Glaubens, 164–165.
23 *E. Lanne*, Schwesterkirchen. Ekklesiologische Aspekte des Tomos Agapis, in: Auf dem Weg zur Einheit des Glaubens, 74.
24 Auf dem Weg zur Einheit des Glaubens, 84.
25 *J. Meyendorff*, Schwesterkirchen. Ekklesiologische Folgerungen aus dem Tomos Agapis, in: Auf dem Weg zur Einheit des Glaubens, 51–52.
26 *Maxime, Métropolite de Sardes,* Le Patriarchat Oecuménique dans l'Eglise Orthodoxe, Paris 1975, 16–17.
28 Tomos Agapis, 380: »Καὶ ἰδοὺ ἔχομεν, παρὰ πᾶσαν κατ' ἄνθρωπον προσδοκίαν, ἐν τῷ μέσῳ ἡμῶν τὸν τῆς Ρώμης ᾽Επίσκοπον, τὸν καὶ πρῶτον τῇ τιμῇ ἐν ἡμῖν, τὸν ›τῆς ἀγάπης προκαθήμενον‹ (᾽Ιγνατίου ᾽Αντιοχ., ᾽Επιστολὴ πρὸς Ρωμαίους, Πρόλογος, II.E. 5, 801).«
29 Tomos Agapis, 425.
30 Episkepsis Nr. 30 (Dezember 1973), 15–17.
31 Episkepsis Nr. 139/2 (13. Januar 1976).
32 De unit. 48, 5 fol. 78.
33 De. 52.
34 Conciliorum Oecumenicorum Decreta, 866.

13

Riflessioni sulla concreta possibilità di collaborazione fra le nostre Chiese

Permettetemi per primo di riferirmi brevemente al comune lavoro teologico delle nostre Chiese, per consacrare la seconda parte alla concreta possibilità del contributo, delle Chiese locali e specialmente quelle dell'Italia del Sud e della Sicilia, nel nostro comune lavoro.

1. Il Dialogo Teologico a livello pancattolico e panortodosso

Dopo che, le Chiese Cattolica Romana e Ortodossa si sono reciprocamente scoperte, durante gli ultimi anni, come Chiese sorelle con i dialogo dell'amore, dal 1976 hanno cominciato in comune e in pieno accordo ad entrare nello stadio della preparazione del dialogo Teologico.

Così sono state create da una parte la commissione tecnica Cattolica Romana per la preparazione del Dialogo, la quale è stata convocata per la prima volta a Roma nell'Ottobre del 1976, e da altra parte la corrispondente commissione Inter-Ortodossa, che è stata convocata per la sua prima seduta dal 21 fino al 25 Giugno del 1977 a Chambésy di Ginevra nel Centro Ortodosso del Patriarcato Ecumenico. Durante la prima seduta, queste due Commissioni tecniche hanno discusso e ricordato specialmente lo scopo, la metodologia e la tematologia del Dialogo. In seguito le commissioni delle due Chiese si sono reciprocamente scambiate le conclusioni delle discussioni.

Dal 14 fino al 18 Novembre del 1977 la Commissione tecnica Inter-Ortodossa è stata convocata per la sua secondo riunione nel Centro Ortodosso di Chambésy principalmente con lo scopo di studiare la tematologia del Dialogo. Alla fine di questa riunione, in seguito a un pre-accordo, è stata presa la decisione di convocare a Roma la Sottocommissione di Coordinamento delle due Commissioni tecniche dal 29 Marzo fino al 1 Aprile del 1978, per indagare e valutare il lavoro eseguito fino dalle due commissioni.

Questa comune Sottocommissione del Coordinamento ha proposto – basandosi certamente sulle conclusioni delle due commissioni – un progetto di inizio del Dialogo. Dopo l'approvazione di questo progetto e delle sue proposizioni da parte delle due commissioni tecniche, il progetto stesso avrebbe bisogno di essere sottoposto ai capi ecclesiastici competenti di ogni parte con lo scopo di essere utilizzato come base per il lavoro della commissione, la quale condurrà a termine il Dialogo Teologico.

La Commissione tecnica Interortodossa è stata convocata nella sua terza riunione, fra il 25 e 28 Giugno del 1978, nel Centro Ortodosso per discutere il Rapporto della Sottocommissione mista del Coordinamento che ha approvato, dopo aver fatto alcune modifiche. In seguito a questo, all'unanimità, è stato deciso che:

a) le Commissioni, le quali condurranno a termine il dialogo teologico, saranno composte al più presto possibile e

b) il progetto proposto, almeno in una prima fase del dialogo, dovrebbe diventare il piedistallo per il lavoro di queste Commissioni.

Dopo lo studio e l'accettazione del rapporto proposto, il Papa Giovanni Paolo II, durante l'udienza generale del Mercoledì 17 Gennaio del 1979, ha annunciato l'inizio imminente del Dialogo Teologico fra le Chiese Cattolica Romana e Ortodossa.

«Desidero comunicarvi», ha detto Sua Santità, «che ci troviamo in vista del prossimo inizio del Dialogo Teologico fra le Chiese Cattolica Romana e Ortodossa, con lo scopo di superare le difficoltà che si interpongono ancora nella comune celebrazione della sacra Eucaristia.«

Un passo di importanza storica nelle relazioni fra le nostre Chiese è stato la visita di Sua Santità Papa Giovanni Paolo II il 29 e 30 Novembre del 1979 al Patriarcato Ecumenico di Costantinopoli.

È una visita sorprendente che si pone nella continuità delle relazioni fraterne tra la Chiesa di Roma e la Chiesa di Costantinopoli, che si sono scoperte come Chiese sorelle dopo un lungo periodo di divisione e di incomprensione reciproca. È un'iniziativa storica che esprime in modo profondo e chiaro il desiderio di Sua Santità Papa Giovanni Paolo II e di Sua Santità il Patriarca ecumenico Dimitrios I di superare gli ostacoli che esistono ancora tra di noi per riuscire a condurre alla sua pienezza e alla sua perfezione quella comunione già ricca che esiste tra di noi. Vorrei citare il Breve «Anno Ineunte» rimesso dal Papa Paolo VI al Patriarca Athenagoras I, dopo che mons. Willebrands ne aveva dato lettura nella cattedrale latina dello Spirito Santo a Costantinopoli. In esso tra l'altro si afferma: «Poichè da una parte e dall'altra professiamo i dogmi fondamentali della fede cristiana sulla Trinità, il Verbo di Dio che si è incarnato nella Vergine Maria» come essi «sono stati definiti nei concili ecumenici celebrati in Oriente (cf. Decreto *Unitatis Redintegratio*, n. 14) e poichè abbiamo in comune dei veri sacramenti e un sacerdozio gerarchico, è necessario che in primo luogo e a servizio della nostra santa fede noi lavoriamo fraternamente per trovare insieme le forme adatte e progressive per sviluppare e attualizzare, nella vita delle nostre Chiese, la comunione che, sebbene imperfetta, già esiste» (Tomos Agapis, Vatican-Phanar, 1958–1979).

È questo desiderio che spinge il Papa e il Patriarca ad incontrarsi per proclamare insieme la comunione di fede e di carità che li unisce. Il fatto che questa visita si realizzi alla vigilia di una nuova epoca, cioè quando è sul punto di cominciare il dialogo teologico ufficiale tra la Chiesa cattolica e la Chiesa ortodossa sul piano panortodosso, indicherà certamente a questo dialogo tra le nostre due Chiese il cammino che resta ancora da percorrere verso il ristabilimento della comunione perfetta fra di noi. È un atto che rianimerà e incoraggerà anche per la sua dimensione ecclesiologica, il dialogo ecumenico in generale, sul piano bilaterale e su quello multilaterale.

E come i due Primati l'hanno sottolineato: «Questo dialogo teologico ha come scopo non soltanto di progredire verso il ristabilimento della piena comunione tra le Chiese-sorelle,

Cattolica e Ortodossa, ma di contribuire ancora ai molteplici dialoghi che si sviluppano nel mondo cristiano nella ricerca della sua unitá.»

Le nostre Chiese sono chiamate a superare la situazione anormale nella quale esse vivono, a rompere le mura che ancora le separano, a ristabilire la comunione eucaristica, creando così un modello di unità che potrà arricchire i dialoghi multilaterali, un modello che potrà mostrare la realtà storica, che l'Oriente e l'Occidente costituiscono due frammenti di un mondo unico, una unica cristianità, una cristianità che nel disegno di Dio non dovrebbe essere disgiunta.

La tragedia della divisione che il dialogo ci chiede di superare è il problema più importante e centrale della storia cristiana. L'Oriente e l'Occidente possono incontrarsi e ritrovarsi soltanto se essi ricorderanno la loro primitiva parentela in un comune passato. Il primo passo da fare è quello di prendere coscienza che, malgrado tutte le particolarità, l'Oriente e l'Occidente appartengono organicamente ad una unica cristianità.

Se le nostre Chiese non vogliono perdere oggi la loro credibilità, devono affrontare con serietà le molte difficoltà che permangono per una migliore e reciproca conoscenza.

L'anno 1980 pone alle nostre Chiese una richiesta urgente: esse devono tentare insieme, per mezzo del dialogo teologico ufficiale, di vedere se si sentono veramente obbligate, in forza della loro origine e della loro fede, a restaurare l'unità.

Questa esigenza tocca specialmente quelle Chiese che pretendono di rappresentare esse stesse l'Unica Chiesa, Santa, Cattolica e Apostolica. Al di là delle loro frontiere canoniche, nelle quali si identificano come l'Unica Chiesa, Santa, Cattolica e Apostolica, dovrebbero riconoscere altre Chiese come Chiese nel pieno senso della parola; e la condizione di un simile riconoscimento è di accettare che queste Chiese siano chiamate insieme alle «comunione eucaristica».

Ma la comunione eucaristica, espressione e coronamento della comunione perfetta, non è possibile là dove rimane una divisione nella sostanza della «Pistis», della fede, cioè nelle fondamentali confessioni di fede dei grandi Concili dell'antichità; e non è neanche possibile dove la struttura fondamentale della Chiesa, ossia la continuità della Successione apostolica con la Chiesa primitiva, non è stata conservata. Questi elementi non si possono separare l'uno dall'altro.

La necessità di una risposta coraggiosa delle Chiese ortodosse alle altre Chiese e Confessioni è stata spesso sottolineata da parte di tutte le Chiese ortodosse; perciò abbiamo formato una serie di Commissioni interortodosse, che conducono il dialogo con le altre Chiese. Occorre riconoscere un significato ecclesiologico particolare e profondo al dialogo ufficiale tra la Chiesa cattolica romana e le Chiese ortodosse.

La nostra responsabilità comune per superare la divisione si accresce ancora se si tiene presente che condividiamo la stessa fede sul ministero episcopale, il quale deve essere compreso in modo cristologico. A proposito della Fede, i nostri figli avranno di fronte il compito di verificare insieme se le nostre separazioni possono essere interpretate come diversità di tradizioni legittime, e non più, come si è pensato sinora, come rotture nella tradizione dell'unica confessione di fede, cioè se le nostre differenze comportano veramente l'esigenza di un rifiuto reciproco della comunione.

Se ci assumiamo la preoccupazione della restaurazione della comunione eucaristica, dobbiamo anche porre la questione in altri termini; cioè non soltanto: «Dobbiamo praticare la comunione tra di noi?»; ma anche: «Siamo tenuti a rifiutarci reciprocamente la comunione?». Perchè questo può avvenire soltanto se vi siamo costretti radicalmente da questioni essenziali della fede e della costituzione della Chiesa. Se neghiamo la comunione senza un tale fondamento, allora ci rendiamo colpevoli.

La questione della costituzione ecclesiastica pare essere una delle più difficili: sia per Roma, perchè vede il primato come elemento costitutivo per l'unità della Chiesa; sia per l'Oriente giacché questo considera tale affermazione come un mutamento della struttura episcopale della Chiesa dei primi secoli.

Le osservazioni che seguono potrebbero, mi sembra, contribuire a progredire su una strada realistica.

1) Se Roma accettasse – naturalmente dopo un accordo con tutta l'Ortodossia – la comunione con l'Oriente senza condizioni, questo supporrebbe un riconoscimento della legittimità della struttura episcopale dell'Oriente. Con questo si riconoscerebbe «ipso facto» che l'Oriente non deve essere obbligato ad accettare gli sviluppi occidentali dell'esercizio del Primato.

2) L'Oriente, invece, riconoscerebbe, con questo, che l'Occidente, malgrado la dottrina del Primato, non ha abbandonato in via di principio la struttura episcopale della Chiesa antica, anche se ha assunto un fattore nuovo che la Chiesa ortodossa non riconosce come necessario. Non sarebbe difficile per noi, in questa prospettiva, riconoscere che la struttura apostolica della Chiesa primitiva si mantiene nell'Occidente, da una parte perchè il Concilio Vaticano II si è preoccupato di una notevole rivalutazione dell'ordine episcopale, e dall'altra perchè il Papa stesso, quando instaura relazioni con l'Oriente, non presenta più, di fatto, la figura del primato nello spirito in cui si manifesta nel 1870 *(jurisdictio in omnes ecclesias).*

Mi pare che si aprano, per il nostro dialogo, delle prospettive nuove, piene di speranza, nella misura in cui si rinnova la concezione del primato, nel senso di Pietro, ministero questo che non si presenterebbe più sul piano della competenza giuridica, ma come servizio e impegno; non più in termini di «vescovo universale» superiore a tutti, ma, secondo le parole di Papa Gregorio I, come «servo dei servi di Dio» responsabile verso tutti. Così il primato si inserirebbe nel quadro più ampio di un'ecclesiologia del Popolo di Dio, sotto l'aspetto di un organo vivo che riunisce le Chiese locali intorno a un Primate, il quale rinnoverebbe l'esigenza di una comunione universale.

Vorrei infine sottolineare che tutte le commissioni ufficiali non possono in realtà ottenere nulla, se non c'è un tentativo di realizzare l'ecumenismo sul piano locale, là dove restano sempre una serie di difficoltà da superare. Nelle comunità concrete si deve fare uno sforzo per creare un'autentica atmosfera di dialogo; e questa esiste quando ciascuno è pronto a confessare pienamente la sua fede, ma senza per questo ignorare il fratello. La prima cosa è di superare il fanatismo, là dove ancora si manifesta. Poi si dovrebbe passare ad una tolleranza positiva. Soltanto allora può essere percorsa insieme e con successo una terza tappa, cioè un incontro vivo nell'emulazione spirituale, cosa ben diversa dal fatto di convivere passivamente nello stesso luogo.

2. Possibilità concrete di lavoro comune da parte delle Chiese locali e special-mente contributo delle Chiese dell'Italia del Sud e della Sicilia

La Chiesa di Sicilia, membro organico della Chiesa locale dell'Italia del Sud, durante tutto il periodo che va fino allo scisma del 1054 e anche durante quello che segue nella vita storica della Chiesa, ha vissuto con più autenticità di tutte le altre Chiese locali, il senso più profondo della tradizione ecclesiastica della Chiesa Orientale nella vita ecclesiastica del mondo cristiano dell'Occidente. In questa parte dell'Europa si incon-travano tutte le tendenze delle tradizioni locali dell'Oriente e dell'Occidente. Ques-t'incontro era favorito specialmente dalla grande importanza geografica e politica per il mondo europeo, specie della Sicilia, che costituiva un ponte naturale di comunica-zione fra l'Oriente e l'Occidente e fra l'Africa e l'Europa. I legami secolari, delle Chiese locali dell'Italia del Sud e della Sicilia, con il Trono ecumenico di Costantino-poli i quali sono diventati più forti dopo il VII sec. a causa delle relazioni giurisdizio-nali, non sono stati interrotti neanche dopo lo scisma del 1054, fino alla presa di Costantinopoli (1453).

Questi legami secolari si fondavano non in forme esterne, ma nella comune attenzione verso la tradizione patristica, dell'Una, Santa, Cattolica e Apostolica Chiesa dei primi otto secoli. Le Chiese locali dell'Italia del Sud e della Sicilia hanno vissuto e mantenuto puro, per molti secoli, il contenuto della comune tradizione ecclesiastica dei primi otto secoli, senza implicarsi, fino allo scisma del 1054, nelle dispute amministrative di Roma e di Costantinopoli e senza rendere assoluta la separazione ecclesiastica fra Oriente e Occidente, imposta in seguito allo scisma.

L'antichissima esperienza liturgica e la tradizione delle Chiese locali dell'Italia del Sud e della Sicilia, confrontata con la teologia dei Padri greci e latini della Chiesa indivisa, ha costituito la base ferma e immobile sulla quale è fondata tutta la vita ecclesiastica. Questa costante attenzione, di queste Chiese alle tradizione ecclesiastica le ha fatte diventare solide nell'ortodossia della fede; perciò queste Chiese, sia fino allo scisma sotto l'influen-za del Trono di Costantinopoli, sia durante il periodo dopo lo scisma, sotto l'influenza del Trono di Roma, non hanno conosciuto delle serie dispute eretiche, nè delle dispute scismatiche ecclesiastiche.

Questa costatazione non è casuale, perché, nonostante che durante i suddetti periodi tanto la Chiesa dell'Oriente quanto la Chiesa dell'Occidente siano state scosse da insegnamenti eretici, tuttavia in queste Chiese locali, sarebbe stato molto difficile di trovare un eretico, oppure una seria idea eretica, anche nei periodi di grandi conflitti tra le Chiese dell'Oriente e dell'Occidente, perché il vivere dell'unica tradizione dell'antichis-sima ed indivisibile Chiesa non è stato influenzato seriamente dallo scisma.

Questa ferma e stabile attenzione verso la tradizione patristica dei primi otto secoli si coltivava incessantemente nei centri monastici dell'Italia del Sud e della Sicilia, i quali centri erano diventati delle magnifiche officine di transcrizione e di studio delle opere dei padri. Nei monasteri dell'Oriente e nelle biblioteche si conservano dei codici e mano-scritti, come testimoni veridici della infaticabile attività per lo studio e la trascrizione delle opere dei padri, codici e manoscritti che sono stati lavorati con arte dai monaci delle

Chiese dell'Italia del Sud e della Sicilia, e che costituiscono un ricco patrimonio per la cristianità.

L'irradiamento alle Chiese locali della sensibilità alla tradizione patristica spiega indubbiamente molti elementi, i quali compongono la spiritualità teologica e liturgica di queste Chiese nei nostri tempi. I fiori e i frutti della vita ecclesiastica di queste Chiese si alimentano per mezzo del continuo e mistico canale della tradizione antichissima dei Padri, ed è perciò che si trovano tra l'Oriente e l'Occidente, l'Ortodossia e il Cattolicesimo Romano, non soltanto dal punto di vista geografico, ma anche spirituale. Non troviamo indispensabile l'appello agli elementi che compongono questa constatazione da una parte perchè a molti sono noti e d'altra parte perchè la nostra conferenza, senza ragione, sarebbe stata lunga.

Questa secolare e ininterrotta esperienza patristica, che costituisce il contenuto della profonda spiritualità delle Chiese locali dell'Italia del Sud e della Sicilia, è stata ricordata qui non per esaltarne elementi di vanto ma come misura di responsabilità e offerta nella odierna e complicata vita ecclesiastica. La tradizione delle Chiese dell'Italia del Sud e della Sicilia, è diventata, come è noto, uno degli stimoli nella tensione delle relazioni ecclesiastiche tra Roma e Costantinopoli durante il periodo del grande scisma (1054). Allora a causa dei difficili tempi la voce della autocoscienza delle Chiese non si è sentita. Oggi le stesse Chiese, trovandosi di fronte al dialogo teologico delle Chiese Ortodossa e Cattolica Romana non possono tacere.

Queste Chiese, anche dopo lo scisma del 1054, hanno vissuto la comune tradizione ecclesiastica dei primi otto secoli nella cattolicità del suo contenuto, e perciò sono diventate il ponte tra l'Occidente e l'Oriente, non tanto dal punto di vista della politica ecclesiastica ma specialmente e principalmente da quello della tradizione ecclesiastica, perchè con lo scisma le strutture tradizionale della loro vita ecclesiastica non sono state cancellate come per incanto. Nel mondo Occidentale sono rimaste le Chiese per eccellenza di tradizione ecclesiastica primitiva e di sensibilità particolare verso la spiritualità ortodossa, grazie alla conservazione dell'identità dell'intero senso ecclesiastico.

Le Chiese locali dell'Italia del Sud e della Sicilia sono le Chiese delle due tradizioni, cioè della tradizione Ortodossa e Cattolica-Romana, perchè hanno vissuto nei tempi storici ambedue le tradizioni senza cambiamenti radicali nelle strutture della vita ecclesiastica. I sacri templi, i monasteri, la pittura cristiana, l'architettura, la letteratura ecclesiastica e quasi tutte le altre espressioni della vita della Chiesa esprimono fino al sec. XVI con segni visibili il carattere tradizionale di queste Chiese e funzionano come ricevitori e trasmettitori alla totalità della vita ecclesiastica della Chiesa indivisa Una, Santa, Cattolica e Apostolica. La tradizione ortodossa e latina costituiscono le due corde della chitarra spirituale, con le quali molte volte si è espresso, in sano carattere liturgico, il canto armonioso delle strutture cattoliche della spiritualità di queste Chiese.

La particolare enfasi data da noi a queste strutture tradizionali della vita ecclesiastica delle Chiese locali dell'Italia del Sud e della Sicilia, non costituisce, come forse si vede in un primo momento, un riferimento sentimentale, dettato dall'opportunità della circostanza, ma un tentativo di sensibilizzazione di elementi indispensabili, i quali determinano giustamente e chiaramente le cornici obbiettive ecclesiastiche, verso il ristabilimento dell'unità della Chiesa. Tutto ciò che è stato detto non sono semplicemente delle parole gentili per esaltare la vita spirituale di queste Chiese locali, a causa del luogo e della composizione dell'uditorio, ma sincera e ansiosa ricerca della misura di responsabilità e del bisogno dell'offerta della Chiesa locale nel comune sforzo per l'unità.

Il cammino verso l'unione può essere inteso solo come un comune commino inverso, per le vie storiche della separazione, il quale percorrerà nell'amore la via della divisione. Allora, per il successo dello sforzo diventa definitivo il ruolo di ogni Chiesa locale, specialmente di quelle Chiese locali che fondano la spiritualità nella quale vivono in ambedue le tradizioni.

Se la rottura dell'unità della Chiesa fosse una semplice applicazione, da parte delle Chiese locali, delle sentenze prese in contumacia dai competenti capi amministrativi riguardo alla separazione, allora la responsabilità del ristabilimento dell'unità ecclesiastica spetterebbe forse ai soli capi ecclesiastici; ma la separazione è stata una rottura della identità della vita ecclesiastica, come si realizzava in ciascuna Chiesa locale e pecriò il cammino verso l'unione non può ignorare la sensibilità spirituale della Chiesa locale a causa della cattolicità della realizzazione del mistero della fede.

La Chiesa locale, secondo la tradizione ortodossa, raccolta attorno all'altare con il vescovo, i sacerdoti e i diaconi realizza con la sacra Eucaristia, in autentica pienezza, identità e sufficienza, il sacramento dell'Una, Santa, Cattolica e Apostolica Chiesa, perchè nella sacra Eucaristia, per invocazione dello Spirito Santo, si compone l'intero corpo di Cristo di ogni Chiesa locale e i fedeli si rendono consapevoli della loro organica incorporazione nel corpo di Cristo. Il pane e il vino della Eucaristia non è soltanto il cibo di immortalità dei fedeli partecipanti ma anche, in nome dello Spirito Santo, la mistica identificazione ontologica della vita di ogni fedele con la vita di Cristo; perciò anche i fedeli non hanno solo il diritto ma anche la responsabilità del »cibo« offerto. Se dunque la rottura della vita ecclesiastica con lo scisma è diventata problema essenziale dell'identità del »cibo« dei fedeli, come inoltre è stato reso consapevole nella vita storica della Chiesa con la sospensione della comunione del calice comune; allora diventa chiara la responsabilità di attiva partecipazione di ogni Chiesa locale alla lotta inaugurata nella ricerca del calice comune.

Il dialogo dell'amore condotto dai capi delle Chiese Ortodossa e Cattolica Romana è stato portato a termine con la dichiarazione dell'inizio di un dialogo teologico tra le due Chiese. Scopo di questo dialogo è l'incontro delle due Chiese nella autentica identità del »cibo« comune, che sarà offerto con il comune calice ai fedeli delle due tradizione e perciò ogni Chiesa locale ha la responsabilità della »testimonianza« e della »distinzione« per la autenticità del suo »cibo«. Cioè ogni Chiesa locale non può restare immobile osservatrice del dialogo teologico che sarà condotto, perchè il dialogo teologico, con il »cibo« ricevuto, si riferisce alla identità della vissuta esperienza, da questa, in Cristo. Il fatto che questa esperienza è, in nome dello Spirito Santo, il vivere del mistero della fede e della speranza nella vita eterna per ogni fedele e per ogni Chiesa locale, fa diventare chiaro che il cammino del dialogo teologico non è un tema di semplice accordo, oppure solamente di un patto teorico dei capi ecclesiastici, ma anche di un vivere questo accordo nella riunione eucaristica di ogni Chiesa locale.

Con tutto ciò che ho esposto finora desidero mettere in risalto, che il dialogo teologico, già cominciato fra la Chiesa Ortodossa e la Chiesa Cattolica Romana non è una semplice e neutra procedura di avvicinamento teologico delle diversità esistenti da parte dei teologi specialisti e dei capi ecclesiastici, ma un cammino dell'intero corpo di ciascuna delle

Chiese per l'incontro con il corpo intero dell'altra, per poter »distinguere« l'identità autentica del »cibo« dell'Eucaristia, con la quale consumeranno la Pasqua del Signore col calice comune. In questo senso i capi ecclesiastici responsabili del nostro «cibo», hanno bisogno della partecipazione attiva di ognuna delle Chiese locali durante tutto il cammino del dialogo teologico e dell'affermazione con la distinzione e l'espressione della coscienza ecclesiastica, dei rispettivi capi ecclesiastici con le decisioni prese ogni volta, per l'avvicinamento.

È facile comprendere, dunque, che il cammino del dialogo teologico è un cammino verso l'incontro delle Chiese nel calice comune e non soltanto dei capi ecclesiastici e perciò nei giorni del dialogo la responsabilità verso il Signore di ogni Chiesa locale è grandissima. La vigilanza dell'autocoscienza ecclesiastica e la ricerca – secondo il comandamento del Signore – dell'incontro di tutti i fedeli al calice comune è dover di fronte a Dio di ogni Chiesa locale e di ogni fedele, perchè diversamente il dialogo teologico può terminare in un semplice accordo, senza diventare un fatto di fede.

Credo che ora si è chiarita la misura della responsabilità delle Chiese locali dell'Italia del Sud e della Sicilia nella angosciosa ricerca, da parte delle nostre Chiese, dell'Unità e del calice comune.

Ogni Chiesa locale deve applicare ciò che Sua Santità il Papa Giovanni Paolo II ha sottolineato durante la festa del Trono ecumenico il 30 Novembre nella Chiesa Patriarcale al Fanar. Il dialogo dell'amore che «ha permesso di riprendere coscienza della profonda comunione che già ci unisce, fa che possiamo guardarci e trattarci come Chiese-Sorelle. È stato già molto realizzato ma bisogna continuare questo sforzo. Bisogna trarre le conseguenze di questa riscoperta teologica reciproca, dapertutto dove Cattolici e Ortodossi vivono insieme. Bisogna sorpassare le abitudini dell'isolamento per collaborare in tutti i settori dell'azione pastorale, dove una tale collaborazione è resa possibile per la comunione quasi totale, che esiste già tra noi. Non si deve aver paura di rivedere dall'una e dall'altra parte, e in consultazione gli uni con gli altri, delle regole canoniche stabilite quando la coscienza della nostra comunione – ormai stretta anche se è ancora incompleta – era ancora oscura, regole che forse non corrispondono più ai risultati del dialogo dell'amore e alle possibilità che hanno aperto. È importante che i fedeli dell'una parte e dell'altra si rendano conto dei progressi compiuti e sarebbe desiderabile che quelli che saranno incaricati del dialogo abbiano questa preoccupazione di trarre le conseguenze, per la vita dei fedeli, dei progressi in avvenire.»

Bisogna, dunque sensibilizzare la nostra responsabilità e fantasia, per poter ricercare modi di lavoro comune dovunque, ove questo è possibile.

Non sarebbe stato forse possibile di farci riflettere verso questa direzione la famosa Enciclica del Patriarcato Ecumenico a tutte le Chiese di Cristo del mondo intero, la quale 60 anni fa si riferiva ai mezzi pratici per la collaborazione delle Chiese? Ed ecco questi:

«È possibile che questa amicizia e la reciproca benevola disposizione si rivelino e si stabiliscano più specificamente, secondo il nostro parere, nel modo seguente:

a) con l'adozione di un unico calendario in modo che tutte le Chiese possano celebrare contemporaneamente le grandi festività cristiane;

b) per mezzo dello scambio di lettere fraterne in occasione delle grandi festività dell'anno ecclesiastico e in altri casi eccezionali;

c) per mezzo di più familiari rapporti tra i rappresentanti delle varie Chiese, dovunque essi si trovino;

d) per mezzo dei rapporti stretti tra le varie Scuole Teologiche e tra i vari esponenti della Scienza Teologica e dello scambio reciproco di pubblicazioni teologiche ed ecclesiastiche;

e) per mezzo dello scambio di studenti tra le Scuole delle varie Chiese;

f) per mezzo della convocazione di conferenze intercristiane al fine di esaminare problemi di comune interesse;

g) per mezzo del più spassionato esame, improntato a maggior senso storico, delle differenze dogmatiche, sia nell'insegnamento che con scritti;

h) per mezzo del rispetto reciproco degli usi e costumi vigenti nelle varie Chiese;

i) per mezzo della reciproca concessione di luoghi di culto e di cimiteri per le esequie e la sepoltura di fedeli di altre confessioni morti all'estero;

l) per mezzo della definizione fra tutte le confessioni della questione dei matrimoni misti;

m) per mezzo della benevola assistenza delle Chiese nelle opere di rafforzamento del sentimento teologico, della beneficenza e consimili.«

Concludo guardando con ottimismo nella terapia della piaga sanguinosa del Corpo di Cristo, nella comunione della fede e dell'amore delle nostre Chiese e rivolgo a tutti noi una liturgica esortazione »Amiamoci mutuamente, perchè in concordia confessiamo Padre Figlio e Spirito Santo, Trinità consustanziale e indivisibile«.

Alcuni punti attuali dei problemi ecumenici

Invitato dal vostro arcivescovo, il mio caro fratello in Cristo, Sua Eminenza il Cardinale Salvatore Pappalardo, ho la grande gioia e l'onore di prendere la parola in questo incontro di preghiera comune per trattare di alcuni attuali della problematica ecumenica.

Mi sento quasi a disagio e privo di parole dovendo esprimermi – in questa atmosfera di meditazione e di preghiera – su un tema relativo ai problemi ecumenici. Quando si prende parte alla vita innologica e dossologica della Chiesa, amore e visione della bellezza spirituale, si superano le parole che spesso separano, si superano i problemi.

Ma, giustamente, si scopre il primo problema ecumenico nella separazione tra la teoria e la convinzione vissuta, tra la fede e l'amore, tra il dialogo teologico e il dialogo della carità.

Il pensiero ecumenico razionale e classico accorda a volte una importanza primordiale al dialogo teologico in sè, all'accordo o al disaccordo nell'espressione o nel significato scritto sulla carta, basato su dei dati, dei documenti, degli argomenti. Ma quando si partecipa alla vita della Chiesa come ad un insieme, si riconosce spesso l'identità della fede al di là delle differenze di vocabolario teologico. Poichè le parole non hanno una priorità sulla vita ecclesiale, ma la vita ecclesiale ha priorità sulle parole che esprimono questa vita. È la vita che rende testimonianza alla vita ed è lo Spirito che rende testimonianza al di là della parola e non il contrario.

Una siffatta concezione del dialogo ecumenico porta «dei frutti di collaborazione disinteressata sul piano di un'azione comune a livello pastorale, sociale e intellettuale, nel mutuo rispetto della fedeltà degli uni e degli altri alle loro rispettive Chiese»[1].

Un tale dialogo esistenziale obbliga alla ricerca dei mezzi per superare le divisioni.

Un'altra riflessione mi conduce al secondo problema ecumenico, quello che genera una certa fatica e una sorta di delusione. Il fatto che il dialogo ecumenico non abbia dato fino ad ora un modello concreto di unità, crea l'impressione che la divisione sia organicamente legata all'essenza stessa della Chiesa. E, d'altra parte, si arriva persino a voler ignorare le divisione cristiane, paghi di qualche espressione fenomenologica e simbolica che non esprime in nessun modo l'unità che deve essere vissuta davanti all'unica tavola eucaristica del Signore.

Nell'ambito del movimento ecumenico si arriva persino oggi all'«intercomunione» tra Chiese separate dall'eresia o dallo scisma. Ciò non ha senso. La causa risiede principalmente non in questa o quella divergenza tra Chiese separate, ma nel fatto stesso della loro separazione. Questo precipitarsi verso «l'intercomunione» del movimento ecumenico oggi, ha delle motivazioni che sono, al tempo stesso, teologiche e psicologiche. Come esempio del primo caso, vorrei citare la mancanza di percezione ecclesiologica nell'essenza dell'eucaristia. Quanto al secondo caso, si può parlare di accettazione dello scisma come fatto naturale, ineluttabilmente legato all'organizzazione della Chiesa. Ogni sentimento di dispiacere o di pentimento per questo fatto resta senza oggetto. Agli antipodi di questo sentimento: l'assenza dell'intercomunione con gli eterodossi da parte di coloro che vedono l'eucaristia alla luce dell'ecclesiologia. Quest'ultimo atteggiamento non ha nulla a che vedere con l'orgoglio e con il compiacimento; esso esprime piuttosto la continua esperienza della tragedia dello scisma.

Si crede e volte che l'oriente e l'Occidente siano delle unità indipendenti e concepibili l'una senza l'altra. Per superare questa concezione illusoria, bisogna prendere di nuovo coscienza della tragedia della divisione quale problema principale e entrale della storia. *«Lo sforzo die vedere la storia cristiana come un insieme comprensibile è già in un certo senso un passo avanti verso il ristabilimento dell'unità spezzata. Un importante risultato ecumenico è stato quello che ha permesso ai ›cristiani divisi‹ di comprendere che essi appartenevano gli uni agli altri e che di conseguenza essi dovrebbero ›restare insieme‹. La tappa successiva sarà di comprendere che tutti i cristiani hanno ›una storia comune‹, che avevamo una storia comune, un'origine comune . . .»[2]*

In effetti, bisogna prendere coscienza che l'umanità intera partecipa per così dire organicamente alla natura dello stesso Dio (Logos) che si è incarnato. Poichè, tutti gli uomini possono diventare – per mezzo dello Spirito – figli di Dio.

«Voi non avete ricevuto affatto uno spirito di schiavitù, per cadere di nuovo nel timore, ma avete ricevuto lo spirito di adozione, in virtù del quale noi gridiamo: Abba, Padre! Infatti lo Spirito stesso rende testimonianza al nostro spirito che noi siamo figli di Dio» (*Rom.* 8, 14–17).

Tutti gli uomini, senza distinzione di sesso, età, classe, razza, opinione politica o valore morale, diventano – attraverso il battesimo – membri della nuova famiglia di Dio. Attraverso il loro battesimo i cristiani partecipano all'opera redentrice di Cristo stesso, essi collaborano alla sua azione. Quel bagno della nuova creazione costituito dal battesimo consacra la loro trasformazione ed è in questo modo che essi cominciano ad aver parte nella vita del Dio-Uomo, e ad agire con lui a vantaggio di tutta l'umanitá. Essi pregano senza sosta: «Venga il Tuo Regno.» Poichè questo Regno – per sua essenza e natura – riguarda l'umanità tutta intera.

Questa famiglia, il «Corpo di Cristo», si chiama Chiesa. Questa Chiesa che noi siamo, noi stessi, in quanto membri di questo Corpo, non esiste per se stessa o per affermare se stessa, ma per il mondo. Ed è per il fatto che la Chiesa rappresenta il Corpo di Colui che «per mezzo della sua umanità divenne uguale a noi», e che partecipa alla vita della Chiesa e della storia, è per questo fatto che la Chiesa non esiste che come incarnazione del Signore nel mondo e nella storia. Essa ha una relazione organica al mondo. Questa relazione è ugualmente vissuta nell'eucaristia davanti alla quale si esprime in modo visibile l'unità della Chiesa ma anche la sua dolorosa divisione.

Se i cristiani comprendessero che il Corpo di Cristo, per sua essenza stessa, vuole comprendere l'umanità tutta, essi prenderebbero meglio coscienza delle loro responsabilità quali membri di questo corpo. La loro azione sarebbe molto più vasta e decisa. Perchè l'azione di Cristo molto sorpassa il quadro visibile della Chiesa: Cristo si impegna anche per coloro che non lo conoscono o non vogliono conoscerlo. Il Cristo è morto per tutti noi, e per tutti noi esiste una sola vocazione divina: «Dio vuole che tutti gli uomini siano salvi» (*1. Tim.* 2,4).

La mia riflessione mi conduce da ultimo a considerare il cammino, la strada che potrebbe aiutarci a ritrovare la nostra credibilità compromessa, credibilità compromessa che costituisce un altro problema ecumenico.

L'ecumenismo affronta oggi un dilemma: *«tra la ricerca dell'unità e la testimonianza cristiana nel mondo contemporaneo. Se non poniamo più energia nella ricerca dell'unità, non potremo più avere una testimonianza cristiana credibile»*[3].

Un'iniziativa incoraggiante per un equilibrio tra la ricerca dell'unità e la testimonianza cristiana nel mondo contemporaneo è stato l'incontro tra Sua Santità Papa Giovanni Paolo II e Sua Santità il Patriarca Dimitrios I. Questo incontro esprime in modo profondo e chiaro il reciproco desiderio di superare gli ostacoli ancora esistenti tra le nostre Chiese e di condurre la comunione che già esiste tra noi alla sua pienezza e perfezione.

Il fatto che nel corso di questo incontro sia stato annunciato l'inizio del dialogo teologico ufficiale tra le Chiese cattolica romana e ortodossa, arricchirà sicuramente questo dialogo e spianerà la strada che resta ancora da percorrere verso il ristabilimento della piena comunione tra noi. È un atto, questo, che rianimerà e incoraggerà anche – per la sua dimensione ecclesiologica – il dialogo ecumenico in generale sul piano bilaterale e multilaterale, creando un modello storicamente possibile per l'unità dei cristiani.

Se, in effetti, noi crediamo all'unità della Chiesa, unità data da Dio, abbiamo allora il dovere non solo di trovare le difficoltà nelle possibilità, ma di cercare le possibilità nelle difficoltà. E se desideriamo trovare una via di uscita possibile, anche nell'«impasse» scoraggiante per noi, uomini, bisognerà esaminare con amore e senza passione il «come» e il «perchè» dell'origine delle divergenze che ci separano dal punto di vista storico e teologico.

Le radici della separazione si trovano nella storia. Quando si parte dal passato, si può comprendere il presente meglio e con più facilità, gettando nello stesso tempo uno sguardo responsabile verso l'avvenire. Certo, il passato appartiene alla storia, il presenti si vive e non si può prevedere e sperare l'avvenire che in maniera relativa. Tuttavia, solo esaminando a fondo la storia di ieri possiamo apprezzare giustamente il presente e

preparare una base solida e realista all'unità di domani. È solo così che potremo sbarazzarci dei pregiudizi e giudizi ingiusti e di parte che, in genere, non rispondono alla situazione reale dei fratelli separati. Se non ritorniamo insieme alla fonte, potrebbe anche verificarsi che quell'abisso che ci separa sia da noi reso più profondo o che ci incamminiamo verso altre divisioni interiori o verso degli scismi più penosi. In ogni modo la storia ci mostra che tentativi d'unione più affrettati e prematuri, imposti da ragioni di opportunismo tra le Chiese, hanno, per finire, approfondito o ribadito la separazione già esistente.
Certo nessuno può avanzare giudizi sull'avvenire o prevedere quale sarà «*la lunghezza del cammino. È una questione di fede nell'esito finale, di molte preghiere, di santa pazienza, di lavoro assidua, ma è soprattutto una questione di carità. Infatti, solo nella carità noi potremo purificarci da tutti gli elementi negativi che abbiamo ereditato dal passato, che noi potremo rimuovere gli ostacoli che si frappongono, che noi patremo ristabilire pienamente la reciproca, fraterna fiducia e che, creando nel mutuo rispetto una nuova mentalità, una mentalità di parentela, noi costruiremo in modo stabile e sicuro l'unità delle nostre Chiese in Cristo Gesù, in lui che è la Testa della Chiesa*»[4].
E se, dunque, la realtà storica venisse a scuotere le nostre speranze di ristabilire l'unità desiderata oggi, non dimentichiamoci che la potenza divina – per mezzo, ancora, della speranza – può migliorare una situazione scoraggiante e disperata dal punto di vista umano, e mostrare o persino aprire, per il suo tramite, un cammino, anche in un »impasse«. L'impasse (il vicolo cieco) umano non segna la fine scoraggiante della nostra marcia comune; al contrario esso costituisce una via di speranza verso la realizzazione dell'invocazione espressa nell'angosciosa preghiera rivolta dal Signore al comune Padre celeste, prima della sua passione: »Affinchè tutti siano uno« (Gv. 17,21).

1 Dichiarazione comune di Papa Paolo VI e del Patriarca Atenagora I alla fine della visita del Patriarca a Roma (28 ottobre 1967), in: *Tomos Agapis*, p. 446.
2 Georges Florovsky, Il Corpo del Cristo vivente. Un'interpretazione ortodossa della Chiesa. Tradotto in lingua greca da Jean Papadopoulos, Tessalonica (1972), p. 125 (versione in lingua originale: The Ethos of the Orthodox Church, in »*The Ecumenical Review*« 12 (1920), 2, pp. 173–198).
3 Lukas Vischer, cf. *Episkepsis* 10 (1979), 202, p. 19.
4 Allocuzione pronunciata dal Patriarca Atenagora I nella basilica Patriarcale di S. Pietro a Roma, in occasione della sua visita a Papa Paolo VI (26 ottobre 1967) in *Tomos Agapis*, pp. 415–17.

14

La volonté de Dieu aujourd'hui*

Je dois avouer que c'est avec une certaine appréhension et dans la crainte de Dieu que j'essaierai de répondre à votre demande de développer le sujet dont vous m'avez chargé «La volonté de Dieu aujourd'hui». Comment est-il humainement possible de tenter de pénétrer dans le domaine de l'inconnu afin de sonder la volonté de Celui dont «les jugements sont insondables et les voies impénétrables»? (Rom. 11,33) Comment peut-on discerner la volonté de Dieu par des discussions humaines «inutiles et vaines» (Tite 3,9) tout en restant fidèle à la tradition de l'Orient qui vit la révélation des miracles, qui adore le mystère dans la foi, qui a une théologie plutôt apophatique et qui confesse avec Grégoire de Nazianze «Celui qui est au-delà de Tout! De quelle autre manière Te chanterais-je? Comment peux-Tu être loué par des paroles, Toi qui ne te laisses pas exprimer en mots? Comment peux-Tu être conçu par la raison, Toi qu'aucune raison ne parvient à concevoir? Seul, Tu es ineffable ... Toi seul, Tu es inconnu. Tu domines toute raison. Tout demeure en Toi, tout aspire à Toi, Tu es le but de toute existence. Tu es un et tout et personne»[1].

Et comment oserais-je parler de la volonté de Dieu aujourd'hui, soit la volonté de Celui qui lui est consubstantiel *(omoúsios)*, le Verbe de Dieu incarné, qui est le même «hier, aujourd'hui et pour l'éternité» (Hébr. 13,8); ne risquerais-je pas de laisser comprendre par cette formulation qu'il pourrait y avoir une différence entre la volonté de Dieu dans le passé, le présent et l'avenir?

C'est donc avec crainte que je choisirai d'aborder la question non pas par une aride approche rationnelle mais par le simple témoignage personnel. Ce qui suit n'est pas une analyse de la volonté de Dieu, basée sur une recherche d'interprétation systématique ni un approfondissement du terme «volonté» dans la Synagogue, dans l'Ancien et le Nouveau Testament, mais un témoignage nécessairement incomplet et limité, avec ses références simplement dans le Nouveau Testament et les Pères de l'Eglise.

Après cet aveu personnel, qui visait à donner les présupposés et le cadre de mon approche de la question, permettez-moi de traiter – sous forme de questions et d'affirmations – les pensées, les analyses et les perspectives suivantes, espérant pouvoir humblement contribuer d'une manière dialectique aux travaux de votre Congrès.

1. Ce n'est pas par hasard que le terme volonté, en tant que volonté de Dieu, ne se trouve dans le Nouveau Testament qu'au singulier. Le concept de volontés, au pluriel, est presque inexistant. Une des deux expressions utilisées au pluriel «J'ai trouvé David, fils

---

* Discours prononcé au Centre de Mariapolis, Rocca di Papa, durant la rencontre œcuménique entre Orthodoxes et Catholiques-Romains, organisée par le «Centro Uno» du Mouvement des Focolari, du 4 au 9 mai 1981.

de Jessé, un homme selon mon cœur, qui accomplira toutes *mes volontés*» (Act. 13,22) fait référence à l'Ancien Testament (Es. 44,28), tandis que l'autre se rapporte aux «désirs *(telèmata)* de la chair et de l'espirt» (Eph. 2,3). Ceci parce que de toute évidence le contenu de la volonté divine – en tant que radical et unique – ne peut pas être déterminé par des prescriptions légales, des exhortations et des conseils. Ceci étant, que faudrait-il comprendre sous la troisième demande de la prière dominicale: «Que ta volonté soit faite sur la terre comme aux cieux?»

Il faut souligner tout d'abord que la demande concernant la volonté de Dieu, malgré son expression passive, ne signifie pas seulement la dévotion de celui qui prie mais, en même temps, une attitude et une disposition de prière contenant, d'une part, le plein consentement à la réalisation de la volonté divine, qui correspond à la sanctification de son Nom et à la venue de son Règne, et, d'autre part, la prise de conscience de l'impossibilité d'incarner la volonté de Dieu sans le secours de la grâce divine. «De même qu'aux trônes, aux autorités, aux pouvoirs et aux souverainetés et sur toutes les forces au-delà de l'univers Ta volonté est faite, le mal n'empêchant nullement l'action du bien, de même que le bien soit accompli en nous afin que tout mal soit éloigné et que Ta volonté guide en tout nos âmes»[2], comme dit Grégoire de Nysse soulignant ailleurs en forme de prière «Que Ta volonté soit faite, afin que disparaisse la volonté du diable. Et pourquoi donc nous implorons que Dieu nous accorde la bonne volonté? Parce que la nature humaine est faible quant au bien, une fois atteinte par le mal»[3].

Le Verbe de Dieu incarné, en tant qu'envoyé du Père, est l'agent et l'incarnation de sa volonté, à tel point qu'il a pour nourriture «de faire sa volonté» et «d'accomplir son œuvre» (Jean 4,34). «Je ne cherche pas ma propre volonté, mais la volonté de celui qui m'a envoye» (Jean 5,30). «Or la volonté de celui qui m'a envoyé c'est que je ne perde aucun de ceux qu'il m'a donnés, mais que je les ressuscite au dernier jour. Telle est, en effet, la volonté de mon Père; que quiconque voit le Fils et croit en lui, ait la vie éternelle; et moi, je le ressusciterai au dernier jour» (Jean 6,39–40). Le contenu de la volonté de Dieu est décrit en tant que salut futur, fini et accompli, cette description contenant toute la marche conduisant vert le but final. Faire la volonté du Père, signifie à la fois le sacrifice de la propre volonté du Fils et un acte volontaire autonome. Son obéissance n'est point un événement allant tout naturellement de soi ni un miracle magique mais le renoncement à sa propre volonté: »... je suis descendu du ciel pour faire, non pas ma propre volonté, mais la volonté de celui qui m'a envoyé» (Jean 6,38). C'est d'ailleurs ce qu'indique sa prière pleine d'angoisse au jardin de Gethsémani: «Père, si tu veux écarter de moi cette coupe ... Pourtant, que ce ne soit pas ma volonté mais la tienne qui se réalise!» (Luc. 22,42).

2. Cette marche vers la Croix pour réaliser la volonté de Dieu – présupposant l'angoisse et la passion – est justement l'exigence que pose le Christ à ceux qui veulent le suivre: «Quiconque fait la volonté de Dieu, voilà mon frère, ma sœur, ma mère» (Marc 3,35, cf. Matth. 12,50). «Qui aime son père ou sa mère plus que moi n'est pas digne de moi; qui aime son fils ou sa fille plus que moi n'est pas digne de moi. Qui ne se charge pas de sa croix et ne me suit pas n'est pas digne de moi. Qui aura assuré sa vie la perdra et qui perdra sa vie à cause de moi l'assurera» (Matth. 10,37–39; cf. Marc 8,35–37). Cette exhortation adressée à ceux qui veulent le suivre, l'imiter, c'est-à-dire être les porteurs, ceux qui incarnent, ceux qui imitent, les témoins de la volonté de Dieu, donne l'impression d'une

absurdité, d'une contradiction, d'une folie. Elle exprime la libre obéissance à la volonté de Dieu – salvatrice par essence – qui conduit à la réalisation de sa volonté concernant l'homme, c'est-à-dire le salut de son âme. Ce salut présuppose notre libération des liens du monde, de tout ce qui nous empêche de renoncer à nous-mêmes afin de suivre le Christ (cf. Marc 8,34).

Nous devons dépasser toutes les croix qui encadrent journellement notre vie: les croix taillées par nous-mêmes, mais aussi celles plantées par la méchanceté des autres; les croix venant sans que nous le voulions, mais aussi celles cherchées par nous-mêmes; les croix invisibles, discrètes, cachées; les croix de nos nobles inquiétudes et de nos résignations douloureuses; les croix de la médisance irresponsable, de la calomnie et de l'injustice subie; les croix des ambitions non réalisées, les croix de l'insécurité et de la solitude en ce monde déshumanisé où la technique et la matière triomphent; les croix des droits de l'homme violés, de la faim, de la maladie, de la persécution et de l'emprisonnement; les croix des catastrophes naturelles, de la famine, des tremblements de terre, des inondations, des invasions étrangères et des guerres civiles.

Nous devons, je répète, dépasser toutes ces croix qui encadrent journellement notre vie laissant ainsi la Croix imprégner la vallée des pleurs par la clameur de la Résurrection, cette Croix qui donne un sens et un contenu à toutes les autres croix, cette Croix qui dépasse la sagesse des sages et la prudence des prudents, la Croix du Christ, scandale pour les juifs, folie pour les païens et, pourtant, message par excellence de l'Evangile qui sauve les croyants (cf. 1. Cor. 1,21–24).

Ce renoncement total, conduisant parfois à vivre selon les idéaux monastiques, fait surgir dans ma mémoire un entretien entre l'écrivain grec Nikos Kazantzakis et un moine ermite du Mont-Athos:

«Il est dur le chemin, Géronta» dit Kazantzakis à l'ermite. «Moi aussi je veux être sauvé. N'y a-t-il pas d'autre chemin?»

«Encore plus biblique?» demanda avec compassion et un sourire l'ermite.

«Non, encore plus humain.»

«Il n'y a qu'un seul chemin! Comment l'appelle-t-on? La montée! Etre rassasié et monter vers la faim, être désaltéré et monter vers la soif, être gai et monter vers la tristesse! Au sommet de la faim, de la soif, de la tristesse Dieu est assis! A l'autre sommet, c'est le diable. Choisis!»

Cet échange de propos exprime la confrontation biblique radicale entre la volonté de Dieu et la volonté du monde. La réalisation de la volonté de Dieu est la condition de notre salut et de notre entrée dans le Royaume des cieux. «Il ne suffit pas de me dire: Seigneur Seigneur! pour entrer dans le Royaume des cieux; il faut faire la volonté de mon Père qui est aux cieux» (Matth. 7,21). «Celui qui fait la volonté de Dieu demeure à jamais» (Jean 2,17), en opposition à celui qui aime le monde et les choses du monde: «Si quelqu'un aime le monde, l'amour du Père n'est pas en lui, puisque tout ce qui est dans le monde passe, lui et sa convoitise» (1. Jean 2,15–17).

3. «Dieu nous a comblés de grâce en son bien-aimé: en lui, par son sang, nous sommes délivrés, en lui, nos fautes sont pardonnées, selon la richesse de sa grâce. Dieu nous l'a prodiguée, nous ouvrant à toute sagesse et intelligence. Il nous a fait connaître le mystère de sa volonté, le dessein bienveillant qu'il a arrêté en lui-même» (Eph. 1,6–9). Alors, si la volonté de Dieu est le salut des hommes, destinés «à la filiation par Jésus-Christ» (cf.

Eph. 1,5–9), si le Christ est mort pour nous tous, pour qui il n'y a qu'un seul appel divin, à savoir que Dieu «veut que tous les hommes soient sauvés et parviennent à la connaissance de la vérité» (1. Tim. 2,4), alors comment obtient-on ce salut?

Il est évident que «celui qui croira et sera baptisé sera sauvé» (Marc 16,16), participant à la vie de l'Eglise, puisque «la volonté de son fondateur est le salut des hommes et cela s'appelle l'Eglise» comme le fait remarquer Clément d'Alexandrie[4]. Par conséquent, «si quelqu'un n'est pas dans le sanctuaire (Eglise), il est privé du pain de Dieu (la sainte eucharistie du salut)»[5] et comme le souligne Saint Basile le Grand «Adore Dieu en son saint parvis. Car l'adoration ne peut s'accomplir en dehors de l'Eglise mais à l'intérieur du parvis de Dieu. Le parvis de Dieu est unique (...) il ne convient pas d'adorer Dieu en dehors de ce saint parvis, mais il faut rester à l'intérieur; ceci afin de ne pas être à l'extérieur, ni être attiré par ceux de l'extérieur et perdre ainsi sa place sur le parvis du Seigneur (...). Il est encore possible de comprendre par cette notion de parvis le comportement céleste. C'est ainsi que ceux qui ici sont enracinés dans la maison de Dieu qu'est l'Eglise du Dieu vivant fleuriront là, sur les parvis de notre Dieu»[6]. «Sache donc qu'il est impossible de fleurir, et de commencer à fructifier autrement qu'en étant dans les limites du parvis du Seigneur.»[7]

A ce propos, Irénée est très concis et clair. Le salut du monde est confié à l'Eglise: hoc enim Ecclesiae creditum est Dei munus[8]. Ceux qui se séparent de l'Eglise provoquent leur propre condamnation[9] puisqu' «extra Ecclesiam nulla salus» comme l'affirme de manière catégorique Saint Cyprien[10].

Toutefois ce principe ecclésiologique de Cyprien, adopté et appliqué par l'Occident catholique-romain presque sans exception jusqu'au XVIe siècle au moins, est-il si absolu au point d'exclure toute notion de grâce salvatrice en dehors du Christ et de l'Eglise ou d'Eglise en dehors de l'Eglise? Et serait-il possible de fonder ce principe sur le Nouveau Testament? Bien sûr, l'Apôtre Paul refuse de manière radicale tout évangile en dehors de l'évangile chrétien et affirme: «mais si quelqu'un, même nous ou un ange du ciel, vous annonçait un évangile différent de celui que nous vous avons annoncé, qu'il soit anathème» (Gal. 1,8). Bien sûr, les Actes des Apôtres aussi soulignent: «il n'y a aucun salut ailleurs qu'en Lui; car aucun nom sous le ciel n'est offert aux hommes qui soit nécessaire à notre salut» (Act. 4,12). Il n'en reste pas moins que – comme le fait remarquer justement le Président de l'Académie d'Athènes, le Professeur Jean Karmiris – le «extra Ecclesiam nulla salus (...) n'est pas mentionné dans le Nouveau Testament et est privé de ce fait de cette caractéristique et fondement par excellence de tout dogme orthodoxe; il n'a été enseigné que plus tard par Cyprien, Origène, Augustin, Chrysostome et d'autres Pères; c'est l'Eglise romaine qui a particulièrement mis l'accent sur ce concept de manière exagérée et exclusive pour elle-même, tandis que les Orthodoxes l'ont moins souvent utilisé»[11]. Ceci, «étant donné qu'il n'y a pas d'hommes – de par leur nature – qui se trouvent en dehors du rayon de la grâce salvatrice illimitée et de l'action rédemptrice du Dieu tout-puissant, comme il n'y a pas de limites à cette grâce et à cette action»[12].

D'ailleurs, ce qui a été occasionnellement souligné par les Pères de l'Eglise dans le but d'éviter les hérésies et les schismes en vue de sauvegarder l'unité de l'Eglise ou pour protéger les Chrétiens contre les adeptes des autres confessions et religions et ainsi les sauver, ne doit pas être accepté sans réserve comme un principe exclusif et absolu.

Même si par ailleurs on insiste sur l'affirmation que le salut est impossible en dehors du

Christ et de l'Eglise, le fait qu'il y ait grâce divine en dehors de la grâce du Christ et Eglise en dehors de l'Eglise, apparaît dans la constatation de Justin affirmant sans hésitation que «ceux qui ont vécu avec raison furent des chrétiens, même si on les croyait athées, comme c'est le cas parmi les Grecs . . . de Socrate, d'Héraclite et de leurs semblables»[13]; ce même fait ressort aussi de l'enseignement relatif au *logos spermaticos* du même apologiste qui croit que «chez tout être humain existe une semence de vérité», ou que «la semence du Verbe est innée au genre hummain»[14]. Ce *logos spermaticos* fut vivant et actif déjà dans la philosophie pré-chrétienne, en tant que «préparation à la venue du Christ», et a pris la condition humaine, en Jésus-Christ[15].

Le principe de Cyprien, «extra Ecclesiam nulla salus», soulève à la fois la question concernant les frontières de l'Eglise dans laquelle et par laquelle nous sommes sauvés, de même que celle de savoir si, et dans quelle mesure, – nous, qui portons tous le nom du Christ – pouvons accepter sans réserves notre appartenance certaine à l'Eglise qui nous sauve.

Saint Augustin est à ce sujet plus nuancé, affirmant que «pires sont ceux qui semblent être au sein (de l'Eglise) et en réalité sont en dehors d'elle»[16], ou que «combien d'entre nous, sont encore au sein (de l'Eglise), et combien d'entre nous sont encore à l'extérieur de celle-ci?»[17]. C'est ce que souligne également le Professeur Jean Karmiris se référant à Grégoire de Nazianze: «Nombreux sont ceux qui semblent être à l'intérieur de l'Eglise, mais se trouvent en réalité en dehors d'elle; de même, nombreux sont d'autres qui semblent être en dehors de l'Eglise mais qui lui appartiennent dans leur for intérieur et de manière invisible, selon la volonté du Dieu miséricordieux et juste, dont la volonté et l'économie du salut sont impénétrables.»[18] Ainsi donc la grâce du Christ peut sauver des non-chrétiens là où elle les rencontre dans les autres religions, étant donné qu'en dernière analyse ce n'est pas la «religion» qui sauve mais le Christ lui-même.

Je ne m'étendrai pas sur la problématique liée au fait d'être ou de ne pas être dans l'Eglise, et à la recherche des Chrétiens anonymes en dehors du Christianisme ayant comme expérience de vie la grâce salvatrice. Je tiens simplement à souligner le besoin d'examiner à nouveau notre propre «identité», par rapport à notre propre famille ecclésiologique, aux adeptes des autres confessions et ceux des autres religions. Il faudrait choisir à cet effet un moyen de les approcher loin de toute prétention – autosuffisante, exclusive et pharisaïque – de détenir la vérité sotériologique. Il vaudrait peut-être mieux tenir compte du fait qu'ent tant que membres de l'Eglise – dans un sens large – peuvent être considérés, pour reprendre les paroles de Chrysostome, «tous ceux qui ont été, qui sont et qui seront fidèles dans l'œcuméné entière»[19]. De même, S. Basile le Grand expliquant le fait que les hommes sont «sauvés par la foi» dit que: «celui qui s'approche de Dieu doit croire qu'il existe et qu'il récompense ceux qui le cherchent» (Hébr. 11,6) «car ce n'est pas la recherche de ce que Dieu est mais la confession de son existence qui prépare notre salut»[20].

4. Le caractère universel du salut est indissolublement lié au mystère même de la création: «Nous n'avons qu'une seule volonté naturelle» dit Athanase le Grand, «aimer la vie, c'est-à-dire l'immortalité qui nous a été donnée dès le commencement»[21] et, comme le fait remarquer Grégoire de Nysse, «la nature qui s'étend du commencement jusqu'aux derniers jours, est une seule et unique image de l'être»[22]. «Adam, signifie en grec toute la terre» dit Saint Augustin: «Son nom est en effet composé de quatre lettres A.D.A.M.:

mais en grec ces quatres lettres sont les initiales des quatre points cardinaux: *Anatolè* (Orient), *Dysis* (Occident), *Arktos* (Nord), et *Mesembría* (Sud)»[23].

Toute la création est renouvelée après la chute par un événement dynamique: le mystère de l'incarnation divine. Dieu devient homme pour se charger des conséquences du péché originel – la souffrance et la mort. «Ce qui n'aurait pas été assumé ne pourrait être sauvé.»[24] L'humanité toute entière participe pour ainsi dire organiquement à la nature humaine de Dieu *(Logos)* qui s'est incarné afin que la volonté de Dieu soit faite: Ceux qui ont été rachetés deviennent enfants de Dieu, non pas comme le Christ «par nature et en vérité», comme dit Athanase le Grand, mais «par disposition et grâce divine, par participation à son esprit et par imitation»[25]. Ainsi, le Père a offert en son Fils la possibilité du salut pour le monde entier créant en lui une relation entre toutes les choses.

Ainsi, ayant tout rassemblé en la personne du Fils, le Père a offert au monde la possibilité de son salut: «de sorte que, par la grâce, l'homme soit et puisse être appelé Dieu et que Dieu, par condescendance, soit et puisse être appelé homme; de sorte que soit démontrée la puissance de la volonté réciproque, puissance qui déifie l'homme par l'amour de Dieu et qui humanise Dieu par l'amour de l'homme, puissance qui, inversant ainsi les rôles en vue du bien, fait de Dieu un homme pour la déification de l'homme, et fait de l'homme un Dieu pour l'incarnation de Dieu. Car le Verbe de Dieu, Dieu lui-même, veut que le mystère de son incarnation soit accompli toujours et en tous»[26].

Qu'est-ce que cela signifie? Cela signifie que tous les hommes, guidés par «l'Esprit de Dieu», peuvent être incorporés à l'unique famille du Dieu-Homme, sans distinction de sexe, d'âge, de classe, de race, d'opinion politique ou de valeur morale (cf. Rom. 8,14–17).

La demande dominicale «que ta volonté soit faite» (Matth. 6,10) concerne de par son essence et sa nature l'humanité toute entière.

Cette famille, le «Corps du Christ», s'appelle Eglise. Cette Eglise, que nous sommes nous-mêmes en tant que membres de ce corps, n'existe pas pour elle-même, mais pour le monde. Précisément parce que l'Eglise représente le Corps de Celui qui «par son humanité nous devient identique» et qui participe à la vie de l'Eglise et de l'Histoire, l'Eglise n'existe qu'en tant qu'incarnation du Seigneur dans le monde et dans l'histoire. Elle a une relation organique avec le monde.

Cette relation est vécue dans l'Eucharistie, événement sacramentel dans lequel la communion renouvelée avec Dieu est célébrée et réalisée dans l'Esprit Saint. L'homme est placé dans une communauté et créé pour elle. S'il vient à perdre cette communauté, toute sa relation à ses semblables et à son entourage naturel est perturbée. Le centre de cette communion, c'est le Dieu-Homme, le salut du monde, la divine humanité de Jésus, la vision de l'«homme nouveau», la «société nouvelle», la «nouvelle création» (Gal. 6,15) qui est caractérisée par deux mouvements qui s'interpénètrent d'une manière indissoluble: de l'autel vers le monde et du monde vers l'autel, contemplation et action, service de l'homme et service de Dieu, liturgie et diaconie, spirituel et temporel.

La volonté de Dieu aujourd'hui, synonyme de la rédemption de l'homme concret – ici et maintenant – comporte l'obligation de servir l'homme. Car, la foi en la rédemption du Christ sans mission diaconale est presque vaine.

Ainsi donc, être chrétien signifie: imiter le Christ et être prêt à le servir dans les faibles, les affamés et les prisonniers. Tout discours affirmant que le Christ agit aujourd'hui mais qui exclut les pauvres, n'est que pure idéologie. Il y a identité entre le Christ et le prochain.

C'est là l'origine du jugement du Christ au Jugement dernier: «En vérité, je vous déclare, chaque fois que vous l'avez fait à l'un de ces plus petits, qui sont mes frères, c'est à moi que vous l'avez fait» (Matth. 25,40). L'identité entre le Christ et le prochain a une dimension eschatologique.

Celui qui ne s'engage pas aujourd'hui spontanément pour porter secours aux hommes dans leurs souffrances concrètes peut aussi bien se rendre coupable d'hérésie que celui qui refuse telle ou telle vérité sotériologique de foi. Vérité qui n'est pas, pour ainsi dire, sans fondement, un système d'idées, mais le Christ lui-même qui dit: «Je suis le chemin et la vérité et la vie» (Jean 14,6). C'est ainsi que nous apprenons la volonté de Dieu par son application.

L'homme pour lequel nous sommes obligés d'agir aujourd'hui en commun est celui de l'âge de la science et de la technique, et qui a perdu son point de repère et ne sait plus il est vraiment. Nous sommes appelés à servir l'homme qui cherche la paix et appelle la justice, du méprisé et du défavorisé, de celui qui aspire à la dignité humaine, de celui qui est isolé.

Une pensée du Père Alfred Delp, écrite dans sa cellule de condamné à mort après le 20 juillet 1944, juste avant son exécution, pourrait constituer un appel dans cette direction: «Que nous retrouvions le chemin vers l'homme dépendra du retour de l'Eglise à la diaconie, au service de l'humanité, non pas au service que détermine notre goût, mais au service que détermine la misère de l'humanité. J'entends par la solidarité avec l'homme en toute situation, le fait de le suivre et de cheminer avec lui dans les situations les plus désespérées.»[27]

Le Christianisme n'est pas une religion de l'individu. Il est la foi de la personne, une communauté surnaturelle et sacramentelle de frères et de sœurs, la religion d'une unité essentielle et réelle, et pas seulement d'une unité collective ou mécanique, sentimentale ou diplomatique. Car une personne, contrairement à l'individu, ne peut se concevoir sans une relation profonde à d'autres personnes. Elle ne leur est pas seulement liée dans l'affliction et la mort, mais aussi par un désir commun de rédemption et d'unité, qui correspond à l'image de la Sainte Trinité et à l'unité des deux natures dans la personne du Dieu-Homme «non mélangées, non transformées, non séparées et non discernables».

Cette appartenance à une famille oblige à pratiquer la fraternité, la solidarité avec le monde. Dans cette communauté fraternelle, personne ne doit se sentir dans une position de force particulière, que ce soit à cause de sa profession de foi, de son activité sociale, ou même de ses souffrances et de son martyre.

Si les chrétiens comprenaient que le corps du Christ, par son essence même, veut englober l'humanité toute entière, ils prendraient mieux conscience de leurs responsabilités en tant que membres de ce corps. Leur action serait beaucoup plus vaste et plus décidée. Car l'action du Christ dépasse de beaucoup le cadre visible de l'Eglise: le Christ est aussi avec ceux qui ne le connaissent pas ou ne veulent pas le connaître, puisqu'il est mort pour nous tous.

Le Christ veut que son Eglise soit partout chez elle et que toute personne se sente à l'Eglise comme chez elle, de la même manière que chacun, en l'Esprit Saint, a vécu et exprimé dans sa propre langue le message de salut le jour de la Pentecôte. «Omnis gens secundum suam patriam in Ecclesia psallit Auctori.»[28]

5. De là vient l'appel à l'union que le Fils, peu avant sa Passion, adresse depuis le jardin de son angoisse à son Père: «que tous soient un comme toi, Père, tu es en moi et que je suis en

toi, qu'ils soient en nous eux aussi, afin que le monde croie que tu m'as envoyé . . . Père, je veux que là où je suis ceux que tu m'as donnés soient eux aussi avec moi . . .» (Jean 17,21–23).

Cette volonté d'union du Seigneur est à un tel point essentielle qu'une chrétienté divisée est un scandale, une plaie ouverte dans le corps du Christ, qu'est son Eglise. «Car il y a deux séparations du corps de l'Eglise. La première lorsque nous laissons l'amour refroidir; la seconde lorsque nous osons agir de façon indigne par rapport à ce corps. Dans les deux cas, nous nous séparons du plérôme. Et quel serait notre sort si, nous, qui sommes destinés à édifier les autres, ne faisons rien en ce sens mais, au contraire, les poussons aux schismes? Il n'y a rien de tel que l'amour du pouvoir pour diviser l'Eglise. Il n'y a rien de tel pour irriter Dieu que de diviser l'Eglise.»[29]

Pour Grégoire de Nazianze, il n'est pas permis de diviser le Christ entre l'Orient et l'Occident «sous prétexte de la Trinité»[30]. Saint Basile le Grand s'exprime avec amertume au sujet des disputes entre hommes d'Eglise puisque l'Eglise doit être le lieu de la concorde et de l'harmonie: «Dans l'Eglise de Dieu – pour laquelle le Christ est mort et sur laquelle le Saint-Esprit a été si abondamment répandu – j'ai vu un désaccord exagéré tant entre les personnes que concernant les Saintes-Ecritures. Et ce qui est pire que tout, j'ai vu les dirigeants de cette Eglise avoir une si grande divergence d'opinions et de croyance entre neux et s'opposer tellement aux commandements de notre Seigneur Jésus-Christ, qu'ils divisent sans merci l'Eglise de Dieu et troublent sans ménagement son troupeau.»[31]

La chrétienté divisée, vivant aujourd'hui la tragédie de la séparation et la nécessité d'y remédier, est particulièrement appelée, en cette année de la célébration du 1600ème anniversaire de la convocation à Constantinople du IIe Concile œcuménique, d'approfondir le Symbole de foi de ce Concile qui constitue la base du dialogue œcuménique pour le rétablissement de l'unité.

Cet appel et celle invitation sont valables particulièrement pour celles parmi les Eglises qui prétendent continuer en exclusivité l'Eglise une, sainte, catholique et apostolique. Celles-ci doivent rechercher et reconnaître comme Eglise, au plein sens du mot «Eglise», en dehors de leurs propres frontières canoniques avec lesquelles elles identifient l'Eglise une, sainte, catholique et apostolique – naturellement si et dans la mesure où cela est possible – les Eglises avec lesquelles elles seront appelées à la communion eucharistique. Car la communion eucharistique – qui est l'expression et le couronnement de la pleine communion – n'est pas possible là où il existe un désaccord quant à l'essentiel de la foi ou là où l'ordre fondamental de l'Eglise a été ébranlé, c'est-à-dire la continuité de la structure apostolique de l'Eglise ancienne, la succession apostolique. Ces deux points ne peuvent pas être séparés l'un de l'autre. De cette manière il deviendrait possible par la poursuite intensive des dialogues bilatéraux de créer éventuellement des modèles pour l'unité, modèles qui enrichiraient le dialogue bilatéral.

Puisse la théologie de Cyrille d'Alexandrie, «une seule nature incarnée du Dieu Verbe», imprégner nos efforts vers l'unité; puisse son humilité et son sens de la responsabilité nous servir d'exemple, en nous rappelant qu'il a accepté en 433 de laisser de côté sa bi belle théologie pour faire la paix avec Jean d'Antioche, après qu'il eût été certain qu'au-delà des différences, leur foi était identique[32].

Ce qui nous manque peut-être à tous c'est le dépassement de notre fanatisme afin que, libérés de nos animosités et imprégnés de l'amour du Christ, nous puissions rechercher, retrouver et reconnaître des frères en dehors de nos propres limites exclusives. Nous devons dépasser les schémas polarisants.

Donc, revenons dans l'amour réciproque à nos racines communes, au Credo de Nicée-Constantinople, non pas, bien sûr, d'une manière statique mais d'une manière dynamique, afin de rechercher, retrouver et réexaminer nos «identités» par rapport au monde actuel, à la réalité œcuménique actuelle, la concret «ici et maintenant», en enrichissant notre œcuménisme «dans l'espace» par un œcuménisme «dans le temps», avec ce qui «toujours, en tout lieu et par tous a été cru».

La Chrétienté, il faut l'avouer, est douloureusement divisée. Mais les choses divisées ne se suffisent pas à elles-mêmes, ne peuvent pas s'expliquer par elles-mêmes, comme l'a remarqué de manière plutôt erronée Arnold Toynbee[33]. «La faute principale du point de vue de Toynbee», fait remarquer le Père Georges Florovsky, «consiste à ce que tout simplement il ignore la tragédie de la division chrétienne. En effet, l'Orient et l'Occident ne sont pas des unités indépendantes et par conséquent elles ne sont pas «compréhensibles en elles-mêmes». Elles constituent des fragments d'un monde uni, d'une chrétienté unique, qui dans le dessein de Dieu ne devrait pas être disjointe. La tragédie de la division est le problème majeur et central de l'histoire chrétienne. L'effort de voir l'histoire chrétienne comme un ensemble compréhensible est déjà dans un certain sens un pas de progrès vers le rétablissement de l'unté brisée. Une importante réussite œcuménique a été que les «chrétiens divisés» ont compris qu'ils appartenaient les uns aux autres et par conséquent qu'ils devaient «rester ensemble». L'étape suivante sera de comprendre que tous les chrétiens ont «une histoire commune», que nous avions une histoire commune, une origine commune . . . A la réalisation de cette œuvre l'Eglise orthodoxe a un rôle spécial à jouer. Car elle est l'incarnation vivante d'une tradition ininterrompue dans la pensée et dans la piété. Elle ne représente pas une tradition «particulière» mais la tradition des siècles, la tradition de l'Eglise indivise[34].

J'aimerais souligner que nos Eglises aujourd'hui doivent dépasser un faux dilemme, celui de la recherche de l'unité ou du témoignage chrétien dans le monde. En effet si nous ne mettons pas plus d'énergie dans la recherche de l'unité, notre témoignage ne serait plus crédible.

En concluant, je voudrais me référer au texte d'une prophétie qui a été exprimée il y a environ cinquante ans par Rudolf Otto: «Un conflit géant se prépare . . . Cela deviendra le moment suprême de l'histoire humaine, lorsque les systèmes politiques, les groupes économiques, les intérêts sociaux cesseront de s'élever les uns contre les autres, et que les religions de l'humanité les auront remplacés dans ce combat; et lorsque . . . le combat atteindra enfin son paroxysme, l'esprit rencontrera l'esprit, l'idéal rencontrera l'idéal, l'expérience de vie rencontrera l'expérience de vie, lorsque chacun devra dire sans retenue ce qu'il a de plus profond et de plus véridique, s'il a quelque chose.»[35]

Ce moment suprême commence à se manifester aujourd'hui.

Un spirituel hindouiste m'a avoué il y a quelques jours dans une conversation privée que le Christ crucifié était, du point de vue de sa propre religion, la vérité la plus forte du christianisme. «Si, at-il dit, les disciples des différentes Eglises et, pourquois pas, des différentes religions, venaient au pied de la Croix échanger leurs réflexions, alors, débarrassés de la dialectique de la sagesse humaine, de leurs passions humaines, de leurs ambitions et égoïsmes – ils se rencontreraient peut-être sur l'essentiel pour le bien et la paix du monde.»

En effet, «la Croix, dans toute sa grandeur, sa heuteur, sa profondeur et sa largeur a de nouveau fait clairement apparaître à tous que – par la divine extension des mains – Dieu a rassemblé les deux peuples dispersés aux coins du monde et une est la tête, au milieu, comme un est le Dieu au-dessus de tous, pour tous et en tous»[36].

Sous la Croix du salut de notre Seigneur, nous comprenons jusqu'à quel point notre âme s'unit à Dieu dans l'amour lorsque nous compatissons le plus possible avec notre prochain.

Le Christ crucifié, portant en lui tout le genre humain, a été abandonné de tous. Le Dieu-Homme universel est mort dans la solitude. Comble du dépouillement *(kénosis)* et du sacrifice. Cet abandon – même par son propre Père – était peut-être nécessaire pour que la réunification s'accomplisse. Mystère de la solitude, point actif de l'union et de l'unité. «Ô Toi, seul parmi les seuls et pourtant Tout en tous.»[37]

Chers frères! Saint Syméon le Nouveau Théologien parle du désir ardent de salut pour tous ses frères qui distingue le véritable disciple du Christ à un tel point qu'il ne souhaite pas le salut sans eux[38].

Quelle meilleure réponse que ce témoignage chrétien de la volonté de Dieu, la même hier, aujourd'hui et dans les siècles: «Dieu veut que tous les hommes soient sauvés» (1. Tim. 2,4).

1 Grégoire de Nazianze, Poème 29; PG. 37, 507 A–508 A.
2 Grégoire de Nysse, Sur la prière dominicale, Hom. IV; PG. 44, 1168 C.
3 Grégoire de Nysse, Sur la prière dominicale, Hom. IV; PG. 44, 1164 C.
4 Clément d'Alexandrie, Pédag. I, 6; GCS Clemens Alexandrinus Bd. 1, S. 104 f. cf. Strom. 7,5; GCS Clemens Alexandrinus Bd. 3, S. 21.
5 Ignace d'Antioche, Ephes. 5,2 SC. 10,62. cf. Trall. 7,2; SC. 10, 100. Phil. 3,3; SC. 10, 122.
6 Basile le Grand, sur les Psaumes 28, 3; PG. 29, 288 AC.
7 Basile le Grand, Sur Esaïe 1, 28; PG. 30, 173.
8 Irénée, Adv. Haer. 3, 24, 1; PG. 7, 966 B.
9 Irénée, Adv. Haer. 1, 16, 3; PG. 7, 633 B.
10 Cyprien, De unit. Eccl. 6, Epist. 73, 21; PL. 3, 1122. 4, 502.
11 Karmiris Jean, Le caractère universel du salut en Christ, in: «Théologia», 52 (1981), 1, p. 15–17 (en grec).
12 Idem p. 29.
13 Justin, Apologie I, 46; PG. 6, 397 C.
14 Justin, Apologie I, 44; PG. 6, 396 B. II, 8; PG. 6, 456 AB.
15 Justin, Apologie I, 5; PG. 6, 336 AB.
16 Augustin; PL. 39, 1564.
17 Augustin; PL. 37, 1428. 35, 1999.
18 Karmiris Jean, op cit., p. 20. cf. Grégoire de Nazianze, Discours 18, 6, PG. 35, 992. Sur la maxime «extra Ecclesiam nulla salus» Zankow S., Das Orthodoxe Christentum des Ostens, Berlin 1928, p. 77, écrit: *«Der grundlegende Satz der Römischen Kirche ‹extra Ecclesiam nulla salus› ist in der Orthodoxen Kirche weder vom Katheder noch von der Kanzel jemals gelehrt worden. Und wenn auch ein ähnlicher Ausdruck von einzelnen orthodoxen Theologen gebraucht wurde, so sollte damit bloß gesagt werden, daß der Christ die zu seinem Heil erforderlichen Mittel der göttlichen Gnade im Schoße der Orthodoxen Kirche mit Sicherheit findet, ohne daß es ausgeschlossen wäre, daß das Heil auch außerhalb dieses Schoßes möglich sei . . .»*
19 Jean Chrysostome, Sur l'Epître aux Ephésiens, Discours 10, 1; PG. 62, 75.
20 Basile le Grand, Contra Eunomius 1, 14; PG. 29, 545.
21 Athanase le Grand; PG. 28, 541 A.

22 Grégoire de Nysse, PG. 44, 185 D.
23 Augustin, Sur le Psaume 95; (= CSEL 39, S. 1352 f.).
24 Grégoire de Nazianze, Lettre 101; PG. 37, 181 C.
25 Athanase le Grand, Contra Arianos 19; PG. 26, 361–364.
26 Maxime le Confesseur; PG. 91, 1084 C.
27 cf. Theodor Schober, Beiheft zur Oek. Rundschau 22, p. 101 - 102
28 Urbanus Maurus, De universo, Lib. 22, 3; PL. 111, 598.
29 Jean Chrysostome, Hom. XI, 4; PG. 62, 85.
30 Grégoire de Nazianze, Poèmes historiques, XIII; PG. 37, 12349 A–1240 A.
31 Basile le Grand; PG. 31, 653 B.
32 cf. Allocution de S.S. le Pape Paul VI au Phanar durant sa visite au Patriarche Athénagoras, le
    25. 7. 67. Tomos Agapis, Vatican-Phanar 1971, p. 375.
33 cf. Georges Florovsky, l'Eglise corps du Christ, p. 124.
34 idem p. 125.
35 Das Heilige, 1. Aufl. 1971, 36–40, Tsd. 1971.
36 Irénée, Adv. Haer. 5, 17, 4; PG. 7, 1171 C–1172 A.
37 Hippolyte, Texte 43.
38 Syméon le Nouveau Théologien, Oratio 22; PG. 120, 423–425.

15

Das eine Bekenntnis und die vielen Bekenntnisse

Überlegungen zum Zweiten Ökumenischen Konzil von Konstantinopel (381)

Anläßlich des 1600jährigen Gedenktages des Zweiten Ökumenischen Konzils von Konstantinopel stellen sich im Zusammenhang mit der Gegenwartsbedeutung dieses Konzils folgende Fragen:
 I. Die ökumenische Geltung des Glaubensbekenntnisses von 381,
II. Die eventuelle Möglichkeit eines neuen Glaubensbekenntnisses, welches einen verbindlichen Charakter für die gesamte Christenheit haben könnte.

I. Die Ökumenische Geltung des Glaubensbekenntnisses von 381

Das Glaubensbekenntnis von 381 bringt in den Fragen nach seinem Ursprung und seiner Geltung den ganzen Komplex der damaligen geschichtlichen Situation und kirchenpolitischen Lage in ihrer Undurchsichtigkeit und Verworrenheit zur Sprache.
Wie es in dem Enzyklischen Schreiben des Ökumenischen Patriarchats zur 1600-Jahr-Feier des II. Ökumenischen Konzils heißt, setzte sich dieses Konzil folgende eindeutige Ziele: Auseinandersetzung mit den christologischen Komplikationen, die durch Arianismus und andere Mißstände entstanden waren, die den orthodoxen Glauben untergruben; Ablehnung und Bekämpfung der neuen pneumatomachischen Irrlehren von Macedonius; eine klare und knappe Formulierung und Verkündigung des orthodoxen Glaubens und der Lehre; Verurteilung der verurteilungswürdigen Irrlehren; Auferlegung der kirchlichen Ordnung und Disziplin durch verschiedene Mittel, besonders durch die konkrete Anerkennung der Entscheidungen des Ökumenischen Konzils in Glaubensfragen; Zurückschneidung und Bestrafung von Auswüchsen und Festlegung der Grenzen kirchlicher Jurisdiktionen und der einzelnen Regionen; und schließlich, durch entsprechende Kanones, Festschreibung und institutionelle Anerkennung der Stellung der Kirche von Konstantinopel im Verwaltungssystem des Ostens.
Die Konzilsväter waren zudem aufgerufen, »die Lehre der Kirche in einem weiteren Sinne zu formulieren und sich auch spezieller über Fragen außerhalb des trinitarischen Problemkreises zu äußern – wie z. B. über die Kirche, das Sakrament der Taufe, den

Glauben an die Auferstehung der Toten und das ewige Leben, zu denen das Erste Konzil von Nizäa noch nicht Stellung genommen hatte . . .«[1].

Mängel in der Einberufung des Konzils und Bedenken gegen seine Anerkennung wurden noch dadurch verstärkt, daß die Gültigkeit von seiten namhafter Kirchenlehrer angezweifelt wurde. Ambrosius protestierte aus dem Westen gegen die mangelnde Ökumenizität des Konzils, indem er in einem seiner Briefe über die »Communio soluta et dissociata«[2] klagte. Gregor von Nazianz wies das Symbol des Konzils scheinbar zurück als manipulierte Kompromißformel und damit als Verrat am Glauben von Nizäa: »Die süße, schöne Quelle des alten Glaubens, der die verehrungswürdige Natur der Trinität zur Einheit zusammengeschlossen hat, worauf einst die Bemühungen von Nizäa zielten, diese sah ich durch salzige Zuflüsse der Unentschiedenen elend getrübt, welche das meinen, woran die Staatsmacht Gefallen hat.«[3]

Das Glaubensbekenntnis von 381 hat seine ökumenische Geltung nicht unbedingt durch seine ursprüngliche Autorität erhalten. Nach einem langjährigen Schweigen wurde das Symbol des Zweiten Ökumenischen Konzils auf dem Konzil von Chalzedon aufgegriffen. Es wurde neben dem Symbol von 325 feierlich gelesen und bekräftigt als »der heilige Glaube, den die einhundertfünfzig heiligen Väter in Übereinstimmung mit dem Glauben des heiligen und großen Konzils von Nizäa . . . formuliert hatten . . .«[4].

Auf solche Weise wurde das Symbol in die Konzilsakten von 451 aufgenommen. Das bedeutet zugleich, daß hauptsächlich hier der Prozeß der Aneignung seinen Ausgangspunkt nahm, der sich noch über Jahrhunderte hin erstrecken würde. Das Symbol von 381, das gleichsam als zwei »Glaubensaussagen« – der Väter von Nizäa und Konstantinopel – angesehen werden müsse, die einander ergänzen und erhellen[5], was auch in seinem späteren Namen »Nizäno-Konstantinopolitanum« zum Ausdruck kommt, begann sich langsam gegen andere lokale Bekenntnisse durchzusetzen. Seit der Zeit, da Bekenntnisse formuliert wurden, war es Brauch, daß jede lokale Kirche ihr eigenes Bekenntnis hatte. So erstaunt es nicht, daß mehrere Glaubensbekenntnisse nebeneinander bestehen konnten. Die Vielfalt der Bekenntnisse stand der Einheit des Bekennens nicht entgegen.

Die allgemeine Verbreitung und Verwendung des Glaubensbekenntnisses von 381 im kirchlichen Gebrauch erfolgte im Osten seit dem 6. Jahrhundert. Zu dieser Zeit setzte im Westen erst ein allmähliches Bekanntwerden dieses Textes ein.

Änderungen am Text müssen zusammen mit dem Vorgang der Rezeption gesehen werden. Denn zugleich mit der Konfrontation der neuen Glaubensformel entscheiden sich Auseinandersetzungen mit Irrlehren. Das Symbol von Konstantinopel hatte den Glauben gegen die Pneumatomachen zu verteidigen. Nizäa stellte den offiziellen Schlußpunkt der arianischen Streitigkeiten dar. Dieser Prozeß für die Entwicklung von Glaubensbekenntnissen gilt sowohl für den Osten wie den Westen. Genau in der gleichen Linie liegt auch die westliche Textänderung mit dem Filioque. Sie war eine Abgrenzung gegenüber allen Formen des Priscillianismus, der bereits Ende des 4. Jahrhunderts von Nordafrika über Spanien kommend den Glauben im Westen zu verwirren trachtete.

Streitigkeiten um Änderungen am Symboltext sind darauf zurückzuführen, daß für lokale Veränderungen allgemeine Geltung beansprucht wurde. Der Geltungsanspruch des Nizäno-Konstantinopolitanums in bezug auf die Textintegrität wirkte sich positiv auf seine Durchsetzung und Verbreitung aus.

So darf es nicht verwundern, welch ausschließliche und umfassende Bedeutung das

Symbol von 381 im Osten gefunden hat. Seit dem 9. Jahrhundert ist es in den Gottesdienst integriert und hat seinen Platz bei der Taufe und in der Lehrunterweisung.

Der Prozeß der Aneignung ist im Westen erst im 11. Jahrhundert abgeschlossen. Daneben sind jedoch weiterhin andere Formeln wie das Apostolikum oder das Athanasianum
gebräuchlich. »Sie zeigen im Westen eine Vielfalt von Bekenntnissen, deren Voraussetzung und Kriterium jedoch immer die Einheit des Bekennens in der Kontinuität der
Wahrheit ist . . . Das Bekenntnis von 381 steht neben verschiedenen anderen Bekenntnissen, die je für sich und alle zusammen Ausdruck sind für die Einheit und Gemeinschaft des Bekennens. Es ist eine Einheit des Bekennens in der Vielfalt der Bekenntnisse.«[6]

Es darf nicht vergessen werden, daß auch in den ersten elf Jahrhunderten die Lehrübereinstimmung zwischen Ost und West nicht immer vollkommen gewesen ist. Dennoch
sind zu jener Zeit diese Verschiedenheiten niemals als eine den Bruch der Gemeinschaft
auferlegende Ursache angesehen worden.

Es handelt sich hierbei um ein allgemeineres Phänomen, gemäß welchem die offenbare
Wahrheit im Osten und im Westen verschieden empfangen, gelebt und verstanden
wurde. Diese Verschiedenheiten der Theologie wurden als vereinbar innerhalb eines
selben Glaubens aufgefaßt, um so mehr als ein wacher Sinn für die Transzendenz des
Mysteriums und den vorwiegend apophatischen Charakter, den sein menschlicher Ausdruck anzunehmen hat, einem legitimen Pluralismus der Theologien im Schoße desselben traditionellen Glaubens freies Feld ließ. Eine entgegengesetzte Bewegung entstand
dann auf beiden Seiten, mehr noch im Westen als im Osten. Diese hat dazu geneigt, den
Glauben und seinen Ausdruck mit besonderen Theologien zu identifizieren und in den
Bereich, auf dem notwendigerweise Übereinstimmung verlangt wird, so manche Aspekte des christlichen Denkens einzubeziehen, die vordem als legitime Versuche der Theologen, das Mysterium anzugehen oder auszudrücken, betrachtet worden waren.

Zu den Fragen, die sich auf die Pneumatologie beziehen, könnte man behaupten, daß die
im Westen ausgearbeiteten Lehrausdrücke nicht als widersprüchlich zu den Lehren des
Ostens interpretiert werden dürfen. Man kann und man muß einerseits die Formeln der
griechischen, andererseits die der lateinischen Väter und das Filioque erklären, indem
man ihre Übereinstimmung unter völliger Beachtung ihrer jeweiligen Originalität auf-
weist. Seit dem 4. Jahrhundert gab es in der westlichen Tradition das Filioque, und dies
wurde nie als Hindernis zur Gemeinschaft betrachtet – erst als diese Gemeinschaft aus
anderen Gründen zerbrach.

Vom orthodoxen Standpunkt aus anstößig ist es jedoch, daß durch die Einfügung des
Filioque das Nizäno-Konstantinopolitanische Glaubensbekenntnis verändert worden ist
trotz der ausdrücklichen Ablehnung und Verurteilung jedweder Veränderung durch die
Ökumenischen Konzilien. Heute kann man, wie einige Autoren versichern, annehmen,
daß die Einfügung des Filioque in das Credo nicht die von den Ökumenischen Konzilien
dargelegte Lehre von der Einheit des trinitarischen Gottes verändert, vielmehr in Abwehr jedes Polytheismus sie nur noch unterstreicht. Deshalb ist zu prüfen, ob dieses
Problem vielleicht nur das Gebiet der theologischen Auslegung berührt und einfach eine
Form darstellt, die man bei mehreren östlichen wie westlichen Kirchenvätern antrifft.

Freilich fordert die römisch-katholische Kirche die Einfügung des Filioque nicht; denn
es stellt für sie keinen für die Einheit der Kirche notwendigen Ausdruck dar; so wird

sowohl der Brauch bei den römisch-katholischen Unierten verständlich, das Nizäno-Konstantinopolitanische Credo ohne diesen Zusatz zu sprechen, wie auch die Entscheidung des Konzils von Florenz (1439), nach der die lateinische Formel »aus dem Vater und dem Sohn« die gleiche Wahrheit ausdrückt wie die Formel des Ostens »aus dem Vater durch den Sohn«. Es sollte jedenfalls hier unterschieden werden zwischen der Einfügung des Filioque in das Nizäno-Konstantinopolitanum und den verschiedenen Pneumatologien, die im Osten und Westen entwickelt worden sind. Die Rückkehr auf den normativen Glaubensausdruck des II. Ökumenischen Konzils wäre die beste Art und Weise, das 1600jährige Jubiläum zu feiern. Was die verschiedenen pneumatologischen Entwicklungen angeht, so sollten die Römisch-Katholischen und die Orthodoxen voneinander nur verlangen, sich zunächst davon zu enthalten, die Formulierung des anderen als illegitim zu verwerfen. Sie sollten ihre Bezeugung bekräftigen, daß der Weg, der dem Bewußtsein dieser Konvergenz Vertiefung und Ausdruck ermöglicht, der bereits begonnene offizielle Dialog zwischen den beiden Kirchen sei.

Auf diese hoffnungsvolle Perspektive weist der Papst Johannes Paul II. in seinem Brief an den Ökumenischen Patriarchen Dimitrios I. hin, wenn er u. a. unterstreicht: »Die Lehre des Ersten Konzils von Konstantinopel ist immer noch der Ausdruck des einen gemeinsamen Glaubens der Kirche und der ganzen Christenheit.

Selbstverständlich weiß ich sehr wohl, daß es im Laufe der Geschichte zwischen unseren Kirchen Auseinandersetzungen bezüglich der Lehre über den Heiligen Geist, besonders über die ewige Beziehung des Sohnes und des Geistes, gegeben hat.

Wie alle Fragen, die zwischen unseren Kirchen noch nicht völlig geklärt sind, wird auch diese Frage Gegenstand des Dialogs sein müssen, der so glücklich begonnen hat und von dem wir alle erwarten, daß er helfen wird, den so ersehnten Tag rasch herbeizuführen, an dem wir im Licht und ohne Hintergedanken bei der gemeinsamen Feier der heiligen Eucharistie miteinander unseren Glauben bekennen können.«[7]

Obwohl, wie schon ausgeführt, die alten Glaubensbekenntnisse geschichtlich und kulturell bedingt waren – sie richteten sich an den bestimmten Menschen jener Zeit, um dessen Erlösung es ging –, sind sie eine Gewähr für die Rechtgläubigkeit, ein Ausdruck von universaler Gültigkeit im trinitarischen Christusglauben, absolute Erlebnis- und nicht bloße Erkenntnisaussagen.

Was können diese Überlegungen für unsere heutige kirchliche Situation bedeuten? Welches ist die Verbindlichkeit des Nizäno-Konstantinopolitanischen Glaubensbekenntnisses in unserer heutigen kirchlichen Lage? Bedeutet z. B. das konziliare Vorgehen Nizäas etwas für die heutigen kirchlichen Gemeinschaften? Ein direkter Vergleich ist unmöglich, insofern als das erste ökumenische Konzil in einer ganz bestimmten geschichtlichen Zeit des Byzantinischen Imperiums stattgefunden hat, während man sich heute in einer in mancherlei Hinsicht verschiedenen Situation befindet.

Nizäa (325) und Konstantinopel (381) fanden in der Einen ungeteilten Kirche statt, während wir uns heute vor einer Menge von kirchlichen Gemeinschaften befinden, die mitunter sogar weit auseinandergehen im Bekenntnis der Wahrheit und in ihrer Strukturierung. Könnte man sagen, daß die Ökumenizität dieser beiden Konzile auch heute bestätigt werden kann und soll, und zwar durch die Anerkennung ihrer Wahrhaftigkeit in einer Rezeption, die nicht als eine Art konstitutionellen Gehorsams und auch nicht als eine bloße Manifestation brüderlicher Verbundenheit verstanden werden sollte? Die

Rezeption liegt vielmehr im guten Willen, in der Wahrheit übereinzustimmen. Sie ist das geistliche Geschehen einer Manifestation a posteriori und einer Akzeptierung des Anspruchs der Konzile, Stimme des in der ganzen Kirche wirksamen Heiligen Geistes zu sein. Wenn ihr Anspruch als solcher auch für unsere Zeit gültig sein sollte, sollte man dann nicht von einer volleren Rezeption sprechen, die heute sehr wohl möglich sein könnte? Selbstverständlich! Der Anspruch der ökumenischen Konzile gilt auch heute. Er ist eine Realität für alle Kirchen, vor allem für diejenigen, die sich ausdrücklich gegenüber den Entscheidungen der Konzile verpflichtet haben. Ihre Bekenntnisse müssen daher immer wieder neu angeeignet und zu eigen gemacht werden.

II. Die eventuelle Möglichkeit eines neuen Glaubensbekenntnisses, welches einen verbindlichen Charakter für die gesamte Christenheit haben könnte

Angesichts der heutigen Wirklichkeit ist oft die Rede von einem ökumenischen Glaubensbekenntnis, welches die alten Symbole eventuell ersetzen könnte.

Ein künftiges ökumenisches Glaubensbekenntnis hätte vor allem dann einen Sinn, wenn es die Einheit im Glauben, also die Einheit der Kirche, welche das Ziel des Ökumenismus ist, ausdrücken würde. Es sollte dann in einer Weise verbindliche Lehrautorität besitzen, daß es in allen Kirchen und an allen Orten angenommen würde. Es wäre keine intellektuelle, rationale Schöpfung der kirchlichen Institution, sondern ein lebendiger Ausdruck des gemeinsamen Glaubens, der durch seine spirituelle Klangfarbe seinen rechten doxologischen Platz im Leben der Kirche einnehmen würde.

Damit ist natürlich nicht gesagt, daß die Kirche nicht die Lehrautorität hätte, ein neues Glaubensbekenntnis auszuarbeiten, wenn dies durch das Hier und Jetzt erforderlich würde. Die Kirche ist der Ort der ununterbrochenen Inkarnation der Wahrheit durch den Heiligen Geist.

So kann man die Bekenntnisse nur durch Teilnahme und Teilhabe am Leben der Kirche begreifen und erleben. Sie haben einen ekklesiologischen Charakter.

Die orthodoxe Kirche hat jedoch nicht den Kampf um Reformation und Gegenreformation mitgemacht, und sie war deshalb nicht gezwungen, neue Glaubensbekenntnisse auszuarbeiten oder eine Art von tridentinischem Glaubensbekenntnis anzunehmen, noch sich mit dogmatischen Fragen als solchen auseinanderzusetzen. Die orthodoxe Kirche bereitet zur Zeit ihr Heiliges und Großes Konzil vor. Sie glaubt dabei, daß es nutzlos und vielleicht sogar gefährlich wäre, ein neues Bekenntnis auszuarbeiten oder ohne zwingende Gründe Fragen zu behandeln, welche die orthodoxe Kirche nicht mit Irrlehre und Schisma bedrohen. Denn abgesehen von einigen Dogmatikern gibt es kaum Gläubige, die das Bedürfnis einer derartigen Formulierung empfinden. In den ersten acht Jahrhunderten wurden die Konzilien aus dringender Notwendigkeit und gerechtfertigten Gründen einberufen, um eine verhängnisvolle Spaltung der Kirchengemeinschaft zu verhindern oder Trennungen aufzuheben. Außerdem müßte ein neues Bekenntnis von einem ökumenischen Konzil proklamiert werden.

Was ein ökumenisches Glaubensbekenntnis anbetrifft, so bezweifle ich seine Möglichkeit und seine Notwendigkeit, und das aus folgenden Gründen:

1. Es fehlt ein allgemeingültiges, universelles »Lehramt«, welches für die gesamte Christenheit verpflichtend sprechen könnte. Ein solches wäre nur nach Wiederherstellung der Einheit denkbar.

2. Selbst wenn es ein solches autoritatives Lehramt geben würde, würde die geschichtliche Erfahrung für die Unmöglichkeit eines solchen Glaubensbekenntnisses sprechen. Nicht einmal der römisch-katholischen Kirche mit ihrem unfehlbaren Lehramt und ihrer universalen ekklesiologischen Struktur ist es gelungen, einen neuen Weltkatechismus zu schaffen, der die unterschiedlichen Situationen bei den einzelnen Völkern mit verschiedenartiger kultureller, sozialer und psychologischer Herkunft und Prägung auf eine allgemeingültige Art und Weise ansprechen könnte. Und dies, obwohl es einen amtlichen tridentinischen Katechismus gegeben hat und noch in neuerer Zeit Kardinal Gasparri unter Pius XI. einen ähnlichen Versuch machte. Für ein Glaubensbekenntnis ist die Situation nicht anders als für einen Katechismus.

3. Außerdem bezieht sich die dringende heutige Not nicht auf die eine oder andere christliche Lehre, die in Zweifel gezogen wird, sondern auf unseren gemeinsamen christlichen Glauben als solchen, der vollzugs- und inhaltsmäßig in Frage gestellt wird. Was sollte insofern in einem eventuellen künftigen ökumenischen Glaubensbekenntnis, welches alle Christen ansprechen und kurz gefaßt sein sollte, ausgesagt und weggelassen werden? Welches wären seine entscheidenden Elemente? Jedenfalls ist in keinem Glaubensbekenntnis der alten, ungeteilten Kirche alles gesagt worden, was zum Glauben gehört – und es war auch nie nötig gewesen.

Ich glaube nicht, daß man unsere heutige Situation der Trennung durch lehramtliche Definition überwinden kann. Das Zweite Vatikanische Konzil hat mit Recht keinen Versuch in dieser Richtung unternommen.

4. Damit ist nicht gesagt, daß die Kirche nicht nach verschiedenen Ausdrucksformen des Glaubens suchen könnte, um die Heilsbotschaft in den verschiedenen Situationen zur Sprache zu bringen. Es wäre nur bequem und nicht zweckmäßig eine Einheit ohne Vielfalt anzustreben, die durch ein eventuelles, gemeinsames Glaubensbekenntnis ausgedrückt wäre. Die Einheit in der Vielfalt und die Vielfalt in der Einheit kennzeichnet jene lebendige Kirche Christi, die in organischer Beziehung zur Welt und zur Geschichte stehen soll und die um der Erlösung des Menschen willen, der Wahrheit des Evangeliums das Fleisch des Hier und Jetzt gibt, ohne ihre wesentliche Kontinuität anzutasten.

Nicht die Formulierung eines ökumenischen Glaubensbekenntnisses ist meines Erachtens das Wesentliche. Sondern eine Entdeckung des einen Glaubensbekenntnisses in den vielen Bekenntnissen.

Im folgenden seien einige Perspektiven aufgezeigt, welche das Glaubensbekenntnis in unserer heutigen ökumenischen Situation betreffen:

a) Man sollte den alten, ehrwürdigen Glaubensbekenntnissen der alten ungeteilten Kirche einen vorrangigen Platz einräumen, selbst wenn von manchen behauptet wird, sie würden heute nicht unmittelbar genug unsere geistige Situation ansprechen. Man muß nach dem Platz fragen, welchen diese Bekenntnisse im Leben und Denken der Kirche heute einnehmen und einzunehmen haben. Wie bekennt man heute Christus als den Herrn, den Sohn des lebendigen Gottes? Und wie kann man dieses Christuszeugnis weitergeben? Durch bloße Formeln, die auch den Nicht-Theologen helfen können, den Glauben in ihrer nichtchristlichen Umwelt zu verantworten? Unseren Glauben heute bekennen bedeutet, den konkreten Menschen unserer Zeit zu berücksichtigen.

Es geht um den Menschen, der sich fragt, ob er nicht zum Inhalt der Glaubensaussage gemacht werden soll. Welches ist dieses Ich, das bekennt: »Ich glaube an einen Gott . . .?« Warum soll dieses Ich nicht zum Teil des Bekenntnisses werden? Es wird von manchen behauptet, daß der Mensch in das Glaubensbekenntnis miteingeschlossen werden kann, genauso wie Gott, Christus und der Heilige Geist. Dabei ignoriert man die Tatsache, daß die Menschwerdung Gottes mit der Menschwerdung des Menschen untrennbar verbunden ist. Es wird nicht genug darüber nachgedacht, daß der ganze Inhalt des Glaubens den Menschen voraussetzt und daß die Christologie im wesentlichen Soteriologie ist[8], denn sie gründet ihre Daseinsberechtigung auf den Versuch, eine Antwort auf die drängenden anthropologischen Fragen zu geben. Man denkt oft nicht daran, daß Gott in Christus Mensch wurde, damit das Menschsein von der Menschlichkeit Gottes bestimmt werde.

b) Das Glaubensbekenntnis heute ist mit der Frage verbunden, wie man Theologie betreibt. Wir sollten um des Menschen und der Welt willen theologisch etwas treuer werden im Sinne einer Theologie, die nicht vom Leben und der Doxologie zu trennen ist und die nicht für ihren Inhalt vor der Ratio des Menschen verantwortlich sein will, einer Theologie, die im täglichen Leben ihre harmonische Anwendung finden kann, die gerade das Paradox unseres Glaubens, das Zusammentreffen der Horizontalen mit der Vertikalen, berücksichtigt. Dies macht die Originalität des Christentums unter allen Religionen aus. Eine Theologie also, die zu vergegenwärtigen versteht, was wir in den letzten Tagen erfahren werden: die Kohäsion des Ganzen, die Harmonie des Alls. Wenn wir tiefer »theologisch« werden in dem Sinne, daß der Dienst am Menschen nicht vom Gottesdienst abzutrennen ist, dann wird uns unsere Liebe zu Gott zu unseren Mitmenschen führen und die Liebe zu unseren Mitmenschen zu Gott, dann werden wir das Gleichgewicht zwischen Transzendenz und Immanenz wiedergewinnen.

c) Nur so könnten die getrennten Christen Zugang zu einem Christusbekenntnis finden. Denn trotz der vielen Christuszeugnisse, die örtlich, zeitlich und kulturell bedingt sein können, gibt es nur ein Christusbekenntnis, genauso wie es nur einen, unteilbaren Leib Christi gab.

Wir sind unterwegs zu einem Glaubensbekenntnis, das trotz der verschiedenen Christuszeugnisse, die vielleicht auch eine Bereicherung für die eine Kirche sein können, über unsere Trennungen hinweg wiederentdeckt werden kann.

Es ist noch nicht genügend geprüft und geklärt worden, weder auf bilateraler noch auf multilateraler Ebene, ob unsere Glaubensunterschiede überhaupt kirchentrennend sind oder nicht. Man hat leider gegenseitig nicht nach dem Bestehen einer »Ecclesia extra ecclesiam« gefragt, die in der ganzen Fülle dort anerkannt werden kann, wo die Einheit im Eigentlichen des Glaubens (d.h. der großen konziliaren Symbole) vorliegt und die Grundordnung der Kirche, d.h. die ›successio apostolica‹ ungestört bewahrt wird.

Die eine Pistis wurde stets vor dem einen eucharistischen Tisch erlebt. Jede Abweichung von dieser Glaubenswahrheit, die die Kirche mit häretischen und schismatischen Gefahren bedrohte, verpflichtete die Kirche, alle möglichen Mittel anzuwenden, um die volle Kommunion im Corpus Christi zu bewahren.

Das Anliegen der alten Konzile der Kirchen war die volle Kommunion im Bereich des Glaubens und des sakramentalen Lebens. Da die Eucharistie in Übereinstimmung mit der Orthodoxie gesehen wurde und die eucharistische Gemeinschaft die Einheit in dem geoffenbarten Christusglauben voraussetzte, verpflichteten sie sich, wenn es heilsnotwendig war, zur Formulierung eines Glaubensbekenntnisses, damit Mißverständnisse und Abweichungen beseitigt werden konnten. So wurden bestimmte Grenzen der Kirchenzugehörigkeit gesetzt. Ein wesentliches Kriterium, nach dem Wahrheit oder Irrtum einer Lehre beurteilt werden können, eine Gewähr für die Rechtgläubigkeit, ein Ausdruck von universaler Gültigkeit im Christusglauben wird uns von diesen Glaubensbekenntnissen gegeben, die zugleich auch die ersten Definitionen des kirchlichen Lehramtes sind.

Abschließende Gedanken und Überlegungen

Irenaeus von Lyon verbindet die Versammlung der Söhne Gottes mit der Kirche, die ihrerseits untrennbar mit dem Geist vereinigt ist. »Gott hat in der Kirche die Apostel, Propheten und alle andern Auswirkungen des Wirkens des Geistes festgesetzt, an denen diejenigen, die sich nicht zur ›Ekklesia‹ bekennen, keinen Anteil haben (. . .). Denn dort, wo die Kirche (›ekklesia‹) ist, dort ist auch der Geist Gottes; und wo der Geist Gottes ist, da ist die Kirche und alle Gnade. Und der Geist ist die Wahrheit.«[9]
Hier besteht ein gegenseitiges Bedingen von Geist und Kirche. Man kann sagen, daß dort, wo der Geist ist, die Kirche ist, aber auch daß dort, wo die Kirche ist, der Geist ist.[10]
Diese Kirche, der Leib des gekreuzigten und auferstandenen Christus, die durch die Gnade des Heiligen Geistes in unablässiger Weise da ist, ist die Kirche der Nachfolge der Priester in der sakramentalen Glaubensgemeinschaft der Apostel. Diese Kirche ist es, die Irenaeus kennt, die wahre Kirche, die die Kontinuität des apostolischen Glaubens zusichert. Es ist jene Kirche, die der Geist überall und in allem vollkommen macht, die Kirche von 381, die uns unser gemeinsames Bekenntnis des trinitarischen Glaubens gegeben hat, das bis heute in ununterbrochener Treue gelebt wird.
Das Credo von Konstantinopel setzt in seinem Artikel über den Heiligen Geist diese Gemeinschaft in der einen, heiligen, katholischen und apostolischen Kirche voraus. Der Text sagt es so: »Und (ich glaube) an den Heiligen Geist, den Herrn und Lebensspender; der aus dem Vater hervorgeht; der mit dem Vater und dem Sohne zugleich angebetet und verherrlicht wird; der gesprochen hat durch die Propheten. An die eine, heilige, katholische und apostolische Kirche . . .«
Alle diese Überlegungen und die Tatsache, daß wir heute unser gemeinsames Bekenntnis des trinitarischen Glaubens leben, verpflichtet uns zu einer großen und dringlichen Aufgabe: die volle Gemeinschaft zwischen den getrennten Kirchen wiederherzustellen. Wenn die Kirche dort ist, wo der Geist ist, und umgekehrt der Geist, wo die Kirche ist, so müssen wir bereit sein, die Präsenz des Geistes, d.h. der Kirche, außerhalb unserer eigenen kanonischen Grenzen, mit denen wir die eine, heilige, katholische und apostoli-

sche Kirche identifizieren, zu suchen und anzuerkennen. Wir können das tun, ohne unseren Glauben an die Una Sancta zu verraten, indem wir unser eigenes Charisma klären und vertiefen, was uns erlauben wird, das Christentum der andern anzuerkennen. Wenn die Gemeinschaft in der Kontinuität des apostolischen Glaubens eine Frucht des Geistes ist, so sind wir verpflichtet, in und durch einen vertieften Dialog zu prüfen, ob unsere Unterschiede, die sich auf Ausdrücke des theologischen Vokabulars beziehen, verschiedene legitime Annäherungen an das gleiche Mysterium Christi sind, das indessen immer unaussprechbar bleibt. Das bedeutet nicht, daß wir die Lehrunterschiede, die noch nicht gelöst sind, vergessen, sondern unsere Haltung ändern, d.h. nicht nur die Schwierigkeiten in den uns vorliegenden Möglichkeiten suchen, sondern, vom Geist durchdrungen, Möglichkeiten in den Schwierigkeiten unserer Annäherung finden. Man muß sich tatsächlich fragen, nicht nur, ob es erlaubt ist, den gleichen und einzigen eucharistischen Tisch zu teilen, sondern ebenso in umgekehrter Weise, ob es erlaubt ist, es zu verwehren. Das allerdings darf nur dann geschehen, wenn das Wesentliche des Glaubens und der apostolischen Sukzession, die beide untrennbar miteinander verbunden sind, nicht gegeben sind. Andernfalls machen wir uns des Verrats am Geist und der Kirche schuldig. Man darf nicht vergessen, was Gregor von Nazianz gesagt hat: »Erregt euch nicht wegen einer Wörterfrage. Gewährt uns die Kraft der Gottheit« (indem dem Heiligen Geist diese Kraft zuerkannt wird) »und wir werden euch mit Nachsicht in den Wörtern begegnen.«[11]

Von unseren offiziellen bilateralen und multilateralen Dialogen erwartet man keinesfalls, daß der andere aufhört, das zu sein, was er ist, sondern daß man den anderen anerkennt, so wie er ist. Nur so kann man zu einer gegenseitigen Bereicherung geführt werden, ohne die Aufgabe der eigenen Identität zu verlangen. Ich vertrete nicht die formelle Toleranz, sondern die inhaltliche Toleranz, das heißt: die dynamische, lebendige Auseinandersetzung, die zur tieferen gegenseitigen Erkenntnis führt. Das darf natürlich nicht mit einer überflüssigen polemischen Selbstbehauptung verwechselt werden, auch nicht mit einer »ökumenisch« verkleideten gegenseitigen Bekämpfung.

Ein schönes Wort Goethes könnte für uns belehrend sein. »Toleranz«, sagte er, »sollte eigentlich nur eine vorübergehende Gesinnung sein. Toleranz muß zur Anerkennung führen. Dulden heißt beleidigen.«[12]

Anmerkungen

1 Eintausendsechshundertjähriges Jubiläum des Zweiten Ökumenischen Konzils 381–1981. Patriarchales und Synodales Enzyklisches Schreiben, Ökumenisches Patriarchat 5. bis 9. Juni 1981, 4–5.
2 Epistula 13, 10; P. L. 16, 953.
3 Gregor von Nazianz, Carmen de vita sua, 1703 ff. (ed. Chr. Jungk, 1974, S. 136).
4 Mansi, Conciliorum amplissima collectio VI, 956–957.
5 Brief des Bischofs Flavianus von Konstantinopel an Theodosius II. (449), in: Mansi, a.a.O., VI, 541.
6 Slenczka, R., Das Ökumenische Konzil von Konstantinopel und seine ökumenische Geltung heute, in: Una Sancta 36 (1981) 3, 206–207.
7 Brief des Papstes an den Ökumenischen Patriarchen, in: Una Sancta 36 (1981) 3, 188.

8 Vgl. Papandreou, D., Christologie und Soteriologie im Verständnis der Kirchenväter, in: Christus, das Heil der Welt: Beiheft zur Ökumenischen Rundschau 22, 26 f. (S. o. S. 58 ff.)
9 Adv. Haer. III, 24, 1; P. G. 7, 966. SC. 34, 399 ff.
10 Vgl. Congar, Y., Je crois en l'Esprit Saint, Bd. 1, éd. du Cerf, Paris 1979, 101.
11 Zitiert nach Eulogius von Alexandrien, in: Photius, Bibliothèque 227. Panégyrique d'Athanase par Grégoire de Nazianze, Or. XXI; P. G. 35, 1125 B.
12 Siehe: Den anderen anerkennen, wie er ist. Gespräch mit Metropolit Damaskinos von Tranoupolis, in: Luth. Monatshefte 8 (1978), 472–474.

16

Martin Luther in orthodoxer Sicht*

Das 500jährige Lutherjubiläum, das in diesem Jahr gefeiert wird, ist keine bloße Erinnerungsfeier, sondern ein Ereignis von ekklesiologischer und ökumenischer Bedeutung für alle Kirchen und Christen. Es ist daher nicht zufällig, daß das Orthodoxe Zentrum von Chambésy im vergangenen Jahr ein ganzes Seminar über Luther und die deutsche Reformation vom 24. April bis 31. Mai 1982 abgehalten hat.[1a]
In diesem Seminar ist klar und eindrucksvoll zum Ausdruck gebracht worden, daß die ganze Lutherfrage ›nostra res‹ ist. Denn durch unsere vielseitige Zusammenarbeit mit den aus der Reformation hervorgegangenen Kirchengemeinschaften sind wir bewußt oder unbewußt mitten in das Ereignis der Reformation gestellt. So ist die Reformation auch unsere eigene Sache.
Wie kann man die Reihe von Ereignissen, die man »Reformation« nennt, die von Deutschland im 16. Jh. ausgeht, in deren Zentrum die Gestalt Martin Luthers steht und an deren Ende die abendländische Christenheit zutiefst gespalten ist, anders als kritisch untersuchen? Mehr als je scheint es heute geboten, Luther mit den Augen der orthodoxen Theologie zu betrachten. Denn obwohl der orthodox-lutherische Dialog heute sehr intensiv geführt wird und wir den Eindruck haben, uns inzwischen gut kennengelernt zu haben, sind unsere beiderseitigen legitimen Anliegen im Grunde noch unverstanden geblieben.
Weil die orthodoxe Theologie an den Ursachen der Auseinandersetzungen der abendländischen Christen im 16. Jahrhundert interessiert sein muß, hat sie sich ernsthaft die Frage nach dem legitimen Anliegen der Reformatoren, nämlich nach dem Sinn wahrhafter Erneuerung innerhalb der Kirche zu stellen. Sie kann aus ihrer Sicht Luthers Auftreten nicht von dem Hintergrund der Kirche lösen, aus der er erwachsen ist und gegen deren Zustand er sich wendet. Auch die Orthodoxie ist sich bewußt, »wie fatal für die Kirche die verabsolutierte, petrifizierte Institution sein kann, wie gefährlich die Kommerzialisierung der Gnade ist, welche verheerenden Konsequenzen das Prinzip der absoluten Vertretung der Kirche Christi durch eine einzige lokale Kirche mit sich bringt«[1].
Die orthodoxe Kirche versteht sich nicht als eine ›Konfession‹ neben anderen, die damit einen rein bekenntnismäßigen Standpunkt zu vertreten hätte. Sie versteht sich vielmehr als die ›alte ungeteilte‹ Kirche, deren Glauben sie in ungebrochener Kontinuität durch die Geschichte lebendig überliefert. Der Anspruch dieses Selbstverständnisses bedeutet aber nicht, daß sie die einzige, im abgrenzenden Sinne exklusive Verfechterin der Sache Jesu Christi ist. Denn indem sie sich ständig selbst um Verwirklichung und Vertiefung des

---

* Gastvortrag auf Einladung der Theologischen Fakultät Erlangen am 28. 6. 1983.

Glaubens bemüht, ruft sie damit gleichzeitig die Gesamtheit aller Gläubigen zur Wahrung und Wiedergewinnung der vollen kirchlichen Realität auf.

Aus diesem Selbstverständnis heraus stellt sich der Orthodoxie die dringende Aufgabe, Luther und den Reformatoren ihren gebührenden Platz in der Geschichte der Kirche einzuräumen und ihr Wirken nicht einfach als internes Problem der westlichen Christenheit anzusehen. Von fundamentaler Bedeutung ist es, Luthers theologischen Ansatz aus orthodoxer Sicht zu klären. Da er ursprünglich die römische Lehre und Praxis nur in ihrer Fehlentwicklung, nicht aber in ihrer Gesamtheit verwerfen wollte, müssen wir seine Theologie zunächst nicht als inhaltlich neue, sondern als Korrektiv der damaligen römischen ansehen.

Es ist schade, daß Luther als Reformator in einer Zeit aufstand, in der die Kontakte zwischen Ost und West mehr oder minder abgebrochen waren und man praktisch nicht mehr Ost und West konfrontieren konnte, um sich vom gemeinsamen Denken der Kirche ein Urteil zu bilden. Diese Konfrontation war jahrhundertelang ein glückliches Mittel zur Unterscheidung zwischen dem von der lebendigen apostolischen Tradition getragenen Glauben und den die verschiedensten Kulturen ausdrückenden theologischen Traditionen. Diese Entwicklung war ebenfalls von der Polemik gekennzeichnet, die damals in Blüte stand und deshalb einen einseitigen Charakter nicht vermeiden konnte.

Die offenbarte Wahrheit ist im Osten und Westen verschieden empfangen, gelebt und verstanden worden. Diese Verschiedenheiten der Theologie wurden als vereinbar innerhalb desselben Glaubens aufgefaßt, um so mehr als ein wacher Sinn für die Transzendenz des Mysteriums und den vorwiegend apophatischen Charakter, den sein menschlicher Ausdruck anzunehmen hat, freies Feld einem legitimen Pluralismus der Theologien im Schoße desselben traditionellen Glaubens ließ. Eine entgegengesetzte Bewegung entstand dann auf beiden Seiten, mehr noch im Westen als im Osten. Diese hat dazu geneigt, den Glauben und seinen Ausdruck mit besonderen Theologien zu identifizieren und in den Bereich, auf dem notwendigerweise Übereinstimmung verlangt wird, so manche Aspekte des christlichen Denkens einzubeziehen, die vordem als legitime Versuche der Theologen, das Mysterium anzugehen oder auszudrücken, betrachtet worden waren.

Was Luther zum Reformator macht, sind nicht die relativ wenigen »Reformvorschläge«, die er entwickelt hat und die in die Praxis seiner Anhänger eingehen. Es ist eine »bestimmte geistliche, exegetisch-theologische Erkenntnis im Blick auf das, was Evangelium ist«[2], die ihn zum Reformator werden läßt. Es erscheint uns heute wie selbstverständlich, daß die tiefgreifenden Ereignisse und Vorgänge in der Kirche des Westens im 16. Jahrhundert von der Theologie als »Reformation« bezeichnet werden. Darum ist es um so erstaunlicher, daß dieser Begriff von den Reformatoren selbst so gut wie gar nicht zur Umschreibung ihres Wirkens und ihrer Ziele gebraucht worden ist. Die Bezeichnung »Reformation« mag von ihnen vor allem deshalb vermieden worden sein, weil ihr Anliegen im wesentlichen nicht auf derselben Ebene lag wie die Reformbewegung des vorausgehenden 14. und 15. Jahrhunderts. Diese richtete sich in erster Linie gegen äußere Mißstände in der Kirche, wie den Verfall der Sitten, der kirchlichen Ordnungen und Strukturen u. a. Wenn das alles Luther und den Reformatoren auch keineswegs gleichgültig war, richtete sich ihr Hauptaugenmerk jedoch auf etwas anderes: auf die Vernachlässigung des Amtsauftrages durch die Hierarchie der Kirche ihrer Zeit. Bei allen Zeichen akuten Verfalls in der Kirche seiner Zeit waren in den Augen Luthers dennoch ungebrochen Schrift, Taufe, Abendmahl und Predigtamt geblieben. Hier schimmert noch einmal die tiefe Überzeugung der Reformatoren von der Kontinuität der Kirche durch. Es gab für sie nicht die Vorstellung eines idealen Urzustandes der Kirche mit nachfolgendem Abfall, der durch ›reformatio‹ wiederherzustellen wäre. Reformation als Restauration schied deswegen für sie aus.

Nach diesen allgemeinen einführenden Gedanken möchte ich nun das mir gestellte Thema behandeln: ›Martin Luther in orthodoxer Sicht‹. Ich werde es tun, indem ich einige Thesen ausarbeiten werde unter Berücksichtigung des Verhältnisses Luthers zum ›altkirchlichen Dogma‹ und zur Kontinuität der einen, heiligen, katholischen und apostolischen Kirche.

A. Luther und das altkirchliche Dogma

An der Schwelle einer neuen geistesgeschichtlichen Epoche, dem Anbruch der abendländischen Neuzeit, wurde die Frage nach der Gewißheit des einzelnen in der Anfechtung seines Gewissens zur beherrschenden religiösen Frage. Die bisher sich anbietenden Antworten waren unzulänglich und unbefriedigend geworden. In dieser gewandelten geschichtlichen Situation artikuliert sich nun mit der Reformation das eine und selbe Evangelium von Jesus Christus in neuer Weise, so daß es die Frage nach dem Heil in geänderter Gestalt beantwortet.

1. Konzile

Diese andersartige Artikulation des christlichen Glaubens vollzieht sich jedoch in strengster Rückbindung an das apostolische Zeugnis als grundlegende Bezeugung des Evangeliums. Sie geschieht in der Gewißheit, daß die neue Weise der Verkündigung im Konsens mit der Alten Kirche und ihrem Glaubenszeugnis stehen und keinesfalls eine theologisch-dogmatische Neuerung darstellen soll. Die Diskussion des 16. Jahrhunderts rang um das, was die authentische, gültige und verbindliche Lehre der Väter sei, wobei man sich auch fragte, was von einem Konzil für die gemeinsame Erneuerung der Kirche erwartet werden könne.
Durch das Studium der Ökumenischen Konzile sucht auch Luther dieses Thema zu klären. Ihm stellt sich der Werdegang des ›altkirchlichen Dogmas‹ in der Weise dar, daß die Konzile den alten Glauben der Kirche in Situationen der Bedrohung gegen Häresien verteidigt und bekannt haben. Zum Nicaenum schreibt er z.B.: »Hier kann man sehen, warum und wofür das Konzil zusammengekommen ist, nämlich um den alten Artikel des Glaubens, daß Christus rechter wahrhaftiger Gott sei, zu erhalten wider die neue Klugheit des Arius . . . Denn das Konzil hat diesen Artikel nicht aufs neue erfunden oder aufgestellt, so als hätte er zuvor nicht in der Kirche bestanden, sondern ihn wider die neue Ketzerei des Arius verteidigt . . .«[3] Nicht das Konzil hat diesen Artikel erfunden,

»sondern der Hl. Geist, der am Pfingsttag vom Himmel über die Apostel kam und Christus durch die Schrift als wahren Gott verklärte, wie dieser es ihnen zuvor verheissen hatte. Bei den Aposteln ist er geblieben und ist auf die Konzilien gekommen, und so immer fort bis zu uns, und wird auch bleiben bis an der Welt Ende«[4].

Luther entnimmt der Dokumentation über die Konzile, daß die akute Gefährdung des Glaubens durch Neuerungen der ausschlaggebende Grund für das Zusammentreten der Konzile gewesen sei. Nichts habe den Vätern so fern gelegen, wie Neuerungen des Glaubens gutzuheißen. Alle neuen Formulierungen wollen nur die vorgegebene Wahrheit, den apostolischen Glauben festhalten und sichern. Eben dies ist dann ›altkirchliches Dogma‹[5]. So vollzog Luther die Übereinstimmung mit der Lehre der Alten Kirche auch in der Übernahme der Entscheidungen der vier ersten Ökumenischen Konzile[6].

Das gleiche Interesse, den christlichen Glauben in seiner geschichtlichen Verankerung zu sehen, zeigt Luther in einer Schrift über die ›Symbola‹ des Glaubens: das Apostolikum, das Athanasianum, das Te Deum und schließlich das Nicaenum.

Diese Zusammenstellung scheint bemerkenswert, weil sie indirekt bestätigt, daß für Luthers Zeit die Frage, wo denn der christliche Glaube verbindlich formuliert sei, neu war. Das Mittelalter hätte noch mit dem Hinweis auf die Gesamtheit aller konziliaren und päpstlichen Entscheidungen geantwortet. Insofern stellt die Antwort wie die Fragestellung selbst gegenüber der unmittelbaren Vergangenheit eine beachtliche Akzentverschiebung und Konzentration dar. Diese Fragestellung scheint die Behauptung zu erlauben, die Wittenberger Reformatoren hätten damals um die Mitte des Glaubens gerungen. Denn die genannten ›Symbola‹ kreisen um die Trinitätslehre und die Christologie. »Ich habe aus der Geschichte der gesamten Christenheit erfahren, daß alle diejenigen, die den Hauptartikel von Jesus Christus recht gehalten und bewahrt haben, fein und sicher im christlichen Glauben geblieben sind. Ob sie auch sonst daneben geirrt oder gesündigt haben, so sind sie zuletzt doch erhalten geblieben. Denn wer darin recht und fest steht, daß Jesus Christus rechter Gott und Mensch ist, für uns gestorben und auferstanden, dem fallen alle anderen Artikel zu und festigen ihn im Glauben.«[7]

Die Übernahme der altkirchlichen Glaubensbekenntnisse durch Luther erfolgte, weil sie inhaltlich seine uneingeschränkte Zustimmung fanden, und sie wurden für ihn ein wichtiger Beweis für den Anschluß der Reformation an den Glaubenskonsens mit der Alten Kirche[8]. In diesem Ansatz, daß der Glaube der Kirche sein Zentrum und sein Kriterium im »Hauptartikel von Jesus Christus« hat und daß die Väter der frühen Kirche ihn im Kampf gegen die Irrlehren bekannt und verbindlich festgehalten haben, ist das Konzept des ›altkirchlichen Dogmas‹ keimhaft angelegt.

Der Begriff ›altkirchliches Dogma‹ ist ein fester Terminus erst mit der modernen abendländischen Dogmengeschichtsschreibung seit dem Ende des 19. Jahrhunderts geworden und als solcher ein Produkt der konfessionellen Polemik, in der nun eben Lehrfragen im Mittelpunkt stehen. Jedoch setzt dieser Begriff bereits eine geschichtliche Distanzierung voraus, die mit dem 16. Jahrhundert beginnt. Erst seit die Humanisten und Reformatoren es unternahmen, die eigene Gegenwart und unmittelbare Vergangenheit kritisch an der Zeit der Kirchenväter zu messen, ergab sich die Notwendigkeit, das christliche Altertum als eigenen Geschichtsabschnitt vor dem Mittelalter zu werten.

Eine solche Notwendigkeit entfiel für die orthodoxen Kirchen des Ostens, da sie kein eigentliches Mittelalter gekannt und die christliche Antike in die Gegenwart überführt haben. In der Auseinandersetzung mit dem Westen der Neuzeit sehen sie sich darum in der eigentümlichen Lage, einem Partner gegenübertreten zu müssen, dessen Verhältnis zur Antike nach Durchlaufen einer andersartigen Periode der Geschichte, nämlich des Mittelalters, bestimmt wird.

Es gehört aber nicht in den Rahmen, hier zu untersuchen, wie weit der Übergang von der einen zur anderen Epoche die treue Weitergabe des christlichen Glaubens beeinflußt haben mag. Es sei lediglich bemerkt, daß Renaissance im Abendland sicher nicht das Wiederaufleben der christlichen Antike bedeutete, und es ist auch fraglich, ob die patristische Erneuerungsbewegung, die sich im Rahmen von Reformation und Humanismus vollzogen hat, ein Wiederanknüpfen an die Kirche des Altertums bedeuten konnte.

Wenn darum der Sprachgebrauch von der ›alten‹, meist gefolgt von der ›ungeteilten‹ Kirche auch in der östlichen Theologie anzutreffen ist, so wird damit nicht eine von der heutigen durch eine Zwischenperiode getrennte, sondern die von den allerersten Anfängen bis ans Heute heranreichende Kirche gemeint, mit der sich die orthodoxe Kirche identisch weiß.

2. Christologie und Pneumatologie

Die gesamte Lehre Luthers beruht auf dem Christusbekenntnis. ›Christozentrismus‹ und damit ›Christologie‹ gehören zu den Eigentümlichkeiten seines ganzen theologischen Schaffens und Strebens, wobei zu beachten ist, wie nahe er dabei der griechischen Vätertradition, insbesondere Athanasius von Alexandrien gekommen ist. Von Augustinus – seiner maßgebenden Stütze in der Verteidigung gegen die Scholastik – beginnt er sich nach und nach abzuwenden. Die Akzentversetzung bei der Pneumatologie, die Luther in Gegensatz zur Lehre der Alten Kirche und damit der Kirchenväter bringt, läßt ihn deren eigene Dimension zugunsten der Christologie aufheben, indem er sie ihr einverleibt. Die pneumatologische Struktur der Soteriologie und Ekklesiologie wird aufgehoben, was nicht ohne Auswirkung auf die Lehre vom Wort Gottes und von den Sakramenten ausgehen konnte. Der christologische Aspekt beginnt eindeutig überhand zu nehmen. Die Wirkursächlichkeit des Hl. Geistes in der Gnadenlehre Augustins – wie sie auch seit Irenäus in der Vätertheologie vertreten wird – wird ebenfalls aufgehoben, wobei das ontologische Moment durch ein personalistisches ersetzt wird.

Der Hl. Geist wirkt nichts von sich aus – weder in der Kirche noch in den Herzen der Gläubigen. Erst wenn das Wort Gottes in der Predigt verkündet und gehört wird, schafft der Hl. Geist die Aufnahmebereitschaft in den Herzen der Gläubigen. Nur in diesem Sinne wirkt der Geist an der Heiligung des Menschen mit; die Heiligung kommt aber vom Wort. Die Tatsache, daß der Geist an das Wort gebunden ist, beide eigentlich eine unauflösliche Einheit bilden, bedeutet, daß die Erlösung des Menschen an das menschliche Leben Jesu Christi gebunden ist[9]. Der Kirche kommt keine Heilsvermittlungsfunktion zu; der Hl. Geist hat seit der Zeit der Apostel aufgehört, unmittelbar zu wirken[10]. Das Wort Gottes, besonders das in der Predigt verkündete und in die Zeit erklärte Wort, das in der Schrift niedergeschrieben ist, übernimmt die absolute Priorität – auch den Sakramenten gegenüber.

Diese Hervorhebung und Überbetonung der Christologie, die ausgehend von der Inkarnation des Sohnes Gottes auf die Erlösung des Menschen als dessen Lebensaufgabe und -ziel ausgerichtet ist, so daß diese Christologie zu einer trinitarisch verankerten Soteriologie wird, hat letzten Endes den Bruch des Luthertums mit der Kirche bewirkt. Kreuz und Auferstehung, Erniedrigung und Erhöhung des menschgewordenen Wortes Gottes sind das Heilsgeheimnis für den im Vertrauen auf die Verheißung Gottes glaubenden Menschen. So schreibt Luther: »Wer von . . . Christus und dem Menschen gültig etwas aussagen will, der kann nichts anderes tun, als von Gott und dem Menschen in Christus aussagen. Dabei muß er sorgsamst darauf achten, daß er beide Naturen mit allen ihren Besonderheiten von der ganzen Person bezeugt, und sich davor hüten, dieser zuzuschreiben, was einfach Gott oder einfach dem Menschen zukommt. Denn etwas anderes ist es, von dem fleischgewordenen Gott oder dem Gott gewordenen Menschen zu sprechen, als einfach von Gott oder dem Menschen.«[11] Deshalb gründet sich das Heil des Menschen allein auf den Glauben an den dreieinigen Gott, der durch Christus am Menschen handelt durch sein lebenschaffendes Wort und die Sakramente. Luther geht es stets darum, daß die Rettung des Menschen Christus zugeschrieben wird und nicht dem Menschen selbst. Immer hat er dies als unmittelbare und unverzichtbare Konsequenz aus dem Christenglauben angesehen.

3. Christologie und Abendmahlsstreit

Zur Frage, ob die reformatorische Lehre wirklich eine konkrete Anerkennung und Anwendung des ›altkirchlichen Dogmas‹ ist, wurden schon zur Zeit Luthers von seiten seiner Gegner Proteste erhoben. Mit dem Fragenkomplex rund um den Abendmahlsstreit hat sich die lutherische Theologie des ganzen 16. Jahrhunderts intensiv beschäftigt. Luther wurde eines erneuerten Monophysitismus angeklagt. Seine Christologie war zu einseitig; es wurde ihm vorgeworfen, den eigenständigen Beitrag der menschlichen Natur Christi zum Heilswerk verkannt zu haben. Von einer ›cooperatio‹ zwischen der menschlichen und göttlichen Natur in Christus im Sinne des Thomas von Aquin oder des Synergismus in den Werken der Kirchenväter schien er Abstand genommen zu haben. Sicher kann man aber sagen, daß Luthers Auffassungen der Einheitschristologie eines Kyrill von Alexandrien näher stand als der Christologie der Antiochener.
Deswegen konnte umgekehrt Luther aber auch um so schärfer in Zwingli einen neuen Nestorianer sehen. Der Abendmahlsstreit mit ihm wird ja vorwiegend mit christologischen Argumenten geführt: ob die ›communicatio idiomatum‹ nur einen verbalen Austausch der göttlichen und menschlichen Eigenschaften im Gott-Menschen Jesus Christus meint oder ob sie Konsequenz der realen Gemeinschaft der Naturen in dem einen Christus ist.

4. Luthers Haltung gegenüber den Kirchenvätern und der Ostkirche

Luthers Verhältnis zu den Kirchenvätern war keineswegs einheitlich. Konnte er sie als die Leuchten der Alten Kirche darstellen, scheute er sich nicht, sie zu kritisieren oder gar zu verspotten. Es ist aber festzuhalten, daß gewiß scharfe Urteile gegen einzelne Väter sich nicht gegen die Gesamtheit der von ihnen bezeugten Lehre der Alten Kirche richtete. Luther bezog sich vor allem in Kontroversfragen mit der römischen Kirche auf die östlichen Lehrer. So z.B. im Verständnis von Einheit und Kontinuität der Kirche im Zusammenhang mit dem Schriftprinzip, wobei es zutiefst um die Frage der Autorität ging: Papsttum und Gesetze oder Christus und Evangelium.

Nach Karmiris ist Luther der theologischen Denkweise der östlichen Kirchenväter stets ein Fremder geblieben; zum größten Teil ignorierte er sie und berücksichtigte ihre Autorität und Bedeutung nicht. Mit Ausnahme des heiligen Augustinus schätzte er die übrigen Kirchenväter nicht besonders. Er hielt vor allem die drei großen Hierarchen und ökumenischen Lehrer für nichts: Basilius den Großen, Gregorius den Theologen und allen voran Johannes Chrysostomus. Er behauptete zudem, daß ›sich bei Origenes kein Wort über Christus finden ließe‹[12].

Soweit Luther aber auf die Ostkirche zurückgreift, tut er das in der Überzeugung, daß in ihr das Leben und die Lehre der Alten Kirche weitergeführt werden. Er tut dies eben wegen tatsächlicher Übereinstimmung in den betreffenden Lehrpunkten. Er hat soweit in der orthodoxen Kirche eine Zeugin der Wahrheit gesucht und auch gefunden. Daran ändert auch die Tatsache nichts, daß dieser Rückgriff aus einem in andere Richtung zielenden Interesse geschah. Eben wenn es um seine Sache geht, beruft Luther sich auf die Lehre und Praxis der griechischen Kirche, die er als gewichtige Argumente in die Diskussion einbringt. Daraus läßt sich nicht der Schluß ziehen, Luthers Haltung zur Ostkirche schließe seine Zustimmung zu ihrer dogmatischen Lehre insgesamt ein. Er hat sich mit ihr nie systematisch auseinandergesetzt. Sein Bezug auf sie erfolgte ausschließlich, um die Richtigkeit seiner eigenen Lehre unter Beweis zu stellen, und seine Gemeinsamkeit mit ihr reicht nur so weit, wie die Reformation die Lehre der Alten Kirche tatsächlich übernommen hat[13].

Wenn Luther nun im Kampf gegen die vielfältigen Neuerungen innerhalb der römischen Kirche auf der Suche nach Unterstützung für seine Sache war und dabei auf die griechische Kirche stieß, um deren Beispiel zur Untermauerung seiner Thesen heranziehen zu können, so blieb er dabei nicht allein. Auch die Gegenseite rief in den Auseinandersetzungen die orthodoxe Kirche als Zeugin der Wahrheit an, so daß J. Fechten schreiben konnte: ». . . ein jedes Theil der europäischen Religionen dieselbe (d.h. die orthodoxe) gern auff seiner Seite haben und als Zeugin der Warheit auf seine partie aufführen wollen«. Besonders aber »suchten die Lutheraner nach und nach zu erforschen, worinnen dann die Griechen anderen Lehren als die Römer oder Lateiner zugethan wären, und darinnen mit denen Lutheraneren überein kämen«[14].

Beide Seiten schienen also in der orthodoxen Kirche Grundlagen zu suchen, die die Richtigkeit der jeweiligen theologischen Lehren oder Reformen beweisen sollten. So bezieht sich Luther etwa in den folgenden Streitpunkten auf die orthodoxe Lehre: Ablaß[15], Fegfeuer[16], Laienkelch[17], Epiklese[18], Privatmessen[19], Sprache der Liturgie[20].

In der Disputation mit Johannes Eck in Leipzig (1519) bemerkte Luther zur Stellung des Papstes, daß das Haupt der Kirche Jesus Christus selber sei und der Primat dem Bischof von Rom verliehen[21], der Vorrang der Kirche von Rom aber nicht aus göttlichem Recht sei[22]. Die Unterstellung Ecks, die Griechen hätten als Folge der Verwerfung des päpstlichen Jurisdiktionsprimates den orthodoxen Glauben verloren und seien dadurch nicht nur zu Schismatikern, sondern sogar zu Häretikern geworden, wies Luther scharf zurück. Daraus ist ersichtlich, »daß der Anführer der Reformation seit Anbeginn der Reformation sogar in offizieller Weise die Orthodoxie und die sehr großen Dienste der griechischen Kirche am Christentum anerkannt und auch die gegen die Ostkirche gerichteten Vorurteile und Vorwürfe des christlichen Westens speziell verworfen hatte. Das hat eine ganz besondere Bedeutung, weil sie mehr oder weniger ihre Einstellung der orthodoxen Kirche gegenüber auch für die Zukunft bestimmt«[23].

Im Zusammenhang mit dem Primat der Bischöfe von Rom und Konstantinopel darf nicht unerwähnt bleiben, daß Luther sich auch abfällig über die griechische Kirche äußern konnte, so z. B. in der Schrift *Von den Konziliis und Kirchen (1539)*, namentlich über den Patriarchen von Konstantinopel.

Damit sind nur die wichtigsten Äußerungen Luthers zur orthodoxen Kirche aufgeführt. Die Aufzählung läßt erkennen, daß er für seine Zeit – angesichts der vorausgegangenen langen Entfremdung zwischen Ost und West und dazu noch durch die Abschneidung der byzantinischen Kirche durch die Türken und Tataren – doch eine erstaunlich umfassende Kenntnis des christlichen Ostens gehabt haben muß. Man kann darum nicht annehmen, daß seine Kenntnisse nicht hinlänglich genug gewesen seien, um ihn zu einem noch weiter vertieften Studium des Geistes der Orthodoxie zu bewegen. Karmiris stellt deshalb mit Bedauern fest: »Darüber hinaus konnte Luther leider nicht in das dogmatische System, die Kirchenverfassung, die mystische Struktur, den orthodoxen Geist, die Eigentümlichkeit und den Charakter der ganzen Ostkirche eindringen, um noch weitere Unterschiede zwischen ihr und der römisch-katholischen Kirche aufzudecken.«[24]

Die genauen Gründe für diese Tatsache sind, so weit wir es übersehen können, der orthodoxen Theologie noch nicht bekannt. Es darf aber die Vermutung geäußert werden, daß Luther sich hier dadurch eine Beschränkung auferlegte, daß er nur das suchte, was er zu finden hoffte, nämlich Unterstützung für seine Argumente in der Auseinandersetzung innerhalb der Westkirche. Panagopoulos meint, daß sich Luther, »da er ja die katholische Lehre und Praxis nur in ihren Fehlentwicklungen bekämpfen, nicht aber als ganze verwerfen wollte, gerade deswegen um ein richtiges Verständnis derjenigen Kirche (hätte) bemühen sollen, die das Erbe der Alten Kirche in harten Kämpfen mit Häretikern und den römisch-katholischen Neuerungen treu durch die Jahrhunderte hindurch bewahrt hatte«[25]. Karmiris äußert die Überzeugung, daß Luther immer ein westlicher Theologe geblieben sei, der sich nicht aus den lateinischen Denkkategorien hat befreien und die Fesseln rationalistischer Denkart hat durchbrechen können. Darum konnte und wollte er den Protestantismus nicht auf die Ostkirche, die wahre Rechtgläubigkeit und das wahre evangelische Christentum, hinwenden[26].

Dies könnte erklären, warum das Zusammentreffen des Protestantismus mit der Orthodoxie zu Luthers Zeit nicht möglich war. Aber dennoch scheint diese Berührung stark genug gewesen zu sein, daß er »auf Grund seines unmittelbaren Kontaktes mit der griechischen Kirche des Ostens seinen ökumenischen Gedanken formiert hatte, der später auch von den lutherischen Kreisen, die im Osten an Deutschland angrenzten, mit zunehmender Aufmerksamkeit fortgeführt wurde«[27].

B. Luther und die Einheit der Kirche

Gegen das Bemühen Luthers und der Reformation um die Aufrechterhaltung der Einheit der Kirche ist oft eingewendet worden, daß es nicht an der reformatorischen Frage nach dem Heil, sondern am Verständnis der Kirche und ihrer Einheit gescheitert ist. Man meinte, Luther und seine Anhänger seien zu einer Auffassung von Kirche gelangt, die die Kirche Christi, die ›ecclesia universalis‹ nur als etwas Unsichtbares und allein aus dem Glauben Faßbares, als ›ecclesia spiritualis et invisibilis‹ verstehe. Darum sei auch die Einheit der Kirche etwas Unsichtbares und nur in den Herzen der Gläubigen Vorhandenes, unabhängig von den sichtbaren institutionellen Strukturen der Kirche.

Gegenüber dem Verdacht, hier handle es sich möglicherweise um ein auf Johannes Hus zurückgehendes Kirchenverständnis, das im Anschluß an Wicliff und an die Franziskanerspiritualen eine letztlich unsichtbare Gemeinschaft der Prädestinierten sah und deshalb zu Recht auf dem Konzil von Konstanz verurteilt worden war, heißt es in den lutherischen Bekenntnisschriften: »Wir reden nicht von einer erdichteten Kirche (civitas platonica), die nirgend zu finden sei, sondern wir sagen und wissen fürwahr, daß diese Kirche, darinne Heiligen leben, wahrhaftig auf Erden ist und bleibet ... und sagen, dieselbige Kirche habe diese äußerliche Zeichen: das Predigtamt oder Evangelium und die Sakrament.«[28]

Gewisse spiritualisierende Tendenzen des jungen Luther (1519, Auseinandersetzung mit Eck) treten spätestens in der Abwehr der Schwärmer wieder zurück. Sehr nachdrücklich betont er die Sichtbarkeit der Kirche, die man an »öffentlichen Zeichen« »äußerlich erkennen« könne[29]. Freilich hat die Kirche, deren Ursprung das »von oben her« in die Welt eingebrochene Wort Gottes ist, das sich in der hl. Schrift widerspiegelt, vornehmlich auch als Tempel des Heiligen Geistes, einen geistlichen Charakter. Ihre Wirklichkeit erschöpft sich nicht in ihrer sichtbaren Dimension. Kirche ist Leib Christi und immer dort, wo und wann das Wort Gottes gepredigt und im Glauben vernommen wird. Das Geheimnis der Kirche ist es, daß sie eine sichtbare Gestalt und zugleich einen pneumatischen Charakter hat. Dieser zweifachen Dimension entsprechend kann man der Kirche »dem Herzen« und »dem Leibe« nach angehören (vgl. auch Augustinus). Hieraus entspringt die »Verborgenheit« der wahren Kirche, die sich erst am Jüngsten Tag enthüllen wird.

Der Neuprotestantismus des 19. Jahrhunderts hat zwar in vermeintlicher Weiterführung des reformatorischen Ansatzes die grundsätzliche Unsichtbarkeit der Kirche Christi vertreten bzw. eine grundsätzliche Trennung in sichtbare und unsichtbare Kirche vorgenommen, was jedoch heute keine Geltung mehr beanspruchen kann. »Die Reformatoren«, schreibt Lukas Vischer, »hatten die Erfahrung gemacht, daß sich die wahre Kirche nur durch den Verlust der äußeren Kontinuität aufrechterhalten und fortsetzen ließ. Die Gemeinde, die der Sohn Gottes sich in der Einigkeit des Glaubens sammelt, muß nicht identisch sein mit der sichtbar verfaßten Kirche, die den Anspruch erheben kann, die Kirche der vorhergehenden Jahrhunderte in äußerer Kontinuität fortzusetzen.«[30]

Ich gebe natürlich zu, daß »die eigentliche Kontinuität der Kirche in Gottes ständig erneuerndem Handeln liegt«[31], aber ich frage mich, ob dieses sich erneuernde Handeln unabhängig von Institution und kirchlichem Amt sein müsse und wieso die eigentliche Kontinuität der Kirche unabhängig und getrennt von der äußeren Kontinuität der Institutionen gesehen werden sollte. Liegt hier nicht die Gefahr nahe, durch solche Gedankengänge das Spirituelle mit dem Intellektuellen zu verwechseln und die sichtbare Kirche auf den Rang anderer weltlicher Organisationen zu reduzieren oder den weltlichen Mächten für ihre nicht-religiösen oder nicht-kirchlichen Absichten auszuliefern.

Die Gefahr bringt Lukas Vischer selbst wieder zum Ausdruck, wenn er schreibt: »Die Erkenntnis, daß die eigentliche Kontinuität nicht mit der äußeren Kontinuität der Institution gegeben ist, kann dazu führen, daß den äußeren Zeichen der Gemeinschaft zu wenig Gewicht beigemessen wird; sie kann die Freiheit des einzelnen Gliedes gegenüber dem gesamten Leibe derart übersteigern, daß die Gemeinschaft ohne wirklichen Grund immer wieder gesprengt wird, ja, daß die Glieder sich auf die Gemeinschaft des Leibes nicht mehr verlassen können. Sie macht Raum nicht nur für berufene, sondern auch unberufene Reformatoren; sie öffnet der Willkür die Türen und macht es möglich, daß sich im Namen einer angeblichen Reformation der Geist oder Ungeist einer Zeit der Kirche bemächtigt. Sie kann das Bild der Kirche verkürzen; sie kann dazu führen, daß wir Gottes Treue gegenüber seinem Volk nicht mehr sehen, seine Treue durch die Jahrhunderte, sondern die Kirche immer nur im jetzigen Augenblick vor Augen haben, eine Verkürzung, die den Glauben entscheidend schwächen kann. Es wäre nicht schwierig, für jede dieser Gefahren Beispiele aus der Geschichte der reformatorischen Kirchen anzuführen.«[32]

Was Luther anbetrifft, so kann man behaupten, daß ihm der Gedanke der Kontinuität und der Einheit der Kirche am Herzen lag. Nie gab er ihn zugunsten der Suche nach der Wahrheit auf. Zwar war er sich bewußt, daß die Wahrheit nicht einfach eine Sache der bloßen Mehrheit oder Kontinuität ist, sondern daß sie stets eine Wahrheit in der Kirche und in ihrer geistgeleiteten Geschichte ist. Die ›communio‹, die Kirche – als Ortsgemeinde im Gottesdienst, die im Konsens den wahren Glauben der Kirche gestützt auf die hl. Schrift bekennt –, ist der Ort der Kontinuität des kirchlichen Amtes und der authentischen und vollmächtigen Weitergabe des apostolischen Evangeliums; sie allein schafft die Einheit und Kontinuität der Kirche durch das verkündete Wort Gottes und die Sakramente. Gleich wie Gott die ›communio‹ einer Ortsgemeinde schafft, so ist der Konsens der gesamten Christenheit Ausdruck ihrer geistlichen Einheit unter Christus. Das Ringen Luthers galt beidem: der Erneuerung in der Wahrheit und der Aufrechterhaltung der Gemeinschaft.

Die Eigenschaften wie Katholizität, Kontinuität und Einheit gehören nach Luther zum Wesen der Kirche. Sie ist katholisch, insofern Christus als das Haupt der Kirche ihre Einheit auf der Lehre und dem Glauben an das eine Wort Gottes begründet, das in der hl. Schrift niedergeschrieben ist. Katholizität tritt auch in der Rezeption der alten Symbole und später für Luther in den evangelischen Bekenntnissen in Erscheinung. Mit ihr ist eng verbunden die Kontinuität, die sich im Konsens der Glaubenden verwirklicht. Auf der Suche nach der Kontinuität der Kirche griff Luther auf den Ursprung der Kirche zurück, wo er seine Liebe zur ›alten‹ Kirche entwickelte, die aber keineswegs bei der Urkirche stehenblieb, sondern über sie hinausging. Kontinuität mit der Alten Kirche erschöpft sich für ihn nicht in der formellen Anerkennung ihrer kanonischen Schriften; es geht ihm um das Bewußtsein der geschichtlichen Verbundenheit der Kirche zu allen Zeiten.

Einheit der Kirche meint also nicht einheitliches Ethos oder Einheit in der Verwaltung oder gar gemeinsame Politik, sondern sie ist Einheit in der rechten Lehre, im Glauben und Bekennen. Einheit der Kirche, die in erster Linie eine Glaubensgemeinschaft ist und sich mit geistlichem Gut befaßt, ist eine geistliche und nicht eine geistige Einheit[33].

Wahrheit und Einheit, Erneuerung und Bewahrung gehören zusammen. Doch nicht in jedem Falle greifen beide spannungslos ineinander. Weder den Anhängern noch den Gegnern der Reformation des 16. Jahrhunderts ist es bisher gelungen, diese Spannung zu bewältigen, und so ist das reformatorische Ringen um Erneuerung in der Wahrheit und zugleich um Wahrung der Gemeinschaft bis heute unvollendet geblieben.

Die Neuartikulierung des einen und selben Evangeliums von Jesus Christus in der Reformation schafft sich nun unter den sozialen, politischen und kulturellen Bedingungen der Zeit und unter den verschiedenen Völkern, die sie rezipieren, eine bestimmte lehrhafte und organisatorische Form. Diese erhält mit der Zeit dauernden Charakter und tritt ihrerseits ein in die geschichtliche Entwicklung. So werden die aus der Reformation hervorgehenden Kirchen zu einer neuen spezifischen Ausprägung des christlichen Glaubens und treten neben die bisherigen kirchlichen Traditionen und Gemeinschaften.

Eine Verschiedenheit in der Verwirklichung der Kirche widerspricht keineswegs der Einheit der Kirche. Dies zeigt sich schon in der Zeit des Neuen Testaments und der frühen Kirche bis hin zu den heutigen unabhängigen orthodoxen Ortskirchen. Die Vielfalt ihrer spirituellen, theologischen und organisatorischen Prägung verhindert in keiner Weise die Glaubensgemeinschaft der Lokalkirchen untereinander. Alle verstehen und anerkennen sich als die eine, heilige, katholische und apostolische Kirche.

Es wäre tatsächlich bequem und nicht zweckmäßig, eine Einheit ohne Vielfalt anzustreben. Die Einheit in der Vielfalt und die Vielfalt in der Einheit kennzeichnen jene lebendige Kirche Christi, die in organischer Beziehung zur Welt und zur Geschichte stehen soll und die um der Erlösung des Menschen willen der Wahrheit des Evangeliums das Fleisch des Hier und Jetzt gibt, ohne ihre wesentliche Kontinuität anzutasten. Das geschichtliche Gewand, welches die inkarnierte Wahrheit in jeder Epoche annimmt, ändert nichts am Wesen der Wahrheit. Das Drama der Kirche besteht darin, daß es in ihr Glieder gibt, die zwischen Wesen und Form nicht mehr zu unterscheiden verstehen. Die Folge ist, daß sie formale Gesichtspunkte für wesentlich halten (der Fehler des Traditionalismus) oder die zentrale Wesenheit relativieren (der Fehler des falsch verstandenen Reformismus).

Einheit und Quellentreue der Kirche einerseits, Vielgestaltigkeit und kontinuierliche Inkarnierung der Wahrheit andererseits sind die Früchte des Hl. Geistes, der immer in der Geschichte lebt, damit die Wahrheit der Kirche, die mit dem fleischgewordenen Logos Gottes identisch ist, nicht verraten wird, wenn sie in jeder geschichtlichen Epoche neu inkarniert wird; sie wird eher dann verraten, wenn sie wie eine Reliquie oder ein Museumsstück aufbewahrt wird, aus Angst, sie könnte von der Geschichte angetastet werden.

Ein Problem für die Einheit der Kirche erhebt sich jedoch dann, wenn von einem Teil der Christenheit die »Neu-Artikulierung« des Glaubens als »Anders-Artikulierung« verstanden wird. Das Kleid der Geschichte tragen heißt nicht, auch den Inhalt des Glaubens zu verändern, so daß der Glaube der einen, heiligen, katholischen und apostolischen Kirche angetastet wird. Im ökumenischen Gespräch erleben wir es oft, daß das, was für den einen noch Ausdruck legitimer Vielfalt ist, für den andern bereits Anlaß zu trennendem Gegensatz ist.

Wenn die Gemeinschaft in der Kontinuität des apostolischen Glaubens eine Frucht des Geistes ist, so sind wir verpflichtet, in und durch einen vertieften Dialog zu prüfen, ob unsere Unterschiede, die sich auf Ausdrücke des theologischen Vokabulars beziehen, verschiedene legitime Annäherungen an das gleiche Mysterium Christi sind, das indessen immer unaussprechbar bleibt. Das bedeutet nicht, daß wir die Lehrunterschiede, die noch nicht gelöst sind, vergessen, sondern unsere Haltung ändern, d. h. nicht nur die Schwierigkeiten in den uns vorliegenden Möglichkeiten suchen, sondern, vom Geist durchdrungen, Möglichkeiten in den Schwierigkeiten unserer Annäherung finden. Man darf nicht vergessen, was Gregor von Nazianz gesagt hat: »Erregt euch nicht wegen einer Wörterfrage. Gewährt uns die Kraft der Gottheit« (indem dem Hl. Geist diese Kraft zuerkannt wird) »und wir werden euch mit Nachsicht in den Wörtern begegnen.«[34]

Zum Abschluß

Heute setzen wir den Dialog fort, den während den Jahren 1573–1581 die württembergischen Theologen auf brieflichem Weg mit dem Ökumenischen Patriarchen Jeremias II. und den byzantinischen Theologen begonnen hatten[35].

Die I. vorkonziliare panorthodoxe Konferenz von Chambésy 1976 hatte zur Kenntnis genommen, daß der theologische Dialog mit den Lutheranern aufgrund mehrerer bilateraler Begegnungen und akademisch-theologischer Zusammenkünfte, die auf lokaler Ebene stattfanden, bereits gut vorbereitet war. Sie beschloß daher, eine interorthodoxe Kommission analog zu denen zu gründen, wie sie für die andern Dialoge bereits bestehen. Diese Kommission hat die Aufgabe, von orthodoxer Seite den offiziellen Dialog mit den Lutheranern vorzubereiten[36].

Nach der Gründung dieser interorthodoxen Kommission versammelte sie sich dreimal, und zwar 1978 (4.–9. November) in Sigtuna in Schweden[37], 1979 (16.–26. September) im Kloster Amelungsborn in Hannover[38] und 1980 (6.–13. September) im Kollegium Skalhot in Island[39]. Die lutherische Kommission trat ihrerseits 1978 (30. April–4. Mai) im Orthodoxen Zentrum des Ökumenischen Patriarchats in Chambésy und 1980 (4.–10. März) in der Orthodoxen Akademie auf Kreta zusammen[40].

Nach dieser Vorbereitungsperiode ist der theologische Dialog zwischen Orthodoxen und Lutheranern anläßlich der Versammlung der gemischten Kommission 1981 (27. August–4. September) in Espoo in Finnland offiziell eröffnet worden[41]. Die orthodoxen Kirchen und der Lutherische Weltbund – in dessen Namen die lutherischen Mitglieder dieser Kommission vertreten sind – haben einmütig beschlossen, den offiziellen Dialog mit dem allgemeinen Thema über »die Teilnahme am Mysterium der Kirche« zu beginnen.

Die gemischte Subkommission traf sich 1982 (27. März–2. April) in Penteli-Athen[42] und setzte sich mit der Frage »Was ist das, die Kirche?« auseinander. Dabei wurden auch zu vier ekklesiologischen Themen Texte verfaßt:

1. Die heilige Trinität und die Kirche.
2. Die Kirche in der Geschichte.
3. Die Merkmale der Kirche.
4. Die Teilnahme an der Kirche.

Diese Texte sollten auf der zweiten Vollversammlung 1983 auf Zypern diskutiert werden, deren Thema war »Teilnahme am Mysterium der Kirche«[43].

Bei der Durchführung unseres Dialoges sind wir uns bewußt, daß die beste Art undWeise, das 500jährige Lutherjubiläum zu feiern, wäre, seinem Geist treu zu bleiben, der keinesfalls eine zersplitterte Christenheit auf Kosten irgendeiner Erneuerung angestrebt hat. Denn es geht um wirkliche kirchliche Gemeinschaft, wie die Vollversammlung des Lutherischen Weltbundes einmal betont hat: »Es geht um wirkliche kirchliche Gemeinschaft, zu der die Anerkennung der Taufe, die Herstellung eucharistischer Gemeinschaft, die gegenseitige Anerkennung der kirchlichen Ämter und eine verpflichtende Gemeinschaft in Zeugnis und Dienst als konstitutive Elemente hinzugehören.«[44]

Anmerkungen

1a Die Beiträge sind jetzt veröffentlicht: Luther et la Réforme Allemande dans une perspective oecuménique. (= Les Études Théologiques de Chambésy 3) Chambésy-Genève 1983.
1 *Panagopoulos, J.*, Luther außerhalb des Luthertums: Orthodoxe Sicht, in: Concilium 12 (1976) 116.
2 *Brunner, P.*, Reform – Reformation. Einst – Heute, in: Kerygma und Dogma 13 (1967) 159–183. 167.
3 WA 50, 551, 11 ff.
4 WA 50, 551, 34 ff.
5 Von den Konziliis und Kirchen, 1539. WA 50, 488–653.
6 Vgl. WA 50, 605, 15 ff.
7 WA 50, 266, 32 ff.
8 Die drei Symbola oder Bekenntnis des Glaubens Christi, 1538. WA 50, 262–283.
9 Vgl. *Althaus, P.*, Die Theologie Martin Luthers, Gütersloh 1963², 42 ff.
10 Vgl. aaO., 294 ff.
11 WA 8, 126, 23 ff.
12 Vgl. *Karmiris, J.*, Die Einstellung Luthers der orthodoxen Kirche gegenüber, in: Luther et la Réforme allemande dans une perspective œcuménique, Etudes théologiques III, éd. du Centre orthodoxe, Chambésy 1983, 389–400.
13 Vgl. *Mehedintu, V.*, Martin Luther und die Ostkirche, in: Ökumenische Rundschau 32 (1983) 291–309.
14 *Fechten, J.*, Kurtze Nachricht von der Religion der heutigen Griechen etc., Leipzig 1711, 9 und 17.
15 *Martin Luther, Resolutiones disputationum de indulgentiarum virtute, 1518, Conclusio XXII*, WA 1, 571, 10. Vgl. auch *Luthers Werke in Auswahl, Bd. 1, 74*.
16 WABr 1, 554, 37; Nr. 218. Die Bekenntnisschriften der Evangelisch-Lutherischen Kirche, 375.
17 Die Bekenntnisschriften…, 329.
18 Vgl. *Karmiris, J.*, Die dogmatischen und symbolischen Dokumente der orthodoxen katholischen Kirche (griech.), Athen 1960², Bd. 1, 306.
19 Die Bekenntnisschriften…, 350.
20 *M. Luther*, De captivitate Babylonica Ecclesiae praeludium, (1520), WA 6, 524. Luthers Werke in Auswahl, Bd. 1, 457.
21 Articuli Smalcaldici, secunda pars, articulus IV, De Papatu, in: Die Bekenntnisschriften…, Göttingen 1959⁴, 428. WA 2, 257 ff., 269.
22 WABr 1, 469 f.

23 *Karmiris, J.,* Orthodoxie und Protestantismus (griech.), Athen 1937, 26.
24 *Karmiris, J.,* Luther vu par un orthodoxe, in: Episkepsis Februar 1983, 12.
25 *Panagopoulos, J.,* Die Ostkirche im Gespräch mit Martin Luther, in: Weder Ketzer noch Heiliger. Luthers Bedeutung für den ökumenischen Dialog, Regensburg 1982, 180.
26 *Karmiris, J.,* aaO., 12.
27 *Völker, K.,* Luther und der Osten Europas, in: Lutherjahrbuch 1933, 136. – Vgl. Bündnis der Orthodoxen und Protestanten in Polen, in: *Karmiris, J.,* Orthodoxie und Protestantismus, 39 ff.
28 Apologie der Confessio Augustana 7, 20, in: Die Bekenntnisschriften..., Göttingen 1956³, 238.
29 Von den Konziliis und Kirchen 1539 (WA 50, 628 ff.) und Wider Hans Worst 1541 (WA 51, 477 ff.).
30 *Vischer, L.,* Überlegungen nach dem Vatikanischen Konzil, Zürich 1966, 33.
31 AaO., 34.
32 AaO., 36.
33 Vgl. *Elert, W.,* Morphologie des Luthertums, Bd. 1, München 1965³, 224 ff. und 240 ff.
34 Zitiert nach Eulogius von Alexandrien, in: Photius, Bibliothèque 227. Panégyrique d'Athanase par Grégoire de Nazianze, Or. XXI, P. G. 35, 1125 B.
35 *Karmiris, J.,* Orthodoxie und Protestantismus, 76 ff. Vgl. Wort und Mysterium. Der Briefwechsel über Glaube und Kirche 1573 bis 1581 zwischen den Tübinger Theologen und dem Patriarchen von Konstantinopel, hg. vom Außenamt der EKD, Witten 1958.
36 Synodica III, Akten der I. vorkonziliaren panorthodoxen Konferenz, Veröffentlichungen des orthodoxen Zentrums (griech.), Chambésy 1979, 116–118.
37 Episkepsis, Nr. 200 (1. 12. 1978) und Nr. 203 (1. 2. 1979).
38 Episkepsis, Nr. 217 (1. 10. 1979).
39 Episkepsis, Nr. 238 (1. 10. 1980).
40 Episkepsis, Nr. 182 (1. 2. 1978) und Nr. 227 (15. 3. 1980).
41 Episkepsis, Nr. 258 (15. 9. 1981).
42 Episkepsis, Nr. 272 (15. 5. 1982).
43 Episkepsis, Nr. 296 (15. 6. 1983).
44 Erklärung der Vollversammlung des Lutherischen Weltbundes in Daressalam 1977. Offizieller Bericht der Sechsten Vollversammlung des Lutherischen Weltbundes, Frankfurt 1977, 205/206.

17

Der Stand der Ökumene aus orthodoxer Sicht

Den Stand der Ökumene aus orthodoxer Sicht will ich erläutern, nachdem ich auf eine einführende Art und Weise das Orthodoxe Zentrum in Chambésy/Genf unter Berücksichtigung der dort geleisteten ökumenischen Arbeit vorgestellt habe: Das Orthodoxe Zentrum des Ökumenischen Patriarchats in Chambésy ist in seiner Art eine Verlängerung des Ökumenischen Patriarchats von Konstantinopel im Westen. Dieses Zentrum möchte das orthodoxe Zeugnis der westlichen Welt übermitteln. Es ist ein Zentrum der Förderung der panorthodoxen Gemeinschaft und Einheit und gleichzeitig ein Zentrum, das seinen Beitrag in der Überwindung der Trennung sehen möchte.

Die Aktivitäten dieses Orthodoxen Zentrums sind kurz zusammengefaßt folgende:

1. Es ist ein Zentrum des gottesdienstlichen Ereignisses. Der Gottesdienst, der hymnologische und doxologische Ausdruck der Lehre der orthodoxen Kirche, findet in diesem Zentrum einen lebendigen Niederschlag. Täglich werden das Morgen- und Abendgebet gehalten, und jeden Sonntag finden drei Liturgien statt. In der großen Kirche wird die Liturgie in griechischer oder in mehreren Sprachen, je nach den verschiedenen Anlässen, gefeiert und in der Krypta in französischer Sprache, damit auch die französisch sprechende Gemeinde der Schweiz ihren liturgischen Ort haben kann. In der ursprünglichen Kapelle des Zentrums wird die Liturgie auf rumänisch zelebriert. In diesem Zentrum wird ganz konkret versucht, die gegenseitige Durchdringung der orthodoxen Kirchen in der Gemeinschaft des Glaubens und der Liebe auf eine greifbare Art und Weise auszudrücken. Man ist bestrebt, ein Modell von Einheit aufzubauen, das die panorthodoxe Gemeinschaft in der Diaspora fördert.

2. Das Zentrum ist auf konsequente Art und Weise auch ein Ort der ökumenischen Begegnung, ein Ort der Koordinierung der bilateralen Dialoge der orthodoxen Kirchen mit den anderen Kirchen und Konfessionen. In diesem Zentrum hat z.B. die Vorbereitung des offiziellen Dialoges zwischen der römisch-katholischen und der orthodoxen Kirche stattgefunden, und dazu hat man öfters die interorthodoxe Kommission hierher einberufen. Dieser Ort hat ebenfalls zur Einberufung eines wichtigen ekklesiologischen Treffens zwischen Theologen dieser beiden Kirchen beigetragen, das in Wien im Jahre 1974 stattgefunden hat. Man hatte damals auf eine inoffizielle und doch offizielle Art und Weise versucht, die ganzen ekklesiologischen Fragen, die uns verbinden oder noch voneinander trennen, auf Grund des »Tomos Agapis« zu besprechen und zu bewerten. Wir hatten damals schon den »Tomos Agapis« ekklesiologisch ausgewertet. In diesem Band finden sich alle offiziellen Dokumente, die zwischen dem Vatikan und dem Ökumenischen Patriarchat in den Jahren 1958

bis 1970 ausgetauscht wurden. Das Zentrum hatte auch bei der Veröffentlichung dieses Bandes mitgewirkt; es gibt eine deutsche, spanische und englische Übersetzung.

3. Dieses Zentrum ist ein Haus von akademischen Aktivitäten. Es ist ein Zentrum, das zur Erneuerung der orthodoxen Kirche beitragen möchte, nicht nur durch die Vorbereitung des panorthodoxen Konzils, sondern auch durch die Ausbildung von theologischen Kräften, die dann das orthodoxe Zeugnis dem Westen übermitteln können, ohne dieses Zeugnis zu verraten. Wir brauchen Theologen, die fähig sind, dem Zeugnis des Evangeliums das »Fleisch« der Geschichte im Hier und Jetzt zu geben, ohne die Kontinuität des Zeugnisses, was sein Wesen anbetrifft, abzubrechen. Wir brauchen Leute, die sowohl den starren Traditionalismus, der die formellen Ausdrucksformen für wesentlich hält, als auch den grenzenlosen Reformismus, der die zentrale Wahrheit relativieren kann, zu überwinden vermögen. Wir brauchen gerade Leute, die dem Heiligen Geist verfügbar und gleichzeitig der apostolischen Tradition der Kirche treu sein können. Aus diesem Grund versuchen wir schon seit 1980 eine Reihe von Seminaren zu organisieren – in Zusammenarbeit mit den Universitäten von Fribourg und Genf und der Theologischen Fakultät von Luzern. Neben orthodoxen Theologen, die bereits ihre Studien abgeschlossen haben, nehmen auch nicht-orthodoxe Theologen an diesen Seminaren teil, damit die Konfrontation zwischen Theologen des Westens und des Ostens stattfinden kann.

Das erste Seminar war dem Thema »Lokalkirche und Universalkirche« gewidmet, das heißt im besondern: Wie verhalten sich Lokalkirche und Universalkirche zueinander? Wie überwindet man die Polarisierung? (Vgl. Eglise locale et Eglise universelle, Etudes théologiques de Chambésy I, Les éditions du Centre orthodoxe du Patriarcat oecuménique, Chambésy-Genève 1981, 359 Seiten.)

Das Seminar vom Jahr 1981 war anläßlich des 1600jährigen Jubiläums des Konzils von Konstantinopel, das im Jahre 381 einberufen wurde, dem nicäno-konstantinopolitanischen Glaubensbekenntnis gewidmet. Es erstreckte sich auf ungefähr sechs Wochen, die Beiträge stehen im Sammelband: »Bedeutung und Aktualität des II. Ökumenischen Konzils für die heutige christliche Welt« (Etudes théologiques de Chambésy 2, Chambésy-Genève 1982, 592 Seiten).

Im Jahre 1982 beschäftigte sich unser Seminar mit dem Thema »Luther und die deutsche Reformation in ökumenischer Sicht« (Etudes théologiques de Chambésy 3, Chambésy-Genève 1983, 502 Seiten). 1983 behandelten wir das Thema »Theologie in Kirche und Welt«. Dabei ging es um die Frage, wie man heute Theologie betreiben soll. Ein Berichtband dazu erscheint ebenfalls. Das diesjährige Seminar beschäftigt sich mit dem Thema »Dialoge als Weg zur Einheit der Kirche«.

4. Dieses Haus ist ein Haus der gegenseitigen Durchdringung der orthodoxen und nicht-orthodoxen Kirchen in der echten Information. Wir wollen einerseits dem Westen orthodoxe Informationen übermitteln und andererseits zuverlässige Informationen, was die römisch-katholische Kirche und die anderen westlichen Kirchengemeinschaften anbetrifft, ermitteln. Aus diesem Grunde geben wir neben anderen Veröffentlichungen die Informationszeitschrift »Episkepsis« heraus. Schließlich sind wir dabei, eine wissenschaftliche Bibliothek mit den Schwerpunkten Patristik, frühe Kirchengeschichte und orthodoxe Theologie aufzubauen.

5. Das Zentrum ist vor allem ein Ort der panorthodoxen Begegnungen und der Förderung der panorthodoxen Gemeinschaft. Im Jahr 1968 fand in Chambésy die IV. panor-

thodoxe Konferenz statt. Auf diese Konferenz ist die systematische Vorbereitung des Konzils zurückzuführen. Es handelt sich um jene Konferenz, die den panorthodoxen Beschluß gefaßt hat, in diesem Zentrum ein ständiges Sekretariat für die Vorbereitung des heiligen und großen Konzils der orthodoxen Kirche zu gründen. Durch die Errichtung dieses Sekretariats ist das Zentrum zu einem gewissen panorthodoxen Ort geworden. Dort haben fast alle vorkonziliaren panorthodoxen Begegnungen stattgefunden: die erwähnte IV. panorthodoxe Konferenz 1968, die orthodoxe Kommission für die Vorbereitung des Konzils, die im Jahre 1971 tagte, die I. vorkonziliare panorthodoxe Konferenz, die 1976 stattfand, sowie 1982 die II. vorkonziliare panorthodoxe Konferenz. Das Sekretariat für die Vorbereitung des panorthodoxen Konzils veröffentlicht die Zeitschrift »Synodica« (Les éditions du Centre orthodoxe, Chambésy-Genève 1976 ff.). Bis jetzt sind sechs Bände erschienen, drei weitere sind in Vorbereitung.

In Zusammenhang mit der konziliaren Vorbereitungsarbeit, die von der ökumenischen Problematik nicht abzutrennen ist, könnte man folgendes sagen:

(a) Die Frage wird aufgeworfen, ob das panorthodoxe Konzil, das jetzt vorbereitet wird, als ökumenisch anerkannt werden kann, wenn schon von mehreren Theologen die Meinung ausgesprochen worden ist, daß nach der Kirchentrennung und vor der Kirchenvereinigung keine ökumenische Synode einberufen werden kann. Wenn man aber diese Meinung akzeptieren würde, dann gäbe man zu, daß die orthodoxe Kirche nicht die eine, heilige, katholische und apostolische Kirche ist, sondern eine Teilkirche, die aus der Gesamtkirche ausgeschieden wurde und die als solche nicht das offizielle Organ zur authentischen, unfehlbaren Formulierung ihrer Lehre hat. Und eine solche Kirche wäre nicht die vom Heiligen Geist geleitete Kirche, sondern eine unter vielen Kirchengemeinschaften.

Obwohl dieses Konzil als ökumenisches Konzil einberufen wird, wurde bei der Wahl zwischen den beiden traditionellen Bezeichnungen »ökumenisches Konzil« und »heiliges und großes Konzil der orthodoxen Kirche« richtigerweise die zweite Formulierung vorgezogen, denn so bezeichneten sich auch die frühen Kirchenkonzile, die als ökumenisch einberufen worden waren. Obschon einige Konzile in der Kirchengeschichte als »ökumenisch« einberufen waren, wurde ihnen der eigentliche ökumenische Charakter erst durch die Übereinstimmung aller Gläubigen (consensus fidelium) verliehen. So kam es, daß einige als ökumenisch einberufene Konzile als rein lokale von der Kirche verstanden wurden, wobei umgekehrt einige lokale als ökumenisch in das Bewußtsein der Kirche eingingen.

Ein Konzil ist jedenfalls nicht automatisch ökumenisch, weil gewisse Bedingungen, die aus der Zeit der frühen Kirche in ihrer historischen Entwicklung stammen, eingehalten wurden. Es gibt sozusagen keinen absoluten Maßstab für die Ökumenizität eines Konzils. Das einzig wichtige Kriterium ist die Wahrheit, d. h. seine soteriologische Bedeutung für die Gläubigen, eine Bedeutung, die nicht schon im voraus bestimmt werden kann.

(b) Die Tagesordnung des Konzils ist von der I. vorkonziliaren panorthodoxen Konferenz in Chambésy 1976 festgelegt, welche folgende Themenliste aus dem Katalog von Rhodos (1961) einstimmig herausgegriffen hat:

(1) Orthodoxe Diaspora
(2) Autokephalie und die Art und Weise, in der sie zu verkünden ist

(3) Autonomie und die Art und Weise, in der sie zu verkünden ist

(4) Diptycha (d. h. die Nennungsfolge der Kirchen beim liturgischen Gedenken)

(5) Kalenderfrage

(6) Ehehindernisse

(7) Anpassung der kirchlichen Fastenvorschriften an die Forderungen der heutigen Zeit

(8) Beziehungen der orthodoxen Kirchen zur gesamten christlichen Welt

(9) Orthodoxie und ökumenische Bewegung

(10) Beitrag der lokalen orthodoxen Kirchen zur Verwirklichung der christlichen Ideale des Friedens, der Freiheit, der Brüderlichkeit und der Liebe zwischen den Völkern und der Beseitigung der Rassendiskriminierung.

Fast für alle diese Themen ist bereits eine große Vorbereitungsarbeit geleistet von den einzelnen orthodoxen Kirchen, die über die verschiedenen Themen ihre Berichte ausgearbeitet haben, die dann durch das Sekretariat für die Vorbereitung des Konzils den orthodoxen Kirchen vorgelegt worden sind, damit sie, bevor eine vorkonziliare panorthodoxe Konferenz über sie beschließen kann, von der interorthodoxen Vorbereitungskommission untersucht werden können, um den orthodoxen Standpunkt zu jedem dieser Themen zu formulieren.

(c) Die II. vorkonziliare panorthodoxe Konferenz, die vom 3. bis 12. September 1982 in Chambésy einberufen worden war, behandelte drei dieser Themen:

– Ehehindernisse

– Anpassung der kirchlichen Fastenvorschriften an die Forderungen der heutigen Zeit

– Kalenderfrage.

Die Beschlüsse, die über diese Themen gefaßt wurden, haben keine kanonische Verbindlichkeit, bevor nicht das heilige und große Konzil dazu Stellung bezogen hat.

(d) Die II. vorkonziliare panorthodoxe Konferenz hat auch die neuen Aufgaben der interorthodoxen Vorbereitungskommission und der nächsten vorkonziliaren panorthodoxen Konferenz wie auch ihre Tagesordnung festgelegt.

Vier Themen aus der Themenliste des Konzils wurden ausgewählt, damit sie von der nächsten vorkonziliaren Konferenz behandelt werden:

(1) Nochmalige Überprüfung der kirchlichen Fastenvorschriften,

(2) Die Beziehungen der orthodoxen Kirche zu der übrigen christlichen Welt, d. h. die Bewertung unserer bilateralen theologischen Dialoge mit den anderen christlichen Kirchen und Konfessionen, nämlich mit der römisch-katholischen Kirche, der christ-katholischen Kirche, den alten orientalischen Kirchen, der anglikanischen Kirche und den Lutheranern,

(3) Die Orthodoxie und die ökumenische Bewegung, d. h. unsere Beziehungen mit dem Ö.R.K. und die Bewertung unserer Beiträge im Rahmen der multilateralen Dialoge,

(4) Beitrag der lokalen orthodoxen Kirchen zur Verwirklichung der christlichen Ideale des Friedens, der Freiheit, der Brüderlichkeit und der Liebe zwischen den Völkern und der Beseitigung der Rassendiskriminierung.

Was die eigentliche ökumenische Problematik anbetrifft, beziehungsweise das Verhältnis der orthodoxen Kirchen zur übrigen christlichen Welt und zur ökumenischen Bewegung, so möchte ich folgende Überlegungen und Perspektiven unterstreichen:

(1) Die Stellung der Orthodoxie in der Ökumene ist mit dem Interesse der orthodoxen

Ostkirche an der Aufhebung der Schismen und Trennungen sehr eng verbunden. Diese Trennungen und Schismen widerstreben nach dem tiefen Glauben der Orthodoxen der Natur und Mission der christlichen Kirche. Da der Vater aller Einer ist, Einer der Heiland der Welt, Einer der die Menschen heiligende und erleuchtende Heilige Geist, einer auch der einmal überlieferte Glaube, muß notwendig auch die Kirche, die der Leib Christi und die Gegenwart Christi ist und die sein Erlösungswerk in der Welt fortsetzt, eine sein. Wenn es möglich wäre, daß es viele Christus gibt oder daß Christus geteilt ist, dann wäre es auch möglich, daß es viele Kirchen gibt, die wahrhaftig und ihres Namens wert wären. Die bestehende Trennung der Kirche in viele Kirchen hindert aber auch ihre Arbeit in der Welt, da es unmöglich ist, daß sie Glauben, Liebe und Frieden verkündigen, während sie selbst sich zerreißen und durch Trennungen und Schismen zerstückelt sind.

Man denkt heute aber oft nicht daran, daß Gott in Christus Mensch wurde, damit das Menschsein von der Menschlichkeit Gottes bestimmt wird. So tritt heute oft hinter gesellschaftlichen, soziologischen und anthropologischen Perspektiven die Theologie zurück. Der Ökumenismus scheint auf dem Wege zum Humanismus zu sein, weil er die Entwicklung zur kommenden Weltgemeinschaft, zur einen Menschheit beschleunigen will. Der Mensch wird mit und in der Welt gesehen, nicht ihr gegenüber. Der Mensch steht im Mittelpunkt der Erörterungen. Dies ist natürlich verständlich.

Es ist wahr, daß Jesus denjenigen, die am Rande der Gesellschaft stehen, eine ganz besondere Liebe und Nähe zeigt: den Kranken, den Armen, aber auch den Fehlbaren und den Schuldigen. Auch ergreift er Partei für jene, die alle gegen sich haben und steht auf der Seite der Schwachen und Rechtlosen.

Soll das aber heißen, daß man Gott mit den Unterdrückten und die Botschaft des Evangeliums mit der Überwindung von Gewalt und Ungerechtigkeit identifizieren soll? Die Gerechtigkeit darf nicht mit der Rechtfertigung verwechselt werden, auch nicht die politische Befreiung und der Sieg über die Armut mit der Erlösung.

Berdjajew sagt, daß die Frage nach meinem eigenen Brot eine materielle Frage ist, während die Frage nach dem Brot meines Nächsten eine spirituelle ist. Es liegt etwas Wahres darin. Derjenige, der sich nicht spontan einsetzt, um den Menschen in seinen konkreten Leiden zu helfen, kann ebenso der Häresie schuldig werden wie derjenige, der diese oder jene Glaubenswahrheit ablehnt.

Ob die Menschen genügend Brot zum Leben haben werden, das wird davon abhängen, ob genügend Menschen erkennen, daß der Mensch nicht vom Brot allein lebt. Es wäre falsch, hier die Vertikale gegen die Horizontale auszuspielen. Alle Dimensionen des Glaubens gehören zusammen. Es gibt keine strenge Trennung zwischen Heilsgeschichte und Weltgeschichte. Natürlich ist die Kirche nicht nur der Arzt am Krankenbett der Gesellschaft. Denn wir leben in der Gesellschaft, wir können mit ihr krank sein, kämpfen oder verzweifeln.

(2) Die Notwendigkeit einer baldigen Beantwortung des Verhältnisses der orthodoxen Kirche zu den anderen Kirchen und Konfessionen ist von allen orthodoxen Kirchen öfters unterstrichen worden. Daher haben wir eine Reihe von *interorthodoxen Kommissionen* gebildet, die den Dialog mit anderen Kirchen durchführen.

Die Wichtigkeit des Problems der Beziehungen der orthodoxen Kirche zu den anderen Kirchen und Konfessionen ist von allen orthodoxen Kirchen angemeldet worden. Wie die interorthodoxe Kommission in ihrem Bericht über die *Ökumene* in der orthodoxen Kirche unterstrichen hat: »Im Bewußtsein der Wichtigkeit der gegenwärtigen Struktur des Christentums erkennt unsere heilige orthodoxe Kirche, obwohl sie die eine, heilige, katholische und apostolische Kirche ist, nicht nur die ontologische Existenz dieser christlichen Kirchen an, sondern glaubt auch fest, daß alle diese Beziehungen zu ihnen auf einer möglichst raschen objektiven Erhellung des ekklesiologischen Problems und der Gesamtheit ihrer Lehre beruhen müssen.«[1]

Bei der Prüfung ihrer Stellung gegenüber den anderen Kirchen hat die orthodoxe Kirche eine Reihe aufgeworfener heikler Fragen zu beantworten.

Wenn die orthodoxe Kirche die Alte ungeteilte Kirche fortzusetzen und die zum Wesen der Kirche gehörende wahre Einheit seit Pfingsten zu verkörpern glaubt, welchen Platz haben dann die anderen Kirchengemeinschaften innerhalb der Geschichte der einen Kirche?

Wenn die orthodoxe Kirche sich selbst als die eine, heilige, katholische und apostolische Kirche versteht, die den apostolischen Glauben und die Tradition der Alten Kirche und der sieben ersten ökumenischen Konzile unverändert bewahrt, welches wird die theologische Auffassung sein, welche die künftige panorthodoxe Synode von der Existenz der übrigen christlichen Konfessionen haben wird? Welcher Unterschied besteht in der orthodoxen Ekklesiologie zwischen Schismatikern und Häretikern? Was kann die von Cyprian entwickelte »Ekklesiologie des Schismas«, die sich auf die ursprüngliche Identität der Kirche mit der eucharistischen Versammlung gründet, für unsere heutige konkrete kirchliche Situation bedeuten?

Und um die Fragen fortzusetzen: Wie verstehen die Orthodoxen die Wiederherstellung der Einheit der Kirche, die das Ziel unserer gemeinsamen heutigen Bestrebungen darstellt?

Welches ist die sakramentale und ekklesiale Grundlage, auf die sich die Orthodoxen bei ihrem Streben nach Einheit mit den übrigen Kirchen stützen, die gemeinsam ihren Glauben an Jesus Christus, den Herrn und Retter der Welt bekennen? Dies sind die heikelsten und schwierigsten Fragen in unserer heutigen Situation, die aber mindestens gestellt werden müssen und die uns zwingen, uns auf unser eigenes Verständnis zu besinnen, es neu zu durchdenken. Die Lage wird natürlich kompliziert, wenn man die Kirche unter formalen, juridischen Gesichtspunkten betrachtet.

Zu wissen, ob und wie die orthodoxe Kirche auf ihrem Konzil die anderen Kirchen und Konfessionen ekklesiologisch beurteilen wird, wird von der – positiven oder negativen – Entwicklung der bilateralen Dialoge abhängen. Somit wäre es verfrüht und vielleicht gefährlich, Vermutungen anzustellen.

Als der Weltkirchenrat sich konstituierte, war die Problematik völlig verschieden von der heutigen. Damals stand die ekklesiologische Frage im Zentrum der ökumenischen Bemühungen; es ging um die Kirche. Heute ist die Problematik christologisch und anthropologisch verlagert; es geht um Christus und sein Bekenntnis und um den Menschen.

Ich möchte als eine gegenseitige Bereicherung die Tatsache bezeichnen, daß heute die orthodoxe Kirche einerseits bilaterale Dialoge und andererseits multilaterale Dialoge durch ihre Teilnahme am Weltkirchenrat durchführt, dies wegen der Suche nach der Einheit und dem gegenseitigen Austausch, nicht nur wegen all der »spirituellen Reichtümer der Orthodoxen, deren wir im Westen bedürfen«, sondern auch, damit sich die orthodoxe Kirche über »die neuen Methoden und Vorstellungen vom kirchlichen Leben und von der kirchlichen Tätigkeit« der anderen Kirchen und Konfessionen unterrichten kann, »kostbare Elemente«, die sie wegen ihrer besonderen Umstände nicht haben und fördern konnte[2].

Es läßt sich nicht leugnen, daß die Christenheit schmerzlich getrennt ist. Aber was getrennt ist, darf nicht einfach so hingenommen werden und ist auch nicht aus sich heraus zu erklären (self-explanatory), wie Arnold Toynbee irrtümlich angenommen hat. »Der wichtigste Fehler des Toynbeeschen Denkens liegt darin«, bemerkt P. Georges Florowskij, »daß er einfach die Tragödie der christlichen Teilung nicht zur Kenntnis nimmt. In Wirklichkeit bilden der Osten und der Westen keine unabhängigen Einheiten und sind folglich auch nicht ›in sich verständlich‹. Sie bilden Teile einer einzigen Welt, einer einzigen Christenheit, die nach dem Willen Gottes nicht getrennt sein sollte. Die Tragödie der Trennung ist das größte und wichtigste Problem der christlichen Geschichte. Das Bestreben, die christliche Geschichte als ein verständliches Ganzes zu sehen, ist bereits in gewissem Sinne ein richtiger Schritt auf dem Wege der Wiederherstellung der zerbrochenen Einheit. Als bedeutender ökumenischer Erfolg ist schon zu werten, daß die ›getrennten Christen‹ verstanden haben, daß sie einander zugehören und folglich ›zusammenbleiben‹ sollten. Als nächstes müssen sie verstehen lernen, daß alle Christen eine gemeinsame Geschichte, einen gemeinsamen Ursprung haben . . . Bei diesem Bestreben hat die orthodoxe Kirche eine besondere Rolle zu spielen, denn sie bildet die lebendige Verkörperung einer kontinuierlichen Tradition in ihrem Denken und in ihrer Frömmigkeit. Sie stellt keine ›besondere‹ Tradition dar, sondern die Tradition von Jahrhunderten, die Tradition der ungeteilten Kirche«[3].

Anmerkungen

1 Protokolle der Interorthodoxen Vorbereitungskommission (Chambésy, 16.–28. 7. 1971) 77.
2 *Florowskij*, Le Corps du Christ vivant, 125.
3 S. »Enzyklika des Ökumenischen Patriarchats und die autokephalen orthodoxen Kirchen« in: *Istavridis, B.:* Die Geschichte der Ökumenischen Bewegung (gr.), Athen 1964, 131–134; und *Papandreou, Damaskinos:* »Orthodoxe Stimme zu einem Interview des Generalsekretärs des Ökumenischen Rates der Kirchen über die Orthodoxie« in: Catholica Unio (1979) 1, 13–18.

18

La foi et la connaissance scientifique. Discours a un groupe de scientifiques du CERN

Le rapport entre la foi et la connaissance scientifique est un sujet à la fois ancien et complexe. Il a été débattu au cours des trois derniers siècles dans la perspective de l'incompatibilité de la connaissance scientifique avec la foi religieuse. Mon intention, ici, n'est pas d'analyser à fond cette question mais d'offrir certaines réflexions capables de sensibiliser notre intérêt:

1. La nouvelle base radicale pour aborder le problème n'a pas été le résultat de conclusions venant de la recherche scientifique elle-même qui connut, pendant les XVIIIe et XIXe siècles, des progrès étonnants. Au contraire, les philosophes du siècle des lumières en Europe occidentale ont proclamé que la foi religieuse était incompatible avec la science. Ceci de manière préalable, c'est-à-dire dans le cadre de leurs efforts tendant à fonder une conception globale du monde et de la vie autour d'un anthropocentrisme athée; cela dans le but d'émanciper la science de la foi religieuse.

La science, comme l'art, a su trouver maintes fois un compromis avec les problèmes posés par la pensée philosophique aussi bien en tant qu'idéologie que programme social. Ces problèmes, elle ne les avait point créés elle-même, et c'est pour une telle raison que les fruits de ses recherches purent être récupérés par la philosophie et l'idéologie, politique ou autre.

2. Le contenu de la foi religieuse se situe au-delà de la méthodologie démonstrative de la recherche scientifique. Cela non seulement parce qu'il y a difficulté de vérification de l'existence des faits affirmés par la foi mais encore parce qu'il existe une difficulté parallèle de rejeter scientifiquement le contenu transcendant de la foi. C'est-à-dire: tout comme l'homme de science ne peut pas prouver, à travers la méthode de la recherche scientifique, l'élément transcendant de la foi, de la même manière il ne peut rejeter scientifiquement le même élément à l'aide de la méthode scientifique.

3. La question du rapport entre foi religieuse et connaissance scientifique posé dans le passé historique sous forme de problème de priorité de l'une par rapport à l'autre ne s'épuise pas avec des affirmations philosophiques ou idéologiques unilatérales. La foi religieuse est sans aucun doute une des fonctions du phénomène plus général de la foi-confiance qui caractérise l'homme dans son ensemble, et d'autre part, la connaissance scientifique est une des fonctions du phénomène plus général de la connaissance qui caractérise également l'homme dans son ensemble. C'est pour cela que le rapport entre ces deux grandeurs, la foi et la connaissance, ne peut être évalué sur la seule base d'un choix plus ou moins arbitraire entre deux fonctions particulières, n'ayant entre elles aucun rapport spécial. Car sur la base générale des deux grandeurs – qui appartiennent

l'une et l'autre à l'homme (la foi et la connaissance) – il serait inconcevable d'établir une séparation quelconque. Toutes les deux, en effet, sont imbriquées l'une dans l'autre dans toutes les manifestations de la vie humaine de chaque jour.

Tout homme de science sépare d'ordinaire l'élément de la connaissance de l'élément de la foi dans leurs fonctions particulières en tant que foi religieuse et connaissance scientifique. Cependant, même dans sa recherche scientifique la plus spécialisée, il met en application cette double capacité de sa personne qui combine harmonieusement foi et connaissance et vice-versa. Cyrille de Jérusalem soulignait déjà le contenu précité de la foi dans le cadre de la personnalité humaine: «Ce n'est pas nous seulement qui donnons à la foi une grande valeur car tout ce qui se fait dans le monde se fait par la foi. En effet, la loi du mariage unit par la foi conjugale un homme et une femme qui étaient auparavant étrangers l'un à l'autre. Toute l'agriculture est basée sur la foi, car celui qui ne croit pas qu'il en tirera de riches fruits ne peut pas endurer la fatigue. La plupart des choses humaines sont donc réglées par la foi. Et cela non seulement pour nous chrétiens mais aussi pour ceux qui sont encore en dehors de l'Eglise» (Catéchèse 5,3).

4. Le problème du rapport entre foi religieuse et connaissance scientifique qui a retenu l'attention des hommes du Moyen Age occidental en divisant les esprits à cause des principes de la philosophie ou de la théologie scolastique, ne fut jamais posé avec la même acuité ou le même esprit dans le monde orthodoxe car là la recherche scientifique ne fut jamais vécue comme un concept opposé ou incompatible avec la foi orthodoxe. La tradition orthodoxe a appliqué les règles de la logique aristotélicienne même à propos du processus de l'expérience consciente de la foi chrétienne. Les théologiens de l'école d'Antioche cherchaient toujours le cadre logique dans lequel se manifeste le phénomène de la foi. C'est ainsi que Théodoret de Cyr décrit d'une manière très caractéristique ce qu'est la foi: «La foi est un consentement que notre âme donne de son propre gré, la vision d'une chose invisible, une certitude en ce qui concerne l'être, une compréhension des choses invisibles mais une compréhension qui est en harmonie avec la nature des choses».

Jean Chrysostome décrit de manière plus simple le fonctionnement mental du phénomène de la foi qui se manifeste «lorsque nous ne nous contentons pas des yeux de notre corps mais nous nous représentons ce que nous ne voyons point à l'aide des yeux de notre intelligence».

Si, par conséquent, la langage de la foi est conforme «aux yeux de l'intelligence» et de plus il est «en harmonie avec la nature des choses», alors on comprend l'attitude positive de l'orthodoxie vis-à-vis de la recherche scientifique même en ce qui concerne les questions de la foi, en conformité a l'opinion de Cyrille d'Alexandrie: «Nous ne devons pas renoncer tout à fait à l'examen des choses divines sous prétexte qu'elles sont acceptables par la force de la foi, mais nous devons plutôt essayer de nous élever en ce qui les concerne à une connaissance suffisamment conforme à leur nature».

C'est sur ces principes de la tradition patristique orthodoxe que s'est appuyée l'attitude positive de l'Eglise orthodoxe envers tout processus tendant à la connaissance, malgré le blâme encouru de la part des savants non chrétiens déjà à l'époque de l'apparition du christianisme, comme en témoigne l'historien de l'Eglise Eusèbe au IVe siècle: «Quelques-uns considèrent que le christianisme ne contient en son essence aucun fondement logique et qu'il entretient des opinions infondées par une foi déraisonnable. Ils disent que les chrétiens ne peuvent fournir aucune preuve claire de la vérité et ont la prétention que leurs adeptes fassent confiance à la foi. Pour cette raison, ils les appellent «fidèles» car ils font confiance à une foi dèraisonnable».

5. On sait que la philosophie moderne a élevé la subjectivité humaine en principe absolu pour la compréhension de l'être. Cela a abouti au principe de l'immanence (immanentisme) qui exclut à priori le principe transcendant et intègre l'être de l'homme dans le devenir historique en tant que simple fonction de celui-ci. Cet anthropocentrisme radical conduisit au rejet de la religion car l'affirmation du principe transcendant fut comprise ou bien comme un élément de l'aliénation historique de l'homme (Marxisme) ou bien comme le résultat de la déception nevrotique (freudisme) ou bien comme l'absence de la seule connaissance authentique: celle qui est offerte par la science (positivisme logique) ou, enfin, comme un rejet de la raison humaine (Albert Camus) . . . Il est très caractéristique que le manifeste humaniste signé en 1933 par les philosophes les plus en vue des Etats-Unis proclamât un athéisme anthropologique qui, depuis 1949, fut considéré comme «la vraie philosophie américaine» et présenté comme une synthèse de la théorie du «scientisme» – selon laquelle seule la méthode des sciences naturelles doit être appliquée à tous les domaines de la recherche – avec celle de l'«évolutionnisme» et du «vitalisme» d'après laquelle la vie évolue de par sa propre force, différente de toutes les autres forces agissant dans l'inerte.

Toutefois l'étonnant progrès scientifique et technologique du XXe siècle relatif à la connaissance de l'univers est allé de pair avec la prise de conscience de la fantastique perfection et du sublime des lois qui le gouvernent, tout particulièrement dans le domaine de la micro-physique et de la micro-biologie.

A travers ce processus scientifique, le savant moderne découvre tout simplement les lois de fonctionnement de l'univers qui, selon le point de vue des plus éminents physiciens du XXe siècle (Max Planck, Albert Einstein, Werner Heisenberg et d'autres) présupposent une intelligence infinie de l'univers. Ainsi les déclarations triomphalistes des philosophes et des idéologues du XXe siècle contre la foi religieuse et son principe transcendant – déclarations faites sur la base du progrès scientifique – se dissolvent ou sont neutralisées sur le terrain de la recherche scientifique pure par les représentants les plus distingués de cette recherche tandis que sur le plan social le problème du mal physique et moral a suscité la recherche de l'existentialisme.

Chercher le critère absolu du choix humain entre le bien et le mal revient, selon Soren Kierkegaard, à resituer l'homme contemporain face à face avec Dieu. Le danger d'une catastrophe nucléaire qui menace de détruire l'homme, son monde et sa civilisation fonctionne comme un catalyseur tout puissant de ses critères de valeur.

6. C'est ainsi que l'homme se dresse maintenant en juge sévère des principes de l'interprétation philosophique et idéologique de son être personnel et social; ces principes qui ont tendance à analyser la personne humaine en éléments d'une addition comportant toute la matière sociale. Cela signifie que l'homme prend progressivement conscience du fait que les déclarations philosophiques et idéologiques enthousiastes du XIXe siècle sur le besoin de la «mort de Dieu» pour que l'homme libre puisse naitre (L. Feuerbach, F. Nietzsche, K. Marx, S. Freud) avaient pour conséquence directe la tendance à une recherche théologique et philosophique concernant la nécessité de la mort de l'homme en tant que moi personnel afin que la référence sociale de son existence puisse naître.

Cette évolution, qui fonctionne de manière destructive sur la sainteté et la valeur suprême de la personne humaine, renforce la tradition et la théologie patristiques orthodoxes qui comprennent la grandeur de la personne humaine dans sa communion indestructible avec le Dieu personnel de la foi. Une société sans Dieu personnel est condamnée à perdre les sens de la personne pour l'homme aussi. La science là où elle ne sert pas, elle aussi, le rejet philosophique ou idéologique du principe transcendant – rejet institutionnalisé par l'Etat moderne sécularisé – favorise, avec la sérénité de recherche qui la caractérise, le dialogue objectif entre la connaissance scientifique et la foi religieuse car elle prend conscience que ce qui est en danger, en dernière analyse, c'est la personne humaine elle-même, c'est-à-dire l'homme dans son intégralité.

19

Les dialogues oecuméniques de l'Église Orthodoxe hier et aujourd'hui

I. Remarques preliminaires

Les dialogues oecuméniques bilatéraux et multilatéraux sont, sans aucun doute, à notre époque, l'expression la plus significative des rapports interecclésiaux non seulement de l'Eglise orthodoxe mais aussi des autres Eglises et confessions chrétiennes. C'est en effet au cours de la période d'entre-deux-guerres que la tendance à un rappochement des Eglises par le biais des dialogues bilatéraux et multilatéraux s'est généralisée. Bien sûr, le fait que les perspectives optimistes du début ne se concrétisent pas encore dans les discussions théologiques des commissions responsables a donné l'impression que le processus entamé traverse une crise profonde qu'il faudra bien résoudre si on ne veut pas qu'elle porte atteinte à la dynamique oecuménique.

Cette orientation générale des Eglises vers les dialogues théologiques trouve sa source non seulement dans des institutions telles que le Conseil oecuménique des Eglises ou dans les méthodes pour mettre fin aux rivalités entre chrétiens (prosélytisme . . .) mais, surtout, dans l'exigence de l'homme du XXe siècle pour que les Eglises chrétiennes dépassent leurs complexes historiques de la division et du fanatisme. Cela dans le but d'accomplir leur mission au milieu d'un monde profondément ébranlé par ses contradictions et ses utopies spirituelles ou idéologiques. Les institutions et le choix des méthodes sont des éléments dérivés de l'angoisse humaine, angoisse qui découle de la tragique division du monde chrétien. En effet, devant la confusion générale créée par des théories qui s'entre-déchirent sur les plans philosophique, idéologique et scientifique et qui sont un produit du «siècle des lumières», athée ou indifférent, l'homme moderne est devenu le moteur principal de la tendance qui veut réunir le monde chrétien sur la base de sa foi et de son espoir communs.

La substitution de la théorie théocentrique de l'homme et du monde par celle anthropocentrique des sciences et de la pensée moderne a créé en l'homme chrétien une telle angoisse spirituelle qu'il a recherché l'unité comme le seul moyen de neutraliser l'incursion athéiste qui prêchait la nécessité de la mort de Dieu afin que puisse naître l'homme autonome. C'est dans ce cadre qu'il faut situer l'initiative du Trône oecuménique qui proclama par ses encycliques de 1902 et de 1920 la nécessité d'éliminer toute attitude fanatique des Eglises et confessions chrétiennes dans le but de promouvoir leur rapprochement et leur collaboration en présence du danger commun. Cette idée fit son chemin au cours de la période d'entre-deux-guerres et se cristallisa après la dernière guerre, dans la fondation du Conseil oecuménique des Eglises et dans l'inauguration officielle des dialogues théologiques. Ces procédures interecclésiales pour le rapprochement et la collaboration du monde chrétien – une exigence permanente de l'homme chrétien de notre temps – conduisit à un rapprochement partiel des Eglises, ce qui amena inévitablement le problème crucial de la possibilité de restauration de l'unité ecclésiale du monde chrétien.

Pour mieux évaluer une telle situation, notons que la pensée philosophique, antireligieuse ou athéiste, du «siècle des lumières» fut alimentée par la source inépuisable de la polémique dure du protestantisme contre la théologique scolastique et les structures de l'Eglise catholique-romaine. Sans la Réforme protestante et la confrontation théologique du monde chrétien occidental quant à l'authenticité et la crédibilité de l'enseignement du christianisme, l'évolution anti-religieuse et athéiste de l'esprit occidental qui a progressivement envahi la chrétienté tout entière aurait été trés difficile. Ces évolutions rendirent possibles non seulement la prise de conscience du danger mais aussi celle du besoin immédiat à affronter; cela d'autant plus que la confrontation idéologique et théorique avec le christianisme fut progressivement incarné dans l'Etat sécularisé moderne.

L'Eglise orthodoxe se trouva impréparée d'affronter cette babylone de disputes théologiques et de fermentation idéologique du monde occidental qui facilitèrent le prosélytisme de la propagande latine et des missionnaires protestants. Le monde orthodoxe avait à faire face à des problèmes urgents. Il ne connaissait pas la structure fortement hiérarchique du catholicisme romain et était dans l'incapacité de comprendre les tendances anti-ecclésiales et athéistes de la réflexion occidentale. Ainsi les théories des nouveaux philosophes des «lumières» accompagnées d'un activisme social très pronconé trouvèrent un écho très restreint et ne purent influencer sérieusement le peuple orthodoxe.

Cependant ce qui trouva un écho restreint sur le plan théorique fut imposé au peuple orthodoxe par l'Etat sécularisé et absolutiste. L'Eglise se trouva ainsi, par une suite de mesures législatives du pouvoir étatique, à la périphérie de la vie publique et sociale des peuples orthodoxes. A la question: «Pourquoi le Patriarcat oecuménique prit-il l'initiative de pionnier de rapprocher – par l'intermédiaire des fameuses ençycliques de 1902 et 1920 – les Eglises et confessions chrétiennes?» la réponse est claire: «La problématique du monde chrétien occidental bien qu'étrangère à l'orthodoxie, est devenue subitement, à cause d'interventions extérieures, une problématique concernant la mission pastorale de l'orthodoxie». C'est cette sensibilité pastorale de l'orthodoxie qui inspira les encyliques du Trône oecuménique; celles-ci préparèrent les processus inter-ecclésiaux mettant en contact les Eglises d'Orient avec celles d'Occident.

L'orthodoxie a donc dû prendre ces initiatives répondant à une nécessité pastorale étant donné que, aussi bien l'Eglise catholique-romaine que le protestantisme n'étaient pas encore pleinement libérés de leurs habitudes d'antan de s'imposer par l'antagonisme confessionnel. Dans ces conditions, l'Eglise orthodoxe avait le devoir pastoral de prendre elle-même une initiative de rapprochement, et, en même temps, d'informer d'une manière exhaustive ses ouilles sur:

a) la nécessité tout d'abord, d'un rapprochement et d'une collaboration de toutes les Eglises et confessions chrétiennes afin d'affronter en commun la provocation des athées;

b) la nécessité pour l'orthodoxie de participer aux dialogues théologiques qui sont pour
elle un devoir de témoignage oecuménique et d'annonce de son héritage et de sa tradition
apostolique et patristique authentique;
c) le devoir de l'ensemble des fidèles de l'Eglise orthodoxe de suivre avec zèle et participer
avec dévotion à cette ouverture oecuménique de l'orthodoxie, dans la conviction profonde que le témoignage de l'orthodoxie dans le monde actuel n'est pas – comme on le
prétend souvent – une trahison à la foi orthodoxe mais une perspective fondamentale de
sa mission dans le monde. Dans le cas contraire la catholicité et l'oecuménicité de la
tradition orthodoxe authentique seraient affaiblies et réduites à une pièce de musée;
d) la valeur relative des institutions et des procédures auxquelles l'orthodoxie participe
dans le but de présenter son propre témoignage au monde chrétien non-orthodoxe, et
dans l'espoir de neutraliser le prosélytisme qui de temps à autre est encore aujourd'hui
exercé parmi ses membres;
e) la signification du processus des dialogues avec les non-orthodoxes. Ces dialogues bien
qu'ayant leur source dans une authentique prise de conscience de l'orthodoxie ne doivent
pas nous entraîner à des manifestations ou des gestes ecclésiaux prématurés non confor-
mes aux critères canoniques posés par l'Eglise orthodoxe pour sa participation aux
dialogues théologiques. Le déroulement des dialogues théologiques sera un travail de
longue haleine et traversera plusieurs phases jusqu'à son aboutissement à un résultat
positif ou négatif. Chacune de ces phases ne peut ni ne doit être considérée – par le clergé
ou par le peuple orthodoxe – comme exhaustive de tout le processus du dialogue;
f) le devoir ultime du monde chrétien dans son ensemble de lutter pour la restauration de
son unité ecclésiale dans le cadre de la tradition apostolique et ecclésiastique authentique
de l'Eglise indivise selon le commandement du Seigneur «afin qu'ils soient un» et
conformément à la prière incessante de l'Eglise orthodoxe «pour l'union de tous».
Une telle information, large et responsable, du peuple orthodoxe est un devoir urgent de
la pastorale de l'Eglise, étant donné que toutes les Eglises orthodoxes locales participent
activement au dialogue oecuménique de l'orthodoxie. Cette information, qui peut être
également donné par la catéchèse, la prédication, les publications d'église et par tout autre
moyen de communication se prêtant à cela, est nécessaire à plusieurs points de vue parce
qu'elle:
a) éduque les fidèles et les prépare à exercer une critique responsable de l'authenticité de
témoignage de l'orthodoxie à chaque stade de son dialogue oecuménique puisque, en
dernière analyse, ce sont les fidèles de l'Eglise orthodoxe qui ont le droit canonique
inaliénable de «discerner» et juger de la réception ou du rejet de toute décision se trouvant
en dehors des cadres de la tradition orthodoxe;
b) renforce le dynamisme du témoignage de l'orthodoxie en rendant active et consciente
la participation des fidèles orthodoxes au dialogue oecuménique actuel;
c) affaiblit les efforts – rares aujourd'hui – des hétérodoxes pour utiliser les dialogues
comme un moyen d'exercer le prosélytisme auprès des fidèles orthodoxes.
Les réflexions que nous venons de formuler sur la signification et la valeur pastorales du
dialogue oecuménique actuel pour les fidèles orthodoxes ne peuvent être pleinement
comprises sans référence au devoir et à la mission historique de l'orthodoxie. Ce devoir et
cette mission sont une expression naturelle de l'essence de l'orthodoxie. En effet, celle-ci
a toujours compris sa mission historique comme un dialogue ininterrompu et responsa-

ble avec d'un côté les non-orthodoxes pour restaurer l'authentique unité de l'Eglise et, de l'autre, avec les non-chrétiens, ce qui lui a permis d'exercer sa vocation missionnaire. La presque totalité de la littérature conciliaire et patristique n'est, en dernière analyse, qu'un tel dialogue avec les hérétiques, les schismatiques, les fidéles à la foi ébranlée, afin de les convertir ou les confirmer dans la vraie foi. C'est ce que j'appelle l'expérience dynamique de l'oecuménicité de l'orthodoxie. Indépendamment des réserves que l'on pourrait avancer concernant l'efficacité de sa participation au dialogue oecuménique, il est certain qu'un rejet de sa part de ce dialogue correspondrait au rejet de sa mission oecuménique, attitude dont les conséquences pastorales seraient vraiment douloureuses pour l'Eglise orthodoxe. Mais il n'est pas nécessaire d'aller jusque là. Car il est un fait que l'Eglise orthodoxe avec sa participation au dialogue oecuménique non seulement ne met pas en danger l'intégrité de l'orthodoxie de la foi, mais, de plus, elle apporte de manière dynamique cette foi, au monde chrètien. Les résultats de ce témoignage oecuménique de l'orthodoxie se sont déjà fait sentir dans plusieurs domaines, notamment:

a) l'acceptation progressive de l'initiative du Patriarcat oecuménique par les autres Eglises et confessions chrétiennes les a obligés à abandonner de plus en plus leurs méthodes illicites de prosélytisme individuel des orthodoxes et à dialoguer officiellement avec l'Eglise orthodoxe;

b) l'intérêt marqué de l'Eglise catholique-romaine aussi bien que du protestantisme pour l'étude du trésor inépuisable de la tradition patristique orthodoxe, intérêt qui pénètre peu à peu le contenu de la theologie du christianisme occidental;

c) l'influence profonde de la théologie orthodoxe sur les téxtes officiels du Concile Vatican II et du Conseil oecuménique des Eglises;

d) l'apport orthodoxe dans le domaine de l'ecclésiologie et, plus particulièrement, de l'enseignement sur les sacrements a considérablement influencé l'Eglise catholique-romaine (concept de l'Eglise locale) et le protestantisme (expérience sacramentelle);

e) le désir général du monde chrétien occidental de connaître plus à fond les sources inépuisables de la spiritualité orthodoxe (culte, monachisme, art) et d'en tirer profit.

Je voudrais souligner que le devoir pastoral spécifique de l'Eglise orthodoxe par rapport au dialogue oecuménique n'est sans doute pas son isolement, avec un sentiment d'orgueil et l'autarcie, du reste du monde chrétien, mais le renouveau de la vie spirituelle de ses fidèles à travers une expérience consciente de son propre héritage patristique et spirituel dont l'homme moderne et, plus particulièrement, l'homme occidental, a grandement besoin.

Ce devoir et cet engagement pastoraux de l'Eglise orthodoxe découlent d'ailleurs de la conscience que cette Eglise a d'elle-même, conscience à l'origine de ses dialogues bilatéraux entrepris et menés avec les autres Eglises.

Le mouvement préconciliaire panorthodoxe fut, par conséquent, indissolublement lié à la création d'une série de commissions interorthodoxes chargées de préparer et de mener les dialogues avec d'autres Eglises, c'est-à-dire, l'Eglise anglicane, l'Eglise vieille-catholique, les anciennes Eglises orientales, l'Eglise catholique-romaine et les Luthériens.

Permettez-moi à présent de vous donner en guise d'introduction à notre séminaire, une description historico-théologique des dialogues bilatéraux de l'Eglise orthodoxe selon l'ordre chronologique de la création des commissions interorthodoxes respectives pour faire, ensuite, quelques réflexions personnelles sur des questions importantes qui reviendront, je'en suis sûr, tout au long du présent séminaire.

II. Description historico-theologique des dialogues

A. *Le dialogue théologique orthodoxes – anglicans*

Après une période de préparation comprenant trois réunions de la commission interorthodoxe préparatoire (Chambésy, 1970 et 1972; Helsinki, 1971) trois réunions de la commission respective anglicane (Jérusalem, 1969; Londres, 1970; Haywards Heath, 1971) et une réunion d'un comité mixte de coordination (Chambésy, 1972)[1] le dialogue théologique entre les Eglises orthodoxe et anglicane fut officiellement inauguré à Oxford en 1973[2].
Conformément aux instructions de cette première assemblée générale de la commission mixte, des sous-commissions se sont réunies en 1974 (Crète: Inspiration et Révélation dans l'Ecriture sainte; Rimnicu Vilcea, Roumanie: Autorité des Conciles; Long Island, Etats-Unis: L'Eglise en tant que communion eucharistique) et en 1975 (Truno, Angleterre: L'autorité de la Révélation chrétienne; Dartmouth House: La théologie de l'Eucharistie).
L'assemblée générale de Moscou (26 juillet – 1 août 1976) fut une étape décisive pour ce dialogue. Les textes communs publiés à l'issue de cette rencontre sont, certes, d'une importance particulière, mais l'événement le plus remarquable est l'acceptation par les membres de la commission anglicane de la suppression du *«filioque»* du credo. Les textes élaborés et publiés sont les suivants:
1. La connaissance de Dieu
2. L'inspiration et l'autorité des Ecritures
3. Ecritures et tradition
4. L'autorité des conciles
5. Le *filioque*
6. L'Eglise en tant que communauté eucharistique
7. L'invocation du Saint-Esprit dans l'Eucharistie[3].
Dans les années qui ont suivi, la commission mixte a appliqué une méthode de travail originale combinant, dans le même temps et pour chaque réunion annuelle, le travail en plénière et en sous-commission. En effet, la réunion plénière désigne des sous-commissions qui, elles, étudient les questions séparément et en adoptent un texte. Les textes des sous-commissions sont ensuite approuvés par le plénum.
Ainsi, l'Assemblée générale de 1977, tenue du 25 juillet au 1er août à Cambridge, a approuvé les textes suivants:
1. Sacerdoce
2. La communion des saints et la Vierge Marie
3. L'Eglise et les Eglises[4].
En 1978, la commission mixte s'est réunie à Penteli-Athènes et a publié les textes suivants:

1. Le *filioque*
2. La position orthodoxe sur l'ordination des femmes à la prêtrise
3. La position anglicane sur l'ordination sacerdotale des femmes[5].

A Llandoff, du 14 au 21 juillet 1989, la commission mixte a élaboré les textes sur les questions suivantes:
1. L'Eglise et les Eglises
2. «Intercommunion» et «Communion»
3. La communion des saints et les défunts
4. La doctrine de la Sainte-Trinité[6].

Lors de sa réunion à Chambésy-Genève, du 20 au 27 juillet 1981, la commission mixte a publié les textes suivants:
1. Le mystère de l'Eglise
2. La participation à la grâce de la Sainte-Trinité
3. La tradition[7].

Du 12 au 19 juillet 1982, la commission mixte s'est réunie au Christ Church College à Cantorbéry et a publié les textes suivants:
1. L'Eglise
2. La Trinité et la Sainteté
3. La foi et le culte[8].

La dernière réunion de la commission a eu lieu à Odessa (URSS), du 13 au 19 septembre 1983. Lors de cette assemblée plénière, la commission a rédigé, discuté et amendé des textes sur les thèmes «L'Eglise», «L'addition du *filioque*» et «La Tradition»[9].

B. Le dialogue théologique orthodoxes – vieux-catholiques

Après deux réunions de la commission interorthodoxe préparatoire (Chambésy, 1970; Pentéli, 1974) ainsi que deux réunions de la commission mixte de coordination (Pentéli, 1973; Lucerne, 1974), le dialogue entre les deux Eglises fut officiellement inauguré au Centre orthodoxe du Patriarcat oecuménique à Chambésy en 1985.

Les thèmes choisis pour étude sont les suivants:
a) *Théologie*
1. Révélation, saintes Ecritures et sainte Tradition.
2. Le canon des saintes Ecritures.
3. L'enseignement sur le Dieu trinitaire.
b) *Christologie*
1. L'incarnation du Verbe de Dieu.
2. L'existence des deux natures en Christ.
3. L'enseignement sur la Mère de Dieu.
c) *Ecclésiologie*
1. L'essence et les attributs de l'Eglise.
2. L'unité de l'Eglise.
3. Les limites de l'Eglise.
4. L'infaillibilité de l'Eglise.
5. Les sept conciles oecuméniques.

6. La nécessité de la succession apostolique.

7. La tête de l'Eglise.

8. Le problème de l'intercommunion.

Quant à la marche à suivre pour mener ce dialogue, les décisions sont les suivantes:

a. présentation d'un rapport de chaque Eglise sur chaque sujet;

b. discussion générale et renvoi de ces textes en sous-commission pour étude approfondie;

c. rédaction d'un texte commun par les sous-commissions;

d. discussion, approbation et signature du texte commun par l'assemblé générale;

e. présentation du texte final aux autorités ecclésiastiques respectives pour ratification.

La première réunion plénière de la commission mixte a eu lieu à Chambésy du 20 au 28 août 1975. Elle a approuvé les textes communs suivants:

1. La Sainte-Trinité

2. La révélation divine et sa transmission

3. Le canon des saintes Ecritures

4. L'incarnation du Verbe de Dieu

5. L'union hypostatique des deux natures du Christ[10].

C'est de nouveau à Chambésy qu'a eu lieu la deuxième réunion plénière de la commission mixte, du 20 au 23 août 1977. Lors de cette réunion les textes suivants ont été approuvés:

1. Essence et attributs de l'Eglise

2. La Mère de Dieu[11].

La troisième réunion plénière de la commission mixte s'est tenue à Bonn du 24 au 28 août 1979. Elle a approuvé les textes suivants:

1. Unité de l'Eglise et les Eglises locales

2. Les limites de l'Eglise[12].

Quant à la quatrième réunion de cette même commission mixte, elle a eu lieu à Zagorsk–Moscou du 15 au 22 septembre 1981. Les textes approuvés sont les suivants:

1. L'autorité de l'Eglise et dans l'Eglise

2. L'infaillibilité de l'Eglise

3. Les conciles de l'Eglise

4. La nécessité de la succession apostolique[13].

Finalement, la cinquième réunion plénière de la commission s'est déroulée à Chambésy, du 3 au 10 octobre 1983. La commission a approuvé les textes communs sur:

1. La tête de l'Eglise

2. L'oeuvre salvatrice du Seigneur

3. L'action du Saint-Esprit dans l'Eglise et l'appropriation du salut[14].

L'étape suivante de ce dialogue sera la réunion de la sous-commission mixte à l'île de Thassos (Grèce), du 23 septembre au 1er octobre 1984. La sous-commission a été mandatée par l'assemblée de préparer des textes communs sur les thèmes suivants:

1. Les Sacrements de l'Eglise

2. Les Sacrements du Baptême, du Chrême et de l'Eucharistie.

C. Dialogue théologique orthodoxes – pré-chalcédoniens

La IVe conférence panorthodoxe[15] décide que le dialogue avec les anciennes Eglises orientales *«devrait avoir lieu parce que cela correspond (a) à une volonté exprimée par accord panorthodoxe en 1964 (les réponses des primats des Eglises orthodoxes locales aux lettres du 9 Juin, Prot. No 389, du Patriarche oecuménique Athénagoras Ier) et (b) à la volonté maintes fois exprimée par ces anciennes Eglises orientales de s'unir à l'Orthodoxie (Ière conférence des primats des Eglises préchalcédoniennes à Addis-Abeba, mai 1966).»*

Dès 1961 quatre conférences officieuses de théologiens de l'Eglise orthodoxe et des anciennes Eglises orientales eurent lieu: à Aarhus en 1964[16], à Bristol en 1967[17], à Genève en 1970[18] et à Addis Abeba en 1971[19]. Ces conférences se sont penchées sur la problématique du dialogue officiel et ont grandement contribué á son inauguration.

La commission théologique interorthodoxe, nommée selon la décision de la IVe conférence panorthodoxe, s'est réunie à Addis Abeba en 1971[20] et a exprimé l'opinion que la préparation du dialogue était suffisante. Il ne restait qu'à constituer une commission formée de représentants des anciennes Eglises orientales pour entreprendre ensemble le dialogue.

En outre, cette conférence a nommé une sous-commission qui s'est rencontrée avec la sous-commission correspondante des anciennes Eglises orientales à Athènes en 1974[21] at à Addis Abeba en 1975[22]. Les conclusions de ces deux rencontres ont été soumises aux primats des Eglises respectives.

Après la Ière conférence panorthodoxe préconciliaire (1976), la commission interorthodoxe s'est réunie une nouvelle fois. Lors de cette réunion (Chambésy, 7–11 février 1979), la commission a eu la joie et l'honneur d'accueillir le patriarche des coptes Shenouda III qui, à cette occasion, fit part de ses réflexions au sujet du dialogue aux représentants orthodoxes.

Dans le communiqué, publié à l'issue de cette réunion, il a été à nouveau souligné qu'après la nomination de la commission inter-orientale, ce dialogue pourrait être officiellement inauguré. Et le communiqué de conclure: *«Le dialogue ayant commencé en fait et en substance ... les deux partenaires sont prêts à affronter les obstacles à leur collaboration, à l'édification de l'unité entre elles, ainsi qu'au renforcement de la paix sur tous leurs territoires»*[23].

Malheureusement, pour des raisons indépendantes de la volonté des deux Eglises, ce dialogue n'a pas encore commencé.

D. Dialogue théologique orthodoxes – catholiques-romains

L'on peut dire que toute la phase préparatoire de cet important dialogue a eu lieu, du côte orthodoxe, au Centre orthodoxe de Chambésy. En effet, la commission interorthodoxe pour la préparation du dialogue théologique avec l'Eglise catholique-romaine s'est réunie trois fois à Chambèsy (juin 1977, novembre 1977 et juin 1978). De son côté, la commission catholique-romaine s'est réunie à Rome en 1976. Il y eut aussi une réunion de la commission mixte de coordination à Rome (29 mars – 1 avril 1978).

Le dialogue théologique officiel a été inauguré à Patmos-Rhodes en 1980[24]. Lors de cette première réunion plénière la commission mixte a décidé de commencer le dialogue par l'étude du thème: «Le mystère de l'Eglise et de l'Eucharistie à la lumière du mystère de la Sainte Trinité». Sous ce titre, on soulève les trois questions suivantes:

1. Comment doit-on comprendre la nature sacramentelle de l'Eglise et de l'Eucharistie par rapport au Christ et par rapport au Saint-Esprit? Quelle est la relation entre les sacrements – et principalement l'Eucharistie – et la christologie, la pneumatologie et la triadologie?

2. Quelle est la relation entre l'Eucharistie célébrée autour de l'évêque par l'Eglise locale et la mystère du Dieu Un dans la communion des trois Personnes?

3. Quelle est la relation entre cette célébration eucharistique de l'Eglise locale et la communion de toutes les Eglises locales dans l'Unique Sainte Eglise du Dieu Un en trois Personnes?[25].

Ces questions ont été traitées indépendamment par les trois sous-commissions, lesquelles se sont réunies respectivement à Belgrade (1981), à Rome (1980) et à Chevetogne (1980). La commission mixte de coordination s'est réunie à Venise en 1981.

La deuxième réunion plénière de la commission théologique mixte a eu lieu à Munich du 30 juin au 6 juillet 1982. Elle a discuté les textes préparés par les sous-commissions et elle a adopté un texte commun[26].

Quant à la prochaine réunion plénière, elle aura comme tâche d'étudier le thème général: «Foi, sacrements et unité». Ce thème comprend deux sous-divisions formulées de la manière suivante:

1. *Foi et communion sacramentelle:* En quel sens la foi correcte (orthodoxie) a-t-elle un rapport avec les sacrements de l'Eglise? Constitue-t-elle une présupposition de la communion dans les sacrements – et si cela est le cas, en quel sens? et jusqu'à quel point? – ou bien est-elle le résultat et l'expression d'une telle communion? ou bien les deux sont-ils vrais? Ce sujet est essentiel surtout en vue de l'unité sacramentelle et en particulier eucharistique.

2. *Les sacrements d'initiation, leurs rapports et l'unité de l'Eglise:* Quelle est la relation des sacrements d'initiation, c'est-à-dire du baptême et du chrême avec la sainte Eucharistie? En Occident ces trois sacrements ont été séparés l'un de l'autre sur le plan liturgique dans le baptême des enfants. En Orient, ces trois sacrements sont restés unis. Quelle importance cette distinction revêt-elle pour la conception de l'unité de l'Eglise et même pour la vie spirituelle des fidèles?

Une autre question est la reconnaissance de ces sacrements entre les Eglises. Jusqu'à quel point est-il possible de dire qu'on reconnaît le baptême d'une Eglise sans participer à la sainte Eucharistie de cette Eglise? Comment pouvons-nous avoir une unité quant à un ou deux seulement de ces sacrement d'initiation?

Après l'assemblée plénière de la Commission à Munich, les trois sous-commissions se sont de nouveau réunies – respectivement à Vienne, à Chambésy et à Vršac (Serbie)[27] – et ont préparé trois textes sur le même thème central. Ces textes ont été repris et retravaillés par la commission mixte de coordination qui s'est réunie à Nicosie (Chypre), du 12 au 17 juillet 1983[28].

La trosième assemblé générale de la commission, dont le but sera de reprendre le texte préparé par la commission mixte de coordination et publier un texte commun final, aura lieu ces prochains jours, du 30 mai au 8 juin 1984 à Ghonia-Crète[29].

E. Dialogue théologique orthodoxes – Luthériens

La Ière Conférence panorthodoxe préconciliaire, réunie à Chambésy en 1976, prenant en considération que la première étape de préparation au dialogue théologique avec les Luthériens était bien franchie grâce à des rencontres bilatérales au niveau local et à un grand nombre de réunions théologiques au niveau académique, a décidé que la nomination d'une commission interorthodoxe, analogue à celles qui existent pour les autres dialogues, devait être accélérée. Cette commission aurait comme tâche de préparer, du côté orthodoxe, un dialogue officiel avec les Luthériens[30].

La commission interorthodoxe en question fut nommé et s'est réunie trois fois d'abord à Sigtuna-Suède, du 4 au 9 novembre 1978[31], ensuite au monastère Amelungsborn à Hanovre, du 16 au 26 septembre 1979[32] et finalement au collège de Skalhot en Islande, du 6 au 13 septembre 1980[33]. La commission luthérienne, quant à elle, s'est réunie une fois au Centre orthodoxe du Patriarcat oecuménique à Chambésy du 30 avril au 4 mai 1978 et une seconde fois à l'académie orthodoxe de Crête, du 4 au 10 mars 1980[34].

Après une période de préparation, le dialogue théologique officiel entre Orthodoxes et Luthériens fut officiellement inauguré lors d'une réunion de la commission mixte à Espoo (Finlande), du 27 août au 4 septembre 1981[35]. D'un commun accord les Eglises orthodoxes et la Fédération luthérienne mondiale –dans le cadre de laquelle se présentent les membres luthériens de cette commission – ont décidé de commencer le dialogue officiel par le thème général de la «Participation au mystère de l'Eglise».

La prochaine étape fut une réunion de la sous-commission mixte, tenue à Penteli-Athènes, du 27 mars au 2 avril 1982[36]. Les discussions de cette sous-commission mixte furent centrées autour de la question «qu'est-ce que l'Eglise?» et quatre textes furent rédigés sur les thèmes ecclèsiologiques suivants:

1. La Sainte-Trinité et l'Eglise
2. L'Eglise dans l'histoire
3. Les caractéristiques de l'Eglise
4. La participation à l'Eglise

Ces textes communs ont été discutés lors de la deuxième réunion plénière qui s'est réalisée en Chypre, du 23 au 29 mai 1983.

A présent, la commission se prépare pour sa troisième réunion plénière prévue pour le mois d'août 1984 et dont la tâche sera d'étudier le thème: «La révélation divine«[37].

III. Reflexions et perspectives

Les dialogues bilatéraux de l'Eglise orthodoxe sont inséparables du 8ème et 9ème thème à l'ordre du jour du saint et grand Concile de l'Eglise orthodoxe c'est-à-dire «Rapports de l'Eglise orthodoxe avec le reste du monde chrétien» et «L'Orthodoxie et le mouvement oecuménique»[38]. Il s'agit de deux thèmes d'une importance majeure.

Cette importance apparaît aussi du fait que la Ière Conférence panorthodoxe préconci-liaire fit une évaluation générale de l'état des rapports et du dialogue des Eglises orthodo-

xes avec les autres Eglises et confessions chrétiennes, ainsi qu'avec le Conseil oecuménique des Eglises et décida de continuer et d'activer ces dialogues bilatéraux.

Il est à noter ici que ce fut la première fois qu'une conférence panorthodoxe recommanda
d'engager une collaboration entre l'Eglise orthodoxe et les religions non-chrétiennes et
exprima le désir, courant dans l'Orthodoxie, d'une «*entente entre les différentes religions
afin d'enrayer le fanatisme de tous les côtés et, par là, d'arriver à la réconciliation des
peuples et à la sauvegarde de la paix et de la liberté dans le monde, au service de
l'humanité, sans distinction de races ou de religions*»[39]. C'est dans cet esprit que doit être
considéré le dixième thème du Concile sur «la contribution des Eglises orthodoxes
locales à la réalisation des idéaux chrétiens (. . .) et à la supression des discriminations
raciales.»

La IIe Conférence panorthodoxe préconciliaire a décidé d'accorder une priorité à l'étude
de ces thèmes. Plus précisément, elle a proposé que la prochaine Conférence panorthodoxe préconciliaire se penche et se prononce sur les «Rapports de l'Eglise orthodoxe avec
le reste du monde chrétien», «L'Orthodoxie et le mouvement oecuménique» et «La
contribution des Eglises orthodoxes locales à la réalisation des idéaux chrétiens»[40].

Etant donné que le thème de notre séminaire concerne les dialogues théologiques de
l'Eglise orthodoxe, je désire faire remarquer les points suivants:

1. Les dialogues bilatéraux sont des dialogues officiels entre Eglises et ce au niveau
international. Il va donc de soi que dès le début on sait qui dialogue avec qui. Les
membres des différentes commissions de dialogue n'ont pas pour but de défendre des
opinions théologiques personelles. Ils sont les représentants de leurs Eglises et, en cette
qualité, doivent concentrer leur attention sur les questions touchant la foi et la constitution de l'Eglise, questions qui, précisément, constituent le fond de chaque dialogue.
Ceci, dans le but concret de rétablir l'unité de l'Eglise, c'est-à-dire, réaliser la pleine
communion des Eglises.

Par conséquent, un dialogue théologique entre deux Eglises ne se situe pas sur un plan
rationnel, académique, basé sur les données sèches, les textes ou les arguments. C'est le
dialogue vivant de la foi. L'abordant donc sous cette angle, il y a des fortes chances de
découvrir, à travers une participation à la vie de l'Eglise comme à un ensemble vivant,
l'identité de la foi au-delà des divergences du langage théologique. Nous avons déjà eu
cette expérience. Nous avons pu constater que les mots n'ont pas la priorité sur la vie
ecclésiale mais, au contraire, que la vie ecclésiale a la priorité sur les mots qui l'expriment.
Car la vie témoigne de la vie et l'esprit témoigne de l'esprit au-delà de la pure forme et non
le contraire.

Les représentants des Eglises ont évidemment pleine conscience de leur identité propre et
ils peuvent l'exprimer pleinement dans le cadre d'un dialogue bilatéral. Ils sont libres de
confesser pleinement leur foi mais, en même temps, ils ont l'obligation de se mettre à
l'écoute de l'autre. Leur tâche est délicate: dépasser les différences théologiques et
avancer vers l'unité par l'examen approfondi des points de convergence, dont ils devront
soumettre les résultats, le moment venu, à leurs Eglises.

Les représentants des Eglises se trouvent néanmoins devant des questions importantes
qui, très souvent, doivent être au centre de leurs préoccupations: les accords théologiques
auxquels ils parviennent engagent-ils les Eglises qu'ils représentent? Comment ces accords peuvent-ils être incorporés à la vie de l'Eglise sans pour autant risquer de provoquer

des schismes? Quel rapport y a-t-il entre eux et les autres déclarations sur les mêmes questions? S'agit-il de rapports de réciprocité entre les dialogues bilatéraux et multilatéraux et si oui, quels sont-ils?

D'autre part, il faut absolument se poser les questions telles que: quels sont les éléments essentiels de la foi chrétienne qui conditionnent le rétablissement de la pleine communion? Furent-ils jamais définis? Nous sommes-nous jamais posé la question des limites à l'intérieur desquels la foi peut légitimement revêtir des formes diverses?

Je suis persuadé que si cela était, il nous serait plus facile de répondre, conscients de notre responsabilité, à la question de savoir si et dans quelle mesure nos différences peuvent être considérées comme des variations permises des diverses traditions et non pas comme des divisions péchant contre l'essence même de l'unique foi qui nous e été transmise.

2. L'Eglise orthodoxe est pleinement consciente du rôle qui lui incombe dans ce domaine. C'est pour cette raison qu'elle met en évidence son héritage qui, de par son essence, vise la synthèse et l'unité – c'est-à-dire l'acceptation des différences légitimes de chaque tradition – plutôt que la séparation et la division.

La chrétienté aujourd'hui – il faut l'avouer sans hésitations – est douloureusement divisée. Toutefois, cela ne veut pas dire que les Eglises peuvent accepter cette séparation. Elles ne peuvent – et elles ne doivent pas – admettre que les choses divisées se suffisent à elles-mêmes, qu'elles peuvent s'expliquer par elles mêmes (self-explanatory), comme l'a fait Arnold Toynbee[41].

«La faute principale du point de vue de Toynbee», fait remarquer le père Georges Florovsky, «consiste à ce que tout simplement il ignore la tragédie de la division chrétienne. En effet, l'Orient et l'Occident ne sont pas des unités indépendantes et par conséquent elles ne sont pas «compréhensibles en elles-mêmes». Elles constituent des fragments d'un monde uni, d'une chrétienté unique, qui dans le dessein de Dieu ne devrait pas être disjointe. La tragédie de la division est le problème majeur et central de l'histoire chrétienne. L'effort de voir l'histoire chrétienne comme un ensemble compréhensible est déjà dans un certain sens un pas de progrès vers le rétablissement de l'unité brisée. Une importante réussite oecuménique a été que les «chrétiens diviséss» ont compris qu'ils appartenaient les uns aux autres et par conséquent qu'ils devraient «rester ensemble». L'étape suivante sera de comprendre que tous les chrétiens ont «une histoire commune» que nous avions une histoire commune, une origine commune . . . A la réalisation de cette œuvre l'Eglise orthodoxe a un rôle spécial à jouer. Car elle est l'incarnation vivante d'une tradition ininterrompue dans la pensée et dans la piété. Elle ne représente pas une tradition «particulière» mais la tradition des siècles, la tradition de l'Eglise indivise.»[42]

C'est dans ce sens que l'Eglise orthodoxe se pose la question si la constatation historique selon laquelle les catholiques-romains et les protestants auraient «une mentalité latine commune» et les orthodoxes «une mentalité grecque» est-elle vraiment aussi simple et schématique qu'on le laisse entendre. Et si par le terme »mentalité« on entendrait une référence aux racines, c'est-à-dire à l'esprit latin et à l'esprit grec, nous est-il possible à tous d'ignorer – et cela indépendamment de notre provenance ecclésiologique et confessionnelle – la vérité historique qui, certainement, ne peut être fortuite et qui constitue un héritage commun.

A travers les dialogues théologiques, l'Eglise orthodoxe s'engage alors à mettre en évidence le fait indéniable que l'esprit chrétien qu'il soit latin ou grec, constitue un héritage de l'Occident et de l'Orient. *«L'Eglise catholique de tous les temps n'est pas simplement l'enfant de l'Eglise des Pères»*, écrit Louis Boyer, *«mais, elle est et elle reste l'Eglise des Pères»*[43]. La définition du Cardinal Joseph Ratzinger que *«l'Ecriture et les Pères forment un tout, telles la parole et la réponse»*, ainsi que sa conclusion, que *«la théologie, pour l'unique raison qu'elle existe, devra toujours payer son tribut aux Pères et elle aura toujours des motifs pour aller à nouveau dans leur école»*[44], incite l'Evêque luthérien Dr Hermann Kunst à adresser un appel aux théologiens catholique romains ou évangéliques éloignés des Pères, afin qu'ils étudient le problème et en tirent des conclusions analogues aux opinions du Cardinal J. Ratzinger[45]. En effet, cet héritage patristique commun constitue une invitation à tous les chrétiens qui désirent découvrir l'actualité des Pères et leur message d'unité pour l'homme et le monde actuel. *«L'Orient et l'Occident peuvent se rencontrer et se retrouver seulement s'ils se souviennent de leur parenté primitive dans le passé commun. Le premier pas qui doit être franchi est de prendre conscience que, malgré toutes leurs particularités, l'Orient et l'Occident appartiennent organiquement à l'unique chrétienté»*[46].

3. Sans minimiser la signification de cette prise de conscience historique, l'Eglise orthodoxe accorde une importance particulière aux implications ecclésiologiques des dialogues bilatéraux.

Il est significatif que l'attention des non-orthodoxes a été surtout attiré par la partie suivante du rapport de la commission interorthodoxe préparatoire: *«Consciente de l'importance de la structure actuelle du christianisme, notre sainte Eglise orthodoxe, bien qu'étant l'Eglise une, sainte, catholique et apostolique, non seulement reconnaît l'existence ontologique de ces Eglises chrétiennes, mais croit aussi que tous ses rapports avec elles doivent être basés sur l'élucidation aussi rapide et objective que possible du problème ecclésiologique et de l'ensemble de leur doctrine sur les sacrements, la grâce, le sacerdoce et la succession apostolique»*[47]. Que signifie cela? demandent certains théologiens non-orthodoxes. Sur quoi se base, au juste, la conviction de l'Eglise orthodoxe d'être l'Eglise une, sainte, catholique et apostolique, et comment entend-elle par conséquent s'unir aux autres Eglises? Une Eglise qui identifie des limites à celles de l'Eglise une, sainte, catholique et apostolique, peut-elle accepter que d'autres Eglises fassent de même, sans se relativiser et sans être inconséquente? La distinction ecclésiologique entre Eglises et Confession est-elle possible? Quand nous parlons d'Eglises en dehors de l'Eglise orthodoxe, comment pouvons-nous encore parler de l'Eglise une, sainte . . . sans tomber dans la contradiction? Autrement dit: cette affirmation ne serait-elle pas le moyen de légitimer à la fois l'existence de plusieurs Eglises à côté de l'Eglise une et la division, en faisant abstraction de l'*Una Sancta* et en considérant l'Eglise orthodoxe simplement comme une des dénominations?

Il s'agit effectivement de questions extrêmement délicates et chargées d'émotion, qui nous renvoient à une révision consciencieuse de nos positions. L'avenir de l'oecuménisme consiste dans la mission des Eglises, qui s'identifient à l'Eglise une, sainte, catholique et apostolique, de chercher des Eglises en dehors de leurs propres frontières canoniques. Personnellement, je crois que l'existence d'une Eglise en dehors de l'Eglise – au sens fort du mot «Eglise» – peut être reconnue là où l'on constate l'unité dans la foi, d'une part, et, d'autre part, la succession apostolique indissolublement liée avec cette première.

4. Bien sûr, savoir si et comment se prononcera l'Eglise orthodoxe réunie en concile sur le

statut des autres Eglises par rapport à elle, dépendra de l'évolution – positive ou négative – des dialogues bilatéraux. Il serait donc prématuré et, peut-être, dangereux de faire des prévisions.

En tout cas, je désire souligner la responsabilité avec laquelle les dialogues sont menés. Je ne suis partisan ni d'un conservatisme monolithique superficiel, ni d'un progressisme irresponsable, ni d'un libéralisme indiscipliné, ni d'un oecuménisme naïf, optimiste ou de surface, comme celui que nous rencontrons de temps à autre et qui semble croire que l'unité visible des chrétiens peut être rapidement réalisée.

Les racines de la séparation sont à chercher dans l'histoire. En partant du passé nous pouvons mieux et plus facilement comprendre le présent en jetant en même temps un regard responsable sur l'avenir. Bien sûr, le passé appartient à l'histoire, le présent est vécu et l'avenir ne peut être prévu et espéré que dans un sens relatif. Cependant ce n'est qu'en approfondissant l'histoire d'hier que nous pouvons correctement évaluer le moment présent et préparer un fondement stable et réaliste à unité de demain. De cette façon seulement nous serons libres des préjugés et jugements unilatéraux injustes, car ne correspondant pas à la situation réelle des frères séparés. Si nous ne revenons pas ensemble aux sources, si nous ne considérons pas l'ensemble dans son évolution historique, continue et ininterrompue, nous courons le danger d'évaluer subjectivement les autres Eglises et confessions, comme si les choses en étaient toujours au point actuel. Il est même possible d'élargir encore plus le gouffre qui nous sépare ou d'être conduits à des divisions et des schismes encore plus regrettables. C'est ainsi, paradoxalement, que les choses se sont passées dans l'histoire qui connaît des efforts en vue de l'union entre les Eglises; des efforts hâtifs, prématurés et imposés pour des raisons d'opportunité politique. Ce qui a finalement conduit les Eglises à élargier et à sceller la division existante. Pour cela «l'oecuménisme dans l'espace», dont le but est l'accord entre les Eglises telles qu'elles sont aujord'hui, est insuffisant et doit être complété par un «oecuménisme dans le temps», c'est-à-dire par un retour responsable commun à la tradition de l'Eglise ancienne et indivise, dans laquelle l'existence de toute Eglise et confession prend sa source.

Par conséquent, l'Eglise orthodoxe, étant l'incarnation vivante d'«une tradition ininterrompue dans la pensée et la piété» et, comme telle, représentant non pas «une tradition particulière, mais la tradition des siècles de l'Eglise indivise», a le devoir de servir le dialogue en exposant la vérité avec toute la clarté possible. L'irénisme – dans le mauvais sens du terme – n'a aucun rapport avec l'oecuménisme. Tout au contraire, il peut lui être nuisible dans la même mesure que l'auto-défense polémique superflue, l'auto-justification, ainsi que l'antagonisme réciproque caché sous un manteau «oecuménique».

5. Cette dernière remarque nous amène tout naturellement à un problème qui revêt une importance particulière pour tous les dialogues bilatéraux mais aussi pour les dialogues multilatéraux. Il s'agit de «l'intercommunion», qui est plus ou moins au cœur de toutes les discussions oecuméniques.

J'insisterai sur ce point car je le considère d'une signification et d'une importance capitale pour tous les dialogues et, surtout, pour le rapprochement et l'unité des Eglises.

L'intercommunion ou, pour m'exprimer de manière plus orthodoxe et plus juste, la communion eucharistique (le terme «intercommunion» désignant simplement quelque chose d'incomplet et de provisoire) est, selon la conception orthodoxe, une réalité ecclésiologique. C'est dans et à travers la communion que la pleine unité de l'Eglise est vécue. C'est dans et à travers l'eucharistie que les fidèles s'unissent au Christ et entre eux en un seul corps. Communion eucharistique signifie donc communion dans l'Eglise une, pleine union des membres du corps unique de l'Eglise une du Christ.

Du point de vue eucharistique, il est inconséquent de vouloir ignorer les divergences dogmatiques qui brisent l'unité des chrétiens comme étant sans importance. En particulier en prétendant que toute «Eglise», dans la mesure où elle célèbre l'eucharistie, ne cesse jamais d'être l'une des nombreuses Eglises de Dieu, même si elle se trouve isolée et séparée des autres. Cela, car seule peut prétendre être digne du nom du Christ et se situer dans la continuité ininterrompue de l'Eglise une, sainte, catholique et apostolique, l'Eglise qui resterait fidèle à la vérité révélée indissolublement liée à la sainte eucharistie. Bien sûr, nous considérons nos rencontres et contacts bilatéraux et multilatéraux comme une forme d'unité qui nous oblige à rechercher la communion parfaite. Cependant, pour les orthodoxes, tout effort d'intercommunion entre Eglises séparées les unes des autres par un schisme ou une hérésie est inconcevable. La raison de cette impossibilité est à chercher principalement non pas tant dans l'une ou l'autre différence entre Eglise séparées que dans la séparation elle-même. En effet, le courant cherchant à forcer la tendance à l'intercommunion dans le mouvement oecuménique actuel trouve sa source dans des motivations à la fois théologiques et psychologiques. Dans la première catégorie il faut situer, comme je l'ai déjà mentionné, l'absence de réflexion ecclésiologique approfondie satisfaisante sur la question de la sainte eucharistie. Dans la seconde il faut placer notre tendance à accepter le schisme tel un fait naturel lié organiquement à l'institution ecclésiale dans sa globalité; tendance pour laquelle toute tristesse et repentir deviennent sans objet. C'est précisément aux antipodes de cette position qu'il faut chercher l'attitude de ceux qui évitent l'intercommunion avec les non-orthodoxes parce qu'ils voient l'eucharistie à la lumière de l'ecclésiologie. De cette dernière attitude est absente toute autosatisfaction égoïste et orgueilleuse. A travers elle ce n'est pas un conservatisme monolithique et non critique qui s'exprime mais l'expérience permanente de la tragédie de la séparation. Expérience conforme à la tradition de notre foi et selon laquelle la séparation n'est pas uniquement un rapport dialectique qui pourrait, tôt ou tard, être levé, mais une réalité douloureuse qui nous oblige à dépasser la situation actuelle anormale, de nous pencher sur la conscience que nous avons de nous-mêmes et de la réexaminer.

Comme le fait remarquer un théologien catholique-romain bien connu, le Cardinal Joseph Ratzinger[48], le devoir de tous ceux qui cherchent de manière vivante et responsable l'unité devrait être – du moins dans notre situation actuelle – de trouver des solutions de rechange pour la communion eucharistique. Une telle solution serait, par exemple, notre recours à la liturgie des pénitents et des catéchumènes de l'Eglise ancienne. Nous trouvons chez Origène une interprétation admirable des paroles du Christ durant la sainte Cène, où il renonce de plein gré à boire le vin dans l'avenir (Marc 14,25). Origène fait remarquer que Jésus ne peut boire seul de la coupe le vin de la communion car il ne veut en boire qu'avec tous ses disciples. Jésus laisse pour l'avenir l'acte festif de boire le vin jusqu'à ce qu'il puisse le boire avec tous.

Ne serait-ce pas une forme d'action liturgique pleine de sens que celle des chrétiens séparés, réunis tout en restant séparés, répétant, pleinement conscients de leur geste, cet acte d'abstinence de Jésus? Car, précisément, par cet acte d'abstinence de leur Seigneur, ils communieront avec lui – et à travers lui entre eux – participant d'une certaine manière au renoncement volontaire de Jésus à la joie eschatologique d'Israël et, indirectement, à ‹l'eucharistie de l'espérance›? Ainsi n'avence-t-elle pas plus intensément dans notre conscience, l'idée que la réconciliation devrait précéder la participation au repas du Seigneur et que nous devons apprendre d'abord à nous sentir tels des pécheurs repentis, célébrant la liturgie du repentir, et seulement une fois ce pas accompli risquer le suivant? Peut-être, ayant en vue de telles questions, avons-nous le droit de prétendre – en dépit de toute impression contraire – que dans le cadre du mouvement oecuménique actuel il existe une nette tendance à éviter un comportement oecuménique responsable, qui serait le résultat d'un désir oecuménique authentique et d'une imagination oecuménique fructueuse.

En tout cas, même si le rétablissement de la communion eucharistique paraît aujourd'hui humainement impossible, devient-il pour autant tout simplement un optimisme imprudent, un espoir contre tout espoir, ou bien, au contraire, la recherche d'une issue dans une véritable impasse? Si nous désirons découvrir une issue possible même dans une impasse humainement décourageante, alors nous devons rechercher dans l'amour et la sérénité le «comment» et le «pourquoi» de la naissance des divisions qui nous séparent, et cela d'un point de vue historico-théologique qui ne sépare pas la foi de l'amour, le dialogue théologique du dialogue de charité.

Pour conclure, je dirais que personne, certes, ne peut préjuger de l'avenir ou prévoir quelle sera «la longueur de la marche. C'est une question de foi dans l'issue finale, de beaucoup de prières, de sainte patience, de travail assidu, mais surtout une question de charité. En effet, c'est seulement dans la charité que nous pourrons nous purifier de tous les éléments négatifs que nous avons hérités du passé, que nous pourrons enlever les obstacles qui se dressent, que nous pourrons rétablir pleinement la confiance fraternelle réciproque et que, créant dans le respect mutuel une nouvelle mentalité, celle de la parenté, nous construirons de manière stable et sûre l'unité de nos Eglises dans le Christ-Jésus, Lui qui est la tête de l'Eglise»[49].

1 Episkepsis Nr. 61 (19. 9. 1972).
2 Episkepsis Nr. 81 (7. 8. 1973).
3 Journal of the Moscow Patriarchate (1976) Nr. 11; dt. in: Dokumente wachsender Übereinstimmung. Sämtliche Berichte und Konsenstexte interkonfessioneller Gespräche auf Weltebene 1931–1982 (hrsg. u. eingel. v. H. Meyer – H. J. Urban – L. Vischer), Paderborn, Frankfurt a. M. 1983, 81–87.
4 Ekklesiastikos Pharos 60 (1978 1–2, 409–412.
5 Episkepsis Nr. 195/1 (15. 9. 1978); dt. in: Dokumente 90–94.
6 Episkepsis Nr. 244 (15. 1. 1981); dt. in: Dokumente 97–99.
7 Episkepsis Nr. 257 (1. 9. 1981).
8 Episkepsis Nr. 278 (1. 9. 1982); The Greek Review (1982) 12,17–19.
9 Episkepsis Nr. 301 (1. 10. 1983) et Nr. 302 (15. 10. 1983).
10 Episkepsis Nr. 131 (23. 9. 1975); dt. in: Dokumente 24–28; 30–33 et in: IKZ 66 (1976) 23–33.
11 Episkepsis Nr. 173 (1. 9. 1977); dt. in: Dokumente 33–35; 37–40 et in: IKZ 68 (1978) 41–47.
12 Episkepsis Nr. 215 (1. 9. 1979); dt. in: Dokumente 40–43 et in: IKZ 69 (1979) 256–260.
13 Episkepsis Nr. 259 (1. 10. 1981); dt. in: Dokumente 44–51 et in: IKZ 73 (1983) 73–81.
14 Episkepsis Nr. 302 (15. 10. 1983).

218

15 Synodica VI, Actes de la 4ème Conférence panorthodoxe réunie à Chambésy (1968).
16 GrOrThR 10 (1964/65) Nr. 2; dt. in: IOK 4 (1975) 1, 30–31.
17 GrOrThR 13 (1968) Nr. 2; dt. in: IOK 4 (1975) 1, 32–35.
18 StVlThQ 14 (1970) 4, 222–228; dt. in: IOK 4 (1975) 1, 35–41.
19 Cf. Abba Salama 2 (1972) 176–180; dt. in: IOK 4 (1975) 1, 41–44.
20 Cf. Abba Salama 3 (1973) 11–35.
21 Cf. Abba Salama 4 (1974) 243–251.
22 Cf. Ekklesiastikos Pharos 58 (1976).
23 Episkepsis Nr. 204 (15. 2. 1979).
24 Episkepsis Nr. 233 (15. 6. 1980); dt. in: IOK 7 (1980) 1, 4–5.
25 Episkepsis Nr. 234 (1. 7. 1980).
26 Episkepsis Nr. 277 (15. 7. 1982); Het Christelijk Oosten 34 (1982) 263–273 (holl.); dt.: Katholisch-orthodoxe Dialog-Kommission: Das Geheimnis der Kirche und der Eucharistie im Licht des Geheimnisses der Heiligen Dreifaltigkeit (München 30. 6.–6. 7. 1982). In: Una Sancta 37 (1982) 334–340 et in: IOK 12 (1982) 2, 13–17.
27 Episkepsis Nr. 287 (1. 2. 1983).
28 Episkepsis Nr. 298 (15. 7. 1983).
29 Episkepsis Nr. 313 (23. 4. 1984).
30 Synodica III, Actes de la Ière Conférence panorthodoxe préconciliaire réunie à Chambésy (1976).
31 Episkepsis Nr. 200 (1. 12. 1978) und Nr. 203 (1. 2. 1979).
32 Episkepsis Nr. 217 (1. 10. 1979).
33 Episkepsis Nr. 238 (1. 10. 1980).
34 Episkepsis Nr. 182 (1. 2. 1978) und Nr. 227 (15. 3. 1980).
35 Episkepsis Nr. 258 (15. 9. 1981); dt. in: IOK 10 (1981) 2, 21–24.
36 Episkepsis Nr. 272 (15. 5. 1982).
37 Episkepsis Nr. 296 (15. 6. 1983).
38 Synodica III, Actes de la Ière Conférence panorthodoxe préconciliaire, p. 114.
39 ibid. p. 116.
40 Cf. Chambésy: IIe Conférence panorthodoxe préconciliaire (3–12 sept. 1982), in: Episkepsis Nr. 279 (15. 9. 1982).
41 Georges Florovsky, Le Corps du Christ vivant. Une interprétation orthodoxe de l'Eglise. Thessaloniki, 1972 (trad. J. Papadopoulos), p. 124.
42 Ibid., p. 125.
43 Louis Bouyer, Le renouveau des études patristiques, in: La vie intellectuelle (1947), p. 18.
44 Cf. Hermann Kunst, L'Eglise et les Pères de l'Eglise. Pia Desideria, in: Episkepsis No 195/2 (15. 9. 1978), p. 13.
45 Ibid.
46 Georges Florovsky, op. cit., p. 124.
47 Commission interorthodoxe préparatoire, Etude des thèmes de la première étape édité par le Métropolite Damaskinos de Tranoupolis, in: Contacts, supplément au No 80, (1972), p. 24.
48 Cf. Metropolit Damaskinos Papandreou, Eucharistie und Amt in der Kirche, Köln, 1976, p. 26.
49 Cf. Tomos Agapis, pp. 415–417.

20

Inthronisationsrede

Es ist eine segensreiche Koinzidenz, daß meine Inthronisierung als erster Hirte der neuen Metropolie der Schweiz gerade auf diesen Tag fällt. Mein Eintreten in diesen Tempel, in dem das gläubige Gottesvolk wartet, um mich in dem Moment aufzunehmen, wo mein spezieller Dienst als »Diener Christi und als Verwalter der Geheimnisse Gottes« (1. Kor 4,1) vor den Augen aller Welt beginnt, fällt mit dem Tag zusammen, an dem wir die Darbringung der heiligsten Muttergottes im Tempel feiern. Sie selbst ward dieser Tempel, der Gott unsern Heiland in sich trug. Sie betrat das Allerheiligste, den innersten Bezirk des Tempels, den »einzig der Hohepriester einmal im Jahr, und zwar nicht ohne Blut (betritt), das er für sich selbst und die unwissentlichen Sünden des Volkes darbringt« (Hebr 9,7).

Zusammensetzung und Umwelt der Herde

Der Ausdruck »Inthronisation« muß in einem realistischen Sinn verstanden werden. Er bedeutet Amtseinsetzung, was soviel heißt, daß sich der Inthronisierte in den Dienst an der vorhandenen Situation stellen soll, die er natürlich genau kennen und richtig einschätzen muß.

Es handelt sich konkret um die orthodoxe Metropolie der Schweiz, deren Gläubige griechischer, arabischer, französischer und deutscher Sprache weit verstreut von einander leben.

Diese Gläubigen haben das Privileg, in einem föderalistischen Land zu leben, das die eigene Existenz der friedlichen Koexistenz von Menschen verschiedener sprachlicher und religiöser Herkunft anzuerkennen weiß. Es will seine fundamentale Einheit jenseits der kantonalen Verschiedenheiten in der Art der Gesprächsführung, der demokratischen Verwaltungsform und der Lebensweise verwirklichen. In dieser Art verbürgt dieses Land seine ununterbrochene historische Kontinuität und seine beispielhafte innere Einheit, ohne seine Identität zu verraten.

Das ist die Zusammensetzung und die Umwelt der Herde, in deren Mitte ich mich heute als Hirte installiere.

Sinn des Wortes »Hirt«

Hirt. Ein Wort, das zugleich Bild, Programm und Ziel der Sendung des Bischofs ist, das aber auch auf existentielle Art und Weise die untrennbare Beziehung und die gegenseitige Durchdringung von Herde und Hirt ausdrückt. Ein Hirt ohne Herde ist undenkbar, und eine Herde kann sich ohne Hirt nicht strukturieren. Es genügt den Hirten zu schlagen, damit sich die Schafe zerstreuen (cf. Mth 26,31).

Die Schafe kennen die Stimme ihres Hirten, der in völliger Freiheit und Offenherzigkeit durch die richtige Tür in den Hof eintritt, im Gegensatz zum Dieb und Räuber, die anderswo einsteigen. »Wer aber durch die Tür eintritt, ist der Hirt der Schafe. Ihm öffnet der Türhüter, und die Schafe hören seine Stimme. Er ruft seine Schafe mit Namen und führt sie hinaus. Hat er alle, die ihm gehören, hinausgelassen, so geht er vor ihnen her, und die Schafe folgen ihm, weil sie seine Stimme kennen. Einem Fremden dagegen folgen sie nicht; sie fliehen vielmehr vor ihm, weil sie die Stimme der Fremden nicht kennen« (Joh 10,2–5).

Der Bischof soll nicht ein Hirt nach der Tradition des Alten Orients sein, die den Königen den Namen eines Hirten gab, womit die ganze Verachtung zum Ausdruck kam, die diese Regenten ihren Völkern gegenüber hatten. Sie drückten damit ihren Machtanspruch aus, von dem sie sich bestimmen ließen. Nur Schafe waren die Völker für sie, über die sie als Hirten verfügten, so wie es ihnen gefiel. Der Bischof indessen folgt dem Beispiel des Guten Hirten, dem Sohn Gottes, der im Gegensatz zum Mietling die Schafe als die Seinen betrachtet, sie kennt und von ganzem Herzen liebt. Ferner zeigt er ein selbstloses Interesse für sie, wacht aufmerksam über ihren inneren Zusammenhalt und ihr Leben, und, wenn nötig, opfert er sein eigenes Leben. Eine solche Haltung wird selbstverständlich den Dieben und Räubern nicht gefallen, wie auch nicht allen Schafen. Das, was den Hirten dazu bewegt, ist nicht sein eigener Ruhm, sondern der Ruhm und das Leben seiner Schafe (cf. Joh 17,22). Die Fülle des Opfers ist, sich selbst zu opfern für seine Herde. »Ich heiße ihn König«, sagt der heilige Johannes Chrysostomos, »weil ich ihn gekreuzigt sehe; die Berufung des Königs ist, für die Seinen zu sterben« (De cruce et latrone; PG 49, 403).

So muß auch der Bischof, als der Christusträger, nach dem Vorbild Christi, ein Hirt sein.

Was bedeutet es, heute in der Schweiz Hirte zu sein?

Was will es heißen, heute in einer neuen Metropolie des Ökumenischen Patriarchats in der Schweiz Hirte zu sein?

Es bedeutet zunächst, daß der Hirte nicht ein Bürokrat und Technokrat ist. Hirte sein heißt nicht bloß, Akten zu studieren und die Zeit mit dem Einsehen von Urkunden zu verbringen. Gewiß braucht es Organisation und Strukturierung, besonders, wenn es um eine neue Metropolie geht: »auch dies soll man tun« (cf. Mth 23,23). Daher auch unsere

Sorge, eine Metropolie so bald wie möglich in ihrem Sitz in Genf aufzubauen. Die Organisation ist notwendig, um unsere Hauptmission zu erleichtern.

Diese Mission ist ein Heilswerk. Das Ziel ist die Erlösung der Seele, und es wird bewirkt durch die Verkündigung des Wortes Gottes, die Diakonie und das sakramentale Leben, womit die Erlösung sich manifestiert und offenbart wird, und die wahre Wiedervereinigung zwischen Mensch und Gott – in Christus – verwirklicht wird. Denn »was mit Gott vereint wird, wird gerettet« (Gregor von Nazianz, Brief 101, An Kledonius; PG 37, 181. 184).

Wenn wir all denen, die mühselig und beladen sind (cf. Mth 11,28), helfen und sie erleichtern wollen, so müssen wir – mit Besonnenheit und Entschlossenheit – neue Gemeindezentren gründen, die auf das Wort Gottes, die Diakonie und die Sakramente ausgerichtet sein sollen.

Zeugnis des Wortes Gottes

Das Wort Gottes ist nicht irgendein Wort, nicht ein unwesentliches Wort, sondern es ist das Wort der Wahrheit; und Lehrer dieses Wortes ist der Bischof. Er hat von Christus, dem Hohenpriester, durch das Sakrament der Weihe das Charisma der Wahrheit erhalten. Daher soll sein Wort ein authentisches und verantwortungsvolles Wort sein. Er spricht nicht in seinem eigenen Namen, sondern im Namen der Kirche und seiner Herde. Und seine Herde hat das Anrecht, durch seinen Bischof zu sprechen.

Wir beabsichtigen nicht, uns in unserem Reden mit »törichten Auseinandersetzungen, Stammbaumfragen, Zänkereien und Streitigkeiten über das Gesetz« (Tit 3,9) zu ermüden. Wir werden uns auch nicht in politische und unendliche Diskussionen, die nichts mit unserem Auftrag zu tun haben, einlassen. Die Weisheit der Weisen und die Klugheit der Klugen dieser Welt wird uns nicht beschäftigen (cf. 1. Kor 1,19).

Unser Wort wird ein erlebtes Wort sein, ein Wort der inkarnierten Liebe, das keine Weisheit ersetzen kann. Dieses Wort drückt die Begegnung der Seele mit Gott aus, wovon manchmal der Verstand keine Ahnung hat. Ich möchte jedoch damit nicht behaupten, daß unser Wort notgedrungen mit der Wissenschaft in Konflikt geraten muß. Die Wissenschaft und die Orthodoxie sind keine gegeneinander wirkenden Größen, auch wenn sie sich auf ganz verschiedenen Ebenen bewegen. Ich will hier lediglich den paradoxen und überrationalen Charakter des Wortes der Kirche unterstreichen, das einen gekreuzigten Christus predigt, »den Juden ein Ärgernis, den Heiden eine Torheit« (1. Kor 1,23). Unsere Predigt wird als Sender und Empfänger den Glauben unserer Väter haben, der die Welt besiegt hat (cf. 1. Joh 5,4).

In aller Einfachheit werden wir ganz besonders die Kinder – unsere Hoffnung für die Zukunft – über den Sinn ihres Lebens unterweisen, jenseits der komplizierten intellektuellen Gedankengänge, jenseits der materiellen Güter der heutigen Zivilisation und der Fakten wissenschaftlichen Wissens.

Die Predigt, die von unserer Metropolie ausgehen wird, wird soweit als möglich einfach und dynamisch sein. Um dem Menschen von heute verständlich zu sein, muß sie den

Pulsschlag unserer Zeit wahrnehmen und ihr Kleid tragen. Unsere verantwortliche geschichtliche Gegenwart in dieser Welt dürfen wir keinesfalls mit Selbstgenügsamkeit und inaktivem Triumphalismus auf die glorreiche Vergangenheit unserer Vorfahren oder auf das Erbe unserer Väter begründen. »Für einen Menschen, der seiner Person einen gewissen Wert beimißt«, sagt Platon, »gibt es nichts Beschämenderes als sich mit einem Titel zu zieren, der nicht aus eigenem Verdienst erworben, sondern vom guten Ruf seiner Ahnen herrührt« (Men. 247b).

Selbstverständlich werden wir zu unseren Quellen zurückkehren. Rückkehr zu den Quellen ist nicht ein Rückwärtsschreiten. Wenn wir uns in einer verantwortlichen Weise mit der konkreten Situation unserer Epoche auseinandersetzen und den Versuchungen derjenigen widerstehen wollen, die bewußt danach trachten, uns an die Ufer falscher Hoffnungen zu locken, so müssen wir uns nach dem Modell unserer Väter führen lassen, nach dem, was immer, überall und von allen geglaubt wurde.

Zweifelsohne ergeht das Wort Gottes nicht nur von der Kanzel aus. Es ist auch die verantwortliche Katechese in der Schule, die wir in keiner Weise vernachlässigen werden. Es ist ebenfalls das Gespräch mit dem alten, verlassenen, kranken Menschen und mit demjenigen, für den niemand Zeit hat, oder für den das Leben unerträglich geworden ist.

Diakonie

Diese Pflicht ist zugleich eine kerygmatische und soziale Sorge der Kirche, die die Metropolie nicht unbeachtet lassen wird.

Maria, die nach der Perikope des heutigen Evangeliums dem Wort Christi gelauscht – selbst wenn sie damit den besseren Teil gewählt hat –, schließt nicht den Dienst Marthas aus, auch wenn sich diese »um gar viele Dinge (ge)sorgt und (ge)kümmert (hat)« (Lk 10,41). Wir stehen hier vor zwei verschiedenen, jedoch unentbehrlichen Formen des christlichen Zeugnisses und Lebens.

Christus beweist eine ganz spezielle Liebe für diejenigen, die sich am Rande der Gesellschaft befinden. Er steht auf der Seite der Schwachen und derer, die Unrecht erleiden, und kommt den Schuldigen und Sündigen zu Hilfe. Christ-sein bedeutet, Christus nachahmen, bereit sein, in den Schwachen, Armen und Gefangenen Christus selbst zu dienen.

Wer nicht spontan seinen Dienst zur Lösung der Probleme seines Nächsten anbietet, kann ebensosehr der Häresie angeklagt werden wie einer, der diese oder jene Heilswahrheit der Kirche ablehnt.

Wir haben den Weg wiederzufinden, der zu unserem Nächsten führt, dem wir dienen sollen. Es geht hier um einen Dienst, der sich nicht nach unserem persönlichen Vorzug, sondern nach den Bedürfnissen des Menschen richtet. Damit will ich sagen, daß wir unsern Mitmenschen in jeder Situation seines Lebens begleiten, ihm folgen und mit ihm Seite an Seite auch bis in die tiefsten Verzweiflungen gehen müssen.

Dabei soll die Kirche stets die Kirche Christi bleiben; unabhängig davon, ob sie sich um den Menschen des Zeitalters der Wissenschaft und der Technik, um den Desorientierten

und um den, der nach seiner Identität sucht, sorgt, oder ob sie die Rechte des Gedemü-
tigten und des Benachteiligten verteidigt. Wir dürfen die Botschaft des Evangeliums
nicht mit einer bloßen Überwindung der Gewalt und der Ungerechtigkeit, die politische Freiheit nicht mit der Erlösung verwechseln.

Dienen ist die natürliche, unabdingbare Konsequenz unserer Teilnahme und Teilhabe
am sakramentalen Leben der Kirche, welches der Grund ›par excellence‹ unserer kirchlichen Existenz ist.

Das sakramentale Leben der Kirche

Das was durch das schöpferische Wort Gottes angekündigt wird und zu einer gelebten
Erfahrung im Dienst und im Zeugnis – manchmal selbst des Martyriums – wird,
bewirkt Heil durch unsere Teilnahme am sakramentalen Leben der Kirche.

Von der Sicht der heiligen Sakramente aus, ist der Bischof mit seinem Presbyterium
Begleiter des Lebensweges des Menschen – von der Wiege bis zum letzten Atemzug. Sie
stehen ihm in den entscheidenden Momenten bei, die letzten Endes nur glücklich
ausgehen werden, wenn Gott uns dabei seine Hand gibt.

Durch unsere Teilnahme an den Sakramenten der Kirche begegnen wir dem gekreuzigten und auferstandenen Christus, d.h. Gott, der Fleisch angenommen hat, damit der
Mensch ein Kind Gottes werde, der Gott in sich selbst trägt, und mit Seiner Gnade mit
ihm vereint lebe, damit er den Gottmenschen für immer und ewig als Weggefährten
hat.

Das neue Leben des Christen beginnt mit seiner Taufe »mit Wasser und Geist«. Die
Einverleibung in Christus vollzieht sich in der Taufe; sie gehört zum »Sein« der Kirche.
Die Taufe ist eine Reinigung. Ihr Fundament ist der Kreuzestod Christi als Bluttaufe,
die das Wesen des Erlösungsmysteriums des Kreuzes ist.

Die Reue ist dafür eine notwendige Bedingung. Heute wird das Sakrament der Buße
nur noch selten praktiziert. Das will aber nicht heißen, daß die Schuld verschwunden
und folglich die Verzeihung überflüssig geworden ist. Was wirkliche Selbstprüfung und
Selbstanklage heißt, bei dem das eigene Gewissen die Rolle des unversöhnlichen Anklä-
gers und des nicht zu verteidigenden Angeklagten innehat, kann nur der verstehen, der
die nötige Herzensgröße hat, um zu seinem eigenen wahren Ich zurückzukehren. Was
es bedeutet, dem Feind zu verzeihen, wissen nur jene, die das Glück hatten, den
inneren Frieden zu erfahren, der dem Verzeihen folgt. Was es bedeutet, Sünder und
gleichzeitig durch die Gnade des Heiligen Geistes gerechtfertigt zu sein, hat nur der
erlebt, der mit seinem Herzen die Worte »geh hin, deine Sünden sind dir vergeben« (Lk
5,20), vernommen hat.

Dank der Verzeihung erlangt auch der verlorene Sohn seine Rechte wieder. Eine Welt
ohne Verzeihen wäre eine Welt der Vernichtung und der gegenseitigen Zerstörung.

Unsere *Metanoia*, die von Hoffnung erfüllt ist, und unsere Umkehr verwirklichen
unsere Verklärung, ja sogar unsere Vergöttlichung durch die Teilnahme am »himmlischen Brot und am Kelch des Lebens«, d.h. an der heiligen Eucharistie. Sie ist in der

Tat »ein Medikament der Unsterblichkeit, ein Gegengift gegen den Tod; sie gewährt das Leben in Christus für alle Ewigkeit« (Ignatius, Eph. XX, 2).

Die heilige Eucharistie ist »das Bild der ganzen Heilsökonomie unseres Herrn« (Nikolaos Kabasilas, Kommentar zur Göttlichen Liturgie, Kp. 16; PG 150, 404). Gleichzeitig ist sie ein Hymnus und eine Opfergabe, ein königliches Fest, geschenkt vom Herrn des Lebens und der Herrlichkeit, der sich selbst darin schenkt. Sie ist ein Gottesdienst der triumphierenden Freude, kontinuierliche und ununterbroche Ostern. Sie ist eine Mystagogie, in der sich durch die Kraft des Heiligen Geistes die erneuerte Gemeinschaft mit Gott verwirklicht und gefeiert wird.

Der Hirt und die Einheit der Kirche

Als Zelebrant des Sakraments der heiligen Eucharistie, dem Sakrament ›par excellence‹ der Einheit der Kirche, ist der Bischof das sichtbare Fundament dieser Einheit, ihr Diener, Förderer und Verteidiger.

Dies ist die heikelste, notwendigste und dringendste Aufgabe des Hirten. Die Einheit ist nicht ein zufälliges Zusammentreffen von Fakten und Daten. Die Herde bildet nicht eine zufällige, sentimentale oder diplomatische Einheit, die dann unfähig wäre, den geringsten Versuchungen der Welt und des Lebens zu widerstehen. Die Herde soll eine übernatürliche und sakramentale Gemeinschaft unter Brüdern sein; das Christentum ist keine Religion des Individuums, sondern der Person. Im Gegensatz zum Individuum, das eine quantitative Größe ist, kann die Person, die das Abbild Gottes in sich trägt und aufgefordert ist, ihm ähnlich zu werden, nicht anders begriffen werden und existieren als in einer tiefen Beziehung mit ihren Mitmenschen. Im Leben und im Tod sind wir solidarisch, verbunden in unserer Freude und Traurigkeit, sowie gemeinsam zum Heil und zur Einheit aufgerufen. Das Schicksal von uns Menschen ist aus demselben Stoff gewoben.

So ist denn der Hirt der wachende Hüter über die Einheit seiner Herde. Dabei stützt er sich auf die apostolische Tradition, die Wahrheit und die Liebe.

Wir sind eine kleine Herde im Zentrum von Europa und müssen uns vor Augen halten, daß die wirkliche Katholizität der Kirche hauptsächlich qualitativer Art ist; wir können uns keine Fehler leisten. Als authentische Träger der orthodoxen Tradition müssen wir unsere Präsenz mitten im heute geeinten Europa historisch rechtfertigen. Wir müssen so intensiv wie möglich unsere Tugenden, die wir in uns tragen, leben, und uns von den Schwächen, die uns ebensosehr einverleibt sind, befreien. Man kann und darf orthodox nicht nur für sich allein, sondern man muß es mit den andern zusammen sein, in der gelebten Gemeinschaft der Gläubigen.

Der Mensch ist für die Gemeinschaft geschaffen. Verliert er sie, so ist seine Beziehung zu seinen Brüdern und seiner natürlichen Umwelt gestört.

An dieser Gemeinschaft können alle Menschen ohne Unterschied von Geschlecht, Charakter, Alter, sozialer Position, Rasse, politischer Einstellung und moralischer Qualität teilnehmen.

Da wir alle zur gleichen Familie gehören, sind wir zur Brüderlichkeit und Solidarität mit der Welt verpflichtet. In dieser brüderlichen Gemeinschaft gelangt niemand wegen seiner Herkunft, seiner Funktion in der Gesellschaft oder seinem Leiden und Opfer zu größerer Macht und mehr Privilegien.

Wieviel tiefer wäre das Bewußtsein über unsere Verantwortlichkeit als Glieder des Leibes Christi, wieviel fruchtbarer und wirksamer unser Glaube, würden wir begreifen, daß der Leib Christi – seinem Wesen nach – die ganze Menschheit umfassen will.

So werde ich versuchen, »in aller Demut und Sanftmut« (Eph 4,2) und als authentischer und gehorsamer Träger des Geistes des Ökumenischen Patriarchats, dem die Ehre und das Kreuz der Initiativen gehört, damit die dauernde und ununterbrochene Zustimmung und Gemeinschaft unter den orthodoxen Kirchen verwirklicht wird, die Einheit der Herde, die mir in der Schweiz anvertraut worden ist, mit den Orthodoxen anderer Jurisdiktionen zu fördern und zu stärken.

Wir haben das Glück, in einem Land zu leben, welches uns erleichtern wird, auf diesem Gebiet unsere Pflicht zu erfüllen, d. h. ein Modell der Glaubens- und Liebesgemeinschaft zu schaffen.

Der Hirt als Diener der Versöhnung und des Friedens

Eine gut strukturierte und lebendige Einheit unserer orthodoxen Präsenz gewährleistet eine verantwortlichere und fruchtbarere Beziehung nicht nur mit den andern Kirchen und Konfessionen der Schweiz, sondern auch mit Gläubigen guten Willens nichtchristlicher Religionen.

Das Ökumenische Patriarchat hat sich in den Dienst des Kampfes für die Überwindung der Trennung zwischen dem christlichen Orient und Okzident gestellt – und das schon lange vor der Gründung des Weltkirchenrates. In den Initiativen um Versöhnung und Liebe ist das Patriarchat stets ein Pionier gewesen.

Entgiftet von den Vorurteilen der Vergangenheit leben wir heute in einer glücklichen Periode des Dialogs, die uns erlaubt, gemeinsam nach Lösungen für die Probleme der modernen Welt zu suchen.

Eine dauerhafte Zusammenarbeit und ein kontinuierlicher Dialog mit der römisch-katholischen Kirche der Schweiz, der reformierten und der christ-katholischen Kirche wird uns erlauben, jedes hoffnungsvolle Resultat, das auf der Ebene der bilateralen Dialoge erreicht wird, in das Leben unserer Gläubigen hineinzutragen.

Der wahre Ökumenismus hat seine Basis und seinen Existenzgrund in der Lokalkirche; diese ist seine fundamentale Basis.

Befreit von allen proselytischen Hintergedanken, von allem sterilen und monolithischen Konservatismus, aber auch von allem unverantwortlichen Progressismus sowie von einem undisziplinierten Liberalismus, werden wir uns bemühen, unser orthodoxes Zeugnis von der Wahrheit und der Liebe zu übermitteln.

Wir wünschen, daß wir uns gegenseitig besser kennenlernen. Das ist die beste Art, zur gegenseitigen Anerkennung und zur Überwindung des bloß passiven, gleichgültigen

Nebeneinander und Gegenüber vorzuschreiten. Wenn wir heute der Welt ein glaubwürdigeres christliches Zeugnis geben wollen, müssen wir unsere Suche nach der Einheit intensivieren.

Wenn wir tatsächlich auf diese Einheit hin tendieren, die Christus bei seinem Gebet am letzten Tag seines irdischen Lebens – vor dem Kreuz und seiner Passion – im Sinn und Herzen trug, einer Einheit, die uns in der Gemeinschaft des Glaubens und der Liebe eint (cf. Joh 17,21–24), und wenn wir täglich das Drama und das Skandalon der geteilten Christenheit erleben könnten, dann wären wir bemüht, uns einander zu nähern, unsere Herzen zu öffnen, unsere leidenschaftlichen Aversionen und unsere Starrköpfigkeit zu überwinden, um Brüder und Schwestern außerhalb unserer eigenen ausschließenden Grenzen zu suchen und anzuerkennen.

Durch eine verantwortliche Rückkehr zu unserer ursprünglichen Verwandtschaft, unserer gemeinsamen Vergangenheit und unseren gemeinsamen Wurzeln, würden wir feststellen, daß »Orient und Okzident organisch zu der einzigen Christenheit zusammengehören« (Florovskij G., Der Leib des lebendigen Christus, Thessaloniki 1982, 124).

Meine Funktion als zuständiger Sekretär für die Vorbereitung des Heiligen und Großen Konzils der orthodoxen Kirche erlaubt mir nicht, den panorthodoxen Wunsch für die Verständigung und die Zusammenarbeit zwischen den verschiedenen Religionen, um den Fanatismus zu überwinden, zu ignorieren. Nur so können wir zur Versöhnung der Völker und zum Schutz der Ideale von Freiheit und Friede in der Welt beitragen und dem heutigen Menschen, unabhängig von Rasse und Religion dienen. (Cf. Synodika II, Akten der I. vorkonziliaren panorthodoxen Konferenz, Genf 1978.)

Die heutige Welt ist müde von Gewalt, Umsturzbewegungen, Waffenrüsten und Kriegen, dem Kampf und der Zersplitterung, die selbst sogar unter denjenigen vorkommen, die behaupten, Christen zu sein.

Wenn es uns möglich wäre, uns unter dem Kreuz Christi zu begegnen, das zugleich Geheimnis der Liebe und des ungerechten tödlichen Schmerzes ist, Geheimnis der Verlassenheit und der Demütigung, aber auch Geheimnis der Freude und der Herrlichkeit, dann könnten wir – befreit von unseren persönlichen Leidenschaften, unserem Ehrgeiz und unserem Egoismus – entschieden zur Versöhnung und zum Frieden der Welt beitragen. Nur so könnten wir die Gewißheit haben, daß wir unterwegs sind zur einen Herde und zum einen Hirten.

Nachweis der Veröffentlichungen

1 Das Ökumenismus-Problem von der Liturgie her gesehen;
   erstveröffentlicht in: Liturgie und Mönchtum (Maria Laach) 40 (1967), 32–36
2 Überlegungen zu den Beziehungen zwischen Orthodoxen und Katholiken;
   erstveröffentlicht in: Una Sancta 26 (1971), 219–231. Übersetzung aus dem Französischen von der Redaktion UNA SANCTA
3 Einheit der Kirche aus orthodoxer Sicht. Überlegungen und Perspektiven;
   erstveröffentlicht in: Ökumenische Rundschau 20 (1971), 262–282
4 A historico-theological review of the anathemata of the Fourth Ecumenical Council by the Armenian Church;
   erstveröffentlicht in: The Greek Orthodox Theological Review 16 (1971), 173–192
5 Christologie und Soteriologie im Verständnis der Kirchenväter;
   erstveröffentlicht in: Beiheft zur Ökumenischen Rundschau 22 (1972), 26–41
6 Justice et Orthodoxie;
   erstveröffentlicht in: Contacts 25 (1973), 2–20
7 Gottesdienst – geschlossene Gesellschaft? Solidarität mit der Welt. Aus orthodoxer Sicht;
   erstveröffentlicht in: Ökumenische Rundschau 22 (1973), 319–334
8 Das orthodoxe Verständnis des Menschen in der neuzeitlichen Theologie;
   erstveröffentlicht in: Beiheft zur Ökumenischen Rundschau 26 (1974), 43–63
9 Discours lors de l'inauguration du Centre orthodoxe du Patriarcat oecuménique de Chambésy, 1975
   erstveröffentlicht in: Chambésy 1975. Les fêtes de l'inauguration de l'église et des nouveaux bâtiments. Les éditions du Centre Orthodoxe du Patriarcat Oecuménique. Chambésy, Genève
10 Nizäa heute;
   erstveröffentlicht in: Festschrift für Metropolit Meliton, Thessaloniki 1977, 401–422.
11 Das orthodoxe Christentum und das Judentum. Der Stand ihrer Beziehungen;
   erstveröffentlicht in: Neue Zürcher Zeitung, 21./22. Okt. 1978
12 Bleibendes und Veränderliches im Petrusamt. Überlegungen aus orthodoxer Sicht;
   erstveröffentlicht in: Dienst an der Einheit. Hrsg. v. J. Ratzinger 1978, 146–164
13 Riflessioni sulla concreta possibilità di collaborazione fra le nostre Chiese;
   erstveröffentlicht in: Il dialogo tra le Chiese d'Oriente e di Sicilia per un modello concreto di unita. Palermo–Chambésy 1980, Chambésy 1981, 3–20
14 La volonté de Dieu aujourd'hui;
   erstveröffentlicht in: Métropolite Damaskinos de Tranoupolis, La volonté de Dieu aujord'hui. Les éditions du Centre Orthodoxe. Chambésy–Genève 1981, 1–17
15 Das eine Bekenntnis und die vielen Bekenntnisse. Überlegungen zum Zweiten Ökumenischen Konzil von Konstantinopel (381);
   erstveröffentlicht in: Ökumenische Perspektiven 1982, 113–128
16 Martin Luther in orthodoxer Sicht;
   erstveröffentlicht in: Kerygma und Dogma 30 (1984), 100–115
17 Der Stand der Ökumene aus orthodoxer Sicht;
   erstveröffentlicht in: Aspekte der Ökumene. Kath. Akad. Hamburg, Bd. 3, 1984, 17–38
18 La foi et la connaissance scientifique. Discours a un groupe de scientifiques du CERN;
   bisher unveröffentlicht, 1985
19 Les dialogues oecuméniques de l'Église Orthodoxe hier et aujourd'hui;
   bisher unveröffentlicht
20 Inthronisationsrede;
   erstveröffentlicht in: Ἱερὰ Μητρόπολη Ἑλβετίας 1983, τὸ πρῶτο ἔτος ἀπὸ τῆς ἱδρύσεώς της. Ἔκδοσις Ἱερᾶς Μητροπόλεως Ἑλβετίας. Γενεύη Ἑλβετία. 127–141